"十二五"国家重点图书出版规划项目

工商管理经典译丛

Foundations of Marketing

(Third Edition)

David Jobber *John Fahy*

市场营销学 （第3版）

（英）戴维·乔布尔 （爱）约翰·费伊 著

徐瑾 杜丽 李莹 等译

翟琳阳 校

东北财经大学出版社
Dongbei University of Finance & Economics Press

大连

© 东北财经大学出版社 2013

图书在版编目（CIP）数据

市场营销学／（英）乔布尔（Jobber, D.）等著；徐瑾等译．—3 版．—大连：东北财经大学出版社，2013.3
（工商管理经典译丛）
书名原文：Foundations of Marketing
ISBN 978-7-5654-1064-2

Ⅰ．市…　Ⅱ．①乔…　②徐…　Ⅲ．市场营销学　Ⅳ. F731.50

中国版本图书馆 CIP 数据核字（2012）第 305517 号

辽宁省版权局著作权合同登记号：06-2012-01
David Jobber, John Fahy：Foundations of Marketing
Original ISBN：0-07-712190-2

东北财经大学出版社出版
（大连市黑石礁尖山街 217 号　邮政编码　116025）
教学支持：（0411）84710309
营 销 部：（0411）84710711
总 编 室：（0411）84710523
网　　址：http：//www. dufep. cn
读者信箱：dufep @ dufe. edu. cn
大连图腾彩色印刷有限公司印刷　　东北财经大学出版社发行

幅面尺寸：185mm×260mm　字数：535 千字　印张：23 3/4　插页：1
2013 年 3 月第 1 版　　　　　　　　2013 年 3 月第 1 次印刷

责任编辑：李　季　王　玲　刘　佳　　　责任校对：纳　新
封面设计：冀贵收　　　　　　　　　　　　版式设计：钟福建

ISBN 978-7-5654-1064-2
定价：50.00 元

作者简介

戴维·乔布尔是国际公认的市场营销学专家。他是营销学教授，布拉德福德大学管理中心营销集团董事长，其先后获得了曼彻斯特大学经济学名誉学士学位、沃里克大学硕士学位和布拉德福德大学博士学位。

加入布拉德福德大学管理中心前，戴维供职于 TI 集团的市场销售部门，同时担任赫德斯菲尔德大学营销学高级讲师。他具有丰富的本科、硕士和进修班营销学主要课程的教学经验。他的主要研究领域有：产业市场营销、销售管理和市场营销调研，并多次荣获各种级别的教学成果奖。他所教的"产业管理 MBA 模式"是布拉德福德大学评价最高的选修课程之一。他的教学才能在担任阿斯顿大学、兰卡斯特大学、拉夫堡大学和沃里克大学等大学的访问讲师时得到了充分展示。他还曾向英国石油公司、禾大国际、联合里昂、BBC、巴斯、皇家和太阳联盟、劳斯莱斯和力拓矿业等国际化公司的高级管理人员讲授市场营销学。

他能在教学上取得如此巨大的成就，是因为有学术研究的成就做坚强后盾。他在《国际市场营销研究杂志》、《管理信息系统季刊》、《战略管理杂志》、《国际商业研究杂志》、《管理学报》、《商业研究杂志》、《产品创新管理杂志》和《人员销售和销售管理杂志》上发表了 150 多篇市场营销学方面的文章，还先后在《国际市场营销研究杂志》、《人员销售和销售管理杂志》、《欧洲市场营销杂志》和《市场营销管理杂志》的编辑委员会工作。他还是英国研究质量评估（RAE）小组的特别顾问，该 RAE 小组负责评定全英商学院和管理学院的研究成果。在 2008 年，营销学会授予他终身成就奖，以表彰他对市场营销所作出的卓越贡献。

约翰·费伊是国际知名学者和爱尔兰前沿的营销学思想家、爱尔兰利莫瑞克大学市场营销学教授。之前，他任教于都柏林大学圣三一学院。他在美国德州农工大学获得硕士学位，在圣三一学院获得博士学位。

他的重点研究领域是市场营销战略、全球营销以及神经营销学。他著有三本书，并在《市场营销杂志》、《国际商业研究杂志》、《商业研究杂志》、《市场为导向的管理杂志》、《欧洲市场营销杂志》、《国际商业评论》及《斯隆管理评论》上发表了 70 多篇文章。他曾获得多项主要的国际研究奖项，如"AMA 服务营销年会论文奖"和"营销学会年度最佳论文奖"。他也是一个卓越的案例研究学者，并且曾在案例竞赛中获胜。同时，他具有丰富的本科、硕士以及管理人员的"营销战略"教学经验以及国际教学经验，曾担任过日本专修大学、美国德州农工大学和澳大利亚莫纳什大学的访问讲师。他通过咨询工作以及高级管理人员培训课程与各行业保持密切联系，并且经常受邀对各种商业事件进行评析。

目　录

第 3 章   57

理解消费者行为

第 4 章   87

营销调研和信息系统

第5章　　　　　　　　　　　　　　114

市场细分、目标市场选择与定位

第6章　　　　　　　　　　　　　　140

品牌与产品管理

第7章　　　　　　　　　　　　　　176

服务营销管理

第8章　　　　　　　　　　　　　　202

定价策略

整合营销传播 1：大众传播技术

整合营销传播 2：直接传播技术

分销管理

营销计划和战略

第1章 营销的性质

本章框架

- 什么是营销?
- 创造和传递顾客价值
- 营销组合
- 营销与商业绩效
- 营销的范围
- 营销计划

学习目标

在学习本章之后,你应该理解:

1. 营销是什么?它是如何演化的?
2. 顾客满意和顾客价值的本质。
3. 市场导向与企业绩效之间的关系。
4. 营销的范围。
5. 营销计划的作用和重要性。

营销聚光灯

iPod 的成功之道

公司的产品反映并塑造了我们生活的世界。举例来说,有些人认为汽车的发明决定了我们当今的生活方式,因为它使得人们的出行变得空前容易,为市郊的发展做出了巨大贡献,并且带来娱乐支出与消费信贷的激增。它促进了大型购物中心、主题公园、汽车旅馆、快餐业及新一代公路电影的兴起。

虽然并非所有的新发明都有如此长时间的影响,但是,几乎每年涌现的新产品或服务都能捕捉到市场想象力并取得空前的成功。其中一个例子便是苹果便携式数码音乐播放器 iPod。苹果公司在 2001 年将 iPod 推向市场时,公司正因为微软对自身市场份额的侵吞而苦苦挣扎。苹果公司起初将 iPod 定位为个人电脑的高端配件,以期能借此提高个人电脑的销售量。但 iPod 却取而代之,成为展销会的明星产品。迄今为止,iPod 已售出 1 亿台,这个销售量使得苹果公司以绝对优势成为该行业的主要制造商,其在美国的市场份额高达 92%。iPod 如此高的普及程度,使得其像当年随身听成为个人磁带随身听/ CD 播放器的通用名称一样,成为这种类型设备的通用名称。

iPod 抓住了消费者聆听音乐方式转变的改革契机。在人们眼中,MP3 播放器比磁带和 CD 等传统音乐播放器更先进。它能够储存更多的音乐,并且用户可以通过各种网站下载音乐，不用再去传统的音像店搜寻。它贴合通勤时间长、户外活动时间长以及将个人计算机作为工作和娱乐主导设备的现代生活方式。iPod 顺应了这样的市场趋势，并成为一种潮流。超过 70% 的美国汽车装有 iPod 接口，iPod 并且已有 4 000多种配件产品出现：从保护套到扬声器系统，产品形式多种多样。

苹果凭借其 iPod 的卓越设计——时尚的外观、使用简便以及出色的存储能力和适应性，比竞争对手抢先一步占领市场。苹果公司随后推出的 iTunes 在线音乐商店——含有 500 多万首歌曲、350 种电视节目以及 400 多部电影，使用户下载音乐与电影变得简单化且合法化，因而促使 iPod 的销量大幅增加。iPod 的高价策略使苹果公司 2004 年的净利润较 2003 年增长了 3 倍，其股价上涨了 20 多倍。

iPod 的成功得益于创新的力量以及对市场的警觉。公司必须时刻关注市场上每天发生的微妙变化。索尼公司的随身听系列主导了第一波便携式音乐播放器的变革并大获成功，但是随后却将这种优势"让"给了苹果公司。营销者面对的最大挑战是如何培养预测未来需求并付出相应努力的能力，本书的写作目的便在于此。

在变幻莫测的商业世界里，每天都会出现新的失败者与成功者。举例来说，直到 20 世纪 90 年代末期，很多人都预测未来的世界是互联网的世界，于是兴起了一股以电子商务取代实体企业的潮流。投资者花费数亿欧元成立了许多新公司，但是大多数这些新兴公司已经消失了。与此同时，许多年轻的以及老的行业却保持了持续的繁荣与增长。例如，与其他网络公司不同，雅虎及谷歌在过去十年中飞速增长。可口可乐、维珍（Virgin）、宜家和诺基亚等知名品牌持续占有较大市场份额，而其他公司，如索尼和大众汽车却步履维艰。同时，世界各地一些小的本土企业在当地消费者的支持下茁壮成长。

导致这些变化的核心因素是市场营销。虽然导致企业成功或失败的因素有很多，但是市场营销往往是决定公司成败的关键因素。这是因为市场营销关注的是消费者及其消费需求的变化。没有顾客，企业就无法生存。成功的企业不仅需要赢得顾客，还需时刻关注顾客需求的变化。市场营销的目的是令顾客长期满意，因而不能依靠短期的欺骗。顶级管理顾问彼得·德鲁克（Peter Drucker）的著作声援了这一主题，他说：

企业的目的是赢得并保留顾客，因此它只有两个主要职能——市场营销与创新。营销的基本功能是吸引并保留顾客以获得利润。

这段话告诉我们什么呢？首先，市场营销与赢得和保留顾客有关，所以应将其作为企业的核心战略。许多产品，尤其是信息技术行业产品之所以会失败，都是因为相关营销人员对顾客需求缺乏关注。其次，赢得新顾客比保留现有顾客成本高得多，这是商业世界不争的事实。实际上，人们发现赢得新顾客的成本是保留现有顾客成本的 6 倍。因此，以市场为导向的企业已意识到，通过让顾客满意、与顾客建立关系和创造附加值吸引新顾客的重要性。格朗鲁斯（Grönroos）关于市场营销的定义也强调了与顾客建立关系的重要性。在定义中，他指出营销的目的是建立、发展和商业化与顾客长期的关系，以便达到双方的目的。再次，因为大多数市场充满了激烈的竞争，所以德鲁克的这段话也说明了监视和了解竞争对手的必要性。如果满足不了顾客的需求，他们就会跑到竞争对手那里去。接下来，本章将详细介绍这些观点，并说明市场营销如何创造顾客价值和使顾客满意。

1.1 什么是营销？

1.1.1 市场营销观念

现代市场营销观念(marketing concept) 可以定义为：

通过比竞争对手更好地满足和超出顾客的需求达到企业目标。

举例来说，作为世界领先的消费品公司之一，P&G 的口号是：一定要赢在第一个和第二个关键时刻，即顾客在店内决定选择哪个品牌的产品时与顾客回到家使用时。应用这一观念要满足 3 个条件：第一，企业的活动要围绕满足顾客需求展开，而不是方便生产者等，但这个条件不容易满足。举例来说，英国"小伙子"杂志市场曾繁荣一时，现在却成为研究行业衰落的一个典型案例。*FHM*、*Loaded*、*Maxim* 及 *Arena* 等主题文章的数量在 2007 年下半年减少了 1/3。红极一时的少女杂志——*Smash hits*，由于不能满足顾客新的需求，在 2006 年停刊了。第二，顾客满意的程度取决于各部门共同努力的程度。实施这一观念不是市场营销一个部门的责任，生产、财务、研发、工程和其他部门都应该牢记关注并满足顾客的需求是公司的运营目标。实际上，市场营销是每个企业管理者的职责。第三，为了实现共同努力，管理人员必须相信可以通过满足顾客需求来达到企业目标，如图 1—1 所示。有些企业会比其他企业更快并且更深刻地意识到市场营销观念的重要性。例如，耐克（Nike）虽然比跑鞋市场中的主导品牌锐步（Reebok）及彪马（Puma）进入市场晚，但是它通过强有力的品牌价值宣传，使自己成为运动服装行业的领导者。

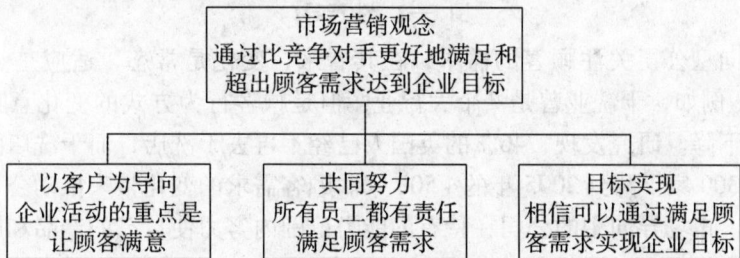

```
┌─────────────────────────────┐
│          市场营销观念          │
│   通过比竞争对手更好地满足和     │
│   超出顾客需求达到企业目标       │
└─────────────────────────────┘
┌──────────┐  ┌──────────┐  ┌──────────┐
│ 以客户为导向 │  │   共同努力  │  │   目标实现  │
│ 企业活动的重点是│  │ 所有员工都有责任│  │ 相信可以通过满足顾│
│ 让顾客满意   │  │ 满足顾客需求 │  │ 客需求实现企业目标│
└──────────┘  └──────────┘  └──────────┘
```

图 1—1　市场营销观念的主要构成部分

市场营销观念本质上属于经营哲学，它将使顾客满意作为企业的运营目标。例如，通过提出市场营销观念，英国南部一个小的化妆品零售商 Body Shop 逐步成长为全球知名企业。公司高级管理人员都致力于用一个替代方法来营销化妆品，公司内部的所有活动都围绕满足客户需要展开。诸如 Body Shop 之类的公司还有着"社会营销观念"。这一众所周知的营销观念提出，企业应将使顾客满意及实现顾客与社会公众的长期福利作为企业的根本目的与责任。我们将在下一章详细介绍这一问题。

1.1.2　市场营销的发展

现代市场营销源于 1750 年左右爆发于英国及 1830 年爆发于美国与德国的工业革命。生产与销售方式的改进以及大量农村居民迁移到城市，创造了大规模的潜在市场。在商人准备开拓这些市场之际，诸如广告媒体以及销售经销商等机构开始成长并蓬勃发展。市场营销作为一个研究领域始于 20 世纪初，是从审查分配方面问题的课程发展起来的。20 世纪五六十年代，市场营销课程关注的焦点是如何进行营销，强调营销技术的重要性。在最近几年，人们更愿意将市场营销看做一种经营哲学，更加关注市场营销的本质及对利益相关者与社会的影响。

尽管以市场为导向由来已久，但是不能保证所有企业都是**市场导向**（marketing orientation）型的。现在，许多企业的管理都以内部为主，它们将重点放在企业已有产品及公司内部运转上。图 1—2 介绍了**生产导向**（production orientation）型企业最原始的运营模式，其重点放在目前的生产能力上。这类企业的目的是生产产品并把产品强行卖给毫无疑虑的顾客。空中客车（Airbus）公司在决定生产宽体、长身的 A380 "巨无霸"客机时，声称公司是生产导向型的。但是有怀疑者认为，未来 20 年中，90% 的顾客都想购买 200～400 座的 A320，而不是 550 多个座位的 A380。市场上的实际结果也验证了这一预测。在 2006 年上半年，空中客车公司仅售出 21 架 A380 客机，而 A320 客机的订量则多达 96 架。与之类似，一份英国基金管理行业的报告提出：一般而言，由于该行业缺少顾客关注并且缺乏对市场的有效细分，因而推出的许多产品都不符合顾客需求，从而失去了潜在的销售机会。

| 生产能力 | → | 制造产品 | → | 积极营销 | → | 顾客 |

图 1—2　生产导向

市场导向型公司关注顾客的需求，在其看来，变化是常态，适应是"生存的达尔文条件"。例如，干洗业曾是一个大行业，但是顾客行为方式的变化意味着这个行业的吸引力下降。研究发现，46% 的英国人已经不再去干洗店，而干洗店的数量也从 2000 年的 5 300 家下降到 2005 年的 4 500 家。顾客需求的变化带来推动公司发展的潜在市场机遇。市场导向型的公司在特有的能力范围内努力使自己的产品和服务满足目前和潜在的市场需求。图 1—3 描述了这种导向。

| 顾客需求 | → | 潜在市场机遇 | → | 营销产品和服务 | → | 顾客 |

图 1—3　市场导向

以市场为导向的公司与顾客关系紧密，所以它们了解顾客的需求和问题。当个体接触不能满足需要或行不通时，它们采用正式的市场调查了解顾客的动机和行为。德国机器工具制造商获得成功的主要原因在于，主动为具有创新精神的顾客开发新产品。这与英国机器工具制造商形成鲜明对比。英国的制造商认为进行市场调查是延缓新产品发布的战术，其担心顾客参与新产品的设计会对目前产品的销售产生负面影响。

表 1—1 对市场导向型企业与内部导向型企业的主要区别进行了总结。市场导向

型企业在整个业务流程中都体现出对顾客的关注；清楚自己的产品和服务在竞争中受到何种评价，知道顾客的选择标准；投资于市场研究，并追踪市场变化；将市场营销费用视为一项投资，并且能够更加快速灵活地把握新的市场机遇。

表1—1 以市场为导向的企业

市场导向型企业	内部导向型企业
整个业务流程中都体现出关心顾客	将方便放在第一位
了解顾客选择标准并与营销组合匹配	认为价格和产品性能是实现大量销售的关键
根据顾客进行市场细分	根据产品进行市场细分
投资市场调查，跟踪市场变化	依赖哗众取宠和已有的聪明才智
喜欢变化	看重现状
努力理解竞争	无视竞争
将市场营销的费用视为投资	将市场营销的费用视为不必要的大额支出
奖励创新	惩罚创新
寻找潜在市场	维持现状
快速	不慌不忙
努力争取竞争优势	津津乐道于模仿

1.2 创造和传递顾客价值

市场导向型企业为了吸引和保留顾客努力创造顾客价值（customer value）。所有企业都要面对这一挑战。戴比尔斯（De Beers），世界上最大的钻石公司也发现它的产品面临挑战，因为顾客倾向于选择设计师的作品。市场导向型企业的目的是向目标客户提供较好的产品和服务。这样，它们通过比竞争对手更好地满足和超出顾客需求进行市场营销。满足顾客需求带来的最大好处在于，顾客会告诉他人自己的经历，进而可以提高销量。例如，近日有研究显示：顾客使用一个产品或一项服务的经历对顾客做出是否购买汽车或是否接受理财服务的决定有着非常重要的影响。开展网上业务的公司是重要的口头营销用户。例如，TripAdvisor.com 是一个旅游网站，顾客会在网站上分享自己对旅店及目的地的满意程度，这些评论会影响其他消费者的购买决定。

无论企业多么知名，不能成功进行市场营销会带来十分严重的后果。例如，拥有世界领导品牌的饮品公司——爱尔兰与英国的吉尼斯（Guinness）公司的销售额自2001起开始下滑，而丽兹·卡尔顿公司却在顶级豪华酒店中享誉盛名，这得益于该公司的一句口号"仅允许说是"。这一口号明确要求公司的所有员工要不遗余力满足挑剔顾客的要求。顾客价值取决于顾客如何看待获得的好处和购买时付出的代价，因此：

顾客价值=感知利益-感知付出

感知利益源于产品（例如，酒店对顾客的具体需求的反应）、相关服务（例如，企业/产品的形象好吗？）（参见插图1—1）。充分满足顾客需求是一个关键的市场营销手段，对产品的市场定位及品牌化至关重要，这点我们将在第 5 章与第 6 章中详细介绍。感知付出是购买产品花费的所有成本，不仅包括钱，还包括时间和精力。比如，对酒店来说，地理位置好就能减少顾客寻找合适的居住场所花的时间和精力。但是，市场人员还要注意某些购买情况所涉及的另外一项重要的付出，这就是买错东西顾客心理上可能要付出的代价。不确定就意味着人们购买时感觉存在风险。因此，万豪酒店（Marriott Hotel）或麦当劳餐厅通过提供同样的服务或食品来减少感知风险，使顾客进店前便知道自己会得到什么样的服务或食品。

插图 1—1　这则 Alka Crystals 的广告用一种聪明的表达方法来
说明其产品优势，即没有水也可以服用本品

超出竞争对手提供的价值是市场营销得以成功的关键。顾客根据对供应商提供价值的判断决定是否购买。购买产品后，顾客满意（customer satisfaction）情况就取决于实际性能与顾客期望的比较。如果实际性能满足或超出顾客的期望，顾客就会满意。顾客的期望产生于购买前的经历、与别人的讨论以及供应商的市场营销活动。企业应避免促销时夸大其词，过分抬高顾客的期望，因为一旦性能没有想象得好，顾客就会产生不满。

在当今的竞争环境下，性能仅仅能满足期望通常是不够的，为获得商业成功，性能必须超出顾客期望，使顾客看到结果时非常高兴。卡诺（Kano）模型（见图1—4）将导致顾客不满、满意与高兴的特点区分开，帮助理解顾客满意这个概念。该模型包括 3 个特点："必须有"、"多多益善"和"开心果"。

"必须有"特点是指顾客期望产品必须具有某种性能，即该性能被认为是产品理所当然应该有的。例如，在饭店里，顾客期望有接待服务和整洁的房间。少了这些就会让顾客感到不满，有了这些，顾客就会介于满意和不满之间。"多多益善"特点可以让这种中间状态向十分满意的方向发展。例如，电话无人接听可能导致不满产生，

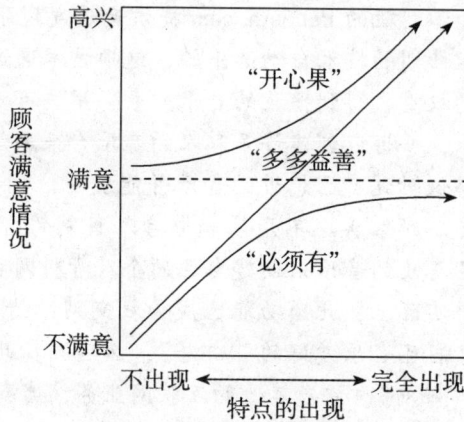

图1—4 创造顾客满意

资料来源：Joiner，B. L.（1994）Fourth Generation Management，New York：McGraw-Hill.

马上有人接听就会让顾客感到满意甚至是高兴。"开心果"特点，是指产品的某些性能能给顾客带来惊喜。缺少"开心果"不会导致顾客不满，但有了"开心果"就会取悦顾客。例如，一家英国连锁酒店在成人顾客的房间内提供免费白兰地，这令没想到有这项待遇的顾客感到非常高兴。取悦顾客的另一种方法是承诺的少，提供的多。

市场人员应注意的一个问题是：时间一长，"开心果"就成了"必须有"。原来一些汽车制造商会提供一些意想不到的小玩意儿，例如，笔筒、内部灯的延时装置（以便在夜间能有时间找到点火插座）。然而，现在这些东西却成了大多数汽车必须具备的，其成了顾客期望中应有的东西。这就意味着市场人员必须不断发现新方法来取悦顾客，这样一来，创新的想法和聆听顾客心声就成了营销主要的构成部分（阅读营销实例1.1）。

营销实例1.1：找到你想听的音乐

学习指南：下面是对有关电台的一些评论。阅读文章并考虑新的电台与传统电台之间价值传递的差别。

企业必须结合市场营销与创新来满足顾客变化的需求。这个特征在商业电台更显而易见。例如，Communicorp是一个无线电集团公司，在爱尔兰、保加利亚、爱沙尼亚、捷克共和国、匈牙利及乌克兰都有业务，其2006年的利润达4 700多英镑。一直以来，电台标准的商业模式是将关注焦点放在特定的市场领域及广告客户上。所以，为了吸引并留住听众，电台将成熟听众、年轻听众或者特定听众设为目标听众，并播放某一特殊类型的音乐，如摇滚乐、乡村音乐或者古典音乐。广告客户通过赞助节目或付钱来使电台播放其针对这些利基用户的产品广告，听众则可以欣赏某位主持人主持的节目及其播放的音乐。

但是现在，新型的网络电台可以给听众带来更多的价值，并对传统形式的电台构成巨大威胁。例如，2002年在伦敦创建的Last. fm是一个处于领导地位的网络电台。它是"为听众定制的网络电台"，提供的核心服务是将音乐细分，使播放出的音乐符合每一个人的品位。然后，公司的软件会监控用户的喜好并将他们与具有类似爱好的听众交叉匹配。Last. fm迅速发展，已拥有来自244个国家的用户，以及该地区1 500

万个独立用户。总部位于洛杉矶的 Pandora. com 提供音乐发现服务。所有推荐的音乐都是通过使用音乐基因组计划的技术自动选出的，这项技术通过对 400 多种不同属性及类型的音乐赋予不同的权重，得到播放的音乐列表。用户可以即刻做出反应，说明他们是否喜欢选出的音乐，并可以创建许多私人的音乐台来满足自己的多样化需求。

网络电台使听众能够仅听到自己想听的音乐并能发现他们可能喜欢的新的音乐，为听众提供了更多的价值。顾客再也不用依赖电台节目制作者提供的"偶然性"服务了。他们可以运用自己喜欢的音乐来创建自己的个人资料网页，然后与他人聊天或者聆听其他听众的音乐。实际上，此项功能已成为社交网站诸多功能中的一部分了。用户可以查找一位分享了自己音乐爱好的"邻居"，然后浏览此人的音乐杂志并给他发一个信息或者加他为"好友"。许多其他的互联网业务，诸如 iLike 和 Finetune，同样将社交电台与音乐发现结合起来。这些现象表明这一领域将会迅速发展，并会对现存的电台造成威胁，给广告客户带来新的机遇。享受网络音频服务的网络用户份额已经从 2002 年的 7% 上升到 2006 年的 14%，增长了一倍。但是，这一行业面临的最大挑战是征收潜在的许可证费用，这项费用会大大增加成本。

基于：Garrity（2007）；Guha（2007）

我们可以在世界上最大的计算机公司之一———戴尔（Dell）公司看到这些变化产生的效果。戴尔公司是由迈克尔·戴尔创立的，他当时还是得克萨斯大学奥斯汀分校的学生。而后，戴尔公司迅速成为世界上最大的计算机制造商，生产定制的、低成本的计算机，并将计算机直接销售给顾客。这个市场的特点为"多多益善"。但是，戴尔 20 世纪 90 年代的繁荣引起了竞争者的注意。IBM 将其电脑部卖给了联想，联想一直在与戴尔公司开展低价格竞争，而惠普（HP）与苹果带着新型的、低价格产品进入了计算机市场。戴尔再也不是市场的领导者了，而它的客户服务水平问题也在困扰着它，使它不得不具有计算机行业"必须有"的特点。在 2006 与 2007 年，它并没有达到分析师提出的利益目标，股价下跌。我们从 2007 年迈克尔·戴尔重回首席执行官职位可以看出，这些问题多么严重。

1.2.1 传递顾客价值

作为经营哲学，市场营销把顾客放在核心位置；而作为业务功能，它包括各种为了传递顾客价值而从事的商业活动。这些观点包括：将市场营销的研究应用于了解顾客需求以及顾客行为，将市场细分，研发新产品并使之品牌化，然后对产品进行市场定位，制定价格。价格的制定取决于**促销组合**（promotional mix）、产品销售及分销渠道、市场营销计划以及管理。下文的营销组合部分将概述这些观点，在后面的章节中会对其进行详细介绍。市场及市场营销是经常变化的，于是人们开发了新的传递顾客价值的方法，如**顾客关系管理**（customer relationship management，CRM）。这些新的技术，以及对有关市场营销职业非常重要的一些问题的讨论，如营销伦理，将贯穿于整本书中。

市场营销是一个非常令人兴奋又非常多面的职业。营销经理负责使其组织向顾客传递产品价值，但这样做，他们必须借助于研究者、广告商及零售分销商提供的各项服务。市场营销职业范围非常广，本章附录对其进行了概括。

1.3 营销组合

如何管理**营销组合**（marketing mix）是一项关键的企业市场营销活动。营销组合包括四要素：产品（product）、价格（price）、促销（promotion）和渠道（place）。虽然不同类型企业市场营销人员的职责不同，但这"4P"是市场人员必须决定的主要方面，换句话说，与营销组合有关的决策是开展市场营销活动的一个主要方面。本书将在后面章节分别详细讨论这4个部分。在此，有必要简单介绍一下各个部分，帮助读者理解营销组合决策的本质。

1.3.1 产 品

产品（product）决策涉及决定为某组顾客提供什么样的产品或服务，其中一个重要的元素是新产品开发。随着技术的发展和顾客品位的变化，产品会过时或不如竞争者的好，所以企业必须开发顾客喜欢的新产品。例如，微软在2001年推出Windows XP系统，该系统提供给家庭用户一些新的功能，如用户可以运用视频编辑器来剪辑和合成家庭电影，也可以通过网络设置导向，使家庭中的所有电脑都可以共用打印机、文件以及网络连接。产品决策也涉及关于品牌、担保、包装及与产品一起提供的服务的选择。担保是出售产品的一个重要组成部分。例如，西班牙高速火车（AVE，时速超过300公里）的经营者对其火车的性能十分有信心，并对顾客作出承诺：如果火车晚点超过5分钟，其将全额退款。

1.3.2 价 格

价格（price）是营销组合的重要部分，因为它代表企业售出每单位产品或提供服务得到的收益。所有其他部分都代表成本，例如，产品设计费用（产品）、广告和销售人员成本（促销）以及交通和分销成本（渠道）。因此，市场人员必须非常清楚定价目标、方法和影响定价的因素。他们还必须考虑打折和某些交易中折价的必要性。这些要求会影响选择的标示价水平，因此应留有讨价还价的余地。

1.3.3 促 销

企业必须选择恰当的**促销**（promotion）组合：广告、人员销售、促销、公共关系、直接市场营销和网络营销。通过这些方法，目标受众会注意到产品或服务，以及给自身带来的好处（经济上的和心理上的）（参见插图1—2）。促销组合的每个部分都有其优缺点，本书将在后边的章节中探讨这些。目前网络促销正在兴起，它的一大优点是小公司可以通过网络以较低的价格扩展市场范围。

插图1—2 宝丽莱广告如此聪明的表达方法也无法阻止公司业绩的下滑，它的产品已被技术
更先进的数码照相机所替代。这个公司的失败说明市场组合中的要素
在企业通向成功过程中的核心地位

1.3.4　渠　道

　　渠道（place）涉及决定要使用的分销渠道、渠道的管理、店铺的位置、交通方式和存货量，目的是确保产品和服务以恰当的质量、在合适的时候出现在正确的地方。分销渠道包括零售商或批发商等组织，货物从它们手中转移到顾客手中。生产者需要管理好与这些组织的关系，因为这可能是唯一一种成本节约型的进入市场的方法。

　　一个有效的营销组合具有4个特点，如图1—5所示。首先，只有了解目标客户才能选择合理的营销组合。其次，必须具备**竞争优势**（competitive advantage），即在顾客认为重要的因素上明显区别于竞争对手。再次，营销组合必须与企业资源匹配。某些媒体，例如电视广告，在被广为接受之前，需要一个最低限额的投资。在英国，据粗略估计，要想在全国范围内的广告运动中产生影响，企业通常每年至少要投入500万英镑（甚至700万英镑）。显然，那些承担不起如此大额的推广预算的品牌只能另谋出路，利用海报或促销等成本较为低廉的方法来吸引并留住顾客。最后，有效的营销组合必须将产品、价格、促销和渠道很好地融合起来，形成一个一贯的主题。例如，阿玛尼、克里斯汀·迪奥、卡尔文·克莱恩等化妆品品牌和时装店，使用专卖店与它们的战略地位保持一致（参见营销实例1.2）。

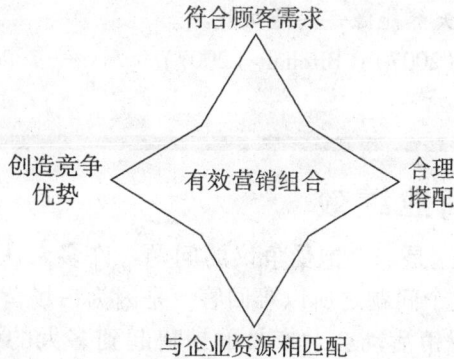

符合顾客需求

创造竞争
优势

有效营销组合

合理
搭配

与企业资源相匹配

图1—5　有效营销组合的特点

但是，近年来，一些批评4P市场营销管理法的人指出，这种方法过于简化了市场营销管理。例如，在一些服务行业中，美发师就是提供服务的主体，而餐厅或者咖啡馆的得体装修则是使人们能够愉快用餐的一个重要决定条件。因而，服务营销者提出服务业的市场营销要使用7P法，即在4P的基础上，增加了人（people）、过程（process）和实物证据（physical evidence）。最早的市场营销著作确定了营销者应该履行的12项职责，包括实情调查以及服务消费者等。无论履行哪种职责，均应明确一个重要的问题，即不要忘记做出决定的领域对实施有效营销至关重要。4P法的优点在于，它是进行市场营销决策时便于记忆且实用的框架。多年来的实践证明，它是商业学校进行个案分析时十分有用的方法。

营销实例1.2：水的营销

学习指南：下面是对某个品牌所使用的营销组合的描述。阅读文章并考虑它是否符合一个有效的市场营销组合的特点。

冰岛的一家矿泉水公司——冰河公司（Glacial）的营销组合是一个有效的市场营销组合。冰岛的乡村非常洁净并且无污染，许多公司尝试过将冰岛矿泉水推向国外市场，但都未取得巨大成功。所以，冰岛水业控股公司制定了一个谨慎的营销组合后，2004年推出了新品牌。之所以选择"冰河"这个名字，是因为它强调了冰岛的无污染及其原始风貌。该公司选择用方瓶而不是圆瓶来包装产品，设计的商标展现了结冰过程。瓶子每一面的商标都不同，象征着冰河的变化本质。在货架上，瓶子上的不同图片形成了一道亮丽的风景，成功地吸引了顾客的眼球。

在促销战略的选择上，公司希望围绕品牌进行宣传，以产生最大的宣传效果，吸引大量关注。其会在重大事件发生时推出产品，如曾在戛纳电影节以及微软Xbox 360洛杉矶的发布会上推出产品。由于公司将目标锁定在这些备受关注的事件上，它们赢得了舆论领袖的关注。产品的分销由诸如安海斯布希等大型跨国公司负责，这些公司不仅与冰河公司签订订单，同时也经销其他公司的产品，如百威以及其他全球领先品牌的产品。

Glacial公司的矿泉水在市场上占据优势的另一个原因是：该公司声称它的产品以及分销都是无碳的。矿泉水曾受到很多批评，因为矿泉水的运输使其在世界各地都留下了明显的"碳足迹"。据估计，美国瓶装水市场价值110亿美元。但是，冰岛水业控股公司的相关部门负责人坚持说，公司在抽取矿泉水及装瓶时，使用的是无污染的、来自冰岛火山村的天然能源——地热能源。

基于：Anonymous（2007）；Birchall（2007）

1.4 营销与商业绩效

市场营销有用吗，这是一个饱受争议的问题。许多人认为市场营销当然有用，但其他人却不确定。这个问题之所以难回答，是因为市场营销是无形的，人们很难预测市场营销或者是促销活动会对产品的销售起到多大的作用。李维斯（Levi's）501牛仔裤的促销活动取得了惊人的成功。例如，凭借尼克·卡门（Nick Kamen）在一家洗衣店拍摄的一条非常著名的广告，不仅使李维斯501牛仔裤的销售量增长了8倍，而且使所有款式的李维斯牛仔裤的销量都有所增加（参见插图1—3）。

插图1—3 李维斯的成功说明了有效市场营销活动的作用

与之类似，近来英国零售银行的发展说明了有效市场营销的重要性以及作用。人们对某一银行的忠诚度不断下降，转换经常账户的人数从2000年的50万增加到2004年100万，5年翻了一倍。相应地，哈利法克斯苏格兰银行（HBOS）开始频繁使用针对零售商而不是针对银行的市场营销策略，例如其推出物有所值的产品并通过比较广告来表明自己产品的利率与其他大银行产品利率之间的差别。这个战略成功了。2004年，这家银行成功吸引了100万个新客户前来开户，以及120万个新的信用卡客户，其利润增长了22%。

有些公司将市场营销看做业务增长的核心动力。例如，雀巢是一个拥有8 000种产品（当考虑产品的局部变化时，这一数量增加到2万种）的大型跨国公司，一年的市场营销预算为25亿美元。公司的首席执行官有市场营销的专业背景，而营销部主任负责管理公司所有7个战略业务部门。采用这种公司结构是为了确保市场营销观念对公司战略决策起到核心作用。另一个拥有市场领先品牌Harpic和Dettol的日用品消费公司——利洁时（Reckitt Benckiser），将每年销售额的12%用于营销，这个投资额远高于市场平均水平。

对于某些人来说，问题并不是市场营销是否有用，而是市场营销的作用实在太大了。近年来，市场营销受到很多批评。人们将其等同于诡计、欺骗，以及说服人们（经常是那些低收入者）买自己不需要的东西。道德之争 1.1 概括了一些围绕市场营销展开的争论。

总之，市场营销是有作用的，但是如何使其在特定的情况下发挥作用是每个企业所面临的挑战。所以，应时刻想到一些关于市场营销本质及营销的问题。

道德之争 1.1：市场营销——是善还是恶？

人们可以从不同的视角看待市场营销问题。一个正面的观点认为，市场营销给社会带来了明显的好处。例如，企业努力创新从而为消费者创造了一个选择多样化的世界。用谷歌搜索一下，我们便可以找到想要得到的所有信息；通过使用 Skype，我们可以与世界另一端的亲朋好友免费通话；而通过 Amazon 和 eBay 网站，我们可以舒服地坐在我们的书桌旁"逛商店"。未来的创新将会给我们带来新的、更有吸引力的产品、服务以及解决方案。再者，随着营销活动的升级，我们一些特殊的需求也将不断得到满足。如果我们仅吃含谷蛋白的食物、钟爱跳伞、对日本的折纸手工艺品有热情，那么将会有一些组织来满足我们的需求。随着公司搜集的顾客资料的增加，它们可以将解决方案细分，以用来满足各种各样的用户需求。最后，公司之间的竞争迫使它们提高自身产品及服务的质量，并且向顾客传递额外的价值。例如，出售低价票的航空公司推动了航空旅行的革命，并且使以前不经常坐飞机去旅游的人增加了坐飞机去旅游的次数。

但是，市场营销也遭到严厉的批判。人们认为它在满足需要的同时，也创造了一些非必需品。批判者认为，公司运用高端的市场营销技术激起人们的欲望，并使消费者购买他们原本不需要的商品，而消费者则因此负债累累。美国和英国等发达国家的消费信贷一直很高。社会中的物质主义观念也应运而生。持这种观点的人们认为，现代消费者都迷上了购物，周末消费量的增加证明了此观点。周末购物已经取代了宗教参与、其他形式的休闲活动以及社交活动。但是，心理学家认为，购物的增加并没有增加人们的幸福与满足感。相反，随着物质主义的发展，世界资源将逐渐耗竭，现在的消费水平将是不可持续的。此外，以孩子等弱势群体为目标客户的营销者的营销策略也饱受诟病，因为这些营销者甚至会通过儿童心理学家找到更多并且更新颖的方法来将其品牌灌输到孩子的脑子中。批判者也指责了将少女描绘成性对象或者是广告中的玩偶如贝兹娃娃的营销方式。最后，有人认为市场营销活动正在侵入社会的方方面面。公共休闲活动，如运动会、演唱会以及公演都会与企业合作。如此一来，一些为青少年举办的大型活动可能会由酒品公司赞助。学校、医院等机构面临着较大的公共基金缺口，使得这些赞助公司有机会将其与这些实体"绑"在一起。而这种做法是不道德的。

解决这样的争论非常困难。但是这个问题的核心在于市场营销决策中包含的关键因素，即价值和利润。如果企业提供真正的价值给顾客，使公司与社会实现双赢，那么市场营销就做了它应该做的事。但是，如果公司仅创造虚构的价值或者努力寻求榨取顾客而取得高额利润的方法，那么市场营销就损害了顾客及社会的利益。与其他职业一样，市场营销行业也有肆无忌惮的从业者。而且，有许多个人或者组织正在努力寻找利用弱势群体的策略。但是，在信息如此丰富的社会中，这些人都会被查出来并受到谴责。

推荐阅读：James（2007）；Klein（2000）；Linn（2004）

1.4.1　效率和效力

如果我们可以区别**效率**(efficence) 和**效力**(effectiveness)，那么就可以得到顾客导向型市场营销的另一个概念。效率与投入和产出有关。一个有效率的公司经济地生产商品：它把事情做好。这样做的好处是单位产出的成本低，因此，公司有潜力通过低价位获得市场占有率，或者向中介要高价，获得高利润率。然而，企业要想成功不能只有效率，还要有效力。效力指的是做正确的事情。这意味着企业要在有吸引力的市场上运营，生产适销对路的产品。相反，如果在没有吸引力的市场上运营或者生产的产品不适销对路，企业早晚会倒闭。图1—6 给出了企业业绩与效率和效力的共同作用之间的关系。

	无效力	有效力
无效率	很快破产	存活
有效率	慢慢破产	生意兴旺

图1—6　效率和效力

既无效率又无效力的企业很快就会关门大吉，因为消费者不想买高成本生产者的产品。有效率但无效力的企业坚持的时间可能会稍长一些，因为成本低，所以尽管销售量下降，利润还是比较多。有效力但无效率的公司可能会存活下来，因为它们在有吸引力的市场上运营，而且销售适销对路的产品。问题是它们效率低，付出努力却得不到最大的利润。将效率和效力结合起来，企业才能获得最大的成功。这样的企业能够繁荣昌盛，蓬勃发展。

全球汽车行业是将效率与效力相结合的典型行业。近年来，美国福特、通用和克莱斯勒三大汽车公司遇到了麻烦。2006 年，美国的福特和通用公司共解雇了 55 000名员工，而德国的克莱斯勒公司又解雇了 8 500 名员工，超过了失业非常严重的 1980年、1991 年以及 2001 年的解雇人数。几轮效率驱动的可能作用是延长这些曾占据领导地位的公司的业绩下滑时间。由于它们没有意识到效力问题，这些公司将会慢慢衰落。与之相反，通过运用新型的、行业领先的生产技术（效率）生产可靠性高的、具有价格优势的产品（效力），日本丰田公司已成为世界汽车的领导品牌。

1.4.2　市场营销与绩效

采用市场营销观念可以提高商业绩效，这是一个开展市场营销活动最基本的前提条件（参见营销实例1.3）。市场营销并不是一个抽象的概念，它最突出的作用体现在利润率及市场份额等公司关键指标上。近年来，欧洲及北美的研究都试图找出市场营销与绩效之间的关系。研究的结果显示二者是正相关的。

营销实例 1.3：Walkers Sensations 系列饼干的成功之道

学习指南： 下面是一则关于成功推出新零食产品的评论。阅读文章并考虑有效的市场营销对企业成功的重要性。

成人高档零食市场是一个繁荣发展的市场，从1988年起，其市场价值大幅增加，到2002年，市场价值达2.37亿英镑，涨幅超过26%。Walkers 公司经研究确定了午餐以及晚餐期间是最受欢迎的吃零食的时间段后，突然进入了晚间零食市场。公司做的定性研究发现，决定顾客选择某一薯片品牌的关键因素是价格和对薯片的迷恋程度。普通薯片已经变成价格低、人们迷恋程度低的产品，而特制薯片却被视为价格高、迷恋程度高的产品。所以，薯片市场就为公司提供了一个开拓价格合理且顾客迷恋度高的晚间零食市场的机遇。Walkers 公司抓住了这一市场空隙，并开始打造一个主流高端品牌——Walkers Sensations。

Walkers 公司决定将这个新的高档品牌的目标顾客群定位为25~45岁并且有孩子的成熟顾客，其会将零食视为晚上消遣的一部分。公司生产了不同类型（从常见到独特）的薯片。产品包装对受目标客户群欢迎的外延产品的产生非常重要。公司通过照片来显示该产品的高档本质，而缩小的公司标语使其有别于 Walkers 公司的主导品牌。由于公司将其定位为高档零食，其价格要比公司其他品牌的一大袋薯片高20%。

Walkers Sensations 系列产品的推出对公司独特的品牌价值的巩固至关重要。在一开始，公司选择明星，如加里·莱因克尔（Gary Lineker）和维多利亚·贝克汉姆，作为其产品代言人，并通过电视及印刷广告进行宣传。后来，"It girl"塔拉·帕尔默—汤姆金森取代了维多利亚·贝克汉姆。广告增加了该产品的趣味性，并成功展现了"迷恋"的本质。Walkers 公司通过使用集中销售的策略，成功抢占了完全饱和的市场。2002年，该产品第一次出现在商店中。但是，这个新品牌第一年的销售额高达7 800万英镑。

基于： Goldstone（2002）；Murphy and Goldstone（2003）

纳维尔（Narver）和斯莱特（Slater）研究了市场导向与经营业绩之间的关系。他们搜集了一家美国大公司113个战略业务单元（SBU）的数据。他们研究的主要结果有：市场导向与利润率的关系是线性的，市场导向性最强的企业的利润率最高，市场导向性最弱的企业的利润率最低。正如作者所说："研究结果为市场营销学学者和从业人员提供了另外一个依据，他们不再单凭直觉推荐优先使用市场导向了。"

美国贝恩（Bain & Company）咨询公司研究了1997—2001年的100个大类中的500个消费品牌的经营业绩，发现具有较高利润的公司均为那些进行创新并做过广告的公司。如果公司近5年间开发的新产品的销售份额超过10%，那么该公司获得更高销售额的概率就会增加60%。并且，那些利润增长率达两位数的公司，其广告支出比其他品牌高的概率也增加了60%。例如，Old Spice，这个拥有50多年历史的香水公司，分别在1994年和1999年引入了"高效除臭"（High Endurance deodorant）和"红色区域"（Red Zone）两个子品牌。这两种产品的销售额占2001年总销售额的75%，并且使公司当年的销售额增长13%，而当年这类品牌销售额的平均增长率仅为1%。

胡利（Hooley）、林奇（Lynch）和斯菲尔德（Shepherd）在英国进行了一项研究。他们进行这项研究的目的是，建立市场营销方法类型学并把它与经营业绩联系起来。他们将公司分为 4 类：市场营销原则派、销售支持派、部门市场派和不定派。

市场营销原则派（marketing philosophers）认为，市场营销主要负责识别并满足顾客需求，它是整个组织的指导原则。它们认为市场营销不是市场营销一个部门的责任，也不仅仅是销售支持的责任。销售支持派（sales supporters）认为，市场营销的主要职能是支持销售和促销，市场营销是市场营销一个部门的责任，与识别和满足顾客需求无关。部门市场派（departmental marketers）与市场营销原则派一样，认为市场营销与识别和满足顾客需求有关，但它们认为市场营销是市场营销一个部门的责任。最后一类公司是不定派（unsures），它们不确定自己公司使用的是哪种市场营销方法，因而把它们叫做中间派恰如其分。

比较了 4 类公司的态度、组织和实践后可以发现，市场营销原则派有许多独特之处，具体可以归纳为以下几点：

1. 对未来采用更具前瞻性、更积极的方法。
2. 开发新产品的方法更具前瞻性。
3. 更注重市场营销培训。
4. 市场营销策划考虑得更长远。
5. 市场营销相关人员在公司中的地位更高。
6. 市场营销人员加入董事会的可能性更大。
7. 市场营销部门与其他职能部门密切合作的机会更多。
8. 市场营销对战略计划的影响更大。

研究还发现，市场营销原则派自己汇报的投资回报率（ROI）明显比其他主要竞争对手高，部门市场派居中，不定派最差。胡利等人的结论是：不应把市场营销看做一个部门的职能，而应该将其看做整个组织的共同职责。

人们本以为市场营销会对公司董事会造成非常大的影响，但非常奇怪的是，事实并非如此。英国最近的一项研究发现：在富时 100（FTSE 100）指数成分公司中，仅有 21% 的 CEO 在进入综合管理部门前在市场营销部工作过，而仅有 5% 的公司董事会设有营销董事一职。美国的一项研究则显示：在最近几十年里，大多数首席执行官都出自财政专业。多伊尔（Doyle）认为，市场营销人员地位下降的原因是公司并没有弄清楚市场营销投资与其长期收益之间的关系。一般情形是，营销者仅凭借顾客意识、销售量以及市场份额来判定某项目是否值得投资。多伊尔提出了**基于价值的营销**（value-based marketing）和**利益相关者价值**（shareholder value）两个概念。基于价值的营销是将利益相关者价值最大化作为营销目标的营销方法，而达到这一营销目标也是越来越多首席执行官主要的考虑因素。这一营销概念可以清楚表明投资于营销资产（如品牌、营销知识）的重要性，并且可以否定"在经济不景气的情况下，降低市场营销费用（如广告）"的武断决策。有些公司设定了首席营销官（CMO，Chief Marketing Officer）的职位，以示市场营销对经营业绩的重要性，并且 CMO 开始在公司董事会占有一席之地。

1.5 营销的范围

前面的内容都在描述市场营销在商业领域中的应用，即市场营销对于销售商品及服务公司的作用。但是我们很容易发现，营销观念、营销工具及技术也被用于其他领域。例如，民众经常批评政党对于营销的滥用。政党会充分利用营销，以期发现选民的观点；然后他们精心挑选候选人，并对其进行包装，以赢得选民的支持。他们同样通过广泛利用广告以及公共关系，将他们的消息散发出去（参见插图1—4）。

插图1—4 广告牌依旧是政党们最常使用的广告媒介

在其他的领域，我们同样可以找到使用营销的例子。人口迁徙使学生之间的竞争变得更加激烈，教育机构已经变得更加市场化，学生对学校的选择也更多地受到学校实力排名刊物的影响。大学对此做出的反应是：设计新的校徽并重塑自己，进行促销活动，瞄准新的市场，如一些成人学生和海外学生市场。英国私立学院年营销预算的均值从2001年的33 966英镑，增加到2006年的59 300英镑，这些投资使私立学院的学生数量增加，即使国家学龄儿童总数在下降。这些学校也采用企业所使用的细分技巧来识别潜在"顾客"，并运用客户服务培训将顾客询问变为"营销"。市场营销使用了许多艺术表现形式与媒介。人们曾认为许多媒介载体（如报纸及电视频道）不能吸引细分市场的顾客，也不能使利润最大化。与之类似，艺术组织也遭到批判。有人认为艺术组织为了获得利润，放弃了那些高质量的、具有创意的、能够吸引大量观众的艺术表现形式。营销被运用于各行各业，如一个城市也会营销自己（参见营销实例1.4）。

营销实例1.4：营销伦敦

学习指南： 下面是市场营销在非传统领域中的一个应用。阅读文章并举出几个新兴的营销领域。

一个城市，可以像一个企业营销产品与服务那样营销自己。城市营销常常被理解为旅游目的地营销。旅游业每年对英国经济的贡献高达150亿英镑。但是，2001年发生在纽约的9·11恐怖袭击、伊拉克战争以及2005年的伦敦地铁爆炸使伦敦旅游业遭到重创，伦敦吸引游客的传统方法面临很大挑战。市场营销机构"英伦之旅"

（VisitLondon）负责城市营销工作，该机构 2002 年聘请 Grey 公司的首席执行官塔玛拉·英格拉姆（Tamara Ingram）为城市营销主管，希望他能在营销活动中起到先锋模范作用。

英格拉姆审核通过了一个重塑伦敦品牌的整合营销活动计划，希望能增加伦敦对游客的吸引力。伦敦旅游局采用了传统的营销方法，以吸引游客来伦敦游玩；而"英伦之旅"机构却希望伦敦能够吸引所有的伦敦市民、其他英国人以及外国人，不管他们是商人还是游客。这个机构的第一个任务是举办"Totally London"游行活动，这项活动结合伦敦街道标志、公交车、地形学，来使游客对城市博物馆、零售商铺、公园以及其他旅游景点产生兴趣。之后，机构开始将关注焦点转向特殊的细分市场（如同性恋社区），并且为海外学生制定了学习指南。

"英伦之旅"将一些重要节日视为开拓特殊市场的突破口，如其将中国的春节视为吸引中国游客的突破口，并在伦敦地铁内开展"伦敦中国季"活动，包括播放电影以及开展文化活动。这些努力都加强了伦敦与中国的经济联系。

"英伦之旅"采用了一些新的市场营销技术。例如，在日本，该机构邀请了日本流行乐歌手深田恭子（Kyoko）唱了一首名为"伦敦奇迹——未来的召唤"的歌曲。在美国，6 个来自伦敦的出租车司机驾着印有宣传海报的黑色出租车，行遍美国的 12 个城市。以上这些都是**"蜂鸣营销"**（buzz marketing），即为了使消费者通过口碑传播企业产品和品牌而进行的营销策略设计。

虽然游客人数已经恢复到伦敦地铁爆炸前的水平，但是这个城市的旅游业仍面临着巨大挑战，尤其是国内市场。伦敦非常低的机票价格使到欧洲其他国家的旅游变得极具吸引力。但是，"英伦之旅"机构的营销活动似乎发挥作用了。2007 年，伦敦吸引了 1 100 万个当地游客，是英国唯一一个成功扭转当地游客数不断下降局面的城市。此外，在伦敦取得了 2012 年奥林匹克运动会的举办权后，其吸引力将持续增加。

基于：Garrahan（2006）

市场营销的潜在应用范围激起了市场营销学者关于营销范围的争论。如何找到一个能够融合商业与非商业或者是社会营销的核心市场营销观念，是学者们面临的最大挑战。例如，学者们最早提出了交易的想法，但并不是所有的营销都需要交易或销售。科特勒（Kotler）提出了交换的概念，他认为所有交换都是营销。但是，这个观点也存在缺陷，因为家庭成员之间的帮助并不是营销活动。出于本书的目的，市场营销观念的核心是：了解顾客需求，满足顾客需求。

1.6　营销计划

最后，在许多组织中，开展市场营销活动是为了应对特别的挑战或者困难或危机时期的偶然活动。但是，组织必须时刻关注市场营销，因为市场变化万千并且没有什么是永恒不变的。例如，有谁会想到有营销黄金的必要？但真的有必要。因为顾客都转向购买卡地亚（Cartier）及路易斯·威登（Louis Vuitton）等奢侈品牌的商品，所以黄金的需求量一直下降，并且其形象已被严重破坏，因为它的使用范围太广泛了（从饼干到信用卡）。

为了确保营销的有效性，制订一个严密的营销计划是十分必要的。计划就是确定我们要达到什么样的目的，怎样达到这样的目的。企业分析环境和自己的能力，确定市场营销活动进程以及实施这些决议的过程叫做**营销计划**（marketing planning）。营销计划为管理者提供了决策与行动的指南。另外，因为营销计划明确了组织应达成的目标，所以它可以促使企业成功，从而使组织发生变化。

营销计划过程如图 1—7 所示。我们将在第 12 章详细介绍营销计划。

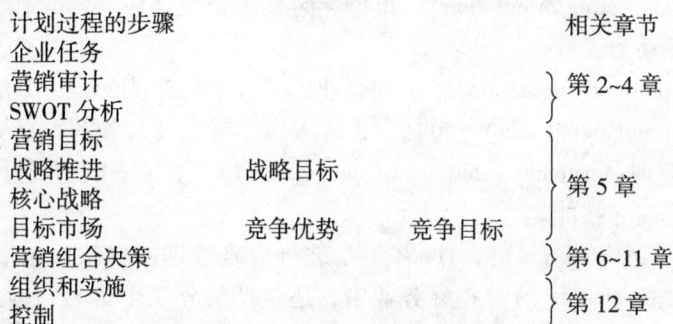

计划过程的步骤			相关章节
企业任务			
营销审计			第 2~4 章
SWOT 分析			
营销目标			
战略推进	战略目标		第 5 章
核心战略			
目标市场	竞争优势	竞争目标	
营销组合决策			第 6~11 章
组织和实施			第 12 章
控制			

图 1—7　营销计划过程

总　结

本章介绍了几种市场营销观念，并讨论了企业为什么会变成以市场为导向，解决了以下几个关键问题：

1. 市场营销观念及市场定位是什么。这里的主要观点是：市场营销是优先考虑顾客需求的经营哲学。实施市场营销观念需要做到以下几点：将企业活动重点放在让顾客满意上；公司所有员工需共同努力；相信可以通过满足顾客需求来实现企业目标。

2. 顾客价值的概念。顾客价值是消费产品或服务带来的感知利益与得到这种产品或服务的感知付出之间的差额。顾客价值可能来源于产品特性、相关服务和企业形象。

3. 企业通过基本的营销组合来传递顾客价值。营销组合包括产品、价格、促销和渠道 4 个部分。这"4P"以及其他关键因素是营销者在不断变化的市场上作出决策的决定因素。

4. 市场营销非常有用并且营销哲学与商业绩效密切相关。市场定位领域的学术研究以及大量实践都证明市场营销能够帮助企业实现自己的目标。

5. 市场营销的范围非常广，包括商业营销及非商业营销。政治党派、教育机构、体育组织、宗教组织等许多其他组织都进行市场营销。

6. 制订营销计划是确保营销有效性的关键之举。组织应该避免使用偶然性的营销方法，并努力找出一个精心策划的和结构化的方法。

关键术语

顾客价值（customer value）：感知利益与感知付出之差。

市场营销观念（marketing concept）：通过比竞争对手更好地满足并超出顾客需求达到企业目标。

顾客满意（customer satisfaction）：顾客的要求或需要得到满足。

市场导向（marketing orientation）：市场导向型的企业把顾客需求作为改变企业销售情况的主要驱动力。

生产导向（product orientation）：关注企业内部成本与产能的营销方法。

促销组合（promotional mix）：包括广告、人员推销、公共关系和直复营销。

顾客关系管理（customer relationship management）：企业用于管理顾客关系的方法、技术和电子商务技能。

营销组合（marketing mix）：对顾客关系进行战略管理的框架，包括产品、渠道、价格和促销（统称为"4P"）。在服务业中，还包括另外 3 个因素，即过程、人和实物证据。

产品（product）：由组织或个人提供的能够满足顾客需求的商品或服务。

价格（price）：（1）购买产品所支付的货币额；（2）买卖双方定好的产品交易价钱。

渠道（place）：企业使用的分销路线、零售店的位置及运输方法。

竞争优势（competitive advantage）：对顾客重要的、与竞争者相区别的企业具有的独特优势。

效率（efficiency）：高标准、低成本地管理业务流程，可称为"正确地做事"。

效力（effectiveness）：做正确的事，做出正确的战略选择。

基于价值的营销（value-based marketing）：强调营销观念和营销活动如何使利益相关者利益最大化的一种营销观点。

利益相关者价值（shareholder value）：当企业盈利增加或者股票价格上涨时，企业利益相关者的回报也会提高。

蜂鸣营销（buzz marketing）：为了使消费者通过口碑传播企业产品和品牌而进行的营销策略设计。

营销计划（marketing planning）：在对企业营销环境和自身能力进行调研分析的基础上，制定企业的营销目标以及实现这一目标所应采取的策略。

练习题

1. 讨论作为经营哲学的市场营销与作为经营活动的市场营销之间的区别。这两个概念是如何联系起来的?

2. 举出两个使顾客满意的组织，并描述它们是怎样做到的。

3. 市场营销经常被看做一种昂贵的"奢侈品"。试通过企业的市场导向性与商业绩效之间的正相关关系对这种观点作出判断。

4. 讨论：市场营销无处不在。

5. 讨论：市场营销带来了许多社会弊病，但并没有创造社会价值。

6. 请浏览 www.marketingpower.com 和 www.cim.co.uk 两个网站，并讨论这两个世界领先的营销组织对市场营销定义的不同之处。

案例 1　YouTube

YouTube 已经成为一种网络现象

虽然它只短暂地存在过，但是 YouTube 已经成为现代互联网现象的经典案例。它是一个全球通用的、人们用于分享视频的网站。它过去曾为了人们娱乐、自我推销还有成千上万的其他原因去羞辱名人，引发了政治风暴。这个公司在谷歌（Goolge）以 16.5 亿美元收购它时才创建了 16 个月。这个公司快速增长的原因是什么？它未来面临的挑战有哪些？

背景

类似于之前成立的一些著名的电脑公司，YouTobe 于 2005 年 2 月由查德·赫利（Chad Hurley）、陈士骏（Steve Chen）和卡瑞德·吉瑞姆（Karid Jarem）在车库里创建，并于当年 12 月在其旧金山的办公室里向全球正式开放。YouTube 是一个用户可以观看并分享视频内容的在线门户。视频在网络上已经可用了，但是赫利和陈士骏希望他们可以从别人那里更容易地获得想看的视频。因此，他们创造了一种可以直接在网络上观看视频的方式，以取代用户必须下载特定软件来观看视频的方式。这个技术的另一个重要特征是，它将所有视频转换为可以在所有个人电脑上用动画编辑播放器播放。如何使多种格式兼容已经成为在此之前的一些视频网站的重要问题。

YouTube 最初的设想是成为一个依靠年轻人的搭载工具，这些年轻人可以通过设备来展示自己的聪明才智，就像家庭电影制造人，这依赖于当时快速增长的"真实影像"。因此，一些最流行的视频是类似于恶搞社交网络"我的空间"（MySpace.com）和电影《断背山》的视频。但当这种设置变得流行时，一些万众期待的电影的预告片也开始在此出现。广告商很快发现它的潜力，像嘉士伯啤酒（Carlsberg Beer）和耐克就开始在该网站上投放广告。

YouTube 早期成功的一个关键因素是观众可以通过电子邮件将链接发给他们的朋友，这样可以建立一个使用者的群体。YouTube 的技术也使得博主和其他人可以更方便地从 YouTube 上获得视频片段，并放在个人网页上以扩大可以获得该视频的观众群。同时，它通过像亚马逊网站上对 CD 和书籍进行评论那样对视频进行评论，让其他人更高效地了解该视频是否值得一看。

YouTube 从让众多公司从迅速成长的互联网中获益。换句话说，网站的观众越多，网站就越成功。人们出于 YouTube 上有众多观众而在该网站上投放家庭视频，并因此产生吸引新观众登录网站的良性循环。因此，网站上视频数量和观众人数呈指数级增长。每天发烧友会上传 65 000 个视频，且会有超过 1 亿的点击量。2007 年 6 月，尼尔森（Nielsen）进行市场监测发现该网站每月有 5 500 万的上网人次，从 2006 年 6 月开始按 300% 的速度增长。YouTube 流行的部分原因是，它使用简单并且很时髦。使用者甚至不用注册就可以观看视频，所以就像购物一样，你所需要的就是"走进门"即可。但可以想象的是，从喜剧转化为悲剧很可能发生在该网站身上。它并未采取更高效、更节省开支的在线上传（在线上传可以省去雇佣一个编辑团队的开销）方式，而是抓住了各种怪诞的和精彩的材料，从不出名的乐队到催人泪下的视频日记等。大量的材料供应使使用者得以在网站上充分享受视频带来的快乐。

收入来源

YouTube 前期花费了一段时间来建立它的全球化形象和用户基础，它面临的一个关键挑战是它如何通过它的用户得到收入，也就是说，它如何做才能不与它的用户群脱离。该网站目前仍有一定的市场得益于它并未被完全商业化，它依然是一个用户拉动型的、草根型的网站。以下是部分初期的潜在收入来源：

● 赞助品牌频道：赞助的频道被设计成特别的 YouTube 网页供人们浏览视频内容，最早的客户之一是建立网页来推销帕丽斯·希尔顿（Paris Hilton）新唱片的华纳兄弟唱片公司。

● 播放广告：网站上有各种展出形式的广告，例如可以根据年龄、性别、人口和时间来分类。一种形式是插入型广告，它持续15秒钟，观众有权选择关闭，或是等待其自动终止，也可以点击观看完整的广告片。

● 举办竞赛活动：公司可以在网站上依靠观众点击率举行竞争比赛。

● YouTube 视频广告：其他公司可以将它们的商品广告投放在 YouTube 网站上。

● YouTube 嵌入式广告：广告放在 YouTube 合作者的视频内容里。

YouTube 严格控制在它主页上出现的"主题视频"，这可以迅速增加这些视频的流行度。

被谷歌接管

在网站成长的过程中，它是否会被像谷歌这样更大的玩家接管的推测一直在蔓延。一段时间以来，该网站并不像赫利和陈士骏所预示的那样保持独立性，并对谷歌的视频分享网站谷歌视频持批评意见。他们还担心，谷歌已经涉足了许多搜索引擎以外的产品，从而可能存在使消费者混淆的风险。但事实上，出售 YouTube 却是其非常容易做的一个决定。发生在视频存储和传送上的费用会使其损失很多钱，长期费用还包括潜在的版权诉讼费。谷歌为它提供了巨大的存储容量、最大的潜在广告在线网络，还组织专业的律师团队去帮助解决可能出现的法律问题。对于谷歌而言，这意味着其发生了收购大型公司而非建立谷歌视频的战略转变。

版权困境

在 YouTube 上出现的涉及版权的视频，很快引起了人们对 YouTube 的争议。比如说，维亚康姆（Viacom）在 YouTube 上散布的小视频非常流行，在经过数月关于利益分配的谈判无果后，它要求 YouTube 从网站上删除100 000段视频剪辑。它把自己卖给谷歌很大程度上是因为受版权问题所困，因为在它和搜索引擎巨头谈判的同时，环球唱片公司准备对其做出的版权侵害提起诉讼。但这帮助了另一家公司，华纳唱片公司，其和 YouTube 达成协议，即放映它的音乐视频的版权费用可以抵消它的一部分广告费用。

许多公司面临的一个问题就是，当向 YouTube 上传视频可能发生侵权问题时，对即将上映的电影或电视剧制作一些宣传片就成了一种更好的方式。作为回应，YouTube 就要在技术上努力分辨有版权保护的视频内容，并实施一种能确保音乐公司获得使用支付的"声频指纹"系统。但是，一些视频提供者认为 YouTube 在部署这些计划时太过缓慢。同时，这也打击了合作伙伴——大量视频提供者，如哥伦比亚广播公司、英国广播公司、环球唱片公司、索尼音乐、华纳兄弟、全美篮球协会和日舞频道。

未来

YouTube 已经成了一个非常棒的成功案例，其已成为视频分配器领域的"领头羊"。在2008年早期，它成了英国最流行的社交网站。在该年1月份有1 040万人次的访问量，超过了脸谱网（Facebook）和其他社交网站。然而，竞争也是多方面的。在 YouTube 成功之后，兴起了很多视频分享网站，大的公司如新闻集团，旗下有 MySpace.com、Yahoo! Video、MSN Video 和 AOL，这些公司已经提供了上传视频的服务。一些大的视频制造商，如迪士尼（Disney），拥有 ABC 电视广播公司，将许多受欢迎的视频放在自己网站上供人们免费收看。另外一些公司，如 Metacafe 正在试图寻找一种不同的内容模式。在 YouTube 上有成千上万的视频，批评家指出很多视频的质量应受到质疑，还有一些视频只能勉强观看。Metacafe 尽全力去选择并增加主页上"优秀"的视频。首先，拒绝副本，这些副本占了所有提交视频数量的一半。然后，它雇佣了 100 000 名志愿者去当影评家。同样地，维基百科（Wikipedia）雇佣志愿者去评价并审查意见。接着，网站用视频人气算法分析剪辑视频，原理是该方法可以检查视频是否被从头到尾看完以决定该视频的质量。Metacafe 声称，它每个月吸引 2 500 万人次上网。同时，还有像 Eefoof. com、Panjea. com、Revver、Blip. TV 等网站和视频制作方分享 50% 的广告收入。Eefoof 使用标语"制作、宣传、获利"。作为回应，YouTube 也开始将一部分广告收入分给视频上传者。

所以，忽略早期的成功，YouTube 的未来还有不确定性。最惨淡的情境是它成了下一个纳普斯特（Napster）——一个数字化音乐下载的先驱者，因被主要唱片公司提起法律诉讼而倒闭。同样地，YouTube 已经建立了在线视频分享领域，它将面临类似的法律问题和一大批强大的新型竞争者。早期的成功并不意味着它可以停下来吃老本。

问题：

1. YouTube 在市场上提供的是一个什么类型的消费者价值观？

2. YouTube 的商业活动如何改变组织方和消费者之间的作用方式？

3. YouTube 未来面临的挑战是什么？

这个案例出自利默里克大学约翰·法伊教授出版的资料，仅用做课堂讨论，而非为了阐明高效或无效的商业活动。

附录 1.1 市场营销中的职位

在市场营销中选择一个职位可以为个人发展提供许多机会。表 A1—1 列出了市场营销中的一些潜在职位。

表 A1—1	市场营销中的职位
营销职位	
营销主管/协调员	管理所有与市场营销相关的活动
品牌经理/产品经理	产品经理负责管理一个产品或者是一个产品线。在这个职能范围内，他/她基于顾客需求改变进行调查研究，参与产品的开发与设计。此外，市场经理制订产品生产线的经营计划及营销战略，管理产品的分销，发布产品信息，协调售后服务与销售
品牌/销售助理	初级品牌助理的职责包括：进行市场分析，追踪产品销售情况，进行销售额及市场份额分析，监控促销活动等

营销职位	
市场研究员/分析员	市场研究员搜集并分析相关信息，以判定消费者是否存在对特殊产品或服务的需求。其中一些工作包括设计问卷，搜集所有可得的且相关的信息，并对搜集来的信息进行分析，提交并展示报告结果，提出一些建议等
市场沟通经理	管理组织的市场传播活动，包括广告、公共关系、赞助费及直复营销
客户服务经理/专员	管理服务交付以及客户与组织的交流。不同行业的客服经理扮演的角色也不同
销售职位	
销售主管/业务拓展主管	与现有的以及潜在的客户建立良好的商业关系，管理公司的销售前景
销售经理	计划并协调销售队伍的销售活动，监控产品的分销及预算的达成率，培训并激励员工，准备预测
大客户经理	管理大客户的销售及市场运作；与大客户就产品、数量、价格、促销以及特别优惠等方面进行沟通；与能够影响大客户购买决定的关键人员建立良好关系；在对大客户提供商品与服务的过程中，负责与所有部门内部及相关同事进行沟通；监测大客户的经营业绩
销售支持经理	通过对顾客进行实地询问，运用一定的方法和电话建议提供销售支持；参与商品展销与促销活动；为产品宣传册、销售小册子的制作准备材料，并购买市场调查公司提供的主要数据
跟单员	旨在全面展示公司销售点的显示器，并确保它们被正确地保存及维护
促销主管	通过抽样方法，选择要直接拜访的客户，并在客户家将产品的特性及优点直接介绍给客户；对所有的促销活动进行说明与管理
电话营销代表	记录与销售相关的呼入与呼出电话
广告营销专员	为潜在广告客户展示公司的无线播放器、电视插播广告、视频空间
零售职位	
零售主管	制订计划并与零售商进行协调，监督人员招聘、培训过程，保持高质量的客户服务，管理股票水平
零售采购员	购买即将售出的产品，管理并分析股票水平，设法找到产品可能的使用范围，进行供货商关系管理

广告职位	
客户主管	设计并协调广告活动；设法与委托方取得联系，获取产品与公司详情、预算及其影响目标，以及营销研究的相关信息；向机构中的其他专家（如创意团队、媒体策划和研究员）提供简要的顾客需求信息；制定活动的细节；向客户提供营销活动草案，并附上费用明细表；就有疑问的地方与客户进行讨论并修改；监督并配合其他产品部门的工作，以便营销活动能够在规定的时间及预算范围内完成
媒体策划/媒体采购员	整合并购买电视台、电台、杂志、报纸或户外广告等各种传媒资源；联系委托方及广告版面的销售商，确保广告可以传到预期的目标市场
公共关系职位	
公共关系主管	帮助组织建立并维持一种热情友好的公共环境；与委托方取得联系，并就特殊情况进行协商、游说，管理危机、媒体关系，撰写并编辑印刷材料
媒体关系/公司事务部	与媒体建立并维持一种友好的工作关系，撰写新闻发布稿或者回应媒体的质疑

第 2 章　全球营销环境

本章框架

- 宏观环境
- 经济因素
- 社会因素
- 政治与法律因素
- 自然环境因素
- 技术因素
- 微观环境
- 环境评析

学习目标

在学习本章之后，你应该理解：

1. "营销环境"的含义。
2. 微观环境和宏观环境的区别。
3. 经济、社会、政治与法律、自然环境和技术因素对营销决策的影响。
4. 社会责任和有道德的营销活动日益重要。
5. 企业应如何应对环境的变化。

营销聚光灯

假冒产品：繁荣的全球经济

现代商业确实变得全球化了。你在最喜欢的商店里购买的产品很可能产自地球的另一端。鞋可能产自东南亚，水果可能产自智利，矿泉水可能产自新西兰。电视上刚刚播放过的知名设计师设计的衣服很快就能在街道商店里找到。现代化的媒体，如网络、电视，已经成为了塑造社会愿望的工具。在这个全球化并迅速发展的环境中，人们很容易放宽原则，假冒产品的快速增长就是其表现之一。

许多产品被大范围地造假。例如，许多香水公司经过多年的经营创建了著名的品牌，这些公司，包括巴宝莉（Burberry）、古驰（Gucci）、圣罗兰（Yves St Laurent）、雨果·波士（Hugo Boss），建立了溢价联盟。一旦这些公司的产品在像百货公司或专卖店等销售点销售，它们就会要求提高价格。它们的提价为以财富和奢侈为特征的人们梦寐以求的生活方式提供了保证。在许多情况下，人们可以在全球各地以低价生产类似的产品，即进行伪造。这些顶端品牌的仿制品生产质量不一，并通过未经授权的渠道，如折扣店、网上商店，进行销售。全球商会估计世界贸易中，7%的交易商品是假冒产品，在 2005 年，假冒产品成交额达到了3 500亿美元。

服装零售商的竞争尤其激烈，已经引发了商标侵权问题。例如，在2006年12月份，玛莎百货（Marks & Spencer）被迫销毁上千个手提包，因为周仰杰品牌认为玛莎百货涉嫌对科兹摩丝袋侵权，并以法律手段相威胁。英国马赛克时尚公司（Mosaic Fashion）成功控告爱尔兰连锁品牌邓恩商店抄袭卡伦米伦毛衫的设计。在过去，设计师需花费6个月的时间才能将产品呈现到市面上，但是现在，通过信息技术的使用和低成本生产，只需要几个小时就能做到。

假冒伪劣产品增长最快的行业是制药行业。因为药品是具有高价值的产品，并且体积小，易运输，所以造假者对其特别感兴趣。由于许多消费者没有能力购买需要的药品，所以他们常常在网络上或通过未经授权的渠道购买假冒伪劣药品。据估计，在发展中国家，销售的药品中，10%是假冒伪劣药品。优质生活药物，如伟哥（Viagra）、百忧解（Prozac），已经被证实非常地畅销。消费者的健康受到威胁，因为这些假冒伪劣药品可能包含无效的或有害的成分。这些药品很多流入官方的分销渠道，消费者很难分离真假。

假冒伪劣产品揭示了全球贸易的本质、网络作为分销渠道的能力以及公司在严格的法律框架下运行的必要性。例如，克里斯汀·迪奥（Christian Dior）控诉eBay 2001年到2005年销售的90%该品牌的产品都是假冒品。然而，研究表明，大部分的消费者都非常乐意购买假冒品，尤其是衣服和鞋。上述情况表明，假冒伪劣产品在未来一段时间内依旧是一个全球化问题。

以市场为导向的企业关注自己所处的外部环境，做出调整来利用出现的机遇，将潜在的威胁减少到最小。本章将研究**营销环境**(marketing environment)并监控环境，尤其是影响企业的一些主要环境，如经济、社会、法律、自然和科技等影响企业活动的问题。

营销环境由影响企业为顾客提供产品和服务的有效性的力量和因素组成。营销环境可以分为**微观环境**(microenvironment) 和**宏观环境**(macroenvironment)（见图2—1）。

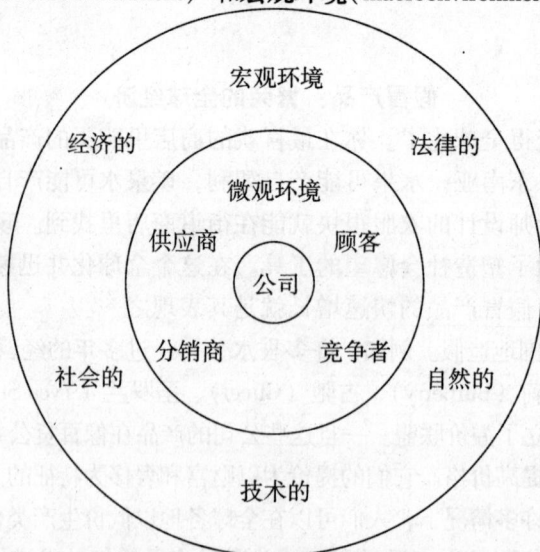

图2—1 市场营销环境

微观环境包括公司临近环境和商业系统中影响其在所选市场上有效运行能力的因素。关键因素由供应商、分销商、顾客和竞争者构成。宏观环境包含的因素则具有更广泛的影响，其不仅影响本公司，还影响微观环境中的其他参与者。宏观环境可以分为经济环境、政治或法律环境、自然和技术环境。这些塑造了公司面临的机遇和威胁的特点，并且其大多是不可控的。

2.1　宏观环境

本章关注影响市场营销决策的主要宏观经济因素，包括经济、社会、政治或法律、技术因素。经常使用 PEST 和 STEP 来描述宏观经济环境分析。市场营销活动对外在环境影响力的增强引起了人们的关注。本章稍后会介绍宏观经济环境的 4 个维度，更加详细的介绍会贯穿整本书。供应链本质的变化和消费者行为的变化会在后面的章节中详细讨论。分销会在第 11 章仔细讨论，竞争因素会在第 12 章仔细讨论。

2.2　经济因素

经济环境影响供给和需求，从而对企业的成功影响重大。企业必须选择与自身业务有关的经济环境并监测它们。我们要讨论影响企业市场营销环境的 3 个主要的经济因素：经济增长和失业、利率和汇率、税收和通货膨胀。

2.2.1　经济增长和失业

国家的整体经济形势和世界经济形势对企业的繁荣有深远的影响，经济变化往往具有周期性。在 20 世纪 90 年代中期，很多世界经济体经历了重要的经济增长阶段，这主要是由计算机技术和通讯技术的发展推动的。一些幸运的行业，如零售业、服务业和消费耐用品行业，得到了强劲的发展。20 世纪 90 年代后期，在爱尔兰，汽车销售经历了强劲的增长，在不到十年的时间里，年销售量从 70 000 辆增长到 200 000 多辆。类似地，在中国和印度，对汽车、房子和消费耐用品等一系列耐用品的销售也达到了空前的繁荣，同时也带动了相关消费品如石油和铜制品的销售。主要的市场营销问题是预测下一轮的繁荣或衰退。由投资带来的一段时间的高增长会在消费突然减少时造成巨大的资金流出。许多居民住宅和商业住宅开发者面临着的问题是，银行在 2008 年借给它们的钱可能会被部分套牢。

低经济增长率也会造成高失业率，从而影响消费者的购买力。表 2—1 给出了一些世界主要经济体的失业率。在经济衰退期，消费者更加趋于延期消费，消费行为也更加谨慎，其会将消费活动更多地转移到折扣店。这也是企业趋于削减广告预算、更加关注市场营销的时候。

表 2—1		所选国家的失业率
国家	2006 年（%）	2007 年（%）
加拿大	6.3	6.0
美国	4.6	4.6
澳大利亚	4.8	4.4
日本	4.1	3.9
奥地利	4.7	4.4
比利时	8.3	7.5
捷克共和国	7.1	5.3
丹麦	3.9	3.8
芬兰	7.7	6.9
法国	9.2	8.3
德国	9.8	8.4
希腊	8.9	8.3
爱尔兰	4.4	4.5
意大利	6.8	6.1
荷兰	3.9	3.2
挪威	3.5	2.6
波兰	13.8	9.6
葡萄牙	7.6	8.0
西班牙	8.5	8.3
瑞典	7.0	6.1
英国	5.3	5.3
欧元区	8.2	7.4

资料来源：OECD

2.2.2　利率和汇率

　　政府用来管理经济的一个杠杆就是利率，利率指的就是企业和个人借款从而需要支付的一个比率（参见插图 2—1）。在全球范围内，利率处于历史最低水平。这导致的结果就是个人借款的繁荣。在许多国家，住房价格已经增长了两倍，这意味着建筑公司和家具公司，如宜家家居（IKEA）的销售额和利润将显著增加。这也导致了关于财产纠纷、购买海外假日住房和家居装饰的电视节目的大量增加。借债购买房子和汽车已经被广泛接受，政策制定者开始担心高水平的消费会导致信用卡过度使用的问题。家庭总借款占全国生产总值（GDP）的比重在过去的二十多年已经显著增加。

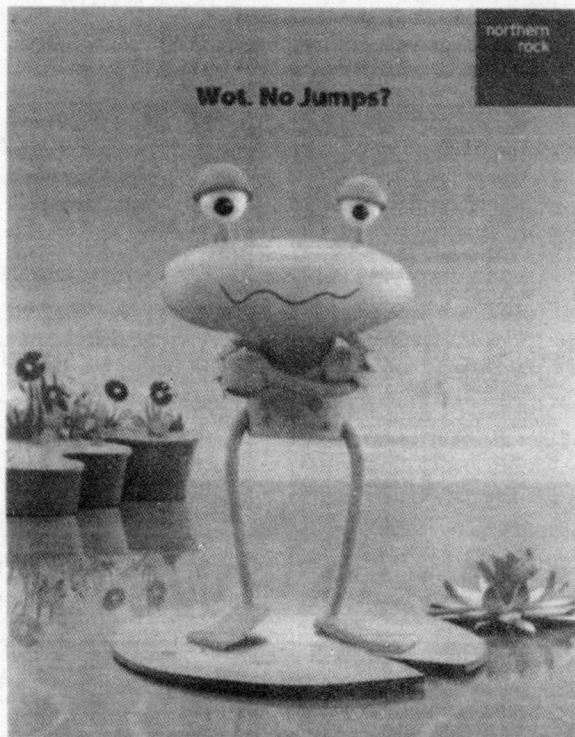

插图 2—1　北岩银行曾在 2008 年信用危机前提高储蓄和借贷利率以巩固其在英国的市场份额

意大利的债务占 GDP 的比重低于 40%，但英国、荷兰和丹麦则超过了 100%。信用卡借债水平在如爱尔兰、澳大利亚和美国等国一直居高不下。所有的贷款最终都要偿还，并且随着利率的增长，偿还的费用也就高了。在极端情况下，这可能导致人们失去他们的房子，就如在美国发生的那样。个人到期不还款时，公司还要承担坏账。在 2007 年，英国占主导地位的银行发现坏账显著增加，过多负债的消费者无法偿还债务。总之，利率方面的变化常常会导致消费者行为的变化。表 2—2 显示了全球主要经济体的不同利率水平。

表 2—2　　　　　　　　　　　所选国家的利率水平

国家	2008 年（%）
美国	2.08
澳大利亚	7.91
日本	0.75
欧元区	4.74
中国	4.50
印度	6.92
英国	5.89
丹麦	5.25
挪威	6.26
俄罗斯	10.25
新加坡	1.28
巴西	11.18

资料来源：《经济学家》

汇率指的是用一种货币购买另一种货币的比率。随着欧盟的形成，欧洲国家之间的汇率水平基本稳定。然而，主要货币，如美元、欧元、英镑和日元的汇率仍不稳定。浮动汇率对公司国际贸易的稳定性会产生显著的影响。例如，2007 年和 2008 年美国经济的下滑和利率的下降，降低了美元兑欧元和美元兑日元的汇率。这就意味着，欧洲和日本的商品在美国变贵了，这严重影响了依赖美国市场的欧洲公司。例如，在美国的销售额占总销售额的比重超过 70% 的爱尔兰奢侈品集团玮致活（Waterford-Wedgwood），近年来遭受了销售额的严重下滑和销售价格的下降。然而，从美国商业方面考虑，美元汇率的下降带来了有利的结果，例如，食品和住宿的相对低价促进了旅游业的繁荣。汇率下降还在 2006 年的丹麦和 2008 年的冰岛发生过。

2.2.3 税收和通货膨胀

有两种税收类型：直接税收和间接税收。直接税收指的是直接对收入和财富征税，如收入税、资本增加税、遗产税等。收入税对市场营销人员来说非常重要，因为它决定了消费者拥有的可支配收入水平。当税收减少时，消费者能够保留的收入部分增加，就有更多的钱可用于消费。这也会提高他们可支配收入的水平，即除去必须支付的食品和租金之后的可用收入。这时，消费者就从需要过渡到想要，大量的市场营销活动就应说服人们使用可支配收入。

间接税收包括增值税（VAT），是对我们购买产品和服务支付价款征的税，不包括关税。它们和主要的市场营销组合变量有关，如价格。增值税税率的改变会传递给消费者，这会导致企业努力在低价上进行竞争。国家间间接税水平的差异会引发平行出口的问题，即产品会从低成本国家购入再回到高成本国家。这为高成本国家的分销商带来问题——它们没有被赋予权利去得到供应源。税收水平的不同影响了消费者的需求。例如，葡萄酒的低税收让消费者从购买啤酒转移到购买葡萄酒。与此同时，引起了一些产品该如何划分类别的有趣争论。例如，玛莎百货认为它们的茶点饼干应被划分到饼干类（对这类产品征收零增值税）；相反，如果是划分到巧克力饼干类，其就需要承担 20% 的增值税。2008 年，企业和英国财政部之间长期的法律战最终在欧洲法庭结束，法庭支持玛莎百货，并退回玛莎百货 350 万英镑的产品增值税。

最后，通货膨胀是对生活在一个经济体中的成本的测量。通货膨胀率是通过监控货架上商品的价格（如租金、抵押品偿还价格、石油、衣服、食品和消费者耐用品价格）的变动情况来计算的。产品如石油和面粉的价格的升高，会以高油价和高面价、高意大利面价的形式转嫁给消费者。高通货膨胀率也降低了储蓄、投资和养老金的价值。政府部门对通货膨胀非常敏感，并会采取行动使通货膨胀率在一定的控制范围内。

全球的经济运行会通过影响产品和服务需求的方式传递给营销活动，并通过产品的销售产生利润积累。有时，经济活动会突然发生并产生巨大的影响，正如营销实例 2.1 所述。

营销实例 2.1：信用危机和北岩银行的倒闭

学习指南：下面是对于最近一家英国银行——北岩银行倒闭事件的回顾。阅读文章并描述它是如何阐释了解经济环境变化的重要性的。

对于全球大多数经济体来说，近十年的前半段基本上是繁荣期。经济增长情况良好，通胀水平低，就业率高，消费者需求旺盛。很显然，当时利率很低，这刺激人们借钱去投资房地产和股票。但是，打破传统之后，消费者开始借钱去购买汽车或去度假，收入中留做储蓄的部分在减少。在缺乏管制的金融服务环境中，银行和建房互助协会在提供有吸引力的贷款和抵押品方面展开激烈竞争。

为了能够借出去钱，银行必须有资金来源，然而随着储蓄水平的下降，它们面临着困难。一个解决办法是银行采用一种被称做安全支持资金的新型金融形式，它以下面的形式运行。美国的银行为低信用程度的买房者提供贷款。原来，银行担心低信用程度的人不能够及时还款而不愿意这样做，但是现在它们将这个问题转嫁他人。银行将这些贷款或部分贷款以安全投资的方式卖给其他银行，然后不良贷款被再次卖给另外的银行或投资者。由于原来的借款银行不再承担风险，因此抵押品的价值就会降低，贷款的标准也就降低了很多。随着美国经济越来越不景气，担心会发生的事情还是发生了。大量的次级贷款无人还款，导致信用安全一文不值。但是由于和谐贷款已被多次分割并打包，到底由谁承担损失已经无法弄清楚了。渐渐地，一些银行如美国的花旗银行（Citigroup）、欧洲的瑞士联合银行（UBS），开始意识到它们正在损失巨额资金。但是由于无力支配货币市场，并且此时银行不确定其他银行能否还债，所以都不再往外借钱或者只以高利率借贷，因此通往企业和消费者的资金流断裂了，2007年和2008年全球各大中央银行不得不介入一些事件。

信贷危机中，受损最严重的当属英国的北岩银行。和它的同行相比，北岩银行由于它的"金融批发市场"而获得了较高的利润，但其强烈依赖于金融产品，如资产抵押债券等，而非私人储蓄。当世界各地的银行停止向其他银行借出款项时，北岩银行开始到处搜集资金以应对消费者日益增加的资金需求。在2007年9月，英格兰银行为它提供了紧急资金，这一举动引起了消费者的恐慌。储户在北岩银行的窗口处排起了长队，并且开始在网络上撤回资金。这是英国银行在140年里第一次出现如此大的危机，在英格兰银行估计其资产价值为300亿英镑时才使其幸免于难。在2007年6月，它有超过100亿英镑的资产，但是到了2008年早期，其只剩下不到90便士的资产。在尝试以低价卖出银行失败后，它最终于2008年2月被英国政府国有化。

北岩银行的倒闭是戏剧性的，并且是让人感到十分震惊的，这让人不得不仔细考虑不受控制的外力是如何影响企业的。在2007年1月，该银行声称2006年的税前利润是6.27亿英镑。这成就了它从1997年由住房互助协会转型成为英国第五大抵押借贷商以来连续10年的增长。但是，它提供比竞争者更低的资金的商业模式，成了环境转变时毁灭它的原因。它对其面临风险的错误估计，最终导致了它的破产。

2.3 社会因素

对市场营销活动有意义的4个主要社会因素是人口状况的变化、一个国家内和国家之间的文化差异、**社会责任**（social responsibility）和市场营销道德，以及**消费者运动**（consumer movement）的影响。下面我们一一介绍。

人口因素

人口统计资料指的是人口的变化情况。主要的人口因素有 3 个：世界人口的增长、年龄分布的变化和家庭数量的增加。关于世界人口增长的大部分预测认为，人口增长会发生在非洲、亚洲和拉丁美洲。许多市场营销人员趋于忽略非洲国家，因为这些国家有 40 亿人口处在贫困之中（贫困的标准是一年的人均生活费用在 1 500 美元以下）。然而，如惠普（Hewlett-Packard）、联合利华（Unilever）和沃达丰（Vodafone）等企业，对这些所谓的"潜在市场"（还没有完全发育成理想市场）越来越关注，它们还发现如果对这些地区的人们进行生活水平方面的正面影响就可以获得利润。例如，联合利华试图在非洲国家销售更多提高卫生水平、减少疾病的肥皂，手机公司如非洲的沃达丰和加勒比海域的阿鲁巴岛移动公司已经通过在这些地区提供通信设备而获得巨大利润。

全球还出现了两个有趣的人口现象：国家之间的人口流动和低人均 GDP 国家中等收入阶层及富裕阶层人数的增加。爱尔兰就是一个有趣的例子，该国家在 20 世纪 80 年代人口减少，后来外来移民改变了这个状况，从而实现了经济的快速增长。持续的移民导致欧洲国家中较为贫困的中东部国家的劳动力向富裕的西欧国家转移。这样的情况在全球范围内时有发生。据联合国估计，在 2007 年有 2 亿人离开了他们出生的国家。人口流动使人们增加了对定制产品和服务的需求。全球的经济繁荣使低人均收入国家如俄罗斯、中国的富裕消费者增加了消费。在尼日利亚，全球企业都在迎合正在增长的中等收入阶层，从 2000 年到现在，其广告支出增加了 6 倍。

一个将持续影响产品和服务需求的主要人口变化，是 60 岁以上人口的增加以及年轻一代人口的减少。图 2—2 显示的是，直到 2050 年 60 岁以上人口总数的增长变化图。45 岁以上人口的增加创造了大量的市场营销机会，因为在发达国家中这个群体创造了最高的人均产出。他们比需要偿还抵押贷款的年轻人负担更轻，他们可以从遗产上获利并比前辈人更健康。以其为主要目标群体的药物、健康、美容、技术、旅行、金融服务、豪华汽车、奢侈食品和娱乐行业，成为有市场增长潜力的主要行业。这些趋势影响了许多消费品公司，它们需要考虑正在增长的所谓"灰领"阶层，并改变产品和服务的定位。

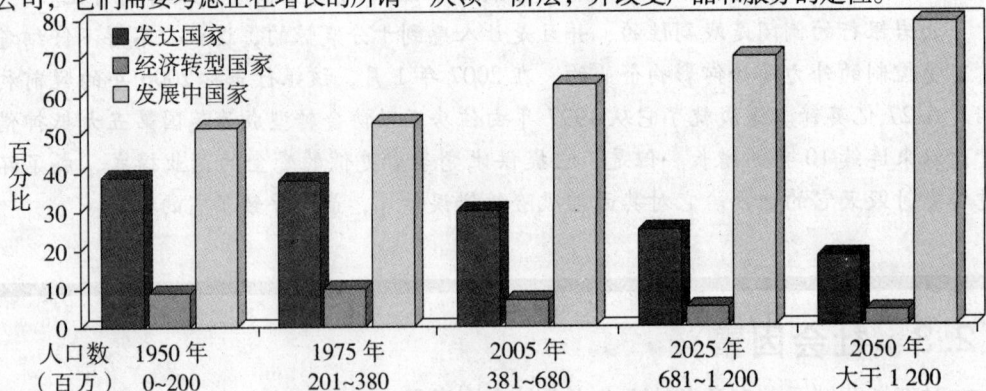

图 2—2　世界 60 岁以上人口分布图

资料来源：UN, World Economic & Social Survey 2007

最后，一个新出现的人口趋势是，家庭单元数量的增多和家庭规模的缩小。人们选择晚婚或单身，离婚率增长了，家庭规模也比传统的小。高收入和繁忙的工作促进了便捷食品和便捷购物的繁荣。北方食品（Northern Food）和玛莎百货特别成功地迎合了市场的需要。对儿童托管和家庭护理设施的需求也随之出现。

2.3.2 文化因素

文化指的是一个民族群体或子群体持有的价值观、信念和态度的总和。文化已经影响了商业管理方式。例如，由于中国、印度、新加坡等国家的市场增长，越来越多的西方人发现了东、西方人在做事方式上的差异。西方人将合同视为一成不变的，但东方人对合同的看法则更加灵活。西方人痴迷于用逻辑方法来应对复杂的环境，这很可能被东方人视作天真的表现。这些差异深受东方复杂的交际网络和西方高度独立的文化的影响。

全球市场营销人员需要特别关注这些积极影响文化的因素。例如，MTV——一个传统的全美音乐频道，现在有使用32种语言、面向160个国家的141个播放频道。这会成为美国向其他国家输出文化的重要渠道，这个公司小心谨慎地影响着当地文化。例如，在中东的阿拉伯MTV上，播出的45%的节目是当地制作的，其余的才是翻译的。

然而，即使在一些国家内部，也要谨记许多子文化的存在。正如上文描述的，全球人口的快速流动使种族子文化在一些发达国家如雨后春笋般冒出来，于是在这些国家便产生了潜在的有利可图的市场。例如，最新的美国统计数据估计，在美国，3 530万的西班牙人拥有4 524亿美元的购买力。另外，社会和流行趋势引发了他们特有的民族物品的繁荣，如以特别的方式穿戴和做事——嘻哈乐迷、足球流氓等。例如，巴宝莉品牌被足球流氓和摇滚爱好者当做一种标志品牌，这导致公司产生了严峻的问题，并引起在英国的销售额急剧下降（参见营销实例2.2）。

营销实例2.2：巴宝莉的"问题"顾客

学习指南：下面是一个英国品牌巴宝莉最近面临的问题。阅读文章并考虑其他与子文化相关的品牌。

巴宝莉是英国的一个象征性品牌，在1856年由托马斯·巴宝莉创立。直到1924年，它的特色格子花纹还出现在军用防水大衣的内衬上。这个特别的商标设计成为了公司的标志性形象，后来被用于雨伞、围巾、行李箱的图案设计。在1980年以后开始的国际性扩张中，它在纽约的第一家旗舰店的开业标志着它已确立时尚服饰品牌的地位。巴宝莉现在以它的奢侈品而闻名，深受富人和有社会地位的人的欢迎。

然而糟糕的是，一些计划之外的和不规范的市场也开始接受该品牌。在英国，巴宝莉有着特殊花纹的服装已经成为那些"傻帽"（被媒体用来形容一种类型的青少年）的"工作制服"。这些人常常是下层阶级的白人青少年，他们喜欢大量的运动品牌，常常伪装自己，使自己看起来很酷。

这个品牌还常常和那些穿着巴宝莉T恤、带着棒球帽的足球流氓联系在一起。在2004年，两个英国俱乐部预先提出禁止相关人员穿巴宝莉的服装，并提出该品牌的服装已经成为足球流氓和小无赖的"工作服"。这个事件受到了媒体的大量关注，这和下层阶级的粗俗联系在一块儿，并与巴宝莉所宣传的广告（主要消费人群是年轻、漂亮、富有的白人）相悖。

奢侈品被非目标市场接受是品牌所有人最为头疼的一件事，因为其必须考虑如何恰当应对。巴宝莉的回应是，制定向着更高级品牌市场迈进的战略目标。它聘请超级名模凯特·摩斯（Kate Moss）为品牌做代言，并扩大零售店范围。它还瞄准美国等主要的国际市场，因为在这些国家人们的品牌意识更强烈。这个方法已见成效，在2008年，公司报告利润增长了25%。奢侈品牌必须小心经营它们的品牌形象，并期望变化无常的新"问题"消费者将注意力转移到下一个毫无戒备的"受害人"身上。

基于：Braddock（2003）；Killgren（2008）；O'Brien（2003）；Tomkins（2005）

2.3.3　社会责任和市场营销道德

企业要认识到它们对社会负有法律责任以外的责任。社会责任指的是个人和组织的行为影响自然环境和公众环境时，其应该遵守的道德准则。绿色和平及反烟与健康组织等施压集团表现出了对环境和公共利益的关心。

市场营销经理要认识到组织是社会的一员，其行动要对社会负责。鉴于此，毕雷公司（Perrier）在120个国家回收了1.6亿瓶水，因为其在所生产的13瓶水中发现了毒性化学物质。尽管没有证据表明在水中存在这种化学物质对人有害，但其还是花费了5 000万英镑对该批水进行回收。沛绿雅这样做是因为其意识到要消除消费者心中所有的疑虑，才能维持产品的纯净形象。企业越来越意识到开展活动要对社会负责。相反，可口可乐公司在比利时的产品中由于被发现有污染物，使其花费了一周时间去应对反工会的指责、被人们指责破坏紧缺水资源和导致儿童肥胖的危机。"绿色营销"这个词用来描述生产、促销环保产品和回收易破坏环境的产品的市场营销做法（参见营销实例2.4）。

社会营销概念是被用来描述企业不仅应该考虑消费者的需求还要尽可能地考虑社会的一种标签（参见插图2—2）。这个概念引发了一些运动，如公平贸易基金会；还导致形成了一些公司，如都柏林的时尚公司艾顿（Edun）。由U2的主唱博诺和他的妻子阿里·休森创立的这家公司，生产一系列有机棉衬衫、牛仔裤和麻夹克。其时尚系列服装所用的材料为来自秘鲁的非补贴棉花，并在非洲加工生产。它的第二个品牌"艾顿生活"的服饰原材料（棉花）由坦桑尼亚提供，衣服在莱索托生产。这个公司的道德目标是赞助非洲的生产商和世界范围内的有机棉花生产商。

企业的社会责任不再是可有可无的东西，而是业务战略的重要组成部分，受到施压集团、持股人和机构投资者的密切关注，他们中的一些人还负责管理道德投资资金。人们越来越希望，在一个有着更清楚透明的价值观的世界里，各行各业能够适应气候变化、保护生物多样性，倡导社会公平和维护人类权利。这些发展的两个结果是社会责任报告和**事业关联营销**（cause-related marketing）的数量将会增加。一些在爱尔兰运营的肩负企业社会责任（CSR）和进行事业关联营销活动的领头企业列示在表2—3中。

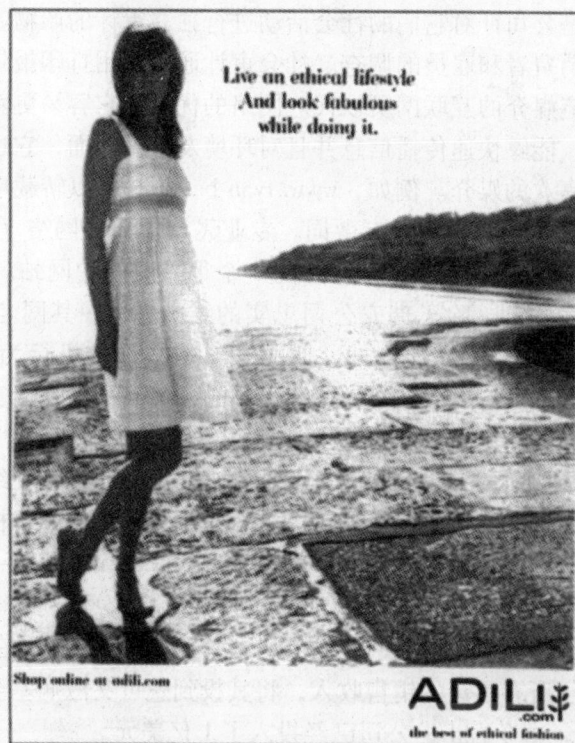

插图 2—2　阿迪尔（Adili）是一个时尚公司，它回应了人们对于服装和
时尚产品生产中道德标准的关注

表 2—3　　　　　　　爱尔兰被选择的公司担负的企业社会责任

企业	履行社会责任的活动
爱尔兰联合银行	"更好的爱尔兰联合银行"（AIB）项目致力于帮助弱势儿童，AIB 已经向 700 个工程捐助 1 000 万欧元
爱尔兰银行	FTSE4 指数成员；引进商业道德声明和环境管理系统
迪阿吉奥	发展选择区以支持关于理性饮酒的教育项目；为迪阿吉奥自由学习计划提供 350 万欧元的赞助
爱尔兰 IBM	一个社区志愿者项目，在两年内开展了超过 12 000 个小时的志愿者活动
强生公司	建立特殊成就者俱乐部；成为塔拉特社区学校项目的合作伙伴；2004 年建立企业社会责任委员会
毕马威会计师事务所	为无家可归者提供"准备工作项目"培训；在学校商业合作伙伴计划中，成为韦斯特兰学校的合作伙伴
玛莎百货	玛莎百货发起的玛莎行动是一项社区项目，旨在每年让 2 500 人具有工作技能
O₂ 公司	O_2 能力奖的赞助商；和所有雇员一起努力以提高阅读障碍者的阅读能力
爱尔兰乐购	通过"慈善年"项目为国家慈善组织增加了 260 万欧元的基金

社会责任报告是公司针对它们的社会活动进行独立审计的产物。这些审计通常包括对关键利害人如消费者和雇员的调查。社会审计通常采用打印报告的形式，但是这逐渐被作为主要交流媒介的互联网所取代。网络的优点是它容易更新，信息的分散成本最低，易于获得，能够快速传播信息并且对环境友好。然而，它也成为了那些希望批评大公司的人最喜欢的媒介。例如，www.ryan-be-fair.org 以转载瑞安航空公司员工的评论为特色，其对该航空公司颇有微词。专业飞行员谣言网络（www.pprune.org）是飞行员用于分享信息（包括小道消息）的一个很受欢迎的网站。这个网站上的大部分评论对瑞安公司不利，除了瑞安公司忠实的维护者——其网名为"狮子座的毛骆驼"（Leo Hairy Camel）的评论外。他的参与是一种投机行为，但是 Leo Hairy Camel 是用奥利里（O'Leary）的回文构词法得到的，奥利里即是瑞安公司直言不讳的首席执行官。

事业关联营销是公司、慈善组织和事业部门为共同的目标相互结成伙伴关系，共同营销一个形象、商品或服务的商业活动。当企业和慈善组织的目标客户类似时，事业关联营销效果明显。例如，美国运通是红色计划的合伙人，这是一个合作联盟，主要通过贴牌产品和抗击艾滋病、肺结核、疟疾的全球基金分取利润。有关事业关联营销最强的一个承诺是由加拿大 MAC 化妆品公司做出的，该公司现在是雅诗兰黛集团的一部分。它放弃了所有唇膏的销售收入，将其投到魅可艾滋病基金会，最终将其发给携带 HIV 的群体。迄今为止，公司已经投入了 1 亿美元。

一个相关的问题就是市场营销**道德规范**(ethics)。道德规范是约束个人和集体的行为及决定的道德准则和价值观，包括有关正误行为的价值观。市场营销决策的合法性和道德性是有区别的。道德标准涉及的是个人的道德准则和价值观，而合法性反映的是社会的法律准则和标准，可以在法庭上实施。

不是所有不符合道德标准的做法都是违法的。例如，在超市出售的产品中加入基因改造成分并不违法，但是"绿色和平"等一些组织认为无法科学证明其对健康的影响前出售基因食品是不道德的。这种考虑使得冰岛和圣斯伯里等地的连锁超市把这种食物从货架上撤走。类似地，由于一些科学研究发现手机的使用可能和脑肿瘤的产生有关系，所以手机公司需要对因为使用它们的产品而产生的潜在长期风险承担责任。生产商要保证手机听筒符合辐射吸收率的国际标准，该行业已经为这个问题的研究花费了数百万美元。

很多道德困境产生于利润和商业活动之间的冲突。例如，使用童工进行生产活动的成本低，利润率高。在 2006 年，英国第四频道的一段新闻的秘密录像清楚地显示，孟加拉国的童工为乐购制作自有品牌的衣服。然而，乐购对工厂使用童工并不知情，它还是英国道德贸易组织的成员之一，这个组织对全球供应链进行独立监管。鉴于市场营销道德规范的重要性，本书的每一章都包括一个关键的道德之争，讨论支持者的论点和市场营销危机的核心主题。关于企业社会责任的争论（CSR）见道德之争2.1。

道德之争2.1：是 CSR，还是 PR？

多年来，关于企业应该承担哪些社会责任，一直都有争论。企业不是独立运行的，而是和所处的经济环境、社会环境以及物质、政治环境紧密联系的。对于许多公司来说，对环境需求保持敏感性是没什么可骄傲的。使员工在低工资、恶劣环境下工作，使用童工等形式的人力资源滥用已经受到高度重视。污染、不加节制的砍伐和不合法的污水排放等破坏环境的行为，已经遭到了批评。现在，还存在全球范围内的先提价再打折的促销活动以及政治进程腐败。类似的事情时有发生。在重要的政府与经济会议上，抗议者和警察的对抗，凸显了企业和一些社会部门之间分歧的扩大。

社会变化的压力，导致企业社会责任（CSR）已经成为企业董事会议题的一部分。所有大型公司都有企业社会责任倡议，并在它们的网站和每年的报告中公布。例如，在1953年，壳牌石油公司成立了壳牌石油基金会，自从成立以来，其已经捐助了5亿美元来改善壳牌公司雇员生活和工作的地方社区条件。玛莎百货有一个"A计划"，其列出了5年内要完成的100个有价值的项目，包括帮助乌干达15 000个儿童接受更好的教育，减少二氧化碳排放量55 000吨，回收4 800万个衣架，2 000万件衣服以公平交易棉花为原料等。企业证明了不仅它们的经济活动，还有它们的社会及环境活动取得了三重盈余增长。

然而与此同时，有一些评论家尖锐地指出，这些投资是完全错误的。这种说法尤其被美国的经济学家米尔顿·弗里德曼所认同。他认为，企业的任务就是最大化它的所有者和股东的利益，一切影响企业达到这个目标的做法都应尽量避免，社会问题是政府的责任。类似地，在比尔·克林顿时期的美国劳工部长罗伯特·莱克认为，企业不能承担社会责任，它们承担社会责任会不利于政府参与并解决问题。另外一系列研究表明，企业履行社会责任不起作用，也就是说，企业社会责任对企业行为会有消极的影响。

现在人们仍然在激烈讨论，企业开展履行社会责任的活动的当前趋势是否反映了企业对自身行为对环境的影响的进一步关注，以及这是否只是纯粹的扩大化的公共关系问题。许多评论家赞成后者，因为企业正在回应不断增加的公众和非政府组织的监督。企业履行社会责任是一个好的创意，可以为企业塑造一个良好的形象，并且让评论员和股东满意，但是最终的测试是企业是否始终如一地坚持原则，甚于关心利润。反过来说，美体小铺（Body Shop）、本杰瑞公司（Ben & Jerry's）、innocent公司和其他一些公司的经历，都表明这两者也并非相互排斥。培养长期的兴趣或许是企业应采用的最好方法。

2.3.4　消费者运动

消费者运动是保护消费者权益的个人、组织和团体所开展的活动。比如，英国的消费者协会为消费者提供相互竞争的产品信息，使消费者对产品和服务有更多的了解后再做购买决定，信息发布在它们的《Which?》杂志上（www.which.org）。

除了提供无偏见的产品测试和反对不公平的商业做法外，消费者运动还活跃在产品质量和安全、信息的准确性等领域，并在全麦酒运动、改善汽车的安全性、规定信用设施的广告必须给出真实的利息费（年百分率），以及在香烟盒和香烟广告中要警告吸烟有害健康等领域取得了明显的成功。

消费者团体可以对生产过程施加重要的影响。例如，芬兰和德国的环保运动，迫使芬兰最大的造纸公司，也是欧洲第一造纸公司——芬欧汇川集团（UMP-Kymmene）种植新树的数量要和砍伐的树的数量相匹配。而且，施普林格（Springer）等德国客户（芬欧汇川最大的客户）与造纸公司签订的合同中必须包括森林可持续发展和保护生物多样性的条款。在英国，平等贸易办公室正致力于鼓励被反竞争公司侵权的消费者采取法律行动进行对抗。欧洲一份 2007 年关于 5 000 名消费者的研究发现，道德消费正在增长，但是调查者却感觉商业道德正日趋下降（见表 2—4）。消费者运动不应被看做商业活动的一种威胁，市场营销人员应该关心其所关注的，提供机会去创造新的产品和服务来满足新兴市场的需求。例如，在发达国家，随着人们对肥胖水平提高的关注，麦当劳对它的菜单和市场营销活动做了明显的调整。其在菜单中加入了很多健康食品，包括沙拉、水果袋，并帮助公司重新获利。

表 2—4　　　　　　　　　所选国家被认为最有道德的品牌

排名	英国	法国	德国
1	Co-op 公司	法国达能集团	阿迪达斯
2	美体公司	阿迪达斯	耐克
3	玛莎百货	耐克	彪马公司
4	Traidcraft 公司	雀巢公司	宝马公司
5	咖啡直达公司	雷诺公司	得墨忒耳公司
6	艾克佛公司	标志公司	猎豹公司
7	布莱克公司	飞利浦	大众汽车公司
8	乐购	家乐福	索尼
9	乐施会	可口可乐	三宝公司

2.4　政治与法律因素

政治和法律环境可以通过制定开展商业活动的规则来影响市场营销决策。考虑到政治因素，组织中的高级管理人员需要和政界人士建立联系，从而观察政界变化，并同时影响政界。有时，企业为了保持有利的关系，需要为政党提供适量的资金。例如，酒精产业在和政府的紧密联系中存在既定的利益，它们希望凭借这个来反对试图遏制酒精饮料市场的施压团体的建议。商业试图影响政治决策的程度要依赖于游说程度。据估计，在布鲁塞尔有 15 000 名说客试图影响 732 位欧盟议员的决策。其中一些商业活动者游说议员不要：进一步限制网络和手机上的广告以减少垃圾邮件，制定更严格的法律来减少浪费，以及进行严格检测和为化学制品贴制标签。

政治决策会对商业活动产生重要影响。这可以从美国攻打伊拉克从而导致美国重要公司成为众矢之的，且美国产品遭到联合抵制的活动中反映出来。通常情况下，政治因素会产生循序渐进的和细微的影响，这可以通过欧洲政治体试图建立欧盟看出来。

2.4.1　欧　盟

在过去，基本的经济单元是国家，国家有做出经济决策和决定经济供应与需求水平方面最大的自主权。但是，在过去的三十多年，一切都在迅速变化，这主要是由商业的全球化驱动的。世界上最大的公司，如微软公司、通用电气公司、沃尔玛等，现在在经济方面的实力比一个国家还要强大。因此，国家在经济领域结成同盟可以更有效地管理事务。于是，大部分的欧洲国家成为了欧盟的成员国，一些北美国家也加入了一些经济联盟，如 NAFTA，太平洋沿岸国家是著名的 ASEAN 的成员。

1986 年出台的《单一欧洲法法案》，使欧盟（EU）形成了自由流动的内部市场。其目的是通过去除产品、服务、资金和人员在 12 个成员国之间自由流动的障碍，建立一个拥有 3.2 亿消费者的巨大的撤销管制的市场。近些年来，1992 年签署《马斯特里赫特条约》，2000 年签署《尼斯条约》，以及 2002 年建立欧元区，成为这个经济联盟寻求发展的进一步行动。欧盟另一个里程碑是，2004 年 5 月又有 10 个国家加入，将欧盟成员国数量增加至 25 个。欧盟当前的成员国有奥地利、比利时、英国、捷克共和国、塞浦路斯、丹麦、爱沙尼亚、芬兰、法国、德国、希腊、匈牙利、爱尔兰、意大利、拉脱维亚、立陶宛、卢森堡、马耳他、荷兰、波兰、葡萄牙、斯洛伐克、斯洛文尼亚、瑞士、瑞典。通用货币——欧元的使用国有 13 个，使旅行、现金支付和跨国贸易更便捷。欧盟的发展有更广泛的商业意义。

对于欧洲单一市场对实现泛欧洲市场营销的促进作用的效果众说纷纭。一方面，欧洲消费者的动机越来越强，国与国之间的信息流动越来越快，再加上政治宣传，促进了《泛欧洲市场营销法》的颁布；另一方面，地方口味和偏好的持久性意味着，消除正式的贸易壁垒并不能使不同国家间的市场营销策略标准化。标准化程度似乎依赖于产品类型。很多工业品、耐用消费品（如照相机、烤箱、手表和收音机）和服装（古驰鞋、贝纳通 T 恤和李维斯牛仔裤）标准得到了很好的推进。然而，快速消费品由于地方口味的不同很难实现产品标准化。即使是泛欧洲品牌，如欧莱雅集团旗下的卡尼尔（Garnier），也对它的染发产品的推进进程做了调整。因为它意识到获得消费者的信任对于销售染发产品非常地重要，它努力在每个市场上寻找最合适的代言人。在英国，选择了"老大哥"（Big Brother）的主持麦克考尔（McCall），但是在法国、意大利、德国和瑞士，却选择了本土的合适的电视节目主持人或演员。营销组合的每个部分都可能受到伴随欧洲单一市场而来的变化的影响。

2.4.2　有利于竞争的立法

政治决策可能被直接转化为法律以及少部分的正式指令，这会对商业活动产生深远的影响。在一些关键领域，调整者要保证竞争的公平性和合法性，并以保证消费者的社会权益的方式进行。在欧洲，反垄断是根据《罗马条约》第 86 条进行的，目的是阻止企业"滥用"市场统治地位。然而，欧盟于 1990 年引入了第一个处理兼并和收购的直接机制《并购规则》，对其加强了控制。这使得欧洲委员会的竞争署有权管理"在欧洲范围内的集聚"。在最近这些年，这个委员会面临着世界级大公司的挑战，尤其是微软公司。微软公司在欧洲委员会控告它滥用在软件市场的控制地位，并持续了9年的法律战之后，于2007年认输。它必须支付7.77亿欧元的罚款，并被勒令向其他公司提供信息，以使这些公司的软件和微软公司的软件能够实现交互操作。促进竞争的机构也可以是国家层面的，如英国的公平交易办公室和爱尔兰的竞争管理局，它们负责当地的竞争问题。

2.4.3　消费者立法

政策调整者还颁布法令来保护消费者。欧洲的许多国家用各种形式的《消费者保护法令》来规范企业如何和消费者建立联系以及应该如何宣传产品。这些法令将不平等、错误诱导和侵略性商业行为归为不合法行为。例如，产品信息和使用后的功效必须明确标示出来——例如产品对环境友好，必须有证据能够说明。这个法令在爱尔兰国家消费机构的监管下被强制执行。类似的消费者保护措施对谷物早餐和软饮料也有明确规定，参见营销实例2.3。

总之，政治和法律决策可以很快就影响到商业游戏规则。例如，在2008年，法国政府试图取消公共电视上的广告，这是一个对广告人有重要影响的运动，因为广告人在这些频道已经投资了8.5亿欧元。类似地，欧洲法庭在2007年判定迷你百利酒（Baileys Minis）系列可以继续销售，这可以被视做扩展品牌发展时投入了巨资的迪阿吉奥（Diageo）公司的重要胜利。

营销实例2.3：健康的早餐是什么样的？

学习指南：下面是对一些研究的评论，该研究对针对儿童的市场营销活动而言很重要。阅读文章并考虑消费者、监管者和企业应该如何应对这些出现的问题。

谷物早餐市场非常大，据估计在英国该市场价值12.3亿英镑，但该市场上也充斥着对类似家乐氏（Kellogg's）等公司的质疑。大部分谷物早餐市场的主要目标受众是儿童，因此一些卡通形象如史莱克、托尼虎和辛普森一家常常出现在广告和包装上。但是，谷物早餐中都包含什么？它们真如宣传的那样健康吗？一项由爱尔兰消费者协会组织的研究表明，被研究的36种儿童谷物食品未达到健康等级，该等级要求儿童谷物食品应高纤维、低糖、低盐、使用饱和脂肪。2/3的谷物食品的含糖量超过了30%，一些自有品牌的食品甚至达到了38%的含糖量。家乐氏反对这项研究，声称研究中没有考虑产品所含的维他命和矿物质。

类似这样的争议非常重要，因为社会中肥胖问题逐渐凸显，尤其是儿童的肥胖问题。据估计，英国1/5的儿童被临床诊断为肥胖，这个数值在不久的将来会达到1/4。这导致要求禁止播出针对儿童的食品广告的呼声越来越高。英国通讯管理局（Ofcom）提出了一系列限制令，包括不接受针对学前儿童生产食品和饮料的公司的广告和赞助，明星和其他授权角色不能在食品广告中出现，促销不能将目标群体设定为10岁以下的儿童。这些类型的措施对儿童产生了巨大的影响，研究发现一些肥胖儿童在看完电视上的广告后开始质疑自己摄入的食品是否健康。

欧洲食品安全局已经开始关注关于糖果、糕点产品中使用食品染色剂导致儿童出现亢奋行为的研究。关于儿童玩偶的报告发现一些女孩在相当小的年龄就具有性特征。2006 年,乐购被控告在它的网站上销售跳钢管舞的玩偶和卡片游戏。这些事实表明,需要继续规范企业行为。企业必须认真考虑它们的广告目标群和它们产品的用途。当两者不匹配时,评论家和消费者协会很可能会高度关注这个问题,并要求对其商业活动进行严格监管。

基于:Cullen(2007);Terazono(2006);Wiggins(2007)

2.4.4　行为准则

除各式各样的法律之外,一些行业还草拟了行业的行为准则——有时这可被看做政治压力的结果——来保护消费者权益。例如,英国的广告行业,已经制定了广告标准自我监管准则和保证广告"合法、得体、诚信、尊重事实"的操作准则。类似地,市场营销研究行业拟定了保护消费者免受不道德行为侵害的准则,不道德行为包括将市场营销研究作为销售借口。然而,许多评论员对现存的诸如石油行业和制衣行业等行业中的自愿行为准则持批评态度。像美国的可口可乐公司和百事可乐公司,已经开始限制在学校中销售软饮料,以此来平息怨言和逃避诸如法国等国禁止在学校贩卖食品的管制。

市场营销管理人员必须意识到政治和法律环境对营销活动的限制,必须考虑是否有必要干涉那些影响公司运转的政治决策的制定,以及企业应在多大程度上进行自我监管才能保证消费者对产品和服务持有最高满意度。

2.5　自然环境因素

正如我们看到的,消费者运动致力于保护消费者的权利,而环境保护论者则致力于保护自然环境,避免其成为生产和销售产品以及提供服务的牺牲品,其关心消费的社会成本,而不仅仅是消费者个人的成本。有 6 个环境问题特别值得注意,它们是:气候变化、污染、节约稀缺资源、可回收且非破坏性包装、环境友好型材料和新产品的动物试验。市场营销人员应该意识到这些问题带来的威胁和机会。

2.5.1　气候变化

气候变化已经成为近些年讨论最为热烈的一个主题。大多数评论家认为人类的活动加速了臭氧层的消耗,导致了全球气温的逐年升高,从而使南北极冰盖消融,而这又导致了不可预测的极端天气(如干旱和飓风)的出现。格尔的电影《难以忽视的真相》使这个讨论进一步白热化。持相反观点的人认为全球变暖是自然循环的结果。到目前为止,关于气候变化的《京都议定书》已经获得全球 175 个国家的认可,各国已签订协议要共同减少温室气体的排放。事实上,对于企业来说,这意味着要寻求方法来减少二氧化碳的排放,并限制氯氟碳化物(CFCs)的使用。例如,路虎的多功能汽车（SUVs）是绿色环保人士的首要攻击目标，它被要求在 2012 年之前使汽车碳排放量下降 20%。如提高对多功能汽车的税收等自发行为，使路虎在西欧的销售额大减。运输公司通过使用可循环的软件以及网络匹配系统来改善运输活动，减少气体排放。

气候变化对商业活动和社会存在潜在的影响。例如，人们越来越乐于乘飞机旅行，在近些年来由于经济繁荣和航线的低成本的营销活动，航空业急速发展起来。但是，航空飞机是诸如石油等有限能源的主要使用者，而且自 1990 年以来国际航班的二氧化碳排放量已经成倍地增加。这意味着消费者选择乘飞机出行的会越来越少，甚至其会被鼓励少乘飞机出行，这对航空行业来说会产生深刻的影响。这些影响已经体现在露天加热器行业，该行业曾因为排烟量的限制和消费者户外就餐的增多而大受欢迎。但是，汽油加热器每年排放的二氧化碳量相当于一个半汽车每年的二氧化碳排放量，诸如 B&Q 等公司已经决定停止销售。

2.5.2　污　染

产品的生产、使用和处理会对自然环境造成危害。污染空气的化学产品的生产，使用可能污染河流的氮作肥料，将副产品注入海中都成了公众关心的问题。像中国和印度这种迅速增长的经济体在这方面存在严峻的问题，中国已超过美国成为世界上二氧化碳排放量最大的国家。煤炭为中国提供了 80% 的能源，预计这种情况至少还会持续半个世纪。在北京，工厂和汽车的二氧化碳排放已成为一个重大的问题。水污染也非常严重，据估计流经城市的水域有 90% 已受到污染。

监管者和消费者群体对企业施加压力有助于减少污染。丹麦采用了一系列反污染的措施，包括对杀虫剂和 CFC 收税。在荷兰，有人提议对杀虫剂、化肥的使用和一氧化碳的排放征收较高的税。然而，并非所有活动都会增加成本。在德国，参与绿色科技活动获得的市场营销好处是，污染控制设备的出口业务获得了异常繁荣。

消费者群体通过影响公众观点对企业产生巨大的作用。例如，环境保护论者的抗议使壳牌公司（Shell）放弃了将废弃的北海燃油设备 Brent Spa 倒入海中的计划。在控制企业活动和对其改变施加压力方面，环境保护论者成为了广泛运动的关键组成部分。

2.5.3　节约稀缺资源

意识到自然资源的有限性使人们开始对有限资源进行保护。对节能住房和省油汽车的需求反映了这一点。在欧洲，瑞典率先制定了家用和可再生资源的能源政策。对煤和石油等污染性能源的使用采用惩罚性的税收制度，而对污染较小的泥炭和木片等家用燃料的使用则采用较低税收的政策。而且，在不久的将来，核能将逐渐退出市场。能量的更有效利用和节能产品的开发（由能源技术基金支持）将弥补核能容量的不足。日本丰田公司的一种油电混合动力汽车——普锐斯取得了空前的成功，以至于公司必须全力以赴生产才能满足客户的需求（参见插图 2—3）。

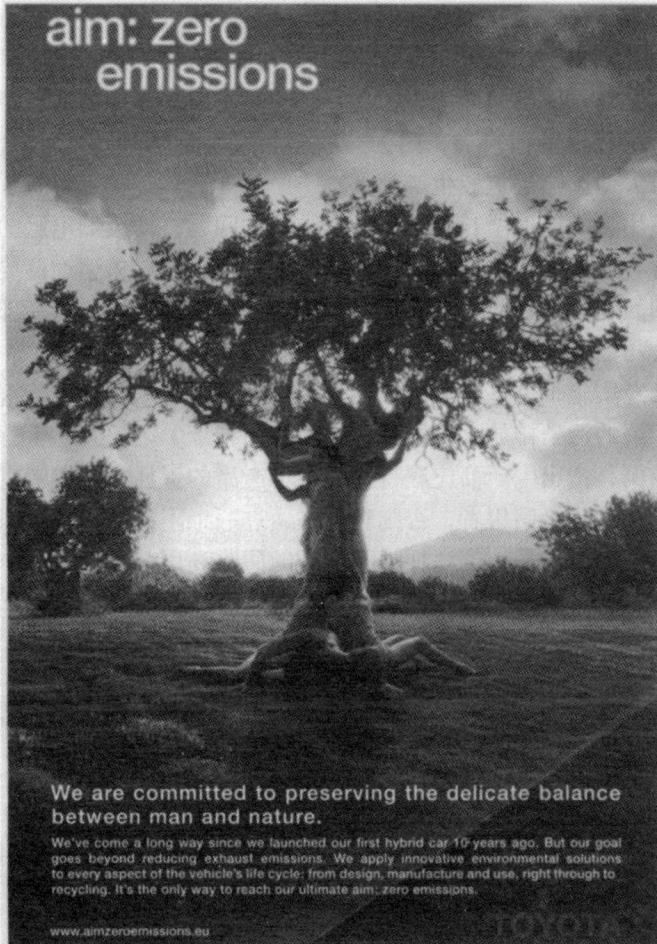

插图2—3　这份日本丰田汽车的广告证明了该公司已积极投身于环保行动

由于全球气温的升高，水资源很可能成为下一个需要保护的稀缺资源。有利可图的全球瓶装水行业可以说明这一点。一项美国的研究表明，从2001年到2006年5年的时间里，瓶装水的消费量提高了57%。在发展中国家，在瓶装水上的消费总额是投资总额的7倍。更长远地看，上百万桶原油被用于制造瓶装水的塑料瓶，有90%的塑料瓶使用过一次就被废弃了，这些瓶子需要1 000年才能被生物降解。水资源短缺也与软饮料生产商百事可乐和可口可乐公司等有关，它们被指控在发展中国家生产软饮料导致周围地区缺水。

组织对资源稀缺问题所做的应对会产生有趣的影响。例如，由于石油等化石原料的有限性，生物原料生产显著增加（它们主要是从谷物中获得的），这就导致了用于生产面包等产品的粮食的短缺，从而间接抬高了国际粮食价格。

2.5.4　可回收且非破坏性包装

过去的20多年见证了欧洲可回收再利用材料的迅速增长。减少包装方面的浪费不仅对环境友好而且有商业价值。一些公司引进浓缩清洁剂，并将一些品牌的牙膏外包装的纸板去掉，这样做节省的费用数额是非常大的。在德国，Lever GmbH 通过使用浓缩清洁剂节省了 30% 的费用，通过使用更轻的塑料瓶减少了 20% 的材料，引进可回收使用的填充浓缩液的包装减少了一半的包装材料。多国政府已经开始禁止超市和便利店为顾客免费提供塑料袋，因为这些塑料袋引起了环境污染并且分解速度很慢，这种禁令极大地影响了包装生产商。

　　个人电脑使用量的迅速增长引发了一个重要的问题，即废旧电脑的回收问题，因为废旧电脑中含有很多有害物质和污染物。欧盟法律强制要求生产商要勇于面对如何回收这些产品的问题，回收产生的费用一部分应由生产商承担，另一部分则要由消费者承担。惠普公司已经组建了一个团队去检查电脑如何生产并研究如何处理废旧电脑。这个团队已经实施了一些计划，如在打印机中使用玉米淀粉取代塑料品，重新设计包装并减少工厂的污染排放。《电子电器废弃物指令》在 2003 年正式成为欧洲法律，其增加了条例，指出生产商应履行处理电子产品的责任。消费者有权将要求循环利用的旧电子产品返还给销售者，否则费用将通过一个附加的循环税强加在消费者身上。出台这项指令的结果是生产商加强了产品的回收利用。

2.5.5　环境友好型材料

　　环境学家提倡使用可降解的和天然的材料。玩具行业由于使用塑料和其他对环境不友好的材料而处于舆论的风口浪尖。因此，诸如绿色玩具（Green Toys）公司和木玩公司（Anamalz）等新开业的公司就开始另辟蹊径。前者将被回收为硬纸板的装牛奶的包装作为原材料，后者则使用木制品来取代塑料。白炽灯泡是采用环境非友好型材料的典型。它消耗了大量的电能，而消耗的电能中多达 95% 用于能量消耗而非照明，它的使用寿命也相对较短。现存的灯泡使用电极来连接能量供应，因此就会使用一些危险材料，如水银。一家名为凯若维森的英国公司的研究人员发明了一种替代品，这种灯不需要使用电极或水银，只需要极少量的能量，且永远不需要更换。这些类型的创新表明，企业通过控制市场营销环境就可以获得商业机遇。

2.5.6　新产品的动物试验

　　洗发水和化妆品等很多潜在的新产品会在发布前先在动物身上进行试验，以减少对人类的危害，这种做法遭到了许多人的反对。英国零售商美体公司最初能够取得成功就在于，它的一个主要观念是它的产品不需经过动物试验，这是它在业务上使用道德方法的一个例子，这一做法也扩展到它的供应商那里。其他大的商店也效仿美体公司推出了对动物友善的产品系列。

　　总之，兼顾自然环境对商业公司来说是个很大的挑战，但也意味着巨大的机遇。市场非常乐意接受新的环境友好型的产品或方法（参见营销实例 2.4）。

营销实例 2.4：生态营销

　　学习指南：下面是一些关注生态环境的公司的例子。仔细阅读文章并举出其他一些你能想到的例子。

生态营销，或者称绿色营销，将来很可能成为繁荣的行业领域。由于越来越多的消费者开始关心环境，企业渴望突出它们的绿色证据。例如，在 2006 年，福特汽车公司（Ford Motor Co）声称它花费了 10 亿英镑来研究和提高汽车能源的使用效率。但是，正如我们早先讨论的企业社会责任（CSR）问题一样，消费者也需要警惕一些公司发布的绿色声明。例如，一项在爱尔兰的研究发现，有 50% 的产品对外声称自己是环境友好型的，但是事实上消费者却被误导了。研究还发现，涂剂产品被说成是无铅的，甚至标准的不可回收的纸类产品竟然打出标语"善待自然"。

但是，一些公司发现寻找方法来应对兼顾自然环境带来的挑战是非常合算的。一个非常合适的案例就是爱尔兰的一家公司安粹风能集团（Airtricity）。这家公司成立于 1997 年，现在已经成为世界主导的新能源公司，拥有并控制着整个欧洲的风力农场。它同时还是电能的生产商和供应商，并且已经在爱尔兰建立起了 38 000 个商业消费者群体。在 2007 年，其被评为爱尔兰最佳公司，在 2008 年，其以 25 亿英镑的价格被苏格兰及南方能源公司（Scottish and Southern Energy plc）收购。使用风能生产电能减少了化石原料煤炭和石油的使用，在一些国家，这个行业发展势态特别好（如在丹麦，总电量的 20% 是利用风能生产的）。

甚至，公司中直接投资于环境的业务也成了大生意。绿色投资产品成为资金管理业务中增长最快的一个领域。在大多数情况下，这些产品允许投资者投资有关生态活动，如节能、废物处理、回收和发展环境友好型产品等。在另外一些情况下，投资者为一些刚组建的公司提供原始资本。迄今为止，这类资金的表现远好于其他同类资金。

基于：Carswell（2008）；Reid（2007）

2.6 技术因素

技术对人们的生活和企业的命运有着巨大的影响，技术突破已经给我们提供了人体扫描仪、机器人、摄像放映机、计算机和其他许多提高生活质量的产品。很多技术突破改变了竞争性行业的游戏规则。计算机的发明摧毁了打字机市场，并使计算器变得几乎毫无用处。计算机中的网络电话功能，可以通过网络进行电话呼叫，正威胁着电信行业，同时几乎将国际长途电话税收降为零。知晓技术环境可能有益于获取新技术领域的尖端位置和主要的投资计划。例如，英国化学工业公司（ICI）在生物技术部门投巨资，引领了生物指纹领域的设备市场。日本公司在微型电子、生物技术、新材料和电讯行业投入巨资。

潜在的技术运用时时刻刻都在更新。例如，卡罗莱纳州南部的贪吃小猪连锁超市（Piggy Wiggy），成为美国第一家在 120 家门店推出生物付款系统的零售商。在支付款项时，消费者将指纹印到一个小屏幕上，并使之传输到先进的设备中，再选择电子钱包中的消费额，最后确认，交费就完成了。现金、支票夹和信用卡都不再是必需品。成功的电子技术投资有市场潜力，而非为了自身利益将技术复杂化。协和飞机（Concorde）就是受到技术专家的驱动，而不让市场牵着鼻子走的进行高科技创新的典范。然而，由于技术复杂，在发布产品之前，管理人员就知道它在商业上永远不可行。大量的网络行业的技术创新就是因同样的原因失败的。

影响市场营销的一个主要技术变化是信息技术的发展。信息技术，或称之为 IT，扩大了计算机和电讯行业的创新范围。几乎没有哪个领域的市场营销活动不受这些领域发展的影响，几乎本书各章的连接处都包括"聚焦技术"部分以突出技术对市场营销的一些影响。例如，许多市场调研通过邮件来进行；通过自动化销售，提高了销售团队的效率；召开视频会议和使用电话等设备使国际营销活动控制变得更简便（参见插图 2—4）。在第 10 章，我们可以看到一个完全新的行业——消费者关系管理（CRM）在近些年迅速成长。这个行业通过采用数据库技术来改善企业和消费者的关系。网络对企业管理也有深远的影响，我们会在整本书中不时地讨论这个问题。

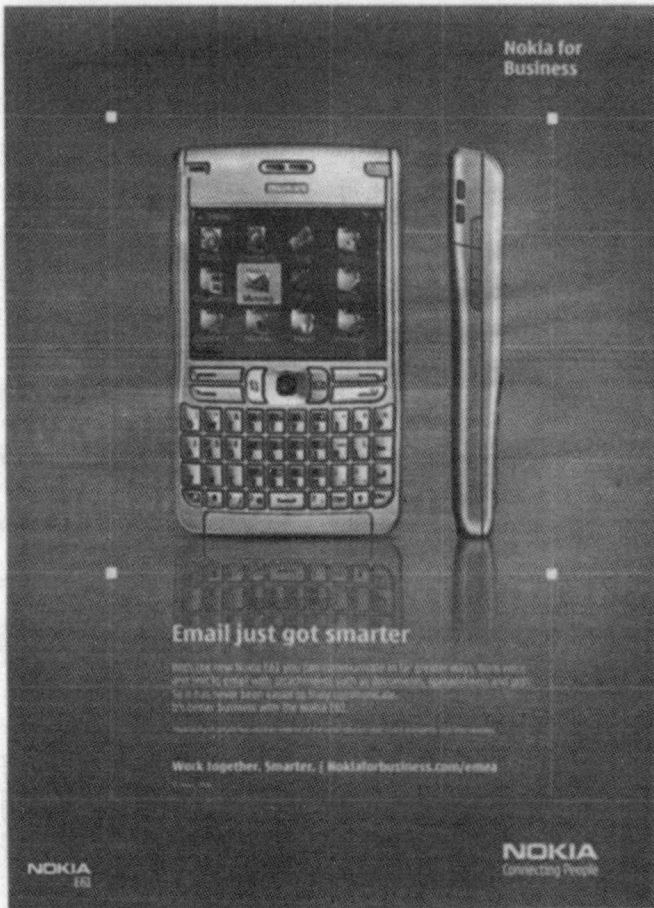

插图 2—4　这个关于诺基亚 E61 的广告旨在加强该产品作为商业活动工作的价值

2.7　微观环境

除了上文提到的宏观环境，还有一些微观变量会影响组织面临的机遇和威胁。我们会逐个讨论这些变量，并在整本书中进行详细的探讨。

2.7.1　消费者

正如我们在第 1 章看到的，消费者处于营销活动的中心位置，我们会在后面的章节详细探讨消费者行为。消费者最终决定着企业的成败。企业面临的挑战是，如何找出没有被满足的市场需求并抓住客户群。这需要企业对市场中不断改变的需求保持敏感，并非常恰当地利用这些机遇。

2.7.2　分销商

一些邮购公司、在线音乐公司和服务提供商直接向消费者提供产品或服务，但是大多数其他类型的公司使用独立的批发商和零售商提供的服务。我们将会在第 11 章看到，中间商可以提供很多有价值的服务，例如随时随地为消费者提供所需产品，并免费送货。另外还可以提供一些特殊服务，如推销商品并进行安装调试。分销的发展给生产商带来重要的影响。沃尔玛和乐购等零售商势力的壮大会影响食品生产商的盈利能力。

2.7.3　供应商

企业不仅受分销商的影响，还会受供应商的影响。供应商可以非常简单，也可以非常复杂。例如，一辆汽车平均需要 15 000 个原件，因此汽车行业由 3 个层次的供应商为其提供服务。第一层次的供应商负责制造整个系统，如电力系统和刹车系统。这些系统由第二层次的供应商提供，第二层次的供应商可能是生产电缆的，这一层次的供应商又由生产基本商品（如塑料或金属板）的第三层次的供应商负责供应。就如分销商一样，势力大的供应商可以通过限制必备元件的生产来提高价格，进而增加利润。

2.7.4　竞争者

竞争水平各行各业都不同。例如，在能源或电讯等行业可能就只有一两家国营企业。但在其他容易进入并且高利润的行业，竞争就会非常强烈。毕雷公司为了应对人们对健康的日趋关注，就研发了一种矿物质水，而这引发大批的竞争者进入了该迅速成长的行业。为了在市场上成功立足，企业不仅要满足消费者的需求，还必须有区别于竞争者的特殊优势。我们会在第 12 章更详细地讨论竞争问题。

2.8　环境评析

监控和分析企业市场营销环境的过程叫做**环境评析**（environment scanning），这时，管理人员需要作出两个主要的决策：评析什么和如何组织评析。显然，从理论上讲，世界上任何一个事件都可能影响企业的运作，但是构建一个涵盖所有因素的评析系统是很难管理的。因此，第一个任务就是确定需要监控的一系列可行的因素，即最可能影响企业前途的潜在相关环境因素。例如，日元价值的变化对在日本有商业活动的公司存在巨大影响。构建评析系统的第二个前提条件是，设计一个对部分可预测而且发展迅速的偶发事件做出快速反应的系统，以应对市场营销环境越来越动荡的现状。

大体上来说，环境评析系统由高级管理团队的成员进行控制，但是在一些大型公司，常常会有单独的团队致力于这项任务的完成。最合适的关于评析的组织安排，依赖于公司面临的环境。对于每个选择都要根据成本和利润做出相应的调整。公司的规模和利润率，以及对环境动荡的感知，会成为影响决策的因素。环境评析提供了必要的信息以方便在战略、组织和环境方面作出合适的决策（见图2—3）。虽然制定市场营销战略需要管理者对企业运行有一个基本认识，但是它也要反映环境。

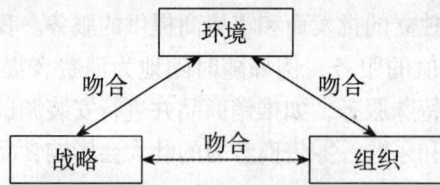

图2—3 战略营销吻合

企业对环境变化会有不同的反应方式（见图2—4）。

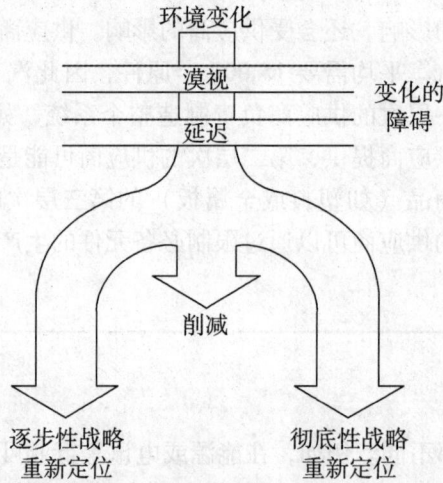

图2—4 对环境变化的反应

2.8.1 漠 视

如果企业环境评析系统较差，则企业可能意识不到一些重要的因素正在影响企业的前景。因此，一切照常进行，管理者不知道环境问题正在威胁着企业，或者看不到可以抓住的机遇。

2.8.2　延　迟

第二种反应方式是企业虽然认识到了影响因素，但是延迟行动，这可能是由组织迅速行动的官僚主义决策过程所导致的。瑞士手表制造商对数字手表的推出反应慢，部分是由其决策过程的官僚主义本质造成的。"市场营销近视症"通常以产品为本，而不是以顾客为本，因此导致其放慢了反应速度。比如，管理人员认为量身定做的套装的需求一直都有，所以延迟了对休闲装的反应。造成延迟的第三个原因是"技术近视症"，即企业没能对技术变化做出反应。蒸汽机生产商波利特（Pollitt）和威戈希尔（Wigsell）就是一例，其对电能的出现反应迟钝。第四个原因是经理们的"心理近视症"，即他们把变化看成威胁，因此乐于保持现状。这些是造成惰性的 4 个罪魁祸首。

2.8.3　削　减

这种反应解决了效率问题，但是忽视了效力。随着销售额和利润率的下降，管理人员缩减成本，这会导致一段时期的高利润，但其仍对销售额的长期下降无能为力。成本（和生产力）再次下降，但根本战略问题仍然存在，削减政策只是将不可避免的事向后推迟。

2.8.4　逐步性战略重新定位

这种方式是渐进地、有计划地并持续性地适应不断变化的市场营销环境。

2.8.5　彻底性战略重新定位

当延迟导致危机时，企业就不得不考虑彻底改变战略定位了，即彻底地改变整个公司的经营方向。英国服装零售商赫普沃斯（Hepworths）彻底将自身重新定位成奈克斯特（Next），即一个面向 25 ~ 35 岁工薪阶层女士的高档女士服装商店。彻底性战略重新定位比逐步性战略重新定位风险大，如果不成功，企业很可能倒闭。

总　结

本章介绍了市场营销环境的概念，解决了以下几个关键问题：

1. 市场营销环境包括微观环境和宏观环境。这些环境中经常发生企业不能控制但会对组织表现产生显著影响的变化。

2. 宏观环境有 5 个主要的因素：经济因素、社会因素、法律或政治因素、技术因素以及自然因素。这些方面的变化都会对公司造成威胁或带来机遇。

3. 经济环境包括经济增长和失业、利率和汇率水平，还有税收和通货膨胀。它们会强烈影响消费者感知，进而影响其购买产品或服务的偏好。

4. 社会因素包括人口因素、文化因素、企业社会责任、市场营销道德以及消费者运动。后两个影响因素在影响商业活动方面日趋重要，得到了社会的重视。

5. 政治和法律因素描述的是组织运行的监管环境。监管可能是建立在国家或者全欧洲的水平上，主要用来保护消费者的权益，保证组织的公平竞争环境。

6. 自然环境的变化在近些年得到了大量的关注。它包含了气候变化、污染、节约稀缺资源、可回收及非破坏性包装以及环境友好型材料和新产品的动物试验。

7. 术语"技术"被广泛地用于描述信息技术，但是也可以用于描述纳米技术、自动化技术等技术。使用技术可以生产出现代商业活动所需的设备。技术需要及时更新，一个领域的技术发生变化，可能会使处于该领域的企业迅速落伍。

8. 微观环境有 4 个主要因素：供应商、分销商、消费者和竞争者。这些会在整本书中详细讨论。

9. 环境评析是监测公司市场营销环境的过程。企业会对环境变化做出各种不同的反应，包括漠视、延迟、消减、进行逐步性战略重新定位以及彻底性战略重新定位。

关键术语

营销环境（marketing environment）：影响公司为消费者提供产品和服务的有效性的参与者和因素。

宏观环境（macroenvironment）：不仅影响企业还影响环境中其他参与者的外在因素，如社会因素、政治因素、技术因素和经济因素。

微观环境（microenvironment）：影响公司在其所选市场中的有效运行的参与者，即供应商、分销商、消费者和竞争者。

社会责任（social responsibility）：个人或组织应该考虑它的行为是如何影响自然环境和公众的道德原则的。

消费者运动（consumer movement）：被组织起来的保护消费者权利的团体所开展的相应活动。

事业关联营销（cause-related marketing）：企业与慈善组织或其他社会团体形成伙伴关系，共同组织商业和社会活动，以此树立形象、营销产品，实现双方利益的共赢。

道德规范（ethics）：影响个人或团体的行为和决策的原则和价值观。

环境评析（environment scanning）：一个企业监测和分析市场营销环境的过程。

练习题

1. 访问华纳音乐集团的网站（www. wmg. com），让自己熟悉它的商业活动。识别并讨论最可能影响公司未来 5 年利润的主要环境因素。

2. 大型公司通过履行社会责任与公众建立重要的联系。讨论企业社会责任。

3. 讨论企业应对宏观环境变化可能运用的方式方法。

4. 讨论 5 种对自然环境关注度增高将带来的机遇。

5. 在持续了 20 多年的增长后，许多世界领先经济体陷入了衰退。讨论与此相关的 4 种具有发展潜力的企业。

6. 访问下列网站：www. barclays. com、www. hbosplc. com 和 www. hsbc. com。比较英国主要金融机构的企业社会责任创新。

案例 2　innocent 公司：善，有利于企业

总的来说，一些大的商业品牌会承诺让你变得更年轻，更漂亮，或者更长寿。然而，却有一些企业想成为更接地气、更真实、更可信的企业。一个恰当的例子就是拥有连锁美容院的美体小铺（Body Shop），它没有承诺让人返老还童、青春永驻，而是提供自然、有效的产品并同时关注自然环境。innocent 公司就是这种模式下的一个企业。它在软饮市场上通过提供高品质、新鲜的产品，并遵守公开的职业道德，成功建立了自己的商业王国。它的成功引起了巨大的竞争，并且它现在面临着一些可能撼动其在该领域统治地位的挑战。

公司背景

innocent 在 1998 年由 3 个大学生——里德（Richard Reed）、亚当·巴隆（Adam Balon）和乔·怀特（Jon Wright）建立。在那年夏天，他们在伦敦的一个小的音乐节上搭了个小货摊。他们从经营一个价值 500 英镑的新鲜水果摊开始，并摆放了分别标有"yes"、"no"的两个箱子。他们还有一个标志就是问顾客"是否需要我们停下来帮您榨果汁？"在音乐节结束时，标有"yes"的箱子被装满了，innocent 有限公司从此诞生了。创立者之一里德总结说，他们开始时的愿景是成为"欧洲最好的果汁公司"，着手开发的产品百分百原汁且新鲜、不含添加剂。它发展的非常规方式，通过它的名字使用小写的"i"，而非大写的"I"，以及软饮包装声称"不含防腐剂，不含浓缩液，不含增甜剂，不含添加剂，没有不道德行为"表现出来。基于它最初的成功，innocent 随后将目标扩展为在 2030 年以前成为全球最受欢迎的小食品公司。

抓住人们关注健康的饮食和生活的未来趋势，innocent 很快就得到了大众的喜爱。它的产品对于有钱、缺少时间又关注健康的人，以及没有吃到足够的水果抑或是没有时间准备健康餐点的人来说都是相当理想的。其年销售增长率超过 100%，并且每年翻一番，在 2007 年，其销售额超过了 1 亿。其初始的市场是英国和爱尔兰，且在这两个国家的销售额占总销售额的 64%，但是其产品也在其他一些欧洲国家销售，如荷兰、法国、德国、斯堪的纳维亚。

公司价值观和品牌

该公司的一个特性就是，其开创者的信念和价值观反映在公司从事的活动和做事的方式上。一开始，innocent 的目标是成为一个对合作伙伴和消费者诚实相待的可信公司。它的想法就是在制定战略决策时考虑顾客的感受，保证产品纯天然、不含添加剂，并不断创新。公司的核心价值观就是责任感、企业家精神、慷慨大方、商业化、

纯天然。

innocent ——软饮料中非常特别的名字，它的选择影响了公司的气质。它表现出产品的自然本质和对公司做正确的关键商业决策的美好期望。由于创立者聘请不起专业的公司去设计产品的商标，他们聘请了他们的一个朋友丹·日尔曼（Dan Germain）去改进他现有的特殊标识——一个带有光环的苹果，这也体现了公司的核心价值观。

企业的价值观也反映在公司如何与顾客交流沟通上，即以一种轻松并显示企业风采的方式进行，这点从产品包装方面就能充分体现出来。包装盒彩色、透明并印有各种精心设计的主题，公司希望借此给消费者带来欢乐。包装纸上印有诸如"在打开前先摇一摇，不要在打开后再摇"的提示并邀请顾客"享受"而不仅仅是"品尝"。同时，包装上还印有"我母亲已经开始买我们的饮品了（一年前她还是个吝啬鬼），这些饮品就像一个苹果或香蕉，因为事实上它们本身就是。这对你母亲来说足够好吗？好的，我要砸破橱窗去吸根烟"之类的标签。这种声明方式有效地说明产品是由真正的水果做成的，但是这种方式非常自然，不啰嗦，不陈旧。然而，另有标签写着"你不能告我们掺假……那是我们要严格遵守的方针，我们的饮品是百分百纯果汁。我们称之为 innocent，是因为我们无论如何都拒绝掺假"。

随后成了 innocent 创意总监的丹·日尔曼曾说道："很多企业为研发创意投巨资并发布公告，而我们要做的是把我们的真实情况告诉人们，向大家报告我们正在做的一切——从可持续的原料来源、标签上俏皮的语气，到涂刷成母牛似的售卖点和公园里的员工活动，再到国家帮我们选草莓做果汁。既然我们为公司取名叫 innocent，我们就承担着保证产品纯天然的责任。"他强调 innocent 的主要任务是生产出好的产品，那时要成为知名品牌也就容易了。

市场活动

innocent 主要经营"思慕雪"（Smoothie）系列产品。开始时其有 3 种口味，后来发展成大约 30 种口味。其中，最受欢迎的几种口味包括草莓味、香蕉味、芒果味、西番莲味、菠萝味和椰子味。它还生产了一系列适合孩子的思慕雪产品，使用一些受孩子欢迎的香型，吸管是由奶酪做成的，产品本身比普通的奶昔饮品浓稠。这些产品有 3 种大小不同的包装：有适合一个人四处奔波时消费的 250 毫升饮品，有适合小孩子的小杯饮品，还有适合家庭消费的大杯饮品。

由于产品是百分百纯果汁饮品，innocent 能够控制市场上的价格波动范围。价单上，小杯为 99 便士，大杯为 3.49 英镑，售价远高于其他像乐购（Tesco）这种由超市经营的竞争品牌。公司通过说像"我们可以降价，但是我们就得使用浓缩液或其他令人作呕的东西"之类的话，巧妙地化解了消费者心中的疑问。它在运用促销手段来激励消费者购买产品的问题上也很有创新。一个例子就是"买一箱饮品就可获得一棵树"的促销活动，即促销期间每卖出一箱饮品，公司就会种植一棵树。在非洲和印度，该公司已经种植了超过 165 000 棵树。

思慕雪在超市、便利店、咖啡店、熟食店分布广泛。批发中介开始尝试把产品批发给零售商或是有特色车队的公司，但这也给人留下了闲散的印象。这些车队的车上喷着各式牛的图案，车队一行进起来就像很多头牛在草地上舞动，使它们很容易识别。拥有一辆这样的货车就可以在 2002 年向英格兰和苏格兰 130 万人发放产品的样品。

鲜艳的包装盒和特别的公司车队，成了 innocent 在市场上建立品牌的一个重要方面。由内部做的广告省了高昂的广告费用，公司将重点放在重大事件和慈善项目上以获得公众关注。比如，它举办了一个名为"水果大会"的音乐节，借以感谢消费者对公司的支持，同时也树立了品牌形象。这后来被同样可以使公司达到最初目标的"innocent 乡村盛宴"活动取代。该活动 2007 年在伦敦的摄政公园举行，吸引了 6 万人，并为 3 个慈善机构：撒玛利亚会、地球之友、幼儿保健募捐了 150 000 英镑。

innocent 的一个考虑长远的特别之处在于，其非常注重和顾客建立并维护良好的关系，这是通过在乡村盛宴上的互动或公司的特别交通工具来实现的。另外，它所有的沟通方式，如打包或者网站都被设计成了双向的。顾客受邀用"香蕉"电话号码联系公司，或者可以在任何时间参观它在伦敦的总部——水果塔，其模仿的是经典喜剧电影里的弗尔蒂旅馆。公司还鼓励顾客提交食谱或者成品、产品包装广告，如果有不愉快的购物经历，也可以诉说一下这种经历。它的网站——www. innocentdrinks. co. uk 给登录者提供来自于村庄盛宴的欢快视频。它还在 YouTube 和脸谱网上设置了主页。进入该公司网站的浏览者会受邀加入 innocent 家庭，可以接收新闻邮件，有机会赢得免费饮品，还可能受邀参加村庄盛宴。作为回报，公司通过问"我们有时候会有些迷惑，你觉得我们下一步该如何做?"之类的问题来获得市场信息。

持续性

为了保持核心价值观，innocent 的目标是成为"通过自身努力使事物更美好"的遵守道德的企业。它每年将利润的 10% 捐赠给慈善单位，其中大部分被用于 2004 年成立的 innocent 基金，该基金的成立是为了给世界上的穷人可持续的帮助。该基金和全世界诸如世界女性、小额贷款基金等 18 家组织建立了联系。它和世界女性一起支援生活在印度拿督海岸的伊鲁拉部落的女性，该地区曾在 2004 年遭遇海啸和洪水。它通过提供重建家园必需的资金和物资帮助 430 多个家庭建造了砖房。小额贷款基金主要向撒哈拉以南的非洲弱势女性群体提供小额贷款和商业基础培训。

经过几年时间，innocent 基金也参与了一些项目，比如 Big Knit，该项目涉及全英国的关爱老年人机构的老人。innocent 的顾客和塞恩斯伯里（Sainsbury's）超市的员工，他们共同编织小羊毛帽套在 innocent 饮品的瓶子上。这些瓶子随后在塞恩斯伯里超市销售，每销售一个，收益的 50% 被捐给关爱老年人机构以保障他们可以温暖过冬。这个项目产生了巨大的影响力，并且 innocent 的销售额在此期间增加了 40%。innocent 获得了"2007 年度社区商业活动善行案例奖"。

道德的行为已经影响了公司关键性战略决策的制定。做饮料所用的香蕉都出自"热带雨林联盟"授权的大农场。这些农场关注农场工人的权利和福利，同时还保护农场的生态系统，并保护生物多样性。百分百可回收的材料被用于包装盒标签的生产。瓶子是用可回收的塑料做的，瓶盖是用聚乙烯做的，这些都是可回收的。标签中，25% 是由可回收的纸张做的，75% 是由树木加工而成的，这些树木是经过"森林管理委员会"认证的。2007 年，innocent 开始追踪从农场到冰箱再到回收箱的碳足

插图2—5 innocent 饮料为老年人颁发推广奖。他们这样做既为了引人注目，也为了创造乐趣

迹，并在当年年末减少了 15%。它还鼓励供应商进行绿色生产，其中一个供应商在 8 个月的时间里使碳足迹减少了 60%。

新挑战

innocent 在很短的时间里名声大涨，在建立道德、淳朴形象的同时，它也面临着很多挑战。比如说，在 2007 年 5 月，有顾客控告 innocent 在麦当劳为儿童思慕雪做实验是出卖灵魂；它还因为"思慕雪晚餐"广告声称其具有"自然解毒功效"而备受指责，它声称这种饮品含有的抗氧化剂是政府要求每天吃五份水果和蔬菜所含抗氧化剂的 5 倍还要多。广告标准局批评道，该饮料中含有抗氧化剂自由基不能等同于其具有清除毒素的作用，而且 innocent 也没有提供科学的证据来证明它的论断。innocent 的名气曾迅速大涨，但如何保持强劲增长还面临很大的挑战。

问题：

1. 什么样的环境氛围造就了 innocent 在思慕雪饮品市场上的主导地位？

2. 评估 innocent 的市场，识别其优缺点。

3. 分析 innocent 和顾客的关系，它们之间的关系是如何帮助 innocent 发展其品牌的？

4. 评论关于 innocent 是个道德公司的说法。

这个案例摘自利默里克大学 John Fahy 教授的各种出版物，目的是为了课堂讨论，而不是为了说明管理的有效性。

第3章 理解消费者行为

本章框架

- 消费者行为涉及的问题
- 谁购买？
- 如何购买？
- 选择的标准是什么？
- 消费者行为的影响因素
- 组织采购行为的影响因素
- 组织采购活动的特点

学习目标

在学习本章之后，你应该理解：

1. 消费者行为涉及的问题，即明确谁要购买，他们以怎样的方式购买，购买过程中使用了哪些选择标准。

2. 个人消费行为和组织消费行为的区别。

3. 影响个人消费行为的主要因素——购买环境、个人因素及外部因素。

4. 影响组织消费行为的主要因素——购买类型、产品类别、采购的重要程度。

5. 各种消费者行为问题的营销启示。

营销聚光灯

神经—市场营销学

我们的生活充满了选择。我们要选择进入哪个大学，选择要学习的课程，选择要追求的事业。在日常生活中，我们要选择吃什么，选择要买什么样的衣服，选择要听的音乐等。我们做这些选择的过程，引起了市场营销者极大的兴趣。想要销售给我们产品或想要为我们提供服务的公司，非常想知道我们喜欢什么，不喜欢什么，以及我们如何做出这些消费决定。本质上，其想"进入我们的大脑"，并研究"神经—市场营销学"。事实上，它们正在这样做。

神经—市场营销学，将神经科学运用到市场营销领域。神经科学是对大脑复杂系统的研究。神经科学需要利用各种学科，像遗传学、生理学和进化历史学等。通过研究人类大脑，市场营销者能更好地理解消费者对广告、品牌等市场刺激做出的反应和消费者如何做出购买决定。过去为了得到这些问题的答案，市场营销人员经常需要消费者回答问题和解释自己的消费模式。然而，神经—市场营销学，让他们可以确认是大脑的哪部分对刺激做出的反应，并据此推断消费者最可能做出的反应。大脑的不同部位和不同的情绪联系着，例如同情或感激。通过脑部扫描可以发现在市场营销刺激下大脑的各个部位所做出的反应。

一个典型的神经—市场营销研究是，关于人们对百事可乐和可口可乐偏好的研究。被调查者被要求品尝没有标签的杯子中的百事可乐和可口可乐，然后告知百事可乐和可口可乐的品牌。被调查者显示出了对可口可乐的严重偏好，但是对大脑扫描发现，对可口可乐的偏好事实上是出于广告效应而非它的味道。

神经—市场营销学的吸引力在于，它可以得到消费者行为之外的东西并知晓他们的真实感受。比如，市场研究人员很清楚地意识到，许多消费者在参加他们的研究时会给出他们认为研究人员想要的答案。他们可能会表达对某个新产品的喜爱，但是他们并没有打算购买。在一项对美国橄榄球超级碗大赛（Super Bowl）期间广告的研究中，大脑研究者透露，迪士尼世界（Disney World）的广告播出时，接收到了最积极的大脑信号，然而最受欢迎的广告却是百威轻啤（Bud Light）。

对大脑的研究可以运用到各种领域。例如，一个叫神经集中（Neuro Focus）的公司追踪大脑对电视广告的反应以确定消费者是否关注了广告，对广告的情感反应程度，以及记忆保留的时间。这保证了能够提供对收看广告的消费者更加精确的分析。在未来，市场营销人员会清楚地知道消费者在想什么，还可能因此引发对道德问题的关注，如这种技术应该如何使用以及它们能否运用在开发客户方面。很清楚的是，我们即将学习有关消费者行为研究的新章节。

在第1章，我们发现深刻了解消费者行为是取得成功营销的先决条件。事实上，了解消费者行为是建立市场营销观念的基石。消费者如何做肯定都是事出有因的，且新的趋势还在不断出现，例如文身的逐渐流行。各种各样的原因影响着消费者的购买偏好，这种偏好又不断变化和发展。这样的结果就是，一些产品被认为是"不可或缺的"，但很快就退出流行并被其他一些东西取代。成功的市场营销需要对微妙的驱动行为保持高度的敏感。我们会检查用于了解消费者行为的框架和概念，还会回顾我们需要考虑的各个维度以抓住消费者行为的细微方面和对它的影响。

3.1 消费者行为涉及的问题

在销售点，需要注意个人消费行为和组织消费行为的差别。大多消费行为是私人的，例如当看到报刊经销商的计算器旁有一排甜品时，某人可能决定购买一个巧克力棒，尽管这种决定也可能由一个家庭作出。相反地，组织购买或企业对企业模式（B2B）购买有3种主要的购买方式。第一，私人市场关注提供产品和服务的公司是否帮助其生产其他产品或提供其他服务，如在MP3播放器里加入记忆芯片。这些个人商品包括从原材料到组件，再到如机械之类的资本品。第二，中间商市场包括购买产品和服务然后再转售的组织。邮购公司、零售商和超级市场就是中间商的典型代表（详见本章末的Oasis案例）。第三，政府市场包括购买产品和服务以辅助它们实现职能的政府机构，当地政府和防护部门就是例子。

要想了解消费者行为，需要回答如下问题（见图3—1）：

- 谁主要？
- 如何购买？
- 选择标准？
- 何处购买？
- 何时购买？

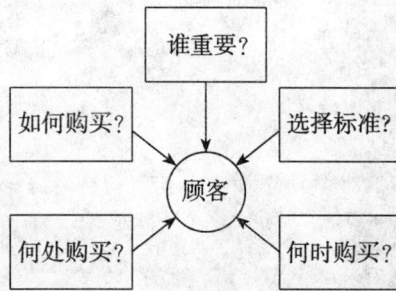

图 3—1　了解顾客：主要问题

可以通过与顾客的私人接触并越来越多地利用市场调查来回答这些问题。第 4 章将介绍市场调查的作用和技巧。在本章，我们来看个人消费行为和组织消费行为。分析的结构基于前 3 个问题：由谁购买、如何购买和选择标准，这些是购买者最难驾驭的方面。回答后两个问题——何处、何时购买，通常简单得多。

3.2　谁购买？

布莱克威尔、米尼亚德和恩格尔总结了在开展购买活动时相关人员在决策过程中发挥的作用。

- 发起者：开始考虑购买的人，可能由这个人搜集信息以帮助决策。
- 影响者：试图说服小组内其他人接受提议，影响者通常搜集信息，试图根据自己的选择标准作出决定。
- 决策者：最终决定购买哪些产品的掌权者或掌管财政的个人。
- 执行者：进行交易的人，负责给供应商打电话、去商店、付款、把产品运回家。
- 使用者：产品实际的消费者或用户。

购买小组中的一个人可能会同时扮演多个角色（参见插图 3—1）。比如购买一个玩具，小女孩可能是发起者，她试图影响她的父母，他们是决策者；这个女孩可能受她姐姐的影响购买另一个品牌；执行者可能是父亲或母亲，去商店购买玩具并带回家。虽然例子中是为一个人购买，但市场营销者有 4 个机会——通过两个孩子及其父母，影响购买决策的结果。例如，三星赞助了欧洲电脑游戏锦标赛以在年轻人中树立品牌形象，因为三星知道当购买电子产品时，这些年轻人会对成年人产生巨大的影响。在三星改变了市场侧重点以后，虽然它没能在 40 岁以上的人中建立良好的品牌形象，但是公司调研发现三星给 18 ~ 29 岁的年轻人留下了好印象，这部分人已经增加了 25%。

插图 3—1 这款关于飞利浦榨汁机的广告的目标群体是那些
关注孩子维生素摄入和健康的父母

儿童在影响家庭消费中起到了重要的作用。"儿童消费力"是一个常常被广告人使用的概念，用来描述儿童对他们父母购买活动的细微影响以及通过不断诉说使其父母购买某一产品的行为。少年儿童有很强的品牌意识。研究发现超过 80% 的 3~6 岁的儿童能认出可口可乐的商标。8~12 岁的儿童的花费占据了整个家庭消费的 60%。比如，超过 2/3 的家庭决定购买新汽车是受到了他们孩子的影响。日本丰田汽车（Toyota）在澳大利亚非常畅销，因为其在广告中加入了小鸡、小狗、小猫等动物形象。

不同家庭成员扮演的购买角色根据购买的产品的类型和购买过程的阶段而发生变化。例如，男性现在在家庭杂货购买中扮演了重要的角色，而女性光顾 DIY 店和五金店的数量也在逐渐增加。男性可以很快适应将因特网作为一种购物中介，但是最近其很快的适应性却被女性超越了。其他一些有意思的区别也被注意到了。女性更倾向于花时间在零售环境中浏览，在网络上往往珍惜时间并具有直接目的性；相反，男性倾向于在网上购物时在许多网站上冲浪。这些性别差异在市场营销实例中的影响将会在营销实例 3.1 中进一步发掘。同时，在购买过程的不同阶段，各自的角色也可能发生变化。大体上，一个人或者有个搭档会倾向于控制早期阶段，最终购买决定往往是其共同作出的。共同做决定在家庭成员为双收入者时会更普遍。

大多数组织购买活动倾向于包含更多的个人决策，并且由一个决策团体（DMU）**或采购中心**（buying center）所掌控，它不一定是一个固定的实体，也可能在**决策过程**（decision-making process）中发生变化。因此，总经理可能要参与到决策中，如决定新设备是否该购买，而不是决定设备应该从哪个生产商处购买。营销人员的任务是确定并联系关键成员以使其相信产品的价值。但这对组织中正在扩大的决策制定团体来说是个艰难的任务。当"守门人"——决策团队之外的角色尤为困难。守门人就像部长、大臣，可以允许或阻止接近决策团体成员。营销人员的任务就是弄清楚谁是决策团体中决定购买产品的积极拥护者。这个人（或"教练"）应该被给予所有需要的信息以让其在决策团队可能产生争论时说服大家。

弄清楚由谁购买对市场营销的意义在于可以进行市场营销传播和市场细分。了解购买小组中每个人的作用是进行说服的前提条件。如前所述，实际使用或消费产品的人可能不是购买小组中最有影响力的人，也不是决策者。就算他们起主导作用，当购买小组中其他成员的知识和看法对整个决策过程有说服力时，与小组中其他人交流也有意义。

营销实例 3.1：性别和购物

学习指南：下面是一些营销人员如何回应由于性别引起的消费者行为差异的案例。阅读文章并考虑你自己基于性别的消费行为差异的例子。

男性和女性消费行为的差异已经成了这些年大量研究的焦点问题，男性不愿购物和女性急切购物的古板印象，出现在从情景喜剧到严肃的研究领域。越来越多的研究人员及时回过头来试图了解这些模式存在的原因。进化心理学家认为其植根于早期人类狩猎—采集分开的需求，狩猎是男性的责任，而采集是女性的任务。美国最近的一项研究证明，女性的主要优势是比男性更能有效地记住事物的地点。招募的 41 位女性和 45 位男性被带到有 90 多个食品摊位的农贸市场中。在去了仅仅 6 个摊位并试吃了东西后，他们被带到农贸市场的中心并被要求在表盘上使用箭头以指向曾去过的摊位。平均来说，女性比男性更准确，因此研究人员总结出在查找食物来源时，女性优于男性。

不考虑这种行为的渊源，毫无疑问的是市场营销人员必须考虑这种既存的重要区别。比如，社区店中 2/3 的消费者是女性，她们喜欢到处逛并在各个楼层探寻，而男性喜欢去同一地方看他们感兴趣的。因此，阿姆斯特丹的女王店（Bijenkorf）就很有经验，将男性的衣服、护肤品、小配件放在一个地方。同样地，塞尔弗里奇（Selfridge）百货店也采用了类似的方法，在伦敦的一家店新开设了男性专区，从哥本哈根的区域丹麦进口商（Magasin du Nord）引进了针对男性的私人购物服务，包括服饰选择和修饰。将购物变得更容易、更快捷是大多数男性的首选，因此古老的模式依然在延用。忽略男性消费者对购物的明显厌恶，他们依然是市场的一个重要组成部分。比如，Fopp 记录和 DVD 商店，现在已经是 HMV 链的一部分，在其关注的男性购物者方面非常有特色。其将精力集中用在"50 英镑家伙"身上，即 Fopp 已经将目标锁定为在书籍、音乐和电影上有与众不同的品位的 25~45 岁的高收入男性，以此在极具竞争的市场领域建立一个独特的主题。男性修饰产品（增长最快的是化妆行业）获得快速增长之后，增长最快的是针对男性的矿泉理疗行业。美国使用矿泉理疗的人数从 2000 年到现在增长了 115%，但据猜测 2/3 是女性预约的。当营销是针对女性时，矿泉理疗主要集中于使消费者更漂亮和更具精神活力，但对男性的吸引力则主要体现在能使其提高高尔夫和滑雪技能的同时还能为其减压。一旦听说了矿泉理疗，大多数男性都认为它非常地棒，虽然很少有人会去尝试。不过，男性消费者市场依旧是同等重要和富有挑战性的市场。

基于：Anonymous（2007）；Brooke（2007）；Kean（2007）；Yee（2005）

3.3 如何购买？

图3—2给出了构成消费者及组织决策过程的各个阶段。该图表明购买者通过一系列阶段的典型移动，从发现存在的问题到评估潜在的购买方法再到购后评价决策，最终实现了购买。组织购买更加复杂，也包括更多的阶段。然而，过程的确切性质还要依赖于购买环境。在一些环境中，一些阶段会被省去。例如，在复印纸的日常重复性购买活动中，购买人员可能更愿意省去组织决策的第三、第四、第五阶段（寻找供应商并分析评估他们的提议）。这些阶段会被购买者忽略，但其会认清需求，在一个既存的供应商处循环重复订购。总之，决策越复杂，项目越昂贵，一些阶段就越可能被越过，决策过程就会花费越多的时间。

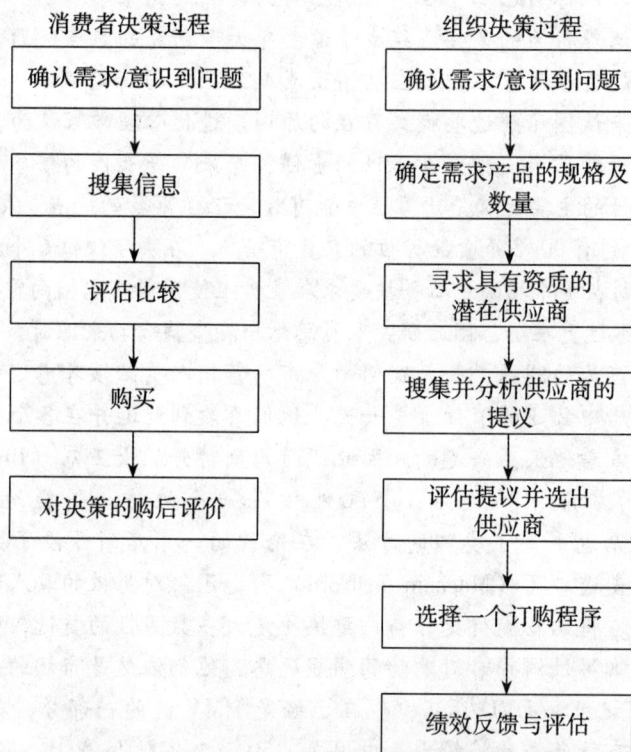

消费者决策过程　　　　　　　　　　组织决策过程

确认需求/意识到问题	确认需求/意识到问题
搜集信息	确定需求产品的规格及数量
评估比较	寻求具有资质的潜在供应商
购买	搜集并分析供应商的提议
对决策的购后评价	评估提议并选出供应商
	选择一个订购程序
	绩效反馈与评估

图3—2　消费者与组织购买决策过程的比较

3.3.1　确认需求/意识到问题

确认需求主要是功能性的，而且是日常消耗（如汽油、食品）或无法预料（如购买新汽车或洗衣机）的结果。在其他情况下，消费者购物则是由消费者情感或心理上的需要造成的。比如，消费者购买香奈儿香水可能是出于地位的考虑，而不是因为它比其他香水好。

消费者想要解决问题的程度取决于两个方面：目前状况与期望状况之间的差距和问题的相对重要性。可能其已经意识到了问题，但如果目前状况与期望状况差距不大，消费者可能就不会产生进行下一步决策过程的强烈动机。例如，某人可能正考虑把手机升级为3G手机，后者可能是其想要的，但如果他认为这两个之间差别不太大，他就不会进一步采取购买行动。另外，如果区别很大，则他也可能不会去搜集信息，因为他认为这个问题相对来说不太重要。他可能认为3G手机比现在拥有的手机好得多得多，但这些好处与其他购买需求（如个人电脑）相比并不重要。所以，有需求不一定就能导致产生决策过程，因为可能存在着"需求障碍"。侧重于新手机外观设计和逐渐增长的"酷"因素的移动手机市场的出现就是为了克服需求障碍。

确认需求阶段对市场营销意义很大。第一，市场营销经理必须意识到消费者的需求，以及消费者面临的问题。有时，这是靠营销者的直觉完成的，例如发现一种新的趋势（就像发现快餐趋势的市场营销先驱，这为麦当劳和肯德基在全球范围内的成功奠定了基础）。或者也可以利用市场调查来判断顾客的问题或需求（详见第4章）。第二，市场人员要意识到需求障碍，比如在个人电脑领域，有的顾客担心不会使用电脑，这就意味着要给他们提供简单的亲自操作电脑的机会。当苹果公司发布Macintosh时，其就通过"来试着用用Mac"的经销商促销活动提供了这样的机会。第三，市场营销经理要意识到可以通过刺激产生需求。开展广告活动、培训销售人员出售促销产品等都可以唤起消费者的需求。

不是所有的消费者需求都是显而易见的，消费者常常会做出试探性的消费者行为，比如，充当新产品或零售店的早期接受者、冒险购买产品、消遣购物和购买产品时寻求变化等。这种类似的活动可以满足其想要获得全新购物体验的需求，使其改变一下既有的生活方式，缓解无聊的心情，满足其对知识的渴望和好奇心理。

3.3.2 搜集信息

如果确认的需求足够强大，消费者决策过程的第二步就要开始了。在一个国际购买决策案例中，DMU打算针对需求和潜在选择探索草拟个报告。当市场营销人员可以影响报告时，这种影响就会给公司后期的购买过程提供有利的帮助。在消费领域，信息搜集可以分为内部搜集和外部搜集两种。内部搜集主要是从记忆中回顾相关的信息。这种回顾包括根据自身经验、市场沟通情况来考虑潜在的解决方法，并对其进行比较。如果没有找到合适的解决方法，就要开始外部搜集了。外部搜集涉及一些个人资源，如朋友、家人、同事、邻居，和一些商业资源，如广告、销售人员。第三方报道，比如报纸、杂志和网络媒体，可以提供对公证信息的报道和产品测试报告。个人经验，可以通过自己观看、触摸或品尝产品得到证明。大量的信息搜索会在因特网上完成，一个重要的新兴增长领域"智能代理"出现了——像 buy.com 和 mysimon.com，它们可以让购买者找到一系列类似产品的信息并提供在线对比。许多这样的网站提供免费的产品评论和价格比较（参见营销实例3.2）。另外，像亚马逊（Amazon.com）这种网站还为消费者提供不间断的产品和服务推荐。信息搜索的目标是建立**认知集合**(awareness set)，也就是构建一系列可以提供解决方案的品牌。

3.3.3 评估比较和购买

评估的第一步是把认知集合缩减到一小部分需要认真考虑的品牌，品牌的认知集合通过筛选可形成**诱发集合**（evoked set），即消费者购买前认真考虑的品牌。从某种意义上讲，诱发集合是经过仔细评估的几个品牌。选择过程可能使用的选择标准和最后的选择标准可能不同，并且使用标准的数量会越来越少。在一个组织购买环境中，每一个 DMU 成员可能使用不同的选择标准。一个可能使用的标准是价格标准。比如，服务价格在某个水平之下的服务公司可能就构成了一个诱发集合。最终集合的确定可能依赖于各品牌的可靠性、名声和稳定性等。消费者使用的选择标准将在本章的稍后部分详细探讨。

决定消费者评估某个品牌的程度的重要因素是其介入程度。介入指的是选择品牌的过程中感知的相关程度和个人重要性。当消费者高度介入购买时，评估很可能较全面。高度介入购买的很可能是昂贵的或个人风险大的产品，比如汽车和房屋等。相比而言，低度介入购买的特点是对购买的东西做简单的评估。消费者使用简单的选择方法，目的是缩短时间，减少努力，而不特别在意购买结果。比如，买烤面包或早餐麦片时，消费者很快就能做出选择，根本不会为做出的决定而感到痛苦不堪。劳伦（Laurent）和卡普费雷（Kapferer）的研究已经证明了有 4 个影响介入的因素。

1. 自我形象（self-image）：当这个决定可能会潜在地影响个人自我形象时，介入性往往会很高。因此，购买珠宝、衣服和化妆品会比选择肥皂和人造奶油的品牌介入性更强。

2. 感知风险（perceived risk）：当错误决定存在感知风险时，介入性常常会很高。购买一个错误的房子的风险比购买错误的口香糖的风险要大得多，因为错误决定的潜在负面影响很大。风险常常随着购买价格的提高而增加。

3. 社会因素（social factors）：当社会可接受力依赖于消费者是否做出正确选择时，介入程度常常会很高。高管们会很在意他们选择的汽车对他在公司的地位有何影响，同时，来自伙伴的压力也在很大程度上影响了青少年对服饰和音乐的品位。

4. 快乐论的影响（Hedonistic influnces）：当一次购买活动可以提供很好的愉悦感受时，介入程度就会很高。在假期里，对酒店的选择可能会导致很高的介入程度，因为酒店的选择可以在很大程度上影响这次经历带给人们的愉悦感受。

区分高度介入和低度介入的情况十分重要，因为消费者对产品和品牌的不同评估对市场营销的意义截然不同。高度介入的复杂评估要求市场营销经理提供大量的信息，证明购买会带来正面的结果。在高度介入的情况下，使用印刷媒体比较合适，因为其可以提供详细信息并可以反复仔细阅读。例如，汽车广告中经常说明某种型号汽车的舒适度、可靠性和性能。所有这些提醒都会影响消费者对购买该型号汽车所持有的想法。

对于低度介入情况来说，对各选择项的评估要简单得多，很多购买活动也只是出于一时冲动。在这种情况下，最好通过广告和提供正面强化（比如促销活动）让产品获得"第一认知"，让消费者试用，这比提供大量信息说明购买该品牌的好处更为重要。况且，因为顾客不太感兴趣，所以他们不会主动去搜集信息，只能被动接受。因此，广告要短，包含的关键点要少，但要高度重复以加强效果。电视或收音机可能是最好的媒介，因为它们主动传递信息，使人被动接受。同时，它们也是短小、重复性高的信息的理想传播媒介。许多消费产品，如肥皂、牙膏、纸张等用的就是这种营销方式。

3.3.4　对决策的购后评价

有效市场营销的艺术性在于其会使顾客满意。市场营销经理希望消费者购买他们的产品或接受提供的服务可以获得正面的体验。然而，顾客经常会产生购后忧虑，这被称做**认知失调**（cognitive dissonance）。产生这种忧虑的原因在于顾客不确定购买是否正确，因为选择一个产品通常意味着放弃其他诱人的可选产品。

有4种情况可能会增强认知失调：购买的开支、难做决定（例如，有很多选择、很多选择标准，且每个选择各有好处）、决策无可挽回、购买者有经验焦虑倾向。因此，这种情况下，经常会发生高介入购买（例如购买一辆新车）。但买后不久，汽车买主就会看他们所买车型的广告和宣传册，从同型号的车主那里寻求确信，以减少失调感。路宝的买主最可能看的是路宝的广告，而不是雷诺和福特的广告。显然，广告可以作为这时的正面强化剂，售后措施也有类似的功能。汽车商家可以通过给最近的买主写信，强调他们的选择是明智的，并提供售后服务，以此来减少"买主的悔恨"。

许多美国领头的零售商想通过网络邮寄消费者关于产品和服务的评论来减少顾客的认知协调。像西尔斯（Sears）、家得宝（Home Depot）和梅西百货（Macy）等都已发起了网络产品评论。获得顾客反馈和为将来的顾客提供一个更合适的期望值，比负面评论会带来风险重要得多（参见营销实例3.2）。管理期望是减少认知失调的关键部分。

营销实例3.2：在线信息搜索

学习指南： 下面是关于在购买决策过程中使用因特网来帮助搜集信息的方法回顾。阅读文章，并考虑在因特网上你是如何使用这些方法的。

起初，因特网就是一个信息中介，承诺要改革消费者的购物行为。直到现在，这种改革还没有发生，然而一些重要的变化正在有条不紊地发生。它对购物过程的信息搜索阶段产生的影响可以分为3个水平，即寄主网站、对比网站和对等网站。

寄主网站就是那些产品制造商开设的网站。做任何购买决策之前，都可以先通过访问公司的网站去检查产品和阅读产品详细信息。对于服务型公司，这可以成为一种给消费者带来全新生活体验的重要途径。比如，许多酒店现在给网上冲浪者提供关于酒店设施的视频，以让有意预订的顾客在预订之前先了解酒店。

对比网站已经成为网络营销中增长最快的一个领域。这些网站的特殊之处在于使用智能代理来迅速搜索网上商店，并将搜索结果聚集成一站式。搜索引擎生成产品和价格信息的同时，还会生成有关产品和网络商店的评论。全球领先者包括shopping. yahoo. com、mysinom. com 和 shopping. com，但还有很多其他的对比网站。迄今为止，它们已经成功地创造了巨大的流量，但是并不十分赚钱。例如，

shopping.com 有 620 万人次的访问量，在 2005 年被易趣（eBay）以 6.2 亿美元的价格收购。但据估计，现在的税收比当时被收购时的税收减少了。一些特殊的对比网站已经发展起来了，比如针对金融服务业的网站（例如 moneysupermarket.com、nextag.com 和 confused.com）。这些网站对比贷款、抵押、保险的费用，并同时促进在线购买。

最后，对等网站的增加也是非常重要的。例如，像 TripAdvisora.com 等网站对旅游业产生了重要的影响。它包括其他一些消费者对目的地、航线、酒店和旅馆的评论，这些评论可以帮助消费者在做决定前再仔细检查一遍相关信息。然而，一些类似于在亚马逊或其他网站上的评论提醒我们，需要谨记的一点是，这些网站采用的是开放式的操作，消费者可能被雇佣去写一些商家想要的好评。社交网站像脸谱网和我的空间（Myspace）等也是一些消费信息的来源地。总之，现代化的消费者面临的最大挑战就是，提前在各种产品信息中筛选出有用的信息。

基于：Fenton（2008）

3.4 选择的标准是什么？

消费者评价产品和服务时使用的各种特征（和好处）被称做选择标准。选择标准为消费者提供了购买哪个品牌的决策基础。购买小组中的不同成员使用的标准可能不同。比如，对价格的关注方面，以减少购买价格的多少为标准来评判的采购经理对价格的关注程度，一般超过了以设计产品的技术效率为标准的产品工程师。表 3—1 列出了 4 类选择标准。

技术标准和产品或服务的性能有关，包括可靠性、耐用性、舒适度和方便性。可靠性在工业产品购买中尤为重要。许多购买组织不愿意用质量来换取价格。比如，捷豹汽车将采购系统从以价格为中心转变为以质量为中心，采购经理被命令根据零部件的质量来决定采购价格。

经济标准涉及的是购买成本，包括价格、运行成本和残值（例如，汽车的买入价）。然而，一定要谨记，对于许多购买组织而言，价格只是费用的一部分。逐渐地，购买者开始在评价商品时考虑商品的生命周期费用——这除了包括最初购买费用外，还包括生产性储蓄、维修费用和残值。市场营销人员可以运用生命周期费用来分析。通过计算生命周期费用，其可能会获得新的价值观念。

社会标准涉及购买行为对和别人的感知关系产生的影响，以及对购买者社会规范的影响。例如，在个人电脑和移动电话产品的早期阶段，像苹果（Apple）、IBM 和摩托罗拉（Motorola）等公司努力追求以技术和经济标准进行销售。但是当技术支撑对所有生产商来说都很相似的时候，新形式的差异，比如颜色、形状、材质和外观上的差异，就变得重要起来。技术产品越来越依靠时尚卖点来销售，而时尚反过来又是消费者身份的体现。现在的电话、MP3 播放器和个人电脑，很大程度上依赖于时尚性来销售。比如，韩国的 LG 和普拉达合作后开发了一系列普拉达电话，也因此获得了很高的评价。

表3—1	评估可选项的选择标准
标准类型	**举例**
技术标准	可靠性 耐用性 性能 风格/外观 舒适度 送货方式 方便性 品位
经济标准	价格 物有所值 运行成本 残值 生命周期成本
社会标准	身份 社会地位 传统 时尚
个人标准	自我形象 降低风险 道德 情感

个人标准关心的是，产品或服务如何与个人心理产生联系。情感是消费者制定购买决策时的一个很重要的考虑因素（参见插图3—2）。1985年，新配方的可口可乐无人问津，但是产品测试却表明它的味道比传统的可口可乐好，究其原因，部分是因为人们舍不得深爱的老品牌退出市场。绅宝（Saab）做了两页多的广告，融合了技术、经济以及情感的诱惑。第一页的标题是"购买绅宝的21个逻辑原因"，第二页的标题是"一个情感原因"。第一页用详细的文字说明了购买该产品的技术和经济合理性，第二页是一辆绅宝车在下着大雨的路上飞驰。个人标准在组织购买中也是非常重要的。由于一些人是风险规避者，更喜欢选择"安全"的品牌，因此减少风险的选择决策此时就会产生作用。IBM的广告竞赛打出标语"买了IBM，您就不会被炒鱿鱼"，反映了它的重要性。供应商可能非常关注销售人员是否受欢迎，或者公司内的办公室政治派别是否会影响销售。

市场营销经理必须了解消费者用来评估产品和服务的选择标准。这样，设计产品时就会优先考虑，在广告中和进行营销时也就知道用什么来吸引顾客。

插图3—2   这个音响广告既注重影响购买的理性因素又注重感性因素

3.5　消费者行为的影响因素

正如上面提到的（在评估选择的讨论中），不是所有的决策过程都是一样的，也不是所有的决策都涉及同样的购买小组或使用同样的选择标准。下面，我们来看看影响消费者行为决策过程、购买小组和选择标准的主要因素，它们可以分为3类：购买情况、个人影响和社会影响（见图3—3）。随后，我们将详细介绍影响组织购买活动的主要因素。

3.5.1　购买情况

购买情况可以分为3类：扩充型问题解决、有限型问题解决和习惯型问题解决。

首先，扩充型问题解决涉及搜集大量信息，用很多选择标准仔细分析各个可选方案。购买汽车、视听设备、房屋和昂贵的服装等东西时通常使用的是这种类型的问题解决，这时选择是否正确十分重要。信息搜集和评估的重点不仅包括应买哪个品牌或

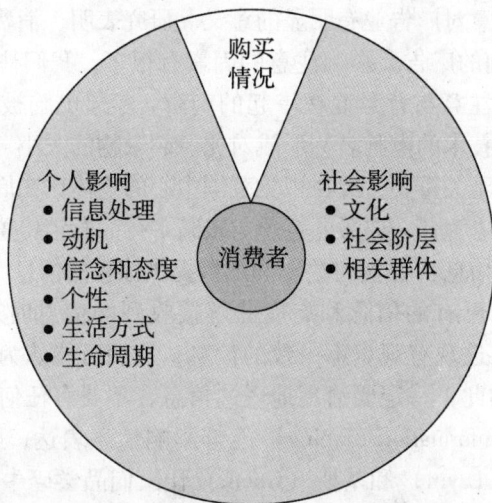

图 3—3 消费者购买行为的影响因素

型号，还包括应在何处购买。在这种购买情况下，出现认知失调的可能性最大。扩充型问题的解决通常与 3 个条件有关：有很多不同的选择、有充足的时间仔细考虑、购买介入程度高。正如前面所述，市场营销人员可以通过广告和销售队伍提供丰富的信息来帮助提升购买环境。

很多消费者的购买属于有限型问题解决，消费者对涉及的产品有购买经验，所以可能只通过记忆来搜集信息。但是，购买前也会有一定的外部信息搜集和评估（比如，检查一下价格）。在这种情况下，市场人员有机会通过刺激需求（例如，广告）和降低更换品牌的风险（例如，提供保证）来影响购买。

当消费者重复购买同样的产品，不考虑或很少考虑评估其他选项时，涉及的情形就是习惯型问题解决。如周末的杂货店购物之旅。消费者回忆起购买某个品牌时感到很满意，就会自动重复购买。广告可以让某个品牌名称一直留在消费者的记忆中，并强化其已有的对品牌的好感。

3.5.2 个人影响

有 6 个影响消费者行为的个人因素：信息处理、动机、信念和态度、个性、生活方式以及生命周期。

（1）信息处理

信息处理指的是接受、解释、储存刺激并进行日后检索的过程。因此，它是包括市场营销活动在内的外部营销和消费者决策过程之间的纽带。信息处理的两个重要方面是认知和学习。

认知（perception）是人们选择、组织和解释感官刺激，形成有意义的世界画面的复杂过程。选择出可以被认知处理的刺激的过程有 3 种：**选择性注意**（selective attention）、**选择性曲解**（selective distortion）和**选择性记忆**（selective retention）。选择性注意指的是人们筛选掉那些对自己没有意义或与自己的经历、信念不一致的刺激的过程。显然，选择性注意对广告业有明显的意义。研究表明，消费者只会下意识地注意5%~25%的展现在眼前的广告。影响注意的因素有很多，我们往往更注意与其背景对比鲜明的刺激，而不太注意与背景混在一起的刺激。苹果电脑被看做吸引注意力的品牌，因为它与通常面向技术的电脑名称形成对比。刺激物的大小、颜色和运动也会影响人们的注意力，位置也至关重要，放在视觉范围中心的物体比在周边的物体更能吸引人们的注意力。这就是商家为什么要激烈竞争与眼睛平行的营销位置的原因。我们会更注意与我们的需求有关的信息（寻找利益）和那些提供惊喜的信息（比如大减价）。

当消费者根据自己已有的信念和态度曲解接收到的信息时，就会产生选择性曲解。我们可以曲解与自己现有观点不一致的信息，我们可能认为自己听错了信息，或者怀疑信息的来源。因此，一定要清楚地表达信息，不要有任何歧义，并使用非常可靠的信息源。**信息帧**(information framing) 能够影响信息表达，帧指的是把信息展示给人们的方法。莱文（Levin）和基斯（Gaeth）让人们品尝碎牛肉，告诉一半人牛肉有70%是瘦肉，告诉另外一半人牛肉有30%是肥肉。尽管两种说法实际上是一样的，但事实证明得到积极信息帧（被告知70%是瘦肉的人）的受试者，对味道的满意度比较高。显然，信息帧关系到广告和销售信息。这个例子说明应该正面架构信息。颜色是影响信息表达的另一个重要因素（参见插图3—3）。蓝色和绿色被看成冷色，给人以安全的感觉；红色和黄色被看做欢快的暖色；黑色则代表着力量。使用正确的包装色可能会影响消费者对产品的感觉。但是，一定要谨记，颜色会受到不同文化的影响，而有不同的含义。

选择性记忆指的是只有一部分信息保留在记忆中。我们倾向于记住那些符合现有信息和态度的信息。选择性记忆可以减少认知失调：当阅读最近购买的汽车的相关评论时，已证明的信息更可能被记住。

学习是**信息加工**(information processing) 的结果，涉及长期记忆的内容及组织的变化。学习的方法有很多，包括条件学习和认知学习。**经典条件反射**(classical conditioning) 指的是用刺激和反应之间的已有关系促成不同的刺激下会产生同一反应的过程。因此，广告中的幽默引起快乐的反应的原因在于，这些有利的感觉被认为是产品的一个特性。能量饮料红牛（Red Bull）的广告中加入了幽默因素，使该品牌吸引了年轻目标人群。

操作性条件反射(operant conditioning) 不同于经典条件反射的地方在于，其具有定时强化的作用。在这种情况下，强化来自于奖励：对反应的奖励越多，再次购买的可能性就越大。操作性条件反射是产品试用的结果。发放免费试用装就是以操作性条件反射的原理为基础发明的。例如，把新洗发水的免费试用装发给大量家庭，因为不用花钱，所以人们会乐于使用（期待的反应）。因为有期望的特征，所以受到欢迎（强化），这样产品被购买的可能性就增加了。经典条件反射和操作性条件反射的结果不同，前者靠关联，喜欢先于试用；对后者而言，试用先于喜欢。可以在一段时间内给予消费者一连串的奖励（强化）以鼓励其重复购买该产品。

认知学习(cognitive learning) 指的是不用直接强化而掌握知识和建立信念的学习。**机械学习**(rote learning) 指的是在无条件反射的作用下学习两个或多个概念。看到"Lemsip，流感的克星"，消费者就记住了扑热息痛（Lemsip）是一种感冒药，用

插图 3—3　这是索尼在欧洲新一代的电视品牌"最高品质的影音
整合架构"的广告竞赛活动中的获奖作品："色彩与众不同"。
它证明了颜色的视觉力，同时也很好地表达了 LCD 电视品牌的核心价值

不着前面提到的条件反射和强化。**替代学习**（vicarious learning）指的是从别人那里学习，没有直接的经验或奖励，给予奖励的许诺会刺激人们产生动机。因此，通过观察别人，我们就可以知道什么样的衣服吸引潜在的顾客。做广告时，吸引到"羡慕的目光"说明人们也想要穿着这款服装。人们认为自己穿上也会吸引来同样的目光。

推理（reasoning）是一种较为复杂的认知学习，通常在高度介入的情况下发生。例如，一些基于接受者根据推理得出自己的结论的广告信息已经有了事实证明和断言。

不管使用哪种学习方法，最终的学习目的都是进行产品定位。市场营销的目的是通过消费者为产品找到明确的定位。正如我们在本章前面看到的，一些市场营销公司正在用神经科学做实验，其检测消费者大脑的活动情况，在消费者看到产品图片和听到相关信息以形成偏好时。

（2）动机

为了了解**动机**（motivation），我们必须弄清楚需求、驱动力和目标之间的关系。基本的过程包括：需求（缺乏）产生驱动力（有方向的缺乏），使其去实现目标（缓解需求、减少驱动力的事情）。按照马斯洛（Maslow）的说法，需求可以分为 5 个层次。

①生理需求：进行生产、生活的基本条件，如饥饿或口渴时对食物和水的需求。

②安全需求：实施保护以远离危险，例如避免事故、预防身体不健康。

③归属和爱的需求：努力让身边的人接受自己，成为他们心目中重要的人。

④自尊和地位的需求：努力获得比别人高的地位，渴望威望和好名声。

⑤自我实现的需求：希望为自己完成自己能做的事情，即发挥出自己的潜力。

了解驱动力非常重要，因为其决定了**选择标准**（choice criteria）。在西方，通过市场营销的努力，马斯洛提出的前4个层次的需求已经被很大程度地满足了。因此，许多品牌现在在进行市场营销时侧重于满足自我实现方面的需求。

（3）信念和态度

信念（belifs）就是一个人对事情持有的看法。在市场营销的背景下，信念是基于一个或多个选择标准对产品或服务的看法。市场营销人员对消费者信念非常感兴趣，因为它和态度有关系。特别是，对于产品的错误想法会对品牌的销售产生不利的影响。消费者认为金霸王（Duracell）电池持续的时间是永备（Ever Ready）电池的3倍，但是如果持续使用的话，持续时间则是它的6倍。这迫使金霸王公司不得不开展广告活动来更正这样的错误印象。

态度（attitude）指的是对产品或服务的总的评价可好可坏。一系列信念的结果是对产品或服务持有积极的或消极的态度。使其改变态度是让消费者尝试接受某一品牌的重要一步。比如，斯柯达（Skoda）轿车在英国市场上成功增加销售额之前，其首先改变了消费者对该品牌的重要的消极态度。

理解信念和态度对市场营销人员而言是一项非常重要的任务。比如，"灰色市场"的态度，对于超过50岁的人来说，其无法很好地理解。一些公司，比如Gap，已经开始关注这部分，但是在经历了严重的顾客流失之后，其被迫开始联系村镇的销售点。与此同时，苹果公司的销售点发现，25%的iPhone被50岁以上的人所购买。在将来，巨大的富裕群体是市场营销人员要付诸努力的重要目标群体。

（4）个性

我们每天和人打交道，所以我们可以分辨出人们不同**个性**（personality）之间的巨大差异。个性指的是个人的内部心理特点的总和，包括对环境的反应。一个人的个性可能是热情如火的或冷若冰霜的，居高临下的或俯首帖耳的，内向的或外向的，喜欢交际的或喜欢独处的，随机应变的或墨守成规的，争强好胜的或积极合作的等。比如，奢侈品生产商面临着能否被现代成功的商业男士，也称做"超难"的人接受的挑战。因为他们不愿意购买传统奢侈品，如鞋、衣服和配饰，反而更愿意购买跑车、私人飞机和赌博机等。如果我们的营销研究发现我们的产品被一些具有类似个性的人购买，我们就应该针对这些群体做这类产品的广告。

个性的概念也和品牌有关。品牌个性是消费者眼中的品牌特点。品牌可能被认为是"年轻人的"（汤米·希尔费格）、"胜利者的"（耐克）或"高傲的"（欧莱雅）。这是品牌的物理特征（例如，颜色）或功能特征（例如，味道）以外的方面。通过创造品牌个性，市场营销人员可以制造诱惑吸引看重这个个性的人。例如，流行时间最长的一个广告是詹姆斯·邦德的广告。各个汽车制造和技术公司通过在邦德的电影中加入自己的元素使邦德看起来酷、文雅并且性感。

（5）生活方式

自从市场营销研究从业者获得关注以来，**生活方式**（lifestyle）已经得到了广泛关

注（参见插图3—4）。生活方式指的是通过人的活动、兴趣和观点表现出来的生活模式。市场营销人员会根据消费者的信念、活动、价值观和人口学特点（比如教育和收入）分析消费者。比如，广告公司扬雅罗必凯公司（Young & Rubicam），将欧洲人和美国人分为7种主要的生活方式群体。

插图3—4 这个广告试图消除消费者的疑虑，即改变自己的人生舞台其实并不意味着必须牺牲现有的生活方式

①主流群体：7类中最大的群体。这些人传统、诚信、谨慎和顾家。从事的休闲活动包括观看体育比赛和从事园艺活动。进行购买活动主要根据兴趣爱好，对品牌忠诚并喜欢在正规商店购物。

②追求型群体：那些不愉快、多疑并有野心的人所组成的群体。从事的休闲活动包括参加流行的体育活动和翻阅时尚杂志。他们喜欢购买流行商品，是冲动型的购物者，并乐于进行炫耀性消费。

③继承人型群体：这些人愉快、自信、勤奋，并且是领导者。从事的闲暇活动包括旅行、进行体育运动、航行和外出就餐。购买决定依赖于物品的质量、自身所处的地位和消费标准。

④过渡型群体：这些人是崇尚自由主义的、反叛的、乐于自我表现的和直觉型的群体。他们对音乐、旅行和电影的品位是非传统的，并喜欢厨艺和艺术、手工艺制作。购物时倾向于冲动消费，并喜欢特别的商品。

⑤改革型群体：这些人属于自信的、心态复杂的并且有宽泛的兴趣爱好，以问题

为导向型的群体。他们喜欢阅读、参加文化活动、收看智力游戏盒等教育类电视节目。他们有出众的品位，喜欢天然食品，并关心真实性和生态环境。

⑥在贫困中挣扎型群体：这些人不快乐、多疑并觉得自己被忽视了。他们的兴趣是从事体育运动、收听音乐和观看电视。他们的购买行为趋向于以价格为基础，但也会追求即时的满足感。

⑦顺从贫困型群体：这种类型的人不快乐、感觉自己被孤立了并且没有安全感。观看电视是他们主要的娱乐活动。虽然他们为了寻求安心会购买品牌产品，但购买活动还是以价格为基础。

分析消费者的生活方式对市场营销有意义，因为有人发现消费者的生活方式与购买行为有关系。企业可能选择某种生活方式下的顾客（比如主流群体）作为某产品的顾客群，使用与该顾客群的价值观和信念一致的广告。比如，英国联合饼干公司推出了 McV 上午茶系列，其包括一系列谷物棒、牛奶什锦手指饼和果酱松饼，这是专为那些没有时间吃早饭的人设计的。因为对有着各种生活方式的人群的习惯越来越了解，所以媒体的选择也会受生活方式调查的影响。渐渐地，几乎所有的生活方式都成了市场营销关注的焦点。例如，"快闪族"是对最近流行的一个群体的称呼。他们大多二十几岁，他们通过电子邮件和手机短信联系，在公共场合聚会并参与一些非传统的活动，如在空中挥舞香蕉，抑或是用没有字母"O"的词交流。唱片公司已经适应了，并会为某些艺术家举办这种音乐会。音乐会的具体地点一直保密到最后一刻，并只对在 Flash Fusion Concerts 网站上注册的用户公布。

（6）生命周期

除了上面我们已经介绍过的因素外，消费者行为还很大程度上取决于"生命阶段"。消费与一个人的生命周期阶段相关性最大，因为消费者可支配的收入和购买需求随生命周期阶段的不同而不同。例如，没有子女的年轻夫妇如果两个人都工作，他们的可支配收入就会很多，他们很可能是家具和家庭用品的大买主，因为他们要建立家庭。但当他们有了孩子，可支配收入可能就会减少，特别是成了单收入的家庭后，其会增加购买婴儿或儿童用品。在空巢阶段，可支配收入会因没有孩子需要抚养、抵押贷款分期付款较少、个人收入较高而增加。研究已表明，当孩子离开家庭后，母亲就会改变80%其日常购买物品的品牌。一旦到了商店，她们比任何其他群体都能更快地决定哪个品牌是她们想要的。这些问题对市场营销活动来说都是非常重要的。

3.5.3 社会影响

社会对消费者行为的影响因素包括3个：文化、社会阶层和相关群体。

（1）文化

正如第2章所介绍的，**文化**（culture）指的是个人所处的整个社会的传统、禁忌、价值观和基本态度的总和。它提供了一个有关个人及其生活方式发展的框架，因此也影响了消费。比如，在日本，基本上女性负责管理家庭的日常收支情况，并做出主要的家庭消费决定。结果就使许多金融服务公司将可能消费投资产品的目标人群锁定为日本女性。

过去 30 多年最值得注意的就是，日益明显的文化国际化趋势。最明显的就是，在过去，一些产品和服务仅在某些国家可以购买到，现在其却成了全球化的了。比如，日本的寿司、韩国的烤肉和法国大餐，在世界各地的大城市都能找得到。与此相关的是，一些文化逐渐成为世界的主导文化。例如，美国成功的快餐业和电影制作公司，成为世界上许多地方当地小企业巨大的竞争者。

（2）社会阶层

多年来，社会阶层被看做决定消费者行为的重要因素。在英国，很大程度上，人们根据职业来划分阶层（通常是根据主要收入来源）。这是市场调查中划分被调查者的一种方法，通常由广告媒体（比如报纸）给出不同社会阶层的读者数量。然而，用传统的社会分层框架去解释消费者行为差异这种方法受到了批评，因为一些社会阶层与其可支配收入没有必然的联系（比如一些自我雇佣的体力劳动者也可以有很高的收入）。英国国家统计局社会经济分类系统（NSSEC）旨在对区分职业的八个类别进行解释，见表 3—2。消费模式也被对应地分类。比如，基于英国杂货店购物者的社会分层的研究发现，多数 AB 型（具有管理性/专业性职业）购物者经常去塞恩斯伯里超市购物，阿斯达（Asda）吸引得最多的是较低层监管和技术性职业者，乐购的利润则来源于社会大众。然而，一些近期的消费者趋势研究说明，群体间的界限越来越模糊，参见营销实例 3.3。

表 3—2 社会阶层分类

分析阶层	操作类别	职业
1	高层管理者和专家	大型组织的成员、较高层管理者和专家
2	较低层管理者和专家	较低层管理者，从事的是高技术和监管类工作
3	从事中层管理或相关职业的人员	中层办事员/行政人员、销售人员/服务人员、技术人员/辅助人员和从事工程管理的相关人员
4	小雇主和自营工作者	小型、非专业化企业和农产品企业的雇主和自营工作者
5	低层监管人员和技术人员	低层监管人员、低层技术员工和从事过程维护的相关人员
6	从事半常规职业的人员	从事半常规销售、服务、技术、运行、农业生产、行政和照顾孩子等工作的有关人员
7	从事常规职业的人员	从事常规销售/服务、生产、技术、运行和农业生产等工作的相关人员
8	从不工作和长期不被雇佣者	从不工作和长期不被聘用的人员以及学生

营销实例 3.3：“不可预知”的消费者

学习指南： 下面的段落表明，消费者并不总是按照市场营销人员希望的那样进行消费。阅读文章并通过消费构建你自己的身份。

在英国，根据拥有的可支配收入，最大的人口群体是表 3—2 中的第 2 组和第 3 组。传统意义上，这个群体有时被称做"英国中产阶级"，这部分群体收入非常稳定，并很容易被典型的市场营销组合、有竞争力的价格以及分布广泛的产品所吸引。

但是当前的研究却表明，许多这个群体的消费者不再以这种可预计的方式进行消费。许多有着中等收入的市场消费者被高档商品吸引，但也愿意购买便宜的低档商品，在后者能够满足他们的需要的情况下。结果就是，他们既会购买昂贵的品牌，也会购买便宜的品牌，以此来彰显他们的个性和自我表现力。一个例子就是消费者购买了打折的机票，同时却住进了五星级的酒店。

这种消费行为似乎是被个人主义的强烈欲望所驱动的。消费者正在对普遍存在的品牌做出反应，比如，他们认为购买普通的衣服品牌时，他们会看到其他人也穿着相同的衣服。所以，无论是购买时装、食品或是其他商品，这些消费者的心态都会是，他们更愿意将昂贵的和廉价的品牌混合起来，为的是使自己看起来"有个性，并且更时髦"。

这些发展表明，从前和目前的市场营销实例可能不再适用于以后，因为消费者对品牌的反应是不断变化的。这是由"大众市场"和"高档品牌"的区别所控制的。乐购（Tesco）是一个大众化的市场品牌，但是它的"最优"系列却是一个高档品牌。纽卡斯尔棕啤（Newcastle Brown ale）是一个典型的面向北爱尔兰工薪阶层的饮品，但是它却是美国销售最好的酒精饮料品牌，在圣地亚哥的酒吧里深受许多富有的事业型女性喜爱。面条连锁店拉面道（Wagamama）是以针对学生的营养餐起家的，但现在社会各个阶层的人士都成了它的常客。同时，奢侈品品牌，像拉夫·劳伦（Ralph Lauren）、巴宝莉、香奈儿和宝马，也逐渐成为普通消费者可以买得起的品牌。

基于：Carter（2003）；Rigby（2005）；Shaughnessy（2007）

（3）相关群体

相关群体（reference group）指的是影响一个人的观点或行为的一组人。如果产品比较显眼（比如服装和汽车），购买者就会考虑选择的品牌和型号是否可以被相关群体所接受，这种影响很大。相关群体包括家庭成员、一群朋友和同事。有些相关群体比较正式（例如，俱乐部和社团成员），有些则不太正式（比如有相同乐趣的朋友）。相关群体通过角色和规范彼此影响。观念的领导者是那些相关群体中就特别主题寻求导向的人。例如，流行歌手如詹妮佛·洛佩茨（Jennifer Lopez）、布兰妮·斯皮尔斯（Britney Spears）和席琳·狄翁（Celine Dion），已经代言了许多类别的产品，从音乐到服装，再到香水，这些让人梦寐以求的品牌销售的是她们的名声和生活方式。

一个相关的问题就是消费行为的"羊群效应"。人类是社会性动物，并趋向于跟风，因此营销人员就探索相应的方法以增加销售额。例如，美国的调查者创建了一种人造音乐市场，在那可以下载先前的、不知名的音乐。他们发现，当消费者可以看到下载的次数时，他们趋向于选择被下载得最多的歌曲。相似地，"智能技术"是超级市场中探索群体心理的先驱。消费者选择产品时产生的每种心理，都会被一个扫描仪导入中央计算机中。当一个购物者走过一个货物架子时，放在架子上的屏幕就会告诉她/他商店中有多少顾客已经选择了这个商品。研究已经表明，如果购买的人很多，她/他就很可能选择这个商品，所以这种方法可以用来在不进行打折促销时增加销售。

总之，消费者行为受到各种因素的影响。购买环境、个人特质和一些社会因素一起组成了个人与产品和服务间联系的本质。现在，我们将要讨论影响组织购买行为的因素。

3.6 组织采购行为的影响因素

组织采购行为有其独特的特点。其中一个典型的特点是，消费者消费次数少，但订单量大。例如，乐购、阿斯达、塞恩斯伯里超市和莫里森（Morrisons）的销售额，占据了英国超市总销售额的70%，所以保持这些零售商的份额是非常重要的。组织采购常常是复杂的并且有风险的。许多组织需要的商品和普通消费者需要的商品有很大的差别，这意味着消费需求中一些小的变化将会对工业品产生非常重要的影响（参见营销实例3.4）。例如，录像机销售的减少会对录像机零件部分的需求产生冲击。当大型组织消费者苦苦挣扎时，其会对供应商产生影响。大多数的汽车制造商如福特（Fort）、通用汽车（General Motors）、戴姆勒—克莱斯勒（Daimler-Chrysler）和大众（Volkswagen），近年来都是从供应商处得到需求价格打折信息的。然而，与此同时，供应商面临着钢材和原料成本的上涨，这些都影响了它们的利润，甚至迫使一些供应商倒闭。组织采购有时还以购买者和销售者之间的协商为特征，在一些案例中其常常是互惠的。例如，在和购买电脑的公司如沃尔沃（Volvo）公司协商时，其可能会劝说供应商购买一些公司汽车。

营销实例3.4：玩游戏吧！

学习指南：下面是有关组织采购中派生需求的本质的案例。阅读文章并考虑消费者需求降低对零部件供应商的警示性影响。

近些年，有一些特别棒的技术性成功，如苹果公司的音乐播放器（iPod）、游戏机和等离子电视。然而，更为重要且值得记住的是，这些产品在消费市场上获得的成功，对于零部件供应商来说意味着一个极大的繁荣，它们将继续创新。

一个典型的例子就是任天堂的游戏Wii。这个游戏在2004年发行时，让游戏市场感到十分震惊，直到2007年，它的销售量已超过3 000万。同时，它的零部件生产商也从中收获了丰厚的利润。三美电子（Mitsumi Electric），一家日本电子公司，为Wii提供无线局域网和部分控制零件，来帮助装配机器。它的营业利润在2006—2007年间增长了500%，其中40%的利润来源于为任天堂生产零配件。田渊电子（Tabuchi Electric）为Wii提供变压器，其营业利润在2007年第一季度增长了500%。同时，大阪的一个小部件生产商星电（Hosiden）也经历了销售量和利润的双增长。事实上，像任天堂这种获得巨大成功的公司面临的最大挑战就是，是否有能力扩大生产来迎合消费者巨大的需求。出于这个原因，一些像任天堂之类的公司出台了一个政策，即每一个核心元件要有两个供应商供货。

元件制造商的核心任务就是有能力参与技术的改革。例如，英特尔（Intel）由于供应个人电脑上的微处理器而闻名遐迩，它广为人知的广告标语抓住了实质"内置英特尔"。但是当个人电脑越来越小，许多功能通过新一代的手机就能够使用时，公司在面临新竞争者挑战的同时，需要继续创新来迎合新消费者的需求。同样地，由于其预期发展中国家对低成本汽车的需求会有显著增长,德国的元件供应商博世(Bosch)瞄准了提供配件给低成本生产商的世界市场领导者之一——印度的 Tata 公司。这表明与高端欧洲品牌如梅赛德斯联系紧密的博世公司开始了新的征程。

基于:Milne（2006）；Sanchanta（2007）

3.6.1　采购分类

组织采购可以分为**新任务采购**(new task)、**直接再采购**(straight rebuy) 和**修正再采购**(modified rebuy)。在以前没有对该产品的需求以至于公司基本没有相关经验的情况下,如果公司突然对某产品产生需求,那么它需要搜集大量信息,这时新任务采购就出现了。直接再采购指的是之前已经和供应商达成共识并在之前有过采购经验的情况下再次出现的采购。常规采购过程的建立就是为了帮助直接再采购活动。修正再采购介于两种极端情况之间。对某类型产品有着常规需求,并且购买选择已知,但是一些重要的变化发生了（如运输问题）,这就需要对日常采购过程进行修正。

采购活动以下面几种方式影响组织采购活动。第一,决策团体（DMU）成员的变化。对于直接再采购来说,只与采购专员有关;然而,对于新上任的采购高级管理者来说,工程人员、产品管理者和采购专员可能存在联系。修正再采购和工程人员、产品管理者以及采购专员有关,但与高级管理者无关,除非采购对公司至关重要。第二,在采购种类由直接再采购转化为修正再采购再到新任务采购时,采购决策过程会变长。第三,考虑到决策团体的影响,采购经理可能更愿意接受新任务采购和修正再采购,而非直接再采购。在后者中,采购经理已经解决了采购问题,并有其他需要解决的问题,所以为何还要让这种采购重现呢?

进行采购分类分析的第一层含义是,如果一个公司在决策过程初期能够进行新任务采购,它将获得巨大收益。通过提供信息和帮忙解决出现的技术难题,公司能够获得商誉和实现缓慢投入,从而可以在最终决策做出时保证订单量。第二层含义是,由于决策过程可能很长,新任务采购会涉及很多人,供应公司需要对销售人员进行长期"大额投资"。一些公司雇佣"传教士"销售团队,该团队包括其最好的销售人员,以保证新任务采购量。

3.6.2　产品类型

产品可以分为 4 种类型：原材料、零部件、装置和设备、维护维修和操作工具（MRO）：

1. 原材料——用于产品的生产过程,如铝。
2. 零部件——用于终端产品的组装,如车头灯。
3. 装置和设备——如推土机。
4. 维护维修和操作工具——如扳手、焊接设备和润滑剂。

这个分类基于消费者视角——产品是如何使用的,也可以用来证明组织采购行为的不同。第一,公司往往根据产品类型对参与采购决策制定过程的人员进行调整。例如，高级管理者通常会参与装置和设备的购买，或者更换新的原材料（如将材料从铝转换为塑料）。他们很少参与零部件或维护维修和操作工具的购买。类似地，设计工程人员通常会参与购买零部件和原材料，但很少会参与维护维修和操作工具以及装置设备的购买。第二，决策过程趋向于更缓慢和更复杂，当产品类型按下面的过程移动时：

维护维修和操作工具→零部件→原材料→装置和设备

3.6.3　采购的重要性

当一项采购活动涉及大量的资金时，当错误的决策（比如停产）会导致很大的损失时，以及当备选产品的产出特别不确定时，这项采购活动就会被认为对采购组织非常重要。在这种情况下，组织中不同阶层的人都可能介入决策中以至于决策过程会非常长，并要搜寻和分析大量的信息。因此，就需要大量的市场营销人员的努力，但是这也为和采购组织一起工作的销售团队带来了许多机会，以说服其自己的供应是价格最合适的，这就涉及产品的验收（如私人柴油机生产商给铁路公司生产测试原型）、查看技术支持和从其他使用者那里得到证实。另外，如果买方对送货日期和售后服务等因素非常看重的话，保证送货日期和售后服务就非常必要。

3.7　组织采购活动的特点

在采购职能上出现的许多新趋势，对于供应公司来说是具有营销含义的。商业利益的无情驱动已经成为能够决定即时采购活动（网络采购和集中采购）增长的关键因素。与此同时，这些发展已经增强了采购者和供应商的关系，我们已经看到了其在关系营销和反向营销中的迅速增长。

即时采购（just-in-time，JIT）观念旨在提供需要的原材料和零部件，以使组织的供应系统的存储最小化。即时采购的作用非常大，其降低了购买存货和检查的费用，提高了产品设计性，使运输合理化，缩短了停工时间，增强了完工质量。生产商和它的供应商之间需要许多紧密的合作。一个采用即时采购的公司案例是尼桑汽车（Nissan），其在英国的桑德兰进行汽车组装。尼桑采用所谓的"同步供货"：零部件在需要的前几分钟内送到。例如，车内地毯由一家法国供应商萨默（Sommer Abbibert）在靠近尼桑组装线的工厂按照正确的模型逐次供应。从对地毯下订单到将其组装到汽车上，只需要42分钟。然而，这个系统也面临着风险。比如，在日本，神户地震就使那些临近该地区又没有零部件存储的公司停产。

因特网使用的普及使网络采购得到大力发展。两类主要的市场或交易所已经产生：面向工业产品的**纵向电子市场**（vertical electronic marketplaces），如造纸工业网站（www. paperexchange. com）或汽车、医疗保健行业网站（如 www. covisint. com），和**横向电子市场**（horizontal electronic marketplaces），其跨越了行业界限，主要迎合供应商如提供产品维修（如 www. dgmarket. com）和服务（如 www. elance. com）的公司的需要。公司通过在这些网站上发布通知来寻找供应商。潜在的供应商随后会对这些电子合同进行投标。一些公司声称，通过以这种方式管理它们的采购，减少了相关采购过程的采购人员数量，从而提高了效率，并且增加了供应商的潜在全球传播力。竞争的加剧给供应商带来了巨大的挑战。

如果公司的一些职能部门有共同的需求，而且通过大批采购有机会获得谈判优势，集中采购就是一种极具吸引力的选择。集中采购鼓励采购专员在一小部分产品上集中精力，因此可以让他们对成本因素和供应商情况有个全面的了解。例如，对医疗保健费用增加关注，意味着许多医院将采购活动集中在采购部门，而不像以前主要以医生和护士为中心。结果就是许多合同需要在全欧洲范围内，依靠公司产品质量、成本和运输能力进行招标。这样产生的网络效应使公司更难得到订单，但一旦得到订单，合作关系就会更加长久。与此同时，组织采购由于采购者和销售者之间更加紧密的联系而特征越来越显著（参见插图3—5）。**关系营销**（relationship marketing）指的是在消费者和其他利益相关者之间建立、发展并加强关系的一种营销方式。比如，玛莎百货和它的供应商之间的关系可以回溯到一个世纪前。如此长时间的关系对买者和卖者都有好处。由于了解供应组织的人员和谁将在问题出现时进行协调，采购者降低了风险，双方交流也密切了。事实上，供应商成为了战略伙伴，因此其也参与问题的解决和管理设计。销售者了解了更多的购买者需求，许多公司已经重组了销售队伍来反映有效管理消费者关系的重要性，这被称做重要客户管理。新产品的开发可以从这种紧密的联系中获益。可机洗羊毛制品和易熨的棉织品，就是玛莎百货和英国制造商紧密联系的产物。市场关系问题我们将会在第7章进行更详细的讨论。

插图3—5　这则关于荷兰银行的广告旨在说明商业市场中关系的重要性

营销的传统观点是，供应商公司积极找出消费者需求并努力迎合这些需求要好过竞争。然而，采购活动现在更具有前瞻性，其瞄准需要竞争的产品和服务。购买者努力说服供应商提供组织想要的产品的过程就称做反向营销。瑞士先正达（Syngenta），一家国际化学品供应商，针对目标供应商有效地采用反向营销，它列出了其一系列个性化的需求，如送货次数、送货成功率和销售人员出访的频率。反向营销的增长给愿意听取购买者的提议和仔细考虑它的优点的供应商带来两个好处。第一，它提供了一个和顾客发展更牢固和更长久的关系的机会；第二，它可以为新产品的发布提供机会，这有助于在将来发展更多的顾客。

最后，在B2B的环境中，一个公司可能并不购买产品，而是租用产品。租用指的是由物品（如汽车）所有者将使用权交给另一方一段时间以换取租金的活动。顾客的好处是租用活动避免了产品或服务的现金购买，从而避免了产品的快速贬值。一些类型的租用合同还避免了一些修理费用。这些好处需要和租用费用相比较，有些情况下租用费用可能比全部购买费用还要高。

总 结

本章介绍了消费者行为的本质和影响消费者行为的关键因素，解决了以下几个关键问题：

1. 个人和组织购买行为的区别。组织购买决策包含了更多的阶段、更多的人员投入和对于协商更高的要求。技术和经济选择标准倾向于对组织采购起到重要的作用。

2. 谁购买——购买决策制定过程中出现的5个角色：发起者、影响者、决策者、购买者和使用者。不同的人有不同的角色，尤其是在家庭购买活动中。对于市场营销人员而言，区分出决策者至关重要。

3. 购买决策过程包括需求识别、寻找备选方案、评估备选方案、购买和买后评价。在高度相关的购买案例中，消费者可能经历了所有的阶段；在低度相关的环境下，他们可能直接从需求识别跳跃到购买和买后评价。

4. 在市场购买决策中使用的主要选择标准有技术标准、经济标准、社会标准和个人标准。在个人购买活动中，社会标准和个人标准非常重要，因为消费者通过产品和服务的选择来构建他们的身份。

5. 影响个人购买活动的主要因素有：购买情况、个人影响和社会影响。在任何给定的时点，都会存在无数影响消费者购买决策的因素。例如，个性、生命周期、相关群体和替代性学习。而且，这些因素可能联合起来促成特定的购买决策。

6. 组织采购行为的主要影响因素有：采购分类、产品类型和采购的重要性。例如，在装置设备上的一次重要的投资在组织里存在争议，新任务采购会牵连组织中的许多成员，并会在决策前花掉很长时间。

7. 组织采购的几种类型：即时采购、网络采购、集中化采购、关系采购、反向采购和租用。组织采购一方面为反向采购、与供应商建立联系提供了机会，另一方面被集中化和网络采购的高效率所驱动。

关键术语

采购中心（buying center）：涉及采购决策的团体。在工业品采购环境中，也被称做决策团体（DMU）。

决策制定过程（decision making process）：在购买产品或服务时，组织和个人经历的阶段。

信息搜索（information search）：识别解决问题的可选方法。

认知集合（awareness set）：消费者意识到可以提供问题解决方案的一系列品牌。

诱发集合（evoked set）：消费者在做出消费决策之前认真考虑的一系列品牌的集合。

认知失调（cognitive dissonance）：消费者因不确定购买正确与否而产生的购后忧虑。

信念（beliefs）：某人对某事确信无疑的想法。

态度（attitude）：消费者预期对品牌的喜欢或厌恶程度。

认知（perception）：人们选择、组织、解释感官反应到一个有意义的世界的过程。

选择性注意（selective attention）：人们筛选掉那些对自己没有意义或与自己的经历和信念不一致的刺激的过程。

选择性曲解（selective distortion）：人们根据已有的信念和态度接受信息的曲解。

选择性记忆（selective retention）：人们在记忆中只保留挑选出来的信息的过程。

信息帧（information framing）：向人们展示信息的方法。

推理（reasoning）：要通过连锁思维得到结论的一种比认知学习还要复杂的形式。

信息处理（information processing）：接受、解释、储存刺激并进行日后检索的过程。

经典性条件反射（classic conditioning）：用刺激和反应之间已有的关系促成不同的刺激下学习产生同一反应的过程。

操作性条件反射（operant conditioning）：用奖励来强化反应。

动机（motivation）：由需求引发兴奋状态，去达到目的的过程。

认知学习（cognitive learning）：不用直接强化而掌握知识和建立信念的学习。

机械学习（rote learning）：在没有情境的情况下学习两种及以上概念。

选择标准（choice criteria）：人们在估价产品和服务时使用的各种属性（和好处）。

替代学习（vicarious learning）：从没有直接经验和奖励的他人处学习。

生活方式（lifestyle）：从一个人的行为、兴趣和观念中表现出来的生活模式。

个性（personality）：个人的心理特征导致对环境的一致反应。

文化（culture）：一个人所处的整个社会的传统、忌讳、价值观和基本看法。

相关群体（reference group）：能够影响消费者态度和行为的一群人。

新任务采购（new task）：指组织第一次购买某产品。

直接再采购（straight rebuy）：指的是组织从先前提供产品的供应商处再次采购。

修正再采购（modified rebuy）：对某型号的产品的日常需求仍存在，采购方案已知，但是需要对一些日常供应措施做些修改（如出现供应问题）。

纵向电子市场（vertical electronic marketplaces）：在特定行业的采购网站上寻找产品供应商。

横向电子市场（horizontal electronic marketplaces）：跨越几个行业的采购网站，用来寻找低成本供应商，如维修和操作方面的（MRO）。

即时采购（just-in-time）：旨在通过组织供给系统提供需要的零部件和原材料来最小化存储。

关系营销（relationship marketing）：发现、支持并加强和消费者或其他利益相关者关系的过程。

反向营销（reverse marketing）：购买者试图说服供应者准确提供组织想要的产品的过程。

练习题

1. 组织采购行为和个人采购行为的区别是什么？

2. 选择一个最近的在决策过程中不仅包括你自己，还包括其他人的购买活动。你在采购中的角色是什么？其他人扮演的角色是什么？他们是如何影响你的决策的？

3. 按照需求识别、信息搜索、方案评估和选择后评估来回顾一下你选择要进入教育机构的决策。

4. 回顾影响你最近的购买活动如设计发型、就餐的选择标准。

5. 描述即时采购、网络采购和集中性采购的最新趋势。讨论这些趋势对卖方营销人员的影响。

6. 登录 http//www. youtube. com/watch？v =_ ni8fYRcXuI，看看关于猞猁除臭剂（Lynx deodorant）的信息，登录 http：//www. youtube. com/watch？v=PM8y78z_ C-o，看看红牛（Red Bull）的广告。使用这章学过的信息过程理论解释这些广告是如何影响观众的。

案例3 Oasis 公司

时装行业是最近这些年正发生剧烈变化的一个行业。"快速时尚"传播者如飒拉（Zara）和海恩斯莫里斯公司（H&M）的成功，意味着服装和配饰样式和设计的更新都更快了。技术信息的加速传播和更高效的计划意味着，只需在很短的时间内新产品就会从低成本生产地（亚洲和东欧）迅速传播到西方市场。所有这些都使得购销时装的经销商变得更加挑剔。购买者必须有能力判断下个季节什么样式和设计的时装更吸引消费者。这些决定会产生深远的影响，如果判断错误，经销商和供应者就得承受由库存引起的巨大损失和必要的大促销所带来的成本。

2009 年 Oasis 的一个服装系列

公司背景

Oasis 是一个专营女士服装的经销商，目标群体是 18～30 岁的女士。它于 1991 年成立，2003 年被冰岛的鲍格零售集团（Baugur）收购，现在成为马赛克（Mosaic）时装集团的成员。在 2003 年，Oasis 在英国有超过 300 家销售店，按照独立商店或加盟百货公司的方式经营，并管理着欧洲、中亚和远东 19 个国家的专卖店。继在北京开了一家 Oasis 店后，其计划在中国开 100 家连锁店。Oasis 每年的营业额为 2 亿英镑，它和许多姊妹公司一样将总部设在伦敦的新兴文艺区。除了 Oasis 外，Mosaic 时装集团还包括卡伦·米伦（Karen Millen）、Coast、Principles、Warehouse、Odille、Anoushka G 和 Shoe Studio。另外，母公司鲍格零售集团（Baugur）还邀请了英国其他各连锁店，包括 Fraser 百货、Jane Norman 和 All Saints，设计品牌 Matthew Williamson 和 PPQ，食品零售商 Iceland 和玩具店 Hamleys。

Oasis 销售自主品牌产品，并且仅限于在它的专卖店中销售。在公司总部有采购、促销和设计团队，其职能包括了市场营销、培训与发展、融资、人力资源和信息技术支持。设计团队通过研究流行趋势，探索合适的面料和投资机会并描绘新想法来更新产品。购买团队和内部设计师合作去选择和更新产品，他们相信这样会吸引潜在的消费者。他们认为 Oasis 的主要目标群体是 20 多岁的年轻消费者，但同时他们也意识到应该吸引 25 岁以下或 30 岁以上的消费者。公司将其产品描述为"耐用品"并且可以"超越季节变换依然充满着时尚感"。Oasia 为迎合潮流追随者，提供集流行和实用于一身的服装。不论就风格而言，还是就质量而言，购买者都可以穿不止一个季节（见表 C3—1）。Oasia 在 2006 年建立了交易网站，销售挑选出来的公司产品。网站包括一个交互式的"试衣间"、博客和职业信息。

表 C3—1 　　　　　　　　　　　　　　　Oasis **子品牌**

子品牌	产品类型
Future Organic	由环保的有机棉面料制作的工装和 T 恤
Premium Denim	只限于在 Oasis 销售的、有鲜明特征的衣服附带品，并进行个性化包装
New Vintage	服装设计受古董市场的启发，并由 Oasis 设计团队进行更新
Odille	Odille 品牌是在 2004 年创立的子品牌，现在包括泳装和晚礼服。Odille 在该领域内成了著名的品牌，在一些英国社区商店和美国的直销店都有销售
Escape	主要是居家和旅行用品，包括配件和小家具

产品研发过程

采购和销售是 Oasis 的关键决策。当购买者选择了他们认为最适合典型消费者的设计时，他们要决定哪个供应商最适合生产该产品。时装零售商很少有自己的工厂，所以是由购买者来决定供应商，并使其组织有利于实现自身利益的生产。Oasis 的初级产品来自于世界各地，它需要选择具有最合适的技能和充足的生产能力的厂商进行生产。与大部分英国时装零售商相同的是，出于远东地区产品价格低和质量好的考虑，Oasis 会从远东进口大量的服装，但是却会在一些英国生产的产品如毛织类上限制产量。这就产生了一种现象，即英国超过 95% 的衣服和鞋类都是进口的。

在 Oasis，一个采购主任主管 3 个采购经理，他们每个人负责一个采购团队，包括采购助理和雇员。采购者和销售者、设计者、质量保险商联系紧密。采购者还要和为促销提供宣传照片的公司内部市场部门保持联系。在 Oasis，采购者的工作包括和供应商谈判商品的价格，购买有着合适颜色并在保质期内的产品，并保证服装合格。

Oasis 的采购理念始于设计团队呈现的各种产品样式的初始形态和颜色，这些是基于巴黎、米兰和纽约的购物之旅而产生的各种灵感（在时装行业，一个"季节"大概为 6 个月，为春夏或者秋冬）。设计团队基于其最终的用途（如便装和工作装）来对服装分类。一个部门的设计大会是为采购者、设计者和销售者回顾设计梗概和决定要让供应商生产哪些样品而召开的。采购团队制定合适的销售价格，如果有需要，还要对样品进行评论和修改。Oasis 的采购者定期评论推荐的产品。在"预售"会上，团队会对所有将要在商店出售的产品进行介绍。

在这些准备会议结束之后，采购者要准备好将这些最终样品在"回顾会"上呈现给采购和设计主管及产品管理者，该会议会在商品面市大概七个星期之前举行。这使团队能够分析样品的范围并通过修改和替换服饰来做最后的判断。在每一款投入生产之前，供应商都要预留出一小部分的预算去引进最新的流行款式。销售团队负责控制一些因素，如订单质量、联系供应商等，以保证商品在合适的时间被送到商店。采购者负责和质量检测部门及供应商联系以保证服装的尺寸和品质，且要保证采用的面料符合 Oasis 的标准。Oasis 在中国香港设立了海外采购办公室以联系为 Oasis 生产一半产品的中国供应商。

Oasis 要求供应商必须遵守相关的社会和环境方面的道德准则。Oasis 在它的网站上声称，其致力于与供应商和雇员一道进行诚信经营，并要求供应商保证以下几点：

- 雇员的权利、工作时间、薪水、工作环境、培训过程和居住设施（如果合适的话）都必须遵守 Oasis 标准。
- 不能雇佣童工。
- 在任何供应环节都不能采用强制劳动。
- 产品要达到健康及安全标准。

Oasis 设计、采购、销售和质量管理团队常常在 3 个季节的不同阶段共同工作。在时装业，拟定前期计划是必须的，因为要留出时间进行产品的更新、制作和运输。所以，某系列服装的最初准备，会在其上市一年之前就开始了。产品的配送会并然有序地进行，以使 Oasis 商店每周都可以收到新品。当每季结束时，公司会从销售量、利润率和与初始计划比较的几个方面对其进行评判。采购人员会总结产品的优缺点以帮助他们为下季制订计划。

Oasis 采购经理 Beth Jelly 认为她最艰难的工作是"在购买季之前即判断出顾客最想买什么"并估计每个产品的生命周期。采购者会通过各种途径从消费者处得到反馈以使他们能够最有效地迎合消费者的需求。Oasis 的员工每周会从总部得到反馈，包括运用 SWOT（优点、缺点、机遇和挑战）以分析当前的形势。采购者有时会藏在 Oasis 店的更衣室里工作，这样可以从顾客那里获得关于产品的直接反馈，并和零售员工讨论。

问题：
1. 讨论时装零售者的采购过程，采购过程的关键点有哪些?
2. 采购过程还有哪些可以改进?
3. 讨论影响 Oasis 采购者的因素有哪些。
4. 时装产品购买者的行为是如何影响采购者的?

这个案例是由诺丁汉特伦特大学高级市场营销课的海伦·格沃雷克（Helen Goworek）准备的，仅用于课堂讨论，而非用于解释管理的有效性。

第4章 营销调研和信息系统

本章框架

- 营销调研的重要性
- 营销调研的类型
- 开展营销调研的方法
- 营销调研的流程
- 营销信息系统

学习目标

在学习本章之后，你应该理解：

1. 营销调研的重要性。
2. 可利用的营销调研类型有哪些。
3. 开展营销调研的方法。
4. 营销调研的流程。
5. 营销信息系统的性质与目的。

营销聚光灯

"猎 酷"

企业在 16～34 岁购买者的市场上所面临的一个最大的营销挑战，就是如何引领潮流。引领潮流有时被描述为"猎酷"，是看不见的、无形的但非常有价值的。市场营销人员知道，如果潮人们开始以某种方式谈论、饮食、着装或购物，接下来大众就会追随他们。所以了解潮人们今天的行为，就可以预见到大众一年之后在做什么。

但潮流是一个难以捉摸的东西，它不会通过传统的市场研究技术，如调查法或焦点小组访谈法被发现。许多一流公司雇佣专业的潮流观察员（猎酷者）来找寻潮流。也许，这听起来是份很理想的工作：潮流观察员，通常 20 多岁，他们花时间去聚会、在线结交新朋友、去遥远的地方旅行、在很酷的地方比如纽约 Soho 区闲逛。然后，他们负责提供关于音乐、时尚、生活方式和科技最新动态的定期报告。也许，对于潮流观察员及其雇主的最大挑战就是，从大量信息中筛选出真正驱动青年人做出相应行为的信息。鉴于在 20 世纪 90 年代末出现了人们痴迷于网上的一切新鲜事物的现象，因而从众多新鲜事物中找出能真正引领潮流的事物并不易。此外，现在有许多专业研究公司进行潮流预测，例如 Zandl 集团，其网址为 www. trendwatching. com。

都市服装品牌迪赛就是使用潮流观察员来维护其在市场中"潮"定位的一家公

司。迪赛品牌于1975年在意大利创立，至今其全球年度销售额已增至6.8亿美元。公司雇佣了50名来自世界各地的25岁的潮流观察员，他们可以去任何他们想要研究的地方旅游，以寻找新的趋势和想法。对于一个如此大的品牌，保持其"潮"的形象十分重要，并且这已成为其主流做法。因此，它必须不断寻求在其产品设计上的创新，例如，推出一条像55 DSL的新生产线，以滑板玩家和滑雪板玩家为目标人群，同时增加广告和在线营销（www. diesel. com）方面的创意。

4.1 营销调研的重要性

营销调研（marketing research）是极其重要的。真正以市场为导向的企业会意识到它们需要时刻与市场保持联系。顾客的需求通常会以非常微妙的方式不断变化。对于一些公司来说，没有研究过市场，其是不会做出重大战略决策的。但营销调研远远超出了组织进行商业活动的范围。例如，从政党到唱片公司的各种组织机构，都是营销调研的重要对象，并且它们常被指责各个公司对其过度依赖，从形成政党宣言到制作新专辑。营销调研可以在许多不同的活动中发挥作用。调研有助于理解顾客想要什么，决定是否推出一个新产品，获取关于持续服务水平的顾客反馈，衡量赞助活动的有效性等。

营销调研行业很庞大，在2006年其全球估计价值超过240亿美元，在欧洲其估计价值为105.97亿美元，接近全球总价值的一半。表4—1列示了世界一些国家营销调研支出的详情。市场研究也倾向于遵循市场发展的规律。比如说，市场研究人员日益增加对像拉脱维亚和保加利亚这样的国家的市场研究，因为这些国家的经济增长引起了市场营销者的兴趣。定义营销调研的边界并不容易。通过在展览会或通过电话与客户进行的随意讨论，可以获得关于顾客需求、竞争对手的活动和行业前景等方面的宝贵的非正式信息，而更加正式的方法则包括构建营销行为信息系统。本章着重介绍这些提供资讯的方法。首先，我们将描述营销调研的不同类型和开展营销调研的方法。然后，我们将介绍营销调研的流程和详细使用情况。最后，我们研究营销信息系统的发展和市场研究的伦理。

表4—1　　　　　　　　2006年全球部分国家营销调研支出

国家	营业额（单位：百万美元）	人均支出（单位：美元）
英国	2 369	39. 19
瑞典	335	36. 92
法国	2 214	35. 33
美国	8 232	27. 49
挪威	126	27. 10
德国	2 206	26. 73

国家	营业额（单位：百万美元）	人均支出（单位：美元）
澳大利亚	532	25.76
丹麦	131	24.11
芬兰	125	23.96
瑞士	166	22.76
荷兰	346	21.17
新西兰	86	20.76
加拿大	652	20.04
爱尔兰	84	19.97
比利时	167	16.06
卢森堡	6	13.09
新加坡	55	12.23
意大利	706	12.16
日本	1 380	10.79
中国	583	0.44

资料来源：欧洲市场研究协会 2007 年全球市场研究

4.2 营销调研的类型

首先，我们需要区分特殊调研和连续性调研。

4.2.1 特殊调研

特殊调研（ad hoc research）是聚焦于某一特定的营销问题，在同一时点上向同一调研样本收集数据的调研方法。比如，关于使用与态度的调查、产品和概念的测试、广告发展和评价的研究、企业形象及客户满意度的调查都是使用特殊调研方法的一些具体例子。使用特殊调研方法要么进行用户订制研究，要么进行综合调查，且其开支已超过全球市场研究总开支的 60%。

（1）用户订制研究

这种类型的研究基于客户的特定需求。研究的设计基于营销调研机构或内部营销研究员的调研纲要。因为它们是量身特制的，故调查成本往往很高。

（2）综合调查

用户订制研究的替代方法就是**综合调查**（omnibus survey），其通过面对面的问卷调查或电话访谈的方式进行（参见插图 4—1）。一次访谈可能涵盖许多主题，随着大量客户对问卷空间的购买，他们将受益于成本分摊。通常，这种类型的信息寻求

（如查找有关意识水平和所有权的数据）相对简单。通常，这样的调查基于 1 000 ~ 2 000名成人人口平衡样本。但是，更多专业的调查涵盖了儿童、青少年、母婴、"灰色"市场和驾驶员等市场。

插图 4—1　面对面访谈和电话访谈是两种最常用的调研方法

4.2.2　连续性调研

连续性调研（continuous research） 是一种向同一调研样本重复访问的调查方法，主要类型有消费者特定小组、零售审计和电视观众固定样本组调查等。

（1）消费者特定小组

当大量的家庭被招募以提供他们随时间推移的购买信息时，他们就组成了一个**消费者特定小组**（consumer panel）。例如，一个杂货特定小组将记录许多不同超市的商品品牌、包装、价格和存货。通过在一段时间内使用相同的家庭，就可以得到对品牌忠诚度和转换率的测度，以及关于购买某特定品牌人群的人口统计特征概况。最近几年的消费者特定小组研究在技术的使用上有了显著的增长，其已经通过在线或电话以及面对面等多种方式进行研究。一旦参与者熟悉了调查员并且表示愿意参加调查，这些远程的研究方法将会非常有效。博客和论坛的快速增长催生出了一种新型的消费者特定小组。这种类型的论坛在互联网上到处都是，其讨论内容广泛，从薯条的脂肪含量到新电子产品的优点。在大多数情况下，论坛并不是公司正式建立的，但发生在论坛上的直率争论通常会吸引管理者。一些公司会跟踪这些讨论组来获取有关其品牌的言论以及出现的新趋势。随着监测的大部分电子化，它也是一个非常经济的研究形式。然而，由于这种监测通常是隐蔽的，当其得知自己所说的内容正在被公司研究的时候，参与者可能会感到不安。

（2）零售审计

连续性调研的另一种类型是**零售审计**（retail audit）。在零售网点（如超市）的配合下，可以通过收银台对包装条形码的激光扫描来测算品牌的销售情况。尽管品牌的忠诚度和转换率无法测量，但零售审计可以通过商店的销售情况得出准确的估计。一个主要的零售审计数据的提供者，就是 AC 尼尔森市场研究公司（ACNielsen）。例如，它的图书调查服务提供超过 300 000 本图书的周销售数据，这些数据是从不同零售商的销售终端搜集而来。

（3）电视观众固定样本组调查

一个电视观众固定样本组调查可以测量每分钟的观众量。商业广告可以被分配收视点（目标人群的收视率），这就是购买和评价电视广告的货币价值。在英国，该系统由英国广播听众调查委员会（BARB）（www.barb.co.uk）控制，由 AGB 和 RSMB 运行。AGB 操纵测量过程并用收视记录仪记录终端的开关状态、正在观看哪个频道，并可借助一个手动控制工具了解谁在观看。因为真正关注的是观众乐于观看广告的程度，所以受众测量公司现在同提供节目的收视率一样，也提供对广告收视率的测量。同时，科技的发展继续革新着对电视观众的测定方法。个人录像机的出现契合了观众的喜好，它自动记录了观众最喜欢的节目，同时这个小盒子也把对遥控器上每个按键的操作"告知"给了制造商，以此提供了关于观众喜欢在哪个频道观看何种节目的精确细节。

（4）营销数据库

公司收集有关客户日常行为的数据，并将这些数据储存在营销数据库中，包括每个消费者的姓名、地址、电话、交易记录，有时还有人口和生活方式、购买类型、购买的频率、购买价值以及对预告优惠活动的反应等数据（见第 10 章）。例如，零售商鼓励通过深受超市、百货商店和汽油零售商欢迎的购物卡计划获取这些数据（参见插图 4—2）。顾客可以到客户采集点兑换返现或领取礼物，这时零售商可以收集到关于该顾客使用这张卡情况的有价值的信息。

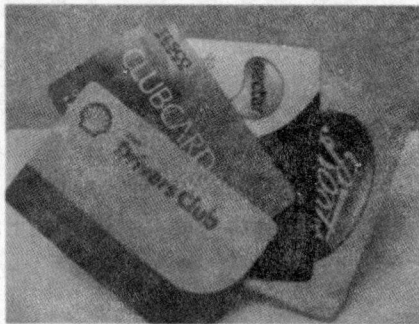

插图 4—2　优惠卡方案被组织广泛使用以建立客户的数据库

随着银行寻求对已拥有抵押贷款和信用卡的消费者进行更细致的管理，银行已经成为该类信息的重度使用者。银行获取信息有许多来源，包括其自己的记录、其与其他支付机构如维萨（Visa）信用卡和万事达（Master）信用卡的链接，以及专业信用检查机构。通过对这些信息的分析，银行可以对可能拖欠贷款的客户群做出相对准确的预测，进而它们可以在其债务变得庞大之前进行干预。例如，如果顾客转换了常规购物（比如购买生活用品）的支付方式，从现金支付变为使用信用卡支付，那么这可能意味着其现金短缺和其延误偿还贷款的风险增加。

（5）客户关系管理（CRM）系统

随着营销数据库的扩大使用，一个潜在的问题就是这些数据库是公司不同部门创建的独立结构。例如，销售部门可能会有一个包含客户信息的账户管理数据库，而呼叫中心的工作人员使用的可能是同样包含客户信息的另外一个数据库,且这两个数据库是在不同时点创建的。然而,当一个客户交易被记录在一个数据库,未被记录在另外一个数据库时,这种分离的方式就会导致问题的出现。正是类似这样的问题促进了客户关系管理(CRM)系统的发展,并导致建立起单一的客户信息数据库,所有的职员以此与客户打交道。CRM 是企业用于管理客户关系的方法、技术和电子商务功能的一个术语(见第 10 章)。像乐购(Tesco)这样的公司会将一些 CRM 数据提供给供应商,以便它们可以对最终客户(如杂货店购物者)的需求做出更好的反应。

(6) 网站分析

连续性数据也可以通过分析消费者对网站的使用来获得。通过其产品的售卖和消费者的付费方式,对那些被频繁访问的网站进行测度是可行的。事实上,网站分析的一个真正挑战是要处理产生的海量数据。从广告的角度看,不管关于受众测量存在哪些挑战,消费者访问网站时的几方面表现都应该被记录和监测。首先,应该了解他们从何而来。例如,他们的访问是否通过一个搜索引擎或其他网站上的一个链接?其次,应该了解在访问网站时,其会去向何处。其选择了什么选项,浏览了哪些视图?他们是否会对优惠促销或是网站设计的改变有所响应?如果是一个在线零售商,多少百分比的消费者会完成支付?而对于那些没有完成支付的客户,其又是在哪个阶段退出的呢?营销实例 4.1 讨论了测量网站用户过程中面临的一些挑战。

营销实例 4.1:网站用户测量

学习指南:下面是对一些用于测量网站用户的关键指标的一个回顾。阅读文章并考虑每个测量方法的优缺点。

互联网广告是广告行业增长最快的部分,但在你决定在何处投放广告之前,你需要估计出有多少人可能会看到你的广告。幸运的是,网站会提供丰富的数据,但不幸的是,这使得做出选择变得非常困难。你应该依据点击数、独立用户数量、浏览网站时间,还是点击率、印象、会话、查询或预订做出决定?互联网广告策划人面临着一些非常困难的选择。

在电子商务的早期阶段,许多互联网公司自豪地鼓吹其网站收到的点击量。网页用户点击网页上的任意一个元素(比如图像、文本等)的次数就被记录为点击量。然而,这是一个很容易操纵的数字——只要简单地增加一页上的图形数目,就可以增加点击量。页面浏览数(浏览者浏览的网页数量)成为下一个网站要测量的量,但这同样值得怀疑。许多现代网站使用了一种技术,允许页面自己更新部分内容,如股价、股票代码,而无需重新加载和重新绘制页面的其余部分。但是,问题是用户将花费整天时间逛雅虎,比方说金融部分只能算做一页视图。独立用户(一个人只访问一个网页)是另外一个流行的度量方法。但它也是有问题的,因为 200 万个独立用户可能意味着,任意 200 万人每人访问了这个网站一次,或者一个人访问它 200 万次。这是我们不可能确切知道的事情。随着像我的空间和视频网站(YouTube)等网站变得更加互动,广告商开始对其他测度方法更加感兴趣。停留时间暗示出一个或更多的人与页面交互的时间的长短,反过来又可显示出用户的忙碌情况。

一个网站的基本客户的行为模式是通过如日志文件这样的技术实现跟踪的,日志文件记录了网站上的所有活动和 cookies,并存放在访问者的硬盘上。例如,点击率或点击流分析是通过日志文件来看用户在访问站点时的去向的。网站分析就是结合这些人口与订阅信息等基本指标，来对访问者行为进行更为详细的分析。网站所有者可以知道很多关于访问者到其网站的行为信息，但要获得这些信息需要做出细致的计划。

基于：Anonymous（2007）；Guenther（2003）；Phippen, Sheppard and Furnell（2004）

4.3　开展营销调研的方法

■根据一个公司所面临的形势，其开展营销调研一般有两种主要的形式，即自己开展调研或是雇佣专门的市场研究机构。雇佣专业机构的优点就是，它有专业技能和研究经验。然而，购买专业机构服务的过高成本会抵消这些优势。当研究规模较小时，比如从图书馆收集信息或面试一定数量的工业客户，公司可能会选择自己开展工作。如果这家公司有营销部门或执行营销调研的员工，那么这就会变得非常可行。其他一些公司更倾向于自行设计调研，然后雇佣田野调查机构收集数据。另外，在资源允许和研究规模较大时，公司可能会雇佣一个市场研究机构进行调研。该公司只向研究机构提供其有关营销调研的简要要求，剩下的由研究机构完成。接下来，要讲述完成一个市场调查研究所涉及的典型阶段。提供全面服务的机构一般要进行下面介绍的所有活动。

世界上著名的市场研究公司见表4—2。

表4—2　　　　　　　　　　**世界上一些著名的市场研究公司（2006年）**

公司名称	国家	雇员	营业额（百万美元）
尼尔森公司	美国	39 517	3 696.0
艾美仕市场研究公司	美国	7 400	1 958.6
特恩斯市场研究公司（索福瑞集团）	英国	14 570	1 851.1
坎塔尔市场研究集团	英国	6 900	1 401.4
捷孚凯市场研究集团	德国	7 900	1 397.3
益普索市场研究集团	法国	6 503	1 077.0
思纬市场研究公司	英国	5 726	739.6
艾利艾咨询机构	美国	3 600	665.0
维恩达特管理咨询有限公司	美国	1 906	425.8
阿比创市场研究公司	美国	1 045	329.3

资料来源：欧洲市场研究协会2007年全球市场研究

4.4　营销调研的流程

■图4—1描述了一个典型的营销研究过程。现在将对每个阶段进行讨论说明。一些著名公司解决研究问题的不同方法将在营销实例4.2中讨论。

```
┌──────────┐
│  初步接触  │
└──────────┘
     │        ◄━━━━━━━━━━━━┓
     ▼                    ┃
┌──────────┐              ┃
│  调研纲要  │              ┃
└──────────┘              ┃
     │        ◄━━━━━━━━━━━━┫
     ▼                    ┃
┌──────────┐     ┌──────────┐
│  调研计划  │     │ 探索性调查  │
└──────────┘     └──────────┘
     │        ◄━━━━━━━━━━━━┛
     ▼
┌──────────┐     ┌──────────┐
│ 主要数据搜集 │◄━━│ 描述性调查或 │
│    阶段    │     │ 实验性调查  │
└──────────┘     └──────────┘
     │
     ▼
┌──────────┐
│ 数据分析和 │
│    解释    │
└──────────┘
     │
     ▼
┌──────────┐
│ 报告撰写与 │
│    演示    │
└──────────┘
```

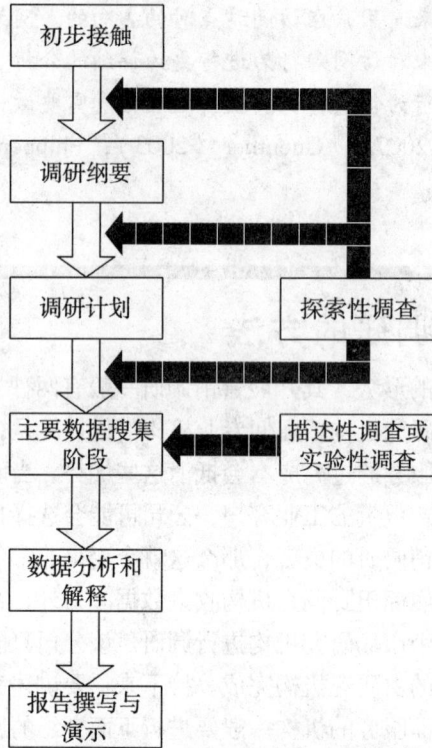

图 4—1　市场营销调研过程

营销实例 4.2：了解客户

学习指南：下面是企业如何利用市场研究来解决业务问题的一些示例。阅读文章并考虑其他企业接近客户的其他方式的例子。

当谈到试图了解客户这个问题时，企业会采用多种不同的方法。例如，世界上最大的零售商——沃尔玛（Wal-Mart），就有很少做消费者研究的传统。它更偏爱让供应商在其商店进行试销，然后其会简单地预订那些卖得好的商品。但近几年，随着其销售增长的放缓，面临来自其他零售商如塔吉特（Target）的激烈竞争，它已开始在市场研究上增加投资。在 2004 年年初，它完成了一项涉及 6 000 名现有客户的研究。机构发现相当多的客户想要更多有着现代风格的时尚商品。作为回应，它创立了子品牌"Metro 7"，以拥有城市生活方式的时髦女性为目标人群。Metro 7 在约 500 个主要城市设有销售点，沃尔玛也在该品牌的网站上。为了紧跟该领域时尚趋势的快速变化，它每月更新销售范围来反映不断变化的风格。并且为满足客户的需要，沃尔玛引入了更多的时尚服饰，因为这类产品比杂货和家居用品更有利可图。它也增加了在市场研究和消费者洞察上的投资，来识别可以获得进一步增长的机遇，并试图摆脱其严重依赖的"天天低价"的做法。

零售商通常处于一个了解客户的有利位置，特别是在分析消费者的购物模式，以及监控消费者对促销的反应方面。这反过来也对制造商施加了压力，督促它们去更好地了解客户。糖果制造商马尔斯（Mars）等公司，已经开始采用新方法应对这个问题。例如，马尔斯在芝加哥开设了七家咖啡馆，并在其内设有售卖多种优质巧克力的

"巧克力休息室"。从本质上讲，马尔斯涉足零售业就是为了接近它的客户。它也进行了与潜在客户的焦点小组访谈，以便更好地了解他们希望在这些"咖啡馆"中看到什么。在这项研究中最早得到的反馈就是，消费者表现出对黑巧克力的偏爱，因为认为它对健康有益。很明显，无论是制造商，还是零售商，都开始更加重视对口味和偏好的了解。

基于：Birchall（2005）；Grant（2005）

4.4.1　初步接触

这个过程通常开始于意识到需要用信息来帮助其解决某个市场营销问题（例如，一个新产品的开发或投放广告的决定）。这时，营销管理人员可能会接触内部营销研究人员或外部机构。现在我们假设研究需要一个营销调研机构的援助，那么该机构就会安排一个会议来讨论问题的性质和客户的研究需求。如果研究机构对于客户及其市场并不熟悉，那么它们会在会议开始之前进行一些基本的探索性研究（例如，关于客户及其市场信息的一个快速在线搜索）。

4.4.2　调研纲要

在会议上，企业将决定采用什么形式进行研究，同时客户要阐释存在的营销问题，并概述企业的调研目标。营销的问题可能是需要为产品吸引新的客户群，调研的目标是识别可能会使用产品的客户群（市场细分）和最吸引他们的产品特点。

研究机构应该提供的其他信息包括：

1. 背景资料：该产品的历史和竞争态势。

2. 信息来源：客户可能有一个产品潜在用户的行业分布列表，这有助于研究人员确定研究的范围。

3. 项目规模：客户是寻求物美价廉的服务还是要开展大型调查，这影响到研究的设计和调查成本。

4. 时间表：什么时候需要信息？

客户应该提供一个明确的书面**调研纲要**（research brief），在会议开始之前将其交予研究机构。也许作为最后结果，还会对其进行修改，但是在机构出示**调研计划**（research proposal）之前，这个调研纲要无疑应该保留在研究机构的手中。调研纲要应该声明客户的需求，并书写规范，以尽量减少误解。如在后续过程中发生争议，调研纲要（和计划）就为有针对性地解决问题提供了基准。一般典型的做法是选择两到三家机构，这些机构会因多角度研究问题而获得奖励，并得到一个非常有竞争力的报价。

4.4.3　调研计划

一个调研计划应列出市场研究机构承诺为其客户做什么以及费用是多少。同调研纲要一样，计划的书写应该尽量避免误解的出现。客户希望包括以下各项：

1. 目标声明：说明对客户营销和研究的问题的理解。

2. 要做什么：对研究设计的明确描述，包括研究方法、样本类型、样本容量（如果适用）以及如何控制田野调查。

3. 时间表：何时完成报告。

4. 费用：这项研究的成本以及这些费用的具体内容。

当评估一个计划时，客户需要确保它是精确的、没有专业术语且解决了所期望解决的所有问题。

4.4.4　探索性研究

在主要数据收集阶段之前，应用探索性研究可对一个研究领域进行初步探索。**探索性研究**（exploratory research）通常发生在接受调研计划和进行主要数据收集之间，但也可以发生在客户端/代理的纲要会议召开之前，或提交调研计划之前，以有利于其的拟定。使用探索性研究的技术可以让研究者了解那些在主要数据收集阶段要采访的人群，以及要调查的市场。这样，就可以利用已掌握的知识对主要调查阶段进行设计，而不是仅基于研究员缺乏信息的偏见和猜测。

一个项目可能涉及以下全部或部分的探索性研究活动：

- 二次研究。
- 定性研究（小组讨论和深度访谈）。
- 观察调研法。

（1）二次研究

因为数据对研究人员来说是"二手的"（即其他人已经处理过），所以这种类型的研究就称为**二次研究**（secondary research）。当研究人员积极收集新的数据——如进行受访者访谈，这些数据就被称为第一手研究资料。二次研究应在主要研究开展之前进行。没有前者，成本高昂的主要研究调查最终所提供的信息，很可能通过二手资源就可以获得。越来越多的市场信息可以从明特尔市场调查公司（Mintel）、欧洲商情市场调研公司（Euromonitor）以及其他一些公司购买获得。

二手数据可以通过公司的内部记录和之前的研究报告获得。外部来源则包括政府和欧盟委员会的统计、出版商的市场报告和指南、国家和产业、行业协会、银行、报纸、期刊等。考虑到全球范围内有着大量的潜在信息来源，对许多公司来说，其最常使用的工具就是互联网搜索引擎。最近几年，搜索引擎业务急剧增长，在受到欢迎的搜索引擎谷歌（Google）被纳入通用词典之后，已经产生了"去谷歌"的表达方式。本章末的附录4.1提供了供欧盟研究人员使用的信息来源，列出了根据研究问题分类的一些主要资源。

（2）定性研究

小组讨论和深度访谈是**定性研究**（qualitative research）的主要类型。这种方法旨在研究客户的态度、价值观、行为和信念。

小组讨论，有时被称为**焦点小组**（focus groups）访谈。通常，在该讨论中，一个心理学家作主持人或组长，与一群消费者进行非结构化或半结构化的讨论（参见插图4—3）。主持人有一个覆盖主题的问题列表，但允许小组成员相当自由地讨论相关问题，这对于他们来说是非常重要的。通过组织6~12名消费者讨论他们的态度和行为，可以获得关于消费者的大量信息。这些信息对设计问卷的帮助很大，我们可以设计问卷来关注什么对应答者（而不是研究者）是重要的，以及斟酌语言措辞以方便应答者使用和理解。有时，焦点小组通过仔细选择那些有创新能力或喜欢一切新鲜事物的参与者来得出有关新产品的想法。

插图4—3　这类焦点小组访谈是非常受欢迎的市场研究形式

　　传统的焦点小组访谈采用的是面对面的形式，但是互联网的兴起促进了在线焦点小组访谈的形成。互联网提供了"兴趣社区"，人们可以在聊天室或网站上交流各自的兴趣并进行互动。这些"兴趣社区"对焦点小组访谈的进行或至少确定合适的参与者而言都是很有用的。这种形式使参与者可以在无时间限制的情况下对问题作出回应。因为受访者可以更为深入地思考在线问题，所以结论就会更有洞察力。在线焦点小组访谈的另一个优势就是，它可以以最小的成本组织到来自世界各地的人们。此外，技术的发展意味着对于客户来说，在焦点小组进行会话的同时可以与主持人在线私下交流。客户可以问主持人若干问题，作为更早回应的结果。显然，与传统焦点小组访谈相比，在线焦点小组访谈的劣势就是缺失了肢体语言和小组成员之间的交流。

　　深度访谈（depth interviews）是对个别消费者进行的针对单一主题的一到两个小时的面谈。其目标与焦点小组访谈大体相同，但当话题针对个人（如当讨论个人的决策过程时）或该个体是关于此特定主题的专家时，深度访谈就弥补了因他人存在而抑制真实观点表达的缺陷。例如，深度访谈曾被用来研究美国的富人，来试图了解他们对待金钱的态度以及如何理财。由于受访者一般不愿意谈论这些问题，所以与焦点小组访谈或调查相比，深度访谈就不失为一种好方法。一种被称为"滚雪球"的技术也常被使用，受访者会推荐其他他们认为愿意的人来参与研究。

　　当解释定性研究结果的时候必须小心，因为这些结论通常基于小样本，而且更多有趣的或令人感到惊讶的观点可能已被大肆地报告。当定性研究结束后未进行定量研究的时候，这就特别地重要。

　　定性研究占营销调研所有支出的14%，其中70%都支出在焦点小组访谈上，

15%用于深度访谈，其他15%用于其他定性技术。由于它有提供深入了解的功能，所以在消费者研究领域变得越来越重要。

（3）观察调研法

观察调研法有助于对陌生领域的产品进行探索性研究，这种研究可以是非正式的（营销人员观察购物模式等），也可以是正式的（一个观察调研的设计和实施）。观察调研法有许多的优势。第一，该方法不依赖被调查者提供信息的意愿；第二，减少了主持者调研时的潜在偏差；第三，某些类型的信息只能通过观察收集（如交通计数）。观察调研可以通过人员或机械设备进行，如视频录像，并在对客户有、无了解的情况下都能实施。照相手机是用于观察研究的最新科技，但当它被秘密使用时即产生了问题。三星（Samsung），世界领先的照相手机制造商，甚至因害怕工业间谍而禁止在其工厂内使用该产品。观察调研法在零售业尤其受欢迎，通过简单地观察超市或服装店内顾客的行为就可获得大量信息。作为一项研究技术，观察调研法的运用促进了**营销中人类行为研究**（marketing ethnography）的发展（参见营销实例4.3）。

营销实例4.3：营销中的人类行为研究

学习指南：下面是对在市场研究中使用人类行为研究技术的一个回顾。阅读文章并进行你自己的小规模人类行为研究，看能产生哪些见解。

对某些调研技术如焦点小组访谈，有一种批判就是其有些做作。一群认识或不认识彼此的人，聚集在会议室式的环境中，研究人员期望洞察到他们的思想、感情和看法。在这样的环境中，消费者可能很难或不愿意充分地参与。结果就是，调研公司借用人类学家和生物学家使用的各种技术，其着重于对自然环境下的物种进行观察。该新兴的学科领域被叫做营销行为学。

在这种人类行为的研究中，研究人员应先确定他们想要观察人类的什么行为。然后，他们进行田野调查并记录消费者的行为，他们如何生活，如何购物等。有了有关这些活动的记录后，研究人员即可获得消费者行为背后的动机和态度。当收集了所有这些数据后，研究人员利用定性分析的软件包分析数据，以得出行为的共同模式，并生成消费者集群。最后，通过视频将研究成果展示出来将是很强有力的。这让营销高管们以一种比其他调研形式（如焦点小组访谈）更亲密的方式了解消费者。更重要的是，它提供了一个让高管们接近消费者群体的途径，因为在其日常生活中，由于现实距离和/或社会阶层差距，他们可能永远也接触不到消费者。

一些知名的公司都在进行人类行为研究。例如，宝洁公司（Procter & Gamble）就用它来了解美国家庭中聚会的筹办情况。研究人员通过观察人们筹办晚宴和筹办聚会的情况，提出了超过100条的通用见解，帮助公司实现了有关产品和服务的计划。在研究中产生的具体主题包括：对于主人来说，其应让聚会有趣，应对不愉快的意外，以及确保聚会达到预期效果。像施乐（Xerox）和英特尔（Intel）这样的技术公司，利用该技术以试图了解科技被广泛应用于全世界的不同方式。例如，施乐研究手机使用的研究人员发现，一个马来西亚人每天都用手机上的GPS功能寻找麦加。这是一个典型的意想不到的发现，但是人类行为研究就可以对其进行解释。英特尔在中国的研究显示，父母认为个人电脑的使用会分散年幼孩子的注意力，这引发了其针对家庭教育市场的计算机的发展。人类行为研究在商业环境中的使用有一些优势。它为主要变量提供了一个无偏记录，比如发生了什么，在哪里发生，发生的顺序，谁在做什么以及正在进行哪些口头、非口头的沟通。

基于：Berner（2006）；Durante and Feehan（2006）；Thomas（2005）

探索性研究的客观性并不在于收集定量数据和形成结论，而在于更好地熟悉市场和客户。这允许研究人员将定量研究基于有资料的假设而不是猜测。

4.4.5　主要数据收集阶段

探索性研究之后就是主要数据的采集程序。最常用的方法是进行调查研究来描述客户的信念、态度、偏好、行为等。总的来说，研究设计将基于以下框架：

- 访谈对象及数量：抽样过程。
- 如何访谈：调研方法。
- 欲问的问题：问卷设计。

（1）抽样过程

图4—2提供了抽样过程的大纲。**抽样过程**（sampling process）开始于对受众群体的界定，也就是在特定调查下要调查哪类人群。进行调查的目的就是希望得出能代表该群体的结论。举例来说，抽样的设计者必须问这样的问题"我们采访所有软件开发公司的采购经理人，还是只采访雇员超过50人的公司的采购经理人？"

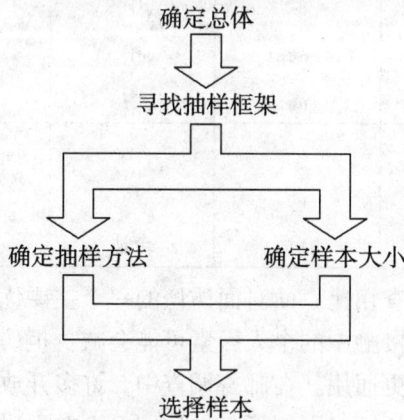

确定总体

↓

寻找抽样框架

↓

确定抽样方法　　　确定样本大小

↓

选择样本

图4—2　抽样过程

一旦人群被确定下来，下一步就是寻找抽样框，即在已确定的人群中选择样本列表或其他记录。例子有选举登记和公司的康帕斯目录。然后，研究人员在3个主要的抽样方法中进行选择：简单随机抽样（样本被随意抽出，且每次抽取时各个个体被抽到的概率已知且相等）、分层随机抽样（在抽样总体中将个体划分为若干层，然后在每层分别抽取一组随机样本）、定额抽样（调查人员将调查总体样本按会议预设条件分类，确保每个类别下包含一定数量的个体，比如一组已设定比例的小、中、大型企业）。

最后，研究人员必须选定一个合适的样本容量。样本容量越大，样本越有可能代表总体。统计理论允许不同样本容量下抽样误差的存在（即没有调查总体中每个个体所引起的误差）。在实践中，受访者数量的确定一般是基于抽样误差和成本之间的平衡。幸运的是，在有着百万人口的总体中，抽取约 1 000 个样本（或更少）就可以提供具有可容忍误差的测量。

（2）调研方法

在选择调研方法时，有 4 个选项可供选择：面对面访谈、电话访谈、邮寄调查和互联网调查。表 4—3 列出了每种方法的优势和劣势。

表 4—3   调查方法的比较

	面对面访谈	电话访谈	邮寄调查	互联网调查
问卷				
开放式问题的使用	高	中	低	低
调查能力	高	中	低	低
有形刺激的使用	高	差	高	高
敏感问题	中	低	高	低
财力				
成本	高	中	低	低
抽样				
样本分散性	低	中	高	高
应答率	高	中	低	低
实验控制	高	中	低	低
调查				
样本控制	高	高	低	低/高
调查误差	合适	合适	低	低

与电话访谈和邮寄调查相比，面对面访谈的一个主要优势是应答率通常较高。在与受访者接触的过程中，接触中的个人因素可能会减少拒访的情况。因而，面对面访谈比电话访谈和邮寄调查更通用。在邮寄调查中，许多开放式问题的使用会降低应答率，同时电话访谈的时间长短也限制了其的使用，而在面对面访谈中访员更方便进行更为详细的探访。一定程度的调查在电话访谈中可以实现，但因时间压力和较少的个性化情况，不可避免地限制了其的使用。

但是，面对面访谈也确实有其弊端。它比打电话和邮寄问卷成本更高。电话访谈和邮寄调查比较便宜是因为联系的成本较低，而只有在样本非常集中的情况下，面对面访谈的成本才会低一些。访员的存在会导致一定的偏差（如社会理想答案）和对敏感信息的谎报。例如，O'Dell 发现，只有 17% 的受访者在面访中承认曾从银行借钱，而在邮寄调查中这一数字是 42%。

在某些方面，电话访问是面对面访谈和邮寄调查的折中。其应答率通常比邮寄问卷高，但比面对面访谈低；其成本通常只有面对面访谈的 3/4，但高于邮寄调查；并且，它允许访谈时有一定的灵活性。但是，使用有形刺激就是不可能的了。并且，由于受访者要么终止访谈，要么为了加快进程而给出快速（无效）的答案，因此减少了有效问题的数量。于是，就产生了计算机辅助电话访谈。地处中心地点的访员读出计算机屏幕上的问题，通过键盘输入答案。问卷的调查程序由计算机控制，这样就为访谈提供了协助。

在给定一个合理的应答率时，邮寄调查研究通常是一种非常经济实惠的方法。然而，其主要的问题是存在潜在的低应答率以及一个非代表性样本随之带来的危险。不过，已经发现使用一个系统化的方法来设计邮寄调查，例如定制设计方法（TDM），对应答率有一个非常积极的影响。定制设计方法建议，作为一种改善应答率的方法，既要精心设计调查问卷以使受访者易于完成，又要附上一个强调研究重要性的个性化附信。针对商业群体使用定制设计方法都有一个很高的应答率。

互联网已经成为进行调查研究的一个非常受欢迎的媒介。2006年，在线研究的支出超过30亿美元，比上年上涨了14%以上，是英国已记录的最大增长率，其涨幅超过上年的90%。互联网调查通常通过电子邮件或在网站上给出问卷来实现，其通过在搜索引擎上注册关键词或打横幅广告推动人们去做调查问卷。互联网作为市场研究媒介的一个主要的优势就是其成本低廉。因为省去了打印和邮寄的费用，互联网调查甚至比邮寄调查成本更低。在其他方面，其特点类似于邮件调查：限制了开放式问题的使用，减少了对受访人群的控制，减少了访员误差，应答率可能比面对面访谈和电话访问低很多。

当通过电子邮件进行调查时，受访者的身份就会被自动发送到调查公司。这种非匿名的形式可能会造成受访者不愿意诚实回答敏感问题。但互联网调查的一个优点就是它能以低成本覆盖全球人口，尽管互联网用户呈现偏态性会引起抽样上的问题。鉴于互联网用户往往是社会中较年轻、较富裕的群体，这就会使一个需要截面样本的调查产生很大的局限性。

表4—4给出了不同研究方法支出的相对水平。

表4—4　　　　　　2006年不同调研方法支出的相对水平（欧洲部分国家）

国家	面对面访谈	电话访谈	邮寄调查	互联网调查	其他	合计*
丹麦	9	27	15	14	0	65
芬兰	7	22	10	10	45	94
法国	19	16	2	10	38	85
爱尔兰	50	12	0	3	0	65
意大利	39	35	1	3	2	80
荷兰	13	19	22	14	76
西班牙	31	26	2	10	13	82
瑞典	6	34	10	22	16	88
瑞士	20	55	4	6	1	86
英国	26	18	6	13	17	80

注：*合计为定量研究市场的支出总和；其余部分为占定性技术的比例，如焦点小组访谈。
资料来源：欧洲市场研究协会2007年全球市场调查

（3）问卷设计

为获得对一个问题的真实回答，3 个条件是必要的：第一，受访者能够理解问题；第二，他们有能力来提供这些信息；第三，他们愿意提供。图 4—3 给出了问卷开发的 3 个阶段：规划、设计、预调查。

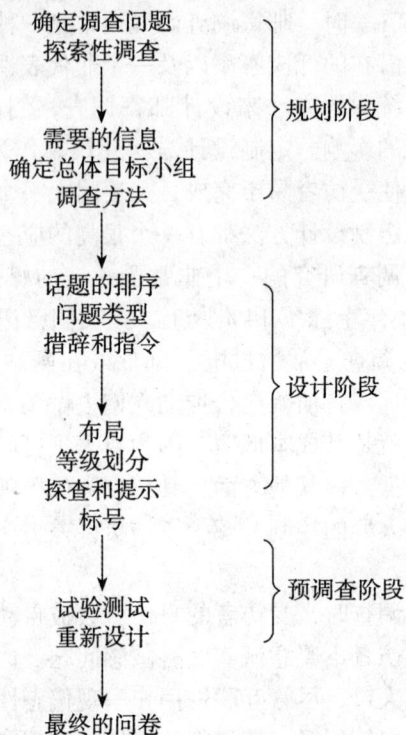

```
        确定调查问题
        探索性调查   ┐
                    │  规划阶段
            ↓        │
        需要的信息    │
      确定总体目标小组  │
        调查方法      ┘

        话题的排序     ┐
        问题类型       │
        措辞和指令      │  设计阶段
            ↓          │
          布局         │
        等级划分       │
        探查和提示      │
          标号        ┘

        试验测试      ┐  预调查阶段
        重新设计      ┘
            ↓
        最终的问卷
```

图 4—3　调查问卷开发的各个阶段

规划阶段涉及本章讨论的决策类型。它为设计问卷提供了一个坚实的基础，为需要解决的营销问题提供了相关信息。

设计阶段处理的是调查手段的实际实施情况，并且涉及许多重要的决策。第一，问题的排序问题。为了让受访者放松，明智的做法是以易于回答的问题开始，把敏感的问题留到最后。有效的问卷有一个很好的结构和逻辑。第二，需要决定问题的类型。一般来说，有 3 种类型供使用：二项问题（只有两个答案选项，如是或否）、多项选择题（允许有多于两个的答案）、开放式问题（受访者表达其观点）。

问卷中所有的措辞、说明及其布局都是需要注意的。问卷设计人员应避免在问卷中出现模棱两可或诱导性的问题，以及不熟悉的词汇（见插图 4—4）。就问卷的布局来说，问卷不应该看起来很混乱，并且如果可能的话，答案和代码应该各自成列，这样容易被识别。

量表在问卷设计中是非常常见的。例如，受访者看到一系列陈述（如我公司的营销信息系统让我做出更好的决策），其后分别跟着五个反应类别，从"非常同意"到"非常不同意"。"查究"通常被用于探索和弄清受访者所言。在关于品牌名称的一个问题之后，紧接着的一个探索性调查"其他"将寻求识别名称。有时，受访者会使用一些模糊单词或词组，像"我喜欢去度假，因为这很不错"。一个用来明确答

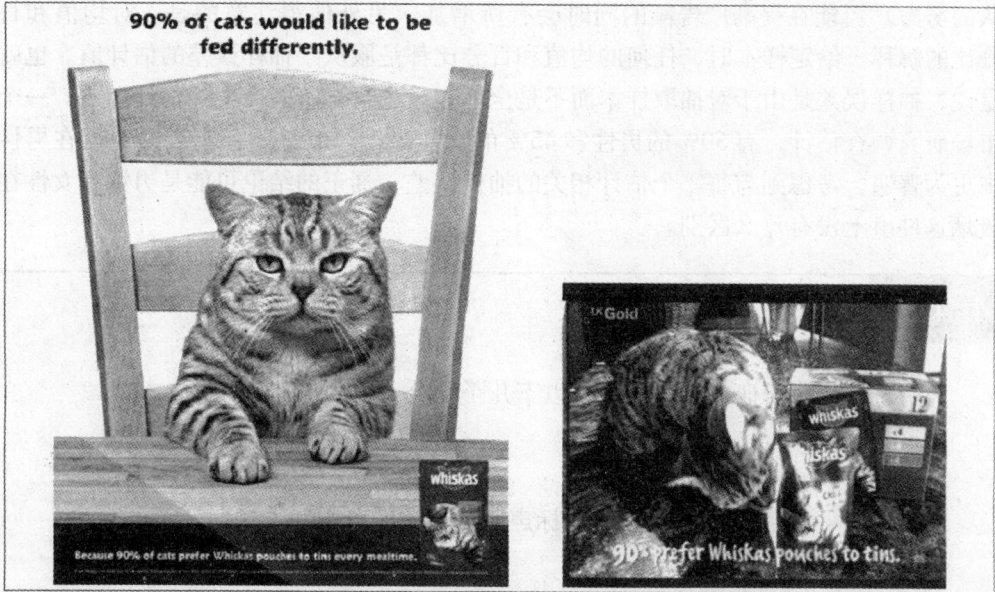

插图4—4 "伟嘉猫粮"以其著名的口号"10只猫有8只喜欢吃伟嘉"
进行市场营销，并继续这个主题

案的查究，比如问题"它不错在哪里"将寻求一个更有意义的回答。另外，"提示"有助于对问题的应答。例如，在一个辅助回想问题中，将给受访者提供一个品牌名称的列表。为了方便日后分析问卷，进行的编码活动涉及对具体行为反应赋值。

一旦问卷被初步设计出来，就应该有人在有代表性的子样本中做调查，以识别可能存在的错误，这被称为"预调查阶段"。预调查检测问卷的设计，并有助于估计成本。面对面的预调查，就是要求受访者回答问卷并评论任何与问卷有关的问题，在这个过程中，问卷问题由访员读出。与让受访者自行完成问卷并被要求写下发现的问题这种情况相比，这是一种更人性化的预调查。一旦预调查工作令人感到满意，最终的问卷就可以派发给所选定的样本了。

4.4.6　数据分析和解释

计算机常被用于进行问卷数据的定量分析。基础的营销分析可以使用个人电脑上如 Microsoft Excel 的软件分析包。更复杂的分析可以使用 SPSS-PC 和 NUD. IST 等软件包。

问卷数据的基础分析通常是描述性的水平（如均值、频数表和标准差）或基于一个比较原理（如 t-检验和列联表）。更复杂的分析就是寻找关系（如回归分析），对受访者分类（如聚类分析），或建立因果关系（如用于实验数据的方差分析技术）。

在解释营销调研结果的时候，必须格外小心。一个常见的失误就是，在只建立联系的基础上推断因果关系。例如，建立一个广告支出水平上升、销售额上升的关系，但这并不一定意味着增加广告支出将引起销售额的增加。其他营销变量（如销售团队的努力）可能在提高广告额的同时会有所增加。另外值得注意的是，对均值和百分比的解释。给定样本时，任何的均值和百分比都是服从于抽样误差的估计值。也就是说，抽样误差是由于对抽取样本而不是全体人口进行调查而产生的估计误差。一个市场研究调查估计，有50%的男性和45%的女性吸烟，但并不一定表明吸烟在男性中更为普遍。考虑到与每一个估计相关的抽样误差，真正的结论可能是男性和女性在吸烟这件事上没有什么区别。

4.4.7 报告撰写与演示

克劳奇建议一份研究报告应包括以下几个部分：

1. 主题页。
2. 目录。
3. 前言——说明纲要的轮廓、目标声明、研究的范围和方法。
4. 结论和建议的概要。
5. 之前的相关调研——之前的调研如何影响该调研。
6. 调研方法。
7. 调研成果。
8. 结论。
9. 附录。

第1—4部分为忙碌的经理提供了一个关于调查性质和结论的简洁描述。如果有任何特定问题需要检查的话，第5—9部分就为其提供了必要的细节（如研究的基础或用到的分析技术）。这份报告应该写得易于读者理解，应该避免使用术语。

4.5 营销信息系统

通过认真执行以上描述的各个阶段，研究人员就能提高所收集来的市场信息的质量。然而，由于目前企业会得到各种各样的信息，所以建立营销信息系统是明智之举。**营销信息系统**(marketing information system)被定义为：

营销信息系统是一个根据管理者常规计划的信息需求来收集、存储、分析和分配市场营销信息的系统。

该系统建立在对营销管理信息理解的基础上，并以管理者要求的形式提供时间、地点等信息。营销信息系统（MkIS）的设计是很重要的，因为营销信息系统的质量已经被证明能够影响决策的有效性。营销信息系统包括4个因素：内部连续数据、内部临时数据、环境扫描以及营销调研（见图4—4）。

企业拥有大量的市场和金融数据（内部连续数据），这些数据可能永远都不会被用于营销决策，除非是借助于营销信息系统的组织。举个例子，这包括可从公司销售团队获取的信息，如客户的数量、客户态度等，以及金融数据，如关于销售和盈利能

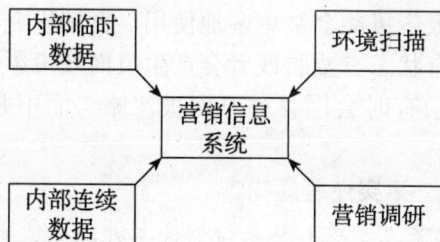

图4—4 营销信息系统（MkIS）

力的数据。

公司的数据也可以用于一个特定的（临时）目的（这被称为内部临时数据）。例如，管理人员可以看看价格增加或改变广告文案的情况下销售额是如何反应的。尽管这可能是一个持续监控项目的一部分，但是具体的一次性分析时常是不可避免的。在营销信息系统中撷取数据就可以在需要的时候进行特定的分析。

在第2章讨论过的环境分析的过程也是营销信息系统的一部分。尽管自然界常无定形，但环境分析——借以对经济、社会、法律、技术和实质环境因素进行监控——应该被认为是营销信息系统的一部分。这些就是在供应商、公司、分销商以及竞争者经营中塑造环境的力量。同样地，环境分析提供了未来可能影响公司产品和市场的力量的一个早期预警系统。通过这种方式，扫描使得组织在机会和威胁前可主动采取行动，而不是被动坐等。

正如本章所讨论的，营销调研主要关注的是市场信息的提供和消费者对各种营销活动的反应。因此，这是营销信息系统的一个关键部分，因为它对营销组合规划作出了重要贡献。

4.5.1　营销信息系统的应用与营销调研

理解影响营销信息系统使用和营销调研的因素是十分重要的。仍未被使用的系统和营销调查报告在制定决策中是没有价值的。

营销信息系统应该设计成能选择性地提供数据（例如，通过一个直接的、互动的功能）。高级管理人员应该非常支持该系统的使用。这些建议是符合阿柯夫的观点的，他认为信息系统的首要任务就是通过筛选信息来消除无关信息以满足管理者个体的需求。它同样支持皮尔西和埃文斯的论断——该系统应该得到最高管理层的支持，并且符合克里和贾瓦斯基的观点——市场定位基本上是全组织范围内生成和传播、响应市场信息。

现代营销公司面临的最大挑战在于如何处理各种来源的客户信息。例如，当内部销售记录、积分卡、网站分析数据等连续数据被整合在一起时，企业拥有的客户信息数量会迅速增长。英国的一项调查显示，法国电信的数据库约有29.2TB的数据，相当于国会图书馆纸质数据的6倍之多。将这些数据转换为可用并及时的信息，对管理者来说是个巨大的挑战。

如果研究人员不仅注重研究的技术方面，还注重信息在报告演示和政治方面的清晰需求，则营销研究报告可能会被更多地使用。营销研究报告不常被用于决策过程，特别是其结果对现有状态有威胁或者会产生负面政策影响的时候。所以，健全有效的信息在决策过程中有时会因各种原因被忽略，而不是因为研究本身存在的困难。

道德之争 4.1：营销研究，事实还是虚构？

营销调研是营销中的常见手段。从某种程度上讲，几乎每个人都参与过调研，不管是在购物场所、学校还是在家里通过电话、邮寄，甚至只是按动电视遥控器上的按钮。客户被邀请加入特殊小组，进行深度访谈和人类行为研究。然而，所有研究所提供的答案似乎引发了更多的基础性问题。

首先要关注的是研究的广泛使用问题。在报纸或者电视上看不到调查问卷的结果或其他演示是不可能的。调查可能有关最现实的问题，比如每天用于清理厨房地板的时间或者谁是人们心中最好的电影明星。问卷调查及其结果越荒唐，越容易出现在新闻或者广播脱口秀节目中。换句话说，问卷调查已经成为新闻，且对于 24小时新闻频道来说，其会在有用的空余时间对其进行播报。例如，很多人会想起天空（Sky）新闻的付费用户被问及"是否认为自己为手机账单支付了过多的费用"的讽刺事情。

调查问卷及其结果的流行还带来了另外两个基本的问题：谁来为研究赞助和如何开展研究。事实上，前者更为重要，因为它反映出了在媒体业，公共关系由个别的公司或品牌决定。例如，我们的地板清洁调查由一家清洁用品公司展开，而在商业公司，多数员工喜欢使用电邮而不是面对面的交流方式等。有时，这可能是无伤大雅的玩笑，然而在其他例子中，这可能会导致严重的问题，比如关系到食品、家庭健康等时。过多的可视、可听或纸质媒体意味着具有有关这类公共管理实践的渠道。客户需要注意是谁赞助这类包括多媒体信息的调查。

通过阅读本章，你应该对调查如何开展保持谨慎。样本是如何组建的及样本的大小应如何控制？调查包括何种问题，这些问题是否无偏见或者无引导性？对于所有经过常规演示的调研结果，这类背景细节很少涉及。在这样的情况下，研究开展的科学性很难得到论证。不幸的是，时间短缺使客户很少探究这些信息而是倾向于探究这些调研结果的表面价值。

市场调查也遭遇了其他的问题。例如，它被用来收集竞争者的情报。存在问题的操作包括利用学生项目来收集信息而没有让学生识别出研究赞助者的身份，假扮成潜在供应商来开展电话调查以了解市场，伪装成展览会的潜在客户，对竞争者的客户行贿以获得专利信息，以及利用隐藏摄像机进行监控。

市场调研时所进行的销售，通常被理解为打着进行市场调研的幌子，对客户进行诈骗性推销。尽管实际上真正的市场调研机构不经常使用这种方式，但是一些不择手段的销售人员将营销调研作为一种可使其扩大销售的方式，从而导致整个市场调研行业受到负面影响。

市场调研是组织了解客户，开发满足客户需求的产品和服务的重要方式。通过有效地开展调研，可以进行有价值的深入观察，其有时会成为决定成功与失败的关键。但是，调研的声誉会受到伪造调查及其他有问题的操作的影响。

总　结

本章介绍了市场研究和营销信息系统的性质和角色，解决了以下几个关键问题：

1. 营销调研的重要性：进行营销调研可以使组织真正成为市场导向型企业。它可以为组织面临的各种市场问题提供解决方案。

2. 营销调研的类型：营销调研可以提前设定（为解决某一时点的特别问题），或者持续进行（在连续的基础上收集信息）。特定研究更加流行，但是持续研究技术，比如在线客户调查、积分卡和网络分析，为企业提供了持续稳定的信息。

3. 开展调研的方法：营销调研可以由组织自己或者专业市场研究公司开展。大型、复杂的研究最好由专业机构进行。

4. 营销调研过程：初始阶段、研究简介、研究提案、探索性研究、主要收据收集阶段、数据分析和报告撰写及演示。

5. 定性研究技术包括：焦点小组访谈、深度访谈和观察调研法。观察调研法结合了人类行为研究技术的使用，是一种趋于流行的客户信息收集方式。

6. 4 种主要调查方式：面对面访谈、电话访谈、邮寄访谈和网络调查。每种方式都有其优缺点，究竟使用哪种方式要根据研究的性质、应答人群和成本而定。

7. 营销信息系统的性质：在此系统中，营销信息在常规、有计划的基础上，被正式地收集、存储和分配。

关键术语

营销调研（marketing research）：市场有关数据和信息的收集。

特殊调研方法（ad hoc research）：聚焦于某一特定问题，在同一时点上对同一调研样本收集数据的调研方法。

综合调查（omnibus survey）：一种向被访者提问的常规调查方法，通常由专业市场调研公司来实施。

连续性调研（continuous research）：重复访问同一调研样本的调查方法。

消费者特定小组（consumer panel）：提供一段时间内购买信息的家庭消费者群体。

零售审计（retail audit）：一种连续性调查类型，旨在追踪经零售渠道所售产品的销售额。

调研纲要（research brief）：说明消费者需求的书面文件。

调研计划（research proposal）：解释营销调研部门承诺为其委托方做什么及其将花费多少的文案。

探索性研究（exploratary research）：在主要数据收集阶段之前，对所研究的领域进行初步的了解。

二次研究（secondary research）：由另外的调研人员出于另外的目的对已经收集的数据进行再次分析。

定性研究（qualitative research）：用来研究消费者的态度、价值观、行为及信念的一种研究方法。

焦点小组（focus group）：通常由 6~8 个消费者组成，其会针对公司营销方面的问题进行讨论。

深度访谈（depth interviews）：对消费者一对一的访问形式，大概会持续一或两小时，用以了解访问对象对某一问题的态度、价值观、行为和信念。

营销中人类行为研究（marketing ethnography）：在自然形成的背景下，通过观察和讨论对消费者行为进行研究。

抽样过程（sampling process）：在总体中挑选一个子集的过程，旨在对该子集的成员进行调查。

营销信息系统（marketing information system）：在该系统下，营销决策者正式收集、存储、分析和分配其所需要的信息，使营销计划、实施和控制具有科学性和准确性。

练习题

1. 二手数据与原始数据的区别是什么？并分别解释其作用。
2. 概述营销调研过程的主要阶段，识别在每个阶段可能面临的具体困难。
3. 讨论：营销调研正在被媒体上报道的一定数量的调查所轻视。
4. 讨论网站受众测量的近期发展。
5. 何谓营销信息系统？举例讨论该系统的主要构成。
6. 访问网站 www.surveymonkey.com，学习如何创建和管理一个调查。

在线学习中心

阅读本章后，登录市场营销学的在线学习中心 www.mcgraw-hill.co.uk/textbooks/jobber，你会发现多项选择题、链接和额外的在线营销研究工具。

案例4 Inchydoney 温泉度假酒店

在过去的五年里，爱尔兰的温泉开发酒店呈指数级增长。这种增长不仅是为了应对日益变化的客户期望，同时其也成为吸引客户进行温泉体验的关键因素。在短期内，保健行业已从只能提供少数的、专用的健康服务成长为可为顾客提供大量选择的行业，其所提供的服务包括：

- 主题水疗度假及专用设施，其作用是为过夜者或者日间顾客提供全面的、一条龙的水疗服务。
- 位于酒店或度假村的专业全方位水疗，致力于提供不同于酒店日常业务的、专业而全方位的健康水疗服务。

- 其他小规模但设备齐全的水疗酒店，也可以提供全方位的服务。
- 特殊治疗恢复服务，不同于一般水疗，可为客户提供特殊水疗，包括复健等服务。

市场趋势

各种不同的原因促使人们乐于体验水疗这一服务，包括按摩、放松、健身、保健和灵修。所有客户的共同点在于其获得了更好的体验和感觉，只是获得的方式较以往发生了变化。吸引人们参加水疗的因素包括：

- 通过水疗按摩可获得更好的感觉以及使外表看起来更美丽，这是多数水疗体验者喜欢水疗的主要原因，同时体验者可以在水疗场所购买所需的各种化妆品（例如，面部护理、美甲等）。
- 远离世俗的方式：一般来讲，当顾客远离普通的日复一日的工作环境时，他们会感觉更好。很多人选择到水疗场所减压，只为简单地放松心情。
- 期望能获得机体的全面健康：对于那些寻找宁静、理解和自我肯定的顾客而言。
- 期望通过调理身心来提高健康水平：对于那些想要发现选择怎样的生活方式可以带来健康的顾客而言。
- 复健：针对病后需要恢复的顾客。
- 专家建议：在皮肤护理和减肥方面，在家中也可进行能达到水疗效果的美肤和美体。
- 健身：针对想要通过参加健身课程或更健康的生活方式而保持良好体形的顾客。

在过去的几年里，对于很多致力于在竞争日益激烈的市场中吸引更多客户的爱尔兰酒店来说，提供高档水疗服务成为其可以赢得竞争的一大重要前提。其中一个擅长提供高档水疗体验的酒店就是 Inchydoney 温泉度假酒店。

Inchydoney 温泉度假酒店

Inchydoney 温泉度假酒店位于柯克郡克洛纳基尔蒂市，其曾多次获奖。其拥有两个全景海滩，是爱尔兰最时尚和安宁的疗养胜地。酒店结合了良好的地理位置、奢华的住宿、独特的海水理疗和顶级的料理，为客户提供了极具吸引力的服务。它曾于2006 年被酒店餐饮业评选为最佳四星酒店，并在 2004 年、2007 年度世界旅游大奖上被评为爱尔兰最佳温泉度假酒店。

矿泉疗养

温泉度假酒店的特色在于其可进行海洋疗法（thalassotherapy）。Thalassotherapy 一词源于希腊语"海洋"，指利用海水、海藻等进行各种治疗，以改善肤色、为皮肤保湿和使身体焕发新的活力，也包括改善体内循环等。其他深海和海洋衍生产品（包括藻类、洋泥、海沙等）也使海洋疗法更具特色。所有产品使用前都要经过清洁与提纯。不同形式的海洋疗法有不用的功效，可以帮助用户获得不同的体验：

- 放松。
- 强健肌肉。

- 清洁皮肤。
- 减少脂肪。
- 提高免疫力。
- 改善睡眠质量。

海洋疗法也被认为可帮助人们解决循环问题（例如高血压和动脉硬化）、呼吸疾病（例如哮喘和支气管炎）、创伤后综合征（例如风湿性关节炎）。有趣的是，并没有科学证据可以证明海洋疗法的有效性，尽管很多人给出了证据来证明海洋疗法是如何帮助他们的。

Inchydoney 温泉度假酒店拥有全面的海洋疗法设施，包括游泳池和按摩设施。

它可以提供丰富的海洋疗法选择，例如海洋泥和藻类敷膜、按摩和美体治疗。顾客在酒店可以随时享受加热的海水理疗，以及泡泡浴、微射流、按摩，以及桑拿浴、蒸汽浴、健身项目和休闲项目。

在竞争激烈的水疗市场，Inchydoney 的一大竞争优势在于它是爱尔兰仅有的通过认证的海洋疗养胜地。诸多英国及欧洲的豪华酒店，都设有海洋疗养浴场，例如希腊的地中海酒店（Mare Nostrum）、法国的特里亚农宫及水疗酒店（Trianon Palace and Spa）、威斯汀酒店（Westin Hotel）和西班牙的 Sheraton Fuerteventura 海滩高尔夫度假酒店。

虽然 Inchydoney 酒店具有这样的优势，但竞争依然很激烈。爱尔兰的水疗服务项目较以前明显增多。有些灵感来源于当地的自然产品，包括海藻、泥炭、海水和植物精华。其他的则依靠世界各地的水疗服务引入。在一个水疗场所，很容易找到印度、日本、夏威夷等各地的按摩术和浴疗法。Inchydoney 酒店在爱尔兰的主要竞争者包括：

- 基拉尼类似宾馆（The Aghadoe Heights and Spa）：是一家位于基拉尼湖畔的五星级豪华酒店。其所提供的水疗服务均选用专业品牌，例如雅达（Aveda）、宝迪佳（Biodraga）、Neom 和芙乐丝（Futuresse）。
- ESPA：位于威克洛郡保尔仕格的利兹卡尔顿，其提供的豪华的理疗服务来源于东方哲学，使用了 ESPA 的权威产品。ESPA 也提供丰富而独特的理疗体验，包括 Garden of Inspiration Body Ritual 和 Garden of Inspiration Botanical Facial Ritual。它是 ESPA 在欧洲开设的第一家品牌度假酒店。
- 谢拉顿城市高尔夫度假酒店（Sheraton Fota Island Golf Resort and Spa）：坐落于柯克郡，其配备的水疗设施能够提供各种服务，诸如水疗法、热疗法，以及轻松疗法。
- Park 酒店：位于克里郡的肯梅尔，这里的 Sámas 体验包括热疗、整体治疗和放松。
- 摩顿布朗水疗中心（Molton Brown Spa Killarney Plaza）：位于基拉尼镇中心，克里环路的入口。所提供的服务根据季节来变换：更新（春季）、焕彩（夏季）、补充（秋季）、新生（冬季）。
- 麦克劳斯酒店（Muckross Park Hotel and Cloisters Spa）：坐落于基拉尼国家公园中，周围有共计 25 000 英亩的森林、山地和湖泊。其为人们提供了一个宁静的环境，共有 12 个理疗室、一个活泉和包含草本桑拿的热疗设备。

鉴于水疗市场的不断变化，Inchydoney 酒店在未来发展上，面临着两个市场战略问题：

1. 当本地客户选择水疗目的地时，海洋疗法的重要程度如何？

2. Inchydoney 与其他欧洲顶级水疗酒店的不同点在哪里？

Inchydoney 温泉度假酒店意识到进行市场调研是得到上述问题答案的关键。其预计所获得的信息能够让营销团队更好地开发市场策略，来有效吸引顾客并满足其需求，不管其是国内还是国际的。

问题：

1. 建立适用于 Inchydoney 温泉度假酒店的专项调研目标。

2. 识别能够用于调研爱尔兰和国际市场的潜在二手数据。

3. 制订能够实现调研目标的计划，特别是，提供数据收集的细节和引入样本的过程。

本案例由柯克技术中心的罗丝·莱希和沙利文提供，用于课堂讨论，不考虑所用管理方式是否有效。

附录 4.1　欧洲营销信息的来源

存在行业的调查吗？

《欧睿 GMID 数据库》有深入的分析和有关国家数据的关键领域、消费者的生活方式、市场大小、预测、品牌和国家信息、商业信息来源和营销资料等方面的当前市场信息。

《路透业务洞察报告》在线提供医疗、金融服务、消费品、能源、电子商务和技术等各行业的全文报告。

《主题报告》涵盖了市场规模、经济趋势、前景和公司业绩。

《明特尔总理报告》涵盖了市场趋势、前景和公司业绩。

《快照光盘"快照"CD 系列》是一个完整的市场研究报告库，覆盖了消费者、企业对企业和工业市场。其包含 2 000 个市场研究报告，该系列提供了英国、欧洲和美国超过 8 000 个细分市场的深刻的数据分析。

《大英图书馆市场研究》是大英图书馆馆藏指南。它列明按行业排序的报道标题。一些书目可馆际间互借，其他则可能出现在伦敦的大英图书馆里。

《已发表市场研究的国际目录》，由 Marketsearch 出版。

市场有多大？

《欧洲市场数据和统计》现在可在《欧睿 GMID 数据库》中获得。

《世界营销数据和统计》现在可在《欧睿 GMID 数据库》中获得。

《CEO 公报》

所有的英国营销数据。

《欧洲市场口袋书》

《亚太市场口袋书》

《美洲市场口袋书》

市场在哪里？

《区域营销口袋书》

《区域发展趋势》提供了英国地区主要的经济和社会统计数据。

《地理人口统计口袋书》

谁是竞争对手？

英国公司使用以下任何一个均会被识别。

《康帕斯》（大多数欧洲国家有其自己的版本）

《关键英国企业》

《季度回顾——毕马威》

《销售的产品和服务目录》（Gen Ref E380.02542 SEL）

对于更详细的公司信息，可查询以下报告。

《卡罗尔收集的公司年度报告》，www.carol.co.ik 在线提供公司年度报告。

《名声 DVD》（光盘服务）

《业务比较报告》

《零售排名》

海外公司来源包括：

《亚洲最大的 7 500 家公司》

《亚太区关键业务企业》

《欧洲最大的 15 000 家公司》

《阿拉伯世界的大型公司》

《百万美元目录（美国）》

《主要国际企业》

趋势是什么？

要考虑的可能来源包括：

《欧洲预测书目》现在可通过《欧睿 GMID 数据库》获得。

《欧洲营销》

《欧洲趋势》

《欧洲消费者》现在可通过《欧睿 GMID 数据库》获得。

《欧洲消费品》

《家庭支出调查》

《社会趋势》

《生活方式口袋书》

《饮品趋势》

《媒体口袋书》

《零售业务》

《明特尔市场情报》

OECD（经济合作与发展组织）

欧盟统计和信息来源

"欧盟统计局"有一系列的出版物提供了有关欧盟的详细图片,可通过访问所有欧盟国家的欧洲文档中心(通常在大学图书馆)获得,主题包括通用统计、经济、金融和人口/社会条件。

《欧盟统计局年鉴》

《欧洲通道》是涉及有关欧盟成员国问题、政策、活动和事件的一个公告。

《今日营销与研究》杂志研究了涉及西方、中欧和东欧的社会、政治、经济和商业问题。

《欧洲报告》是一个来自布鲁塞尔的新闻周刊,其内容涉及工业、经济和政治问题。

摘要和索引

《商业期刊索引》

《安巴尔省的营销和分销摘要》

《ABI 报告》

《研究指数》

《时报指数》

《爱思唯尔科学数据库》

《Emerald 期刊》

《威利跨学科和 Boldideas》

来源指南

存在各种各样的出版资料来源,下面的来源指南可以帮助你进行研究。

《营销信息》

《欧洲市场营销信息指南》

《营销信息来源纲要》

《Croner 的所有业务信息来源》

麦卡锡卡:从媒体覆盖的公司和行业复制摘要的信用卡服务。还对其来源生成一个有用的指南:《英国和欧洲市场信息:基本的来源》

统计

《官方统计数据指南》

《英国非官方统计数据来源》

来源:作者感谢布拉德福德大学管理学院图书馆在编译这个列表时予以的帮助。

第5章 市场细分、目标市场选择与定位

本章框架

- 细分消费者市场
- 消费者市场细分的标准
- 细分组织市场
- 成功的市场细分的原则
- 目标市场选择
- 市场定位
- 重新定位

学习目标

在学习本章之后，你应该理解：

1. 市场细分的过程及市场细分为什么重要。
2. 在细分消费者市场和组织市场时所使用的方法。
3. 有效细分应遵循的原则。
4. 目标市场选择的过程及 4 种市场策略。
5. 市场定位的概念及成功定位的关键因素。
6. 重新定位的概念及方法。

营销聚光灯

波菲（Boffi）的市场细分、目标市场选择与定位

家居用品是世界上最具多样性的生意之一。在欧洲国家，不同风格和设计的家居用品随处可见，它们都是根据不同的自然环境、文化、社会和建筑特点设计的。气候条件影响家居用品的风格，也影响当地居民的偏好。有几个主要的泛欧家居品牌，像瑞典的宜家家居，活跃于欧洲这块竞技场上，它在市场中体现出的多样性使得其在欧洲有足够多的机会做品牌的市场细分。还有一些公司正是通过探索市场的多样性找到了自己在市场中的位置，波菲公司就是其中之一。

波菲公司于 1934 年在意大利米兰北部成立，先开始主要生产厨具。在 20 世纪 80 年代，产品范围扩大到卧室用品，而且这两类产品到现在仍然是波菲的支柱业务。就像很多在米兰地区的厂商一样，波菲依赖于意大利传统设计的力量、卓越的工艺和小规模生产。但当像宜家这样的跨国公司开始推广标准化、廉价的家具时，对于波菲

这样的家具商来说，市场就变得更加具有挑战性了。然而通过定位于高端市场，以高价出售商品，波菲一直成功地抵御着竞争。

波菲的策略主要考虑了以下三点：第一点，波菲定位于高端市场，当俄罗斯、印度和中国等一些发展中国家的收入提高时，这一部分市场将会变得更大。它像生产顶尖手表和直升机等奢侈品厂商那样运作。在一个一般的厨房里安装波菲的橱柜和器具，消费者最高可花到20万欧元。它的一些浴室产品，像日本设计的浴缸连同配套的水饰产品可以卖到9 000欧元，一个大理石浴缸的零售价也高达22 000欧元。第二点，通过与名设计师之间的合作，增加了产品的名气。波菲成立了一个超过30名设计师的专门小组，而且这些设计师来自世界各地，这使得其产品别具一格，非常具有吸引力。第三，波菲反潮流地将产品的生产集中于低成本国家，而不是将生产线放在意大利。波菲认为，在意大利进行技术创新而在低成本国家生产更能降低成本。波菲有一个由100名员工组成的主要负责最终组装的制造业劳动力团体，在2006年，波菲的销售额高达6 200万欧元。

由于波菲属于高端产品的范围，它的产品仅仅在许多大城市的专卖店有售，比如伦敦、巴黎、洛杉矶、马德里等。波菲对这些店要么全额控股，要么部分控股。这使得波菲能够控制产品的开发和零售，确保产品的独特性。波菲销售的产品有相当大的比例进入了商业部门，例如高级酒店和办公楼。

波菲之所以能取得成功是因为它将全力集中于市场细分中的某个特殊部分，并倾注全力服务好这块市场。由于其价格高昂，大部分市场都被排除在外，但公司在竞争如此激烈的市场中却仍然有利可图。这就是市场细分、目标市场选择与定位的精髓。

在我们看来，第3章中顾客的购买决定受多种因素的影响。顾客都喜欢多样性，不管一个公司的产品或服务有多好，并不是所有顾客都需要或愿意为此支付同样的价钱。例如，英国航空公司和斯堪的纳维亚航空公司意识到出差的乘客和旅游的乘客对价格的敏感性会不同，需要的服务水平也不相同。就像我们前面所看到的，在家居用品市场，买奢侈皮衣的顾客与买传统沙发的顾客有巨大差异。他们的购物理念并不相同（个性与威望 vs 经济），他们所需的家具外观和材质也不相同。因此，要想实现市场理念、成功地满足顾客需求，不同产品和服务的供给必须适合多样化的顾客群，不同顾客群都能组成一个独特的市场。

营销人员区分细分市场多样化特征的方法就是**市场细分**（market segmentation），即把具有相同需求的个人或组织划为同一群体，以便确定营销策略。

因此市场细分把多样化的市场分为许多小的、有比较相似特征的子市场，其目的是识别有相似需求的顾客群体，使这些有相当规模的群体得到更有效的服务（参见插图5—1）。通常，尤其是在消费市场上，没有哪一种营销策略能满足所有人的需求。市场细分就是通过把有相似需求的顾客归类，提出在商业上更可行的办法为顾客服务，因此，市场营销是制定营销战略的核心，是市场人员把握市场、制定营销策略，超越竞争对手，满足目标顾客群的根本。

市场细分对企业来说有很多好处（见图5—1）。最值得一提的是，它使企业有机会巩固利润。很多顾客愿意支付额外的费用来购买与其需求相匹配的产品或服务。例

插图 5—1　雅力士，色彩聚集

如，虽然迎合头等舱的乘客所花费的成本仅仅稍高于迎合经济舱的顾客，但头等舱的乘客通常愿意为长途航班多支付数千英镑。同样地，汽车市场的高端市场也是增长最快的细分市场之一，截止到2004年的十年间这部分市场的消费人群增长了84%，而且预期还会增长。不仅如此，这个细分市场的利润率是主要市场的3倍，这就意味着，像雷克萨斯、宝马、奔驰等这些品牌将会在挖掘这块市场中展开激烈竞争。

> 更好地满足顾客需求
> 提升盈利能力
> 增加成长机会
> 加强客户维护
> 更有效地沟通定位
> 获得细分市场的机会

图 5—1　市场细分的好处

其次，通过市场细分，企业可以评估自己的成长机会，扩展产品线。例如，对于柜台销售的咳嗽药，辉瑞（Pfizer）公司针对不同类型的咳嗽提供了不同产品，都是Benylin牌的。在儿童药一类，它们为心包络咳、干咳、夜间咳嗽提供了不同的产品。在成人药一类，它们也提供了5种不同的咳嗽药。最后，在很多竞争市场中，企业不可能在所有的细分市场都有效地竞争；通过市场细分，公司可以识别哪块市场使它们可能更具竞争力，然后针对该市场制定合适的营销策略。例如，音频设备市场中的著名品牌博士（Bose），以生产高质量音响系统响彻全球，其产品仅在精选的店铺以高于市场的价格才能买到。通过这种策略，博士成功地将自己与索尼、三星、先锋等公司区分开，虽然产品价格偏高，但每年的销售收入仍超过10亿美元。

5.1　细分消费者市场

消费者市场细分标准大致可归纳为 3 类：行为变量、心理变量和基本变量。市场细分的目的就是找出消费者行为的差异，制订营销方案。行为变量，是市场细分的基础，如追求的利益和购买的模式等。如果市场人员认为购买行为与消费者的个性、生活方式有关，就会将**心理细分**（psychographic segmentation）作为细分标准。要找到这些差异，市场人员就要描述出这些有差异的人，这时的**基本细分**（profile segmentation），如社会经济情况和地理位置差异等，就很有价值了。例如，市场人员首先调查是否有人喜欢低热量的软饮料，然后看是否和年龄、社会经济状况等基本变量有关。图 5—2 是细分消费者市场的主要变量，表 5—1 更详尽地列出了这些变量的清单。

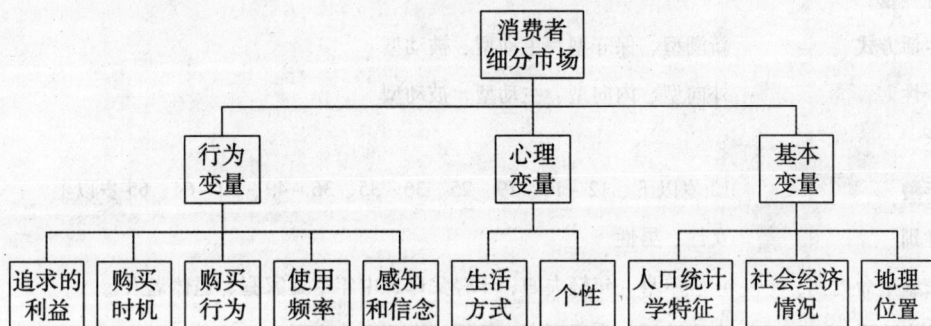

图 5—2　细分消费者市场

5.2　细分消费者市场的标准

表 5—1 为细分一个消费者市场时需考虑的多样性准则。在实际操作中，没有严格既定的细分市场方法，不同的准则以及不同准则的组合都有可能被用到。接下来，我们将考察市场细分的更多、更普遍的标准。

5.2.1　寻求利益

利益细分（benefit segmentation）能了解人们购买某种产品的原因，而且能帮助我们发现机遇。利益细分是基本的细分方法，因为市场营销的目的就是向消费者提供他们想要的产品。例如，一样最基本的产品——牙膏，它能提供多种好处：可以防治龋齿，使口气清新，也可以美白牙齿。像高露洁这样的公司已经建立了很多的子品牌，提供各种功能的牙膏，如高露洁防蛀牙膏（防龋齿）、高露洁全效清新凝胶（清新口气）、高露洁清新冰爽薄荷牙膏（口感好）、高露洁普通白和高效净白牙膏（美白牙齿）。同样地，在服装市场，加大码市场发展非常迅速，加大码是指女性的尺码在 14或 14 以上。在美国，这个市场的价值估计有 172 亿美元。对于制造商来说，为该市场提供合适且时尚的服装是一个很大的挑战。关注利益群体能帮助企业发掘业务拓展的机会，就像在 5.1 节营销实例中论述的一样。

表5—1

变量	例子
行为变量	
追求的利益	便利性、身份标志、性能
购买时机	自用、作为礼物
购买行为	单独购买、变换品牌、创新者
使用量	大量、少量
感知和信念	喜欢、不喜欢
心理变量	
生活方式	新潮型、保守型、主动型、被动型
个性	外向型、内向型、主动型、被动型
档案	
年龄	12 岁以下、12～18、19～25、36～35、36～49、50～64、65 岁以上
性别	女性、男性
家庭生命周期	年轻单身、年轻夫妇、年轻父母、中年空巢家庭、退休老人
社会阶层	中上阶层、中层家庭、熟练工人、无收入者
最终受教育的年龄	16 岁、18 岁、21 岁
收入	根据各国收入水平和调查对象而定
地理位置	北方/南方，城市/农村
地理人口统计特征	有自己的大房子日子一天比一天过得好的年轻家庭，住在小房子的老年家庭，根据语言、收入、年龄、位置划分的欧洲地区

5.2.2 购买行为

对品牌的忠诚度也可以作为细分消费者市场的有效标准。那些绝对品牌忠诚者在众多的产品中只购买一种品牌。例如，一个人可能始终如一地选择碧浪全自动洗衣粉。然而，大多数的顾客会选择不同的品牌。一些钟情于碧浪洗衣粉的顾客有时也会购买两三种其他品牌的洗衣粉，还有一些顾客不钟情于任何品牌，他们每次都会根据提供的特殊优惠（降价）购买不同品牌的产品或者因为他们是多样性的探索者，每次都要买不同的品牌。零售业最近的发展方向，就是把个人和实际购买的行为联系起来。超市忠诚度的增长提供了收集顾客信息的途径，就像乐购会员卡计划。在收银处，顾客会得到收银机打出的购物小票，商品列出了积分情况、打折及优惠。顾客越忠诚于某一品牌，所得的积分就越高，超市也有好处，可以了解哪位顾客购买了什么，在何处买的。这些数据可以用来细分消费者市场，准确选定目标顾客。例如，超市可以很容易地列出购买"粉状咖啡"的顾客，并通过邮件直接和他们联系。通过分析这些数据，超市可以根据顾客的年龄、生活方式以及支付习惯等来储存货物。日本的便利店大量地使用这些顾客信息，由于空间受到限制，货架每天要上3次货。

5.2.3　使用量

细分消费者市场的另一种方法是看消费者对某一类别商品的使用量，是大量使用者、少量使用者还是不使用者。确定大量使用者，市场营销可以给予这些顾客更多的关注（尤其在促销活动中），赢得他们对这一品牌的忠诚，要知道这或许要付出一定代价。有时80∶20的比例比较适用，即大约80%的产品销售给20%的顾客。网络电话就是一个很好的例子，生活在世界各地的人们电话联系的需求越来越多，而通讯公司就有效地关注到了这一机遇。通过网络提供免费的电话，Skype很快就建立了全球2.46亿用户注册的客户群。如果所有的竞争对手也是用这种策略，那么主攻大量使用者这个细分市场也会有弊端。分析少量使用者类型和不使用者类型或许能发现一些其他竞争者无法照搬的新视角。用目标群体指数（TGI）提供的调查信息可以分辨大量使用者、少量使用者和不使用者及他们的大致特征（www.tgisurveys.com）。目标群体指数是英国关于购买以及传媒习惯的大规模年度调查所得到的。

营销实例5.1：灰燕起飞

学习指南： 下面是对灰燕伏特加成功推出的回顾。阅读，试着举出一些其他未被服务的细分市场的例子。

市场细分策略常常有识别新细分市场的作用。一个经典的案例就是灰燕伏特加的创始人Sidney Frank所识别的高级伏特加细分市场。Frank注意到酒精类饮品像白兰地和威士忌，都有很多有高档的品牌，如"古董"麦芽威士忌，但是伏特加却没有。伏特加仅仅被主流品牌像皇冠伏特加和绝对伏特加所占领。在他看来，有超高价格的高档伏特加是有市场的，他便着手打造这个市场。

要掌控这个市场，Frank觉得必须为这个品牌讲一个故事。因此他决定在法国生产伏特加，虽然没有生产伏特加的传统，但法国却是很多世界奢侈品牌的发源地。该公司成立于1997年，该品牌最初的目标市场是美国。它的价值主张就是由法国伏特加技师精心制作，选取法国的原始山泉水，经过法国干邑区的香槟石灰岩的过滤。酒被包装在精心设计的烟色玻璃瓶中，瓶身还印有飞鹅的轮廓。它的标价是绝对伏特加的两倍，是高档品牌酒的领头羊。该品牌获得了持续的成功，2002年以20亿美元的价格卖给了巴卡蒂（Bacardi）。灰燕在美国获得了每年超过15亿美元的销售额。

灰燕的成功为伏特加孵化了一个全新领域。新老竞争者争相推出自己品牌的"高档伏特加"。2004年绝对伏特加推出高档产品与灰燕直接竞争。2003年迪阿吉奥推出诗珞珂伏特加，这种酒的原料是葡萄，而非传统的玉米、小麦和土豆。不同的原料、不同的制造工艺，薄荷、椰子、咖啡以及香草等添加剂使得伏特加高档类产品成为饮料行业中最具创新、最具竞争力的类别之一。这也避免了伏特加酒像其他酒精类饮品一样走向低迷。

理论依据： Breen（2005）

5.2.4　生活方式细分

生活方式细分（lifestyle segmentation）是根据人们展现出的关于自身行为、兴趣和观念的生活模式（参见插图5—2）来对他们进行细分，正如我们在第3章中所看到的，生活方式是引导消费行为的重要个人因素，广告商已经识别出了很多种有着不同生活方式的群体。生活方式细分法是一种很有效的消费者细分法，因为特定生活方式的群体有着几乎可以预见的媒体接触习惯。例如，喜欢徒步和水上运动等户外活动的人可能更喜欢阅读杂志，喜欢看电视和上网的人倾向于电视媒体或网络媒体。市场营销人员可以就利用相应媒体来接触目标细分市场。

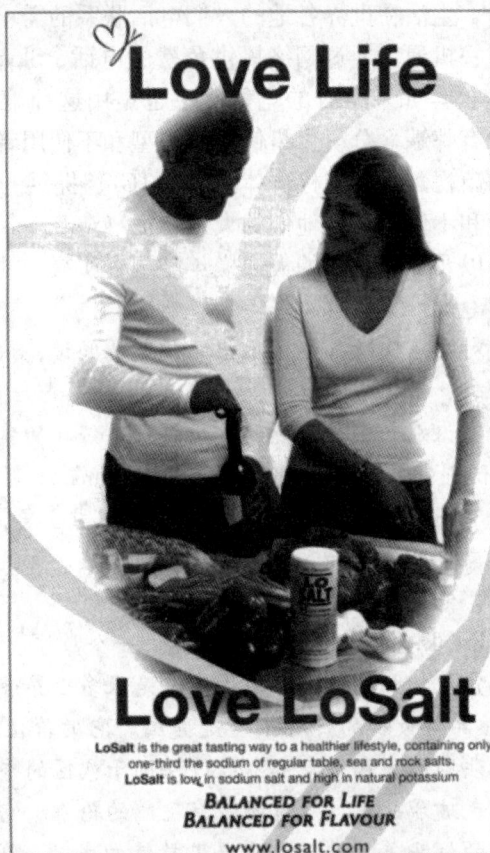

插图5—2　健康生活越来越有市场

生活方式细分就是把品牌（如Martini）和某种生活方式联系在一起的方法。一个很好的例子就是，Emap最近通过歌迷们的行为将音乐市场分类。Emap是一家媒体公司，有3家英国音乐杂志、27家无线电台、7个数字音乐电视频道，以及17家音乐网站。2003年，该公司通过一份关于消费者听音乐以及购买音乐服务的习惯、他们的生活方式以及态度特征的详细问卷，完成了对2 200位年龄在15～39周岁用户的调查。又通过30个主题为"歌迷与音乐的关系"的深入焦点小组访谈予以补充。2005年底，这项调查又进行了一次。它们将消费者市场分为4个主要的细分市场。

"专家"组是那些痴迷于音乐的人，约占被调查的年龄组中的9%。他们主要为男性，包括以下子细分市场，"内部人"——自己搞乐队的人，"主任"——主要是30多岁、狂热的音乐爱好者，"套头衫"——主要是青少年男学生。"狂热"组占被调查的年龄组中的16%，主要包括"Miss Dynamite"——有学识和国际视野的青年女孩，"ipod tourists"——主要是20多岁的对利基音乐（niche music）狂热的男性。"聚会贵族"男性，主要是二三十岁仍然过着刺激的社会生活的男性。另外剩下的两个细分市场是"临时工"和"漠不关心者"，他们对音乐没有多大的兴趣。这种细分市场描述不同的细分市场的方法和标签在广告圈里非常流行，因为它能对某一特定群体形成心理印象，还能提供在这些细分市场中对消费者生活方式的描述。

5.2.5　年　龄

年龄变量可以用来细分许多消费者市场。正如第3章中所提到的，儿童市场已经成为一个非常重要的市场，现在他们有自己的电视节目、谷类食品、电脑游戏以及糖果。最大的儿童市场营销商迪士尼，推出了一款新的网络视频游戏，叫做虚拟魔法王国（Virtual Magic Kingdom），以吸引那些花越来越多时间上网的孩子。在玩游戏的同时，孩子们可以攒积"游戏得分"，这些积分可以在奥兰多、巴黎等地的迪士尼实体主题公园使用。同样地，毕马威会计事务所的一项研究发现，仅有1/15的基金管理公司以"第Y代"顾客（生于19世纪80年代）为目标，虽然由于养老金制度的变化，这个群体将会在财务上比他们的父母更加熟练。相反，英国的重要报纸《金融时报》以及《卫报》已经开始在报纸中加入包括免费娱乐清单等内容，以吸引年轻消费者和提高销售量。

正如第2章中提到的，对市场营销者来说，欧盟人口年龄的分布变化，对不同年龄细分市场的吸引力有深远影响，超过五十岁的人在未来将变得越来越重要，将他们标记为"灰色市场"。人的寿命在延长，在全球发达国家，预期寿命已经升至八十多岁，很多"灰色消费者"健康、积极、受过良好教育，经济独立而且有很多休闲时间，这使得他们成为一个很有吸引力的市场。例如，玛莎百货研究发现，超过55岁的女性在服装上的花销比与她们各方面相近的35岁的女性多20%，因此，该公司便选用如Twiggy这样超过50岁的名人来做广告。

5.2.6　社会阶层

社会阶层是另一个细分消费者市场的重要变量。正如第3章中提到的，社会阶层的划分主要是基于其职业。然而，有相同职业的人可能有不同的生活方式、价值观和购买模式。有研究发现，社会阶层在很多方面很有用，如可以区分购买洗碗机、集中供暖设备、个人股票等不同的消费群体，因此社会阶层应该作为细分市场的变量。此外，社会阶层在媒体消费上有不同的倾向，这就意味着这些顾客可以很容易被广告商"捕获"。例如，一些小报倾向于锁定工薪阶层，然而传统的大幅纸张报纸主要面向的是中高层的群体。掌握不同阶层消费者的行为变化非常重要。例如，超级豪华车品牌，劳斯莱斯（Rolls-Royce）和迈巴赫（Maybach）正在苦苦挣扎，因为极富有的阶层通常须避开显而易见的消费。然而，相对不那么起眼的游艇销售却在以每年30%的速度增长。

5.2.7 地理状况

通常情况下，可以根据国别、地区来细分消费者市场，或者以城市规模来细分消费者市场。近年来，越来越流行将地理因素和人口统计因素结合起来细分，被称为**地理人口统计**（geodemographics）。在一些提供人口普查数据的国家，就可以根据地理位置和一些人口统计变量或社会经济变量细分消费者市场。根据人口普查表上的一些要素也可以将所有家庭分类，如在英国，有些地方按房子大小、上网行为、职业、家庭规模以及种族背景等有相似特征的家庭细分消费者市场。许多调查公司，如 Experian 都有这样的调查分析，但最有名的是 CACI 市场分析公司（www.caci.co.uk）提出的居住环境分类法（ACORN，全名为 A Classification Of Residential Neighbourhoods）。表5—2 给出了主要的类别及相应的特征。CACI 运用 125 种地理人口统计变量以及 287 种生活方式变量来生成详细的消费者描述。在英国 190 万邮编就是按这种方式分类，使得精确的目标市场定位成为可能。

表5—2　　　　　　　　　　　　　　　ACORN 目标分类

类别	占英国人口的百分比（%）	人群	占英国人口百分比（%）
A. 富裕型	25.4	1. 富裕的高管	8.6
		2. 富裕的老人	7.9
		3. 兴旺的家庭	9.0
B. 蒸蒸日上型	11.5	4. 富裕的专业人才	2.1
		5. 受过教育的城里人	5.5
		6. 有抱负的单身汉	3.8
C. 小康型	27.4	7. 事业刚起步的人	3.1
		8. 有保障的家庭	15.5
		9. 在郊区定居的人	6.1
		10. 审慎的养老金领取者	2.7
D. 稳定型	13.8	11. 亚洲社区的人	1.5
		12. 后工业家庭	4.7
		13. 蓝领之家	7.5
E. 艰难抗争型	21.2	14. 与生活抗争的家庭	13.3
		15. 负担重的单身汉	4.2
		16. 遭遇变故者	1.6
		17. 城市里的不幸者	2.1

地理人口统计信息，像 ACORN 这样的目标分类，已经被用来选择直邮广告的收

信人、开设销售点的最佳位置，以及张贴海报的最佳地点。每个消费者都有邮编，所以以上的每个点都是可以实现的。人口普查信息还可以帮助选择电视广告的最佳时间。代理人根据收视率面板（收视率面板记录了观众的收视习惯）的信息，可以了解谁喜欢看什么样的节目。在英国，人口调查分析是通过面板名单的邮编与收视率面板相结合来完成的。这就意味着，一旦广告商锁定特定地理人口群体，就可以研究他们喜欢收看节目的类型，然后购买相应的电视广告。

地理人口统计的主要优点是把购买者行为与顾客群联系起来。根据大规模的企业联合调查（目标群体指数和 MORI 金融服务），或来自小组调查的数据（如 AGB 超级小组所做的关于食品和化妆品的调查）都可以得出关于购买习惯的结论。通过对被调查者进行地理编码，可以确定哪些最可能是某个产品或品牌的 ACORN 组。这有助于选择分公司的地点，因为很多服务商使用全国分支网，并且需要使本地区细分市场为他们最感兴趣的顾客群体服务。零售商的商品组合决策也会受到顾客概况数据的影响。把购买习惯与地理人口统计数据联系起来，可以帮助零售商更准确地选择宣传媒体。

简而言之，很多的变量都可以用来细分消费者市场。灵活性和创造性是有效区隔分析的标志。通常多个变量结合运用可以识别顾客群，这与营销组合策略的方式相同。

5.3 细分组织市场

就像第 3 章中所提到的，相比于消费者市场，组织市场的特点就是购买者数量相对较小。然而，很多时候我们还需要区分组织市场。

5.3.1 组织细分准则

以下是一些最有效地细分组织市场的标准。

（1）组织规模

根据购买组织的规模可以进行市场细分。大型组织和中小型组织有很多差异，大型组织的需求潜力更大，购买和经营过程更正规，并且还有一些特殊的需求（如数量折扣）。大型组织可能形成重要的目标市场细分，因此需要有特定的营销组合策略为其服务。例如，当遇到重点客户时就要组织销售人员，组成专门的销售队伍，确定产品和服务的标价时也要考虑大买主出现时的大量折扣优惠。另外，销售人员还需要精通谈判技巧（参见营销实例 5.2）。

（2）行业

行业是另一个常用的市场细分变量，可以用标准的行业分类（SCI）编码来划分。不同行业有其独特的产品需求，例如，应用软件供应商甲骨文（Oracle）和思爱普（SAP）可以根据行业需求的不同，将产品卖给银行系统、制造业系统、医疗系统以及教育系统。这些行业对软件程序、服务价格以及购买方式有不同的要求。深入了

解各行业的需求，才能设计出更有效的营销组合策略。在有些情况下，还需要进一步
细分。例如，教育部分可以分为小学教育、中学教育以及继续教育。这些分支部门所
需要的产品和服务也不相同。

（3）地理位置

购买行为和购买需求的地区性差异表明，地理位置也可以作为制定营销策略的依
据（参见插图5—3）。中欧和东欧一些公司的购买行为和购买期望与西欧的公司有极
大差异。它们更为官僚化的公司机构决定了其经商方法与西欧有根本的不同，其他公
司要进入这些产业市场必须意识到这一点。实际上，这些差异说明了按地区细分市场
很有必要，因为市场营销就要反映这些差异。

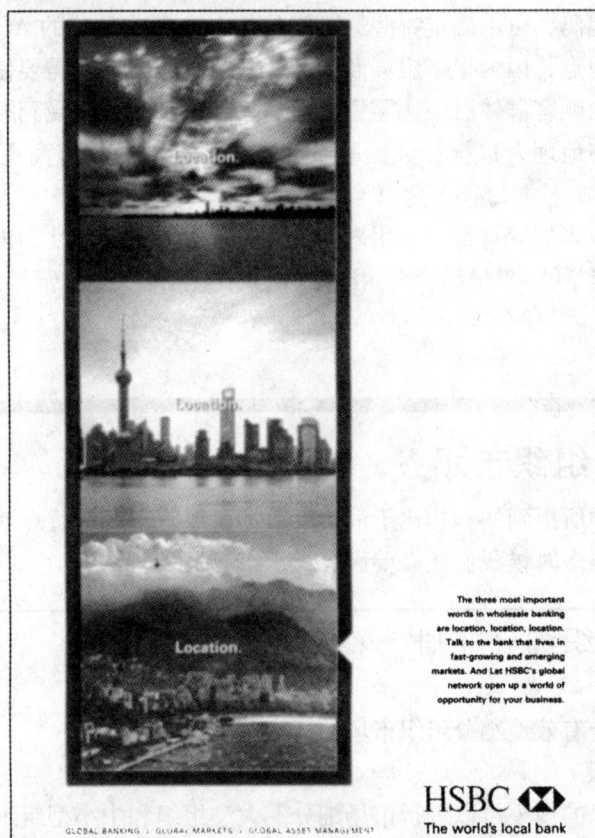

插图5—3　这个广告主要展示了汇丰环球银行和市场在全球范围内的运营，
可以满足银行为全球各地企业经营提供支持的需求

营销实例5.2：联想的新市场细分

学习指南：下面是联想细分个人电脑市场的过程。阅读，总结一下每个细分市场
的不同市场营销策略。

联想是一家中国电脑公司，在2005年它收购IBM非常有名却面临困境的个人电
脑部门时掀起了一波浪潮。这次收购将联想从全球第八大个人电脑制造商变成第三大
制造商，标志着中国电脑开始成为国际竞争者。IBM一直是个人电脑领域的领袖，在
大型企业里建立了很好的声誉。但是接管了这家亏损的部门后，联想认识到必须将业
务拓展到新的细分市场。

收购完成后，联想专注于将 IBM 的产品拓展到在中国有强大专业水平的中小企业部门，这两个细分市场中消费者的购买模式大相径庭。来自中小型企业部门的大部分销售额是通过交易进行的，然而，在合作市场销售则需要与大的多边组织建立联系。联想探索出由中国中小企业部门超过 10 000 家零售商和业务部门构成的强大的经销商网络，同时借助 IBM 在全球业务部门强大的关系网和声誉。这两个细分市场运用了不同的品牌策略。虽然联想所有的产品在 5 年内都可以使用 IBM 著名的"Think"品牌，但是考虑到"Think"在市场上处于高端品牌，联想公司选择将该品牌运用到企业部门电脑上。2006 年 6 月，联想在全球推出联想 3000 系列的台式机和笔记本，主要目标群是中小企业部门。

2008 年联想大举进攻个人消费者市场，那时个人消费者市场主要被戴尔和惠普所占据。开始时，联想仅在中国这个细分市场比较强势，在中国其目标锁定于 600 多个城市的迅速增长的消费者细分市场。但是通过推出包括 3 种型号的台式机和 3 种笔记本电脑的一系列产品，联想试图在全球消费者市场建立高品质、创新设计的国际声誉。例如，IdeaPad U110 就是大红顶盖、11 英寸屏幕的笔记本电脑，Y710 为视频游戏设计了特殊控制的键盘。在分销方面，联想像戴尔一样主要依靠网络来销售产品。通过赞助 2006 年都灵冬奥会、2008 北京奥运会以及聘请巴西球星罗纳尔多作为联想的全球形象大使，联想在消费者心中的形象更加深刻。

基于：Collins（2006）；Dickie（2005）；Hamm（2008）

（4）选择标准

以选择标准中的因素细分组织市场时，是以消费者评估供应商产品的主要准则为基础的。

一组顾客可能将价格作为主要的选择标准，另一组更偏向于产品，第三组也许更看重服务。这些不同的偏好意味着必须不断调整营销战略，以满足各个细分市场的需求。3 个细分市场也应该有 3 种不同的营销组合，而且与每个细分市场的顾客交谈时，销售人员必须强调相应营销组合的优势。主要选择标准的差异预示着购买行为的差异。

（5）采购组织

分散采购和集中采购是另一种细分市场变量，它对购买决策有很大影响。集中采购与一系列产品采购的专家，尤其是百货零售业的专家们是紧密联系的。专业化意味着这些专家比分散购买的多面手更熟悉价格要素和供应商的优势和劣势。更进一步来说，购买的机会多意味着他们讨价还价的能力可以得到增强。这些专家，像工程师等，在决策单元（DMU，见第 3 章）中的权力往往比进行分散购买的多面手更大。这些多面手一般缺少专业技能，在决策中没有什么地位。鉴于以上原因，采购组织成为区分购买行为很好的依据，也间接影响营销活动。集中采购的细分市场需要有全国性客户销售人员为其服务，而分散采购只需要地区代表即可。

有趣的机遇常常出现在消费者市场和行业市场部门的交界处。例如，一个名为 Wager 的德国小公司成为美国绘画喷漆枪的最大供应商，占有 85% 的市场份额。它运用其特长，通过与专业的绘画家合作，使得产品对 DIY 绘画者也很有吸引力。该公司凭借 3 000 种产品横跨消费者市场和行业市场，对于大的行业体系，价格范围从 50

美元到 200 万美元不等。虽然大多数制造商集中于行业细分，但 Wager 在美国 2/3 的销售额来自于消费者喷漆枪。

5.4 成功的市场细分的原则

判断一个公司是否合理地细分了市场，有 5 条常用的标准可以参考。

1. 有效性：每个细分市场内的消费者需求应该具有相当的同质性，而不同细分市场之间的消费者需求应该显著不同。如果不同细分市场中的消费者需求相似，那么，细分策略需要重新修订。

2. 可度量性：能识别目标细分市场中的消费者，并能够理解他们的特征和行为模式。例如，一些个人性格特点，像"内向"或"保守"，这些很难确定，但像年龄、职业等变量很容易辨别。

3. 可进入性：企业必须为目标细分市场制订有效的营销计划。也就是说，企业必须清楚什么样的促销方案对于该细分市场最有效，产品怎么样才能最有效地分配到目标细分市场等。

4. 可行动性：公司必须有资源去开发在细分市场时所识别出的机遇。有些细分市场——例如国际市场，非常有吸引力，但是公司并没有资源去服务国际市场。

5. 可盈利性：也是最重要的，细分市场必须足够大才能有利可图。这就像一句老生常谈的话所说的："夹缝之间会有市场吗？"。虽然说，如果产品和分销技术都很优良，小的细分市场也可以逐步获利（见以下小节"制定营销策略"），但是非常小的细分市场很可能没什么利润。有时一些大的细分市场也未被开发。例如，英国的亚洲人口消费能力达 140 亿英镑，但他们仅仅关注少量品牌，大量品牌被忽视。这促使移动电话公司 O₂ 每年举办针对亚洲团体的夏日嘉年华——其目的是在这个有利可图的市场树立自己的品牌。

5.5 目标市场选择

一旦市场细分完成，下一个重要的步骤就是选择目标市场。**目标营销**（target marketing），即选择明确的细分市场提供服务，这是制定营销策略的关键要素，企业需要评估细分市场，并用以上 5 条准则选择决定为哪几个细分市场服务。例如，CNN 把新闻节目的目标选定为"有影响力的人"，这就是为什么 CNN 把全球的营销重点放在旅客房间。商务人员无论在世界哪个地方，都可以看到 CNN 的国际新闻。CNN 的体育节目也是以覆盖行情好的体育运动为目标，如高尔夫和网球。

对细分市场做出评估，目的是选择一个或几个细分市场来开拓。目标市场选择就是选择进入哪个市场环节，开拓几个市场。有 4 种市场营销策略可供选择：无差异性市场营销、差异性市场营销、集中性市场营销以及客户化市场营销（见图 5—3）。接下来我们将逐一讨论。

无差异市场营销

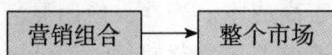

| 营销组合 | → | 整个市场 |

差异性市场营销   集中性市场营销

营销组合1 → 细分市场1
营销组合2 → 细分市场2 ← 营销组合
营销组合3 → 细分市场3

顾客化营销

营销组合1 → 顾客1
营销组合2 → 顾客2
营销组合3 → 顾客3

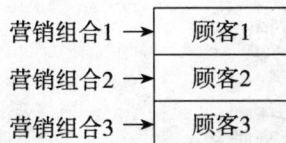

图5—3　目标营销策略

5.5.1　无差异性市场营销

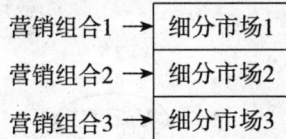

　　有时市场分析显示，对营销策略有意义的顾客特点没有明显的差别，或者说为每个细分市场开发专门的营销策略需要巨额的投入，这笔资金可能会超出潜在收益。在这种情况下，企业往往把整个市场看做一个大的目标市场，用统一的市场营销组合对待整个市场，这种模式叫做**无差异市场营销**（undifferentiated marketing）。这是默认的策略。例如，不以营销为导向的企业由于缺少对顾客的了解而采用该模式。并且无差异性市场营销对经理来说十分方便，因为他们只需要开发一种产品。但是如果消费群体有不同的需求，经理则不得不耗费精力、花费资金来开发不同特色的产品，进行宣传推广，培训销售人员，以及开拓分销渠道。开发新产品同样意味着销售人员要着手勘察新的购买群体，这远不如应对熟悉的消费群体那么得心应手。

5.5.2　差异性市场营销

　　当细分市场时发掘出几个潜在的目标市场，那么特定的市场营销组合就能吸引所有或部分细分市场。这就是**差异性市场营销**（differentiated marketing）。这是一个非常流行的目标营销策略，被广泛应用于汽车、酒店以及时尚零售业（参见插图5—4）等部门。例如，Arcadia对时尚市场的细分揭示出对于不同的顾客群需要一个特定的营销组合。因此该公司开设了组合式的店面，店面的名字、店内服装的风格、装修风格以及周围环境都不相同。总之，该公司有八个独立的品牌，如 Miss Selfridges（主要是18~24岁年龄群体），Dorothy Perkins（主要针对二三十岁的女性），Evans（主要是16+码女式服装）。同样地，作为转型策略的一部分，玛莎百货试图寻找机会从一个客户群体广的品牌转向一系列的子品牌，例如 Autograph（一个高端的品牌）和Per Una，主要针对的是35岁以下有时尚意识的女性。差异性市场营销充分利用了每个细分市场的差异，为每个细分市场设计一个具体的营销组合。与无差异化营销相比，差异性市场营销的潜在劣势在于高成本。当然，使用灵活的生产体系可以减少这样的问题。营销实例5.3中列出了追求差异化营销的种种挑战。

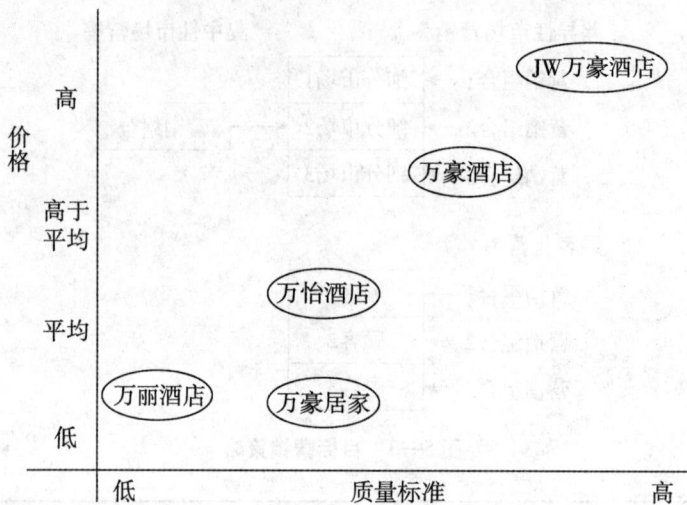

插图5—4　万豪酒店的一些主要品牌，它们瞄准不同的细分市场

营销实例5.3：差异化的 Gap 公司品牌

学习指南： 下面是对 Gap 公司的品牌回顾。阅读并考虑差异化市场营销的利弊。

1969 年，Gap 公司最开始是李维斯牛仔裤在旧金山的一个零售商，后来扩大了经营的种类，开始销售一些基础的服装像卡其裤、丝光黄斜纹裤、牛仔裤和 T 恤衫等。Gap 公司将自己定位于休闲服装行业里的高端品牌，很快牢牢地占据了市场。迫于市场竞争，1983 年 Gap 收购了 Banana Republic。Banana Republic 是一家以爱好旅行的顾客为目标群体的生活品牌，它的店面非常有异国情调，以狩猎风格为主题。20世纪90年代初，Gap 公司的整体业绩在下滑，它的品牌面临着来自像 Abercrombie & Fitch 这样新的、时尚的竞争者。Gap 决定针对有强烈价值意识的家庭消费者推出一条新的折扣服装线。老海军（Old Navy）在 1994 年被创立，定位为"大、花哨、有趣和便宜"。在接下来的 3 年里共有 280 家老海军店面开业，为 Gap 公司创造了巨大的收益。

但好景不长，不同品牌在市场中的定位逐渐变得模糊。Gap 和老海军之间的相似点开始变得明显，两家店的基础零售，像卡其裤和牛仔裤，价位不同，但都采用相同风格的广告，请一些像 MTV 主持人之类的名流代言。当消费者觉察到两个品牌之间没什么差异时，他们就会选择便宜的那个品牌。为了解决这个问题，Gap 重新发布了品牌，回到基础服饰，聚焦于其核心——排他性。这样做之后，品牌更贴近现代流行休闲细分市场的 Banana Republic。在市场里所有的这些困惑对结果都有显著的影响。

对此，Gap 的策略就是回归基础服饰的经典的形象；老海军瞄准市场中价值意识强的消费者细分市场；Banana Republic 重新定位于为 25～35 岁的群体提供精致休闲服以及商务休闲服，并给出设计师的感受。然而，很多评论家怀疑差异化营销策略是否有效，并决定引用以 Madonna 代言的广告作为例子。渐渐地，Gap 销售额输给了采用集中性营销的品牌，像 American Eagle 和 Abercrombie & Fitch 这些品牌已经吞掉了 Gap 的市场份额。很明显，3 个主要品牌之间清晰的策略变得越来越重要。

5.5.3 集中性市场营销

尽管企业可以在市场上找到几个细分市场，但是并不代表应向所有细分市场提供服务。有些细分市场也许没有吸引力、或者与企业实力不符，这样最合理的做法是只服务于一个细分市场。企业制定一个单独的营销组合，瞄准一个目标市场（利基）的做法叫做**集中性市场营销**(focused marketing)。这种策略对资源有限的企业尤其适用。小企业若在几个市场中竞争，有限的资源会铺展得过于广泛。集中性市场营销可以集中利用研发经费，以满足某一固定群体的需要，管理活动就可以致力于理解和迎合这些人的需要。大型企业可能对这样的细分市场并不感兴趣，或者它们的竞争对手分散在整个市场以至于它们没有足够重视某一群体的需求。

集中性市场营销的一个例子是丹麦音响电子公司 Bang & Olufen，它们将自己时髦的音乐系统的目标设定为崇拜自我发展、自我娱乐以及思想开放的高档消费群体。该公司总裁安德斯·奎特森这样描述他们的市场定位："高质量，但不是劳斯莱斯，更像宝马。"集中性市场营销和成本控制意味着 Bang & Olufen 的成功证实了传统说法的错误，说明小企业也能在丹麦电子消费品市场赢得利润。在美国，Bang & Olufen 60% 的收益来自家庭影院系统，总消费额高达 25 万美元。对于集中性营销商来说，当市场趋势变化时，将注意力从一个细分市场转移至另一个细分市场并不少见。例如，连接支持服务公司是伦敦的一个电脑支持公司，最初为大企业的少量员工提供服务，但当大合同的谈判时间成本和经费变得越来越高时，该公司将目标市场转移至员工数量在 5~500 人之间的小公司，顾客数量和营业额都显著增加了。就像"科技领导创新"的标语中所体现的，通过集中于革新、提高产品质量，以及集中性市场营销策略，奥迪将自己从一个大众市场品牌转向奢侈品牌。

一些成功的集中性市场营销商常常变换目标市场而变成差异化营销商。例如，瑞安航空公司和易捷航空公司的低成本航线在成功锁定商务乘客的同时也很受节假日旅游乘客的欢迎。

5.5.4 客户化市场营销

在某些市场中，个别顾客群体的需求比较独特，但购买力也很强，这时就可以为每个顾客群体提供单独的营销组合。这种不同水平上的细分导致企业容易采用**客户化市场营销**(customized marketing)。很多服务提供者，像广告代理机构、市场营销调研代理机构、建筑师和律师，都是根据不同的顾客来提供服务的。他们可以与顾客面对面地交谈，根据其要求修改服务内容。客户化市场营销也可以用于组织市场活动，因为订单和顾客的特殊需求有很高的价值。火车头制造商可以根据个别铁路运输公司的要求来设计制造产品。同样地，在机床制造业，德国公司 Emag 在制作多任务化的机器上处于全球领先地位，这种机器用来切割金属，主要用于航空业和机动车。它们通过在德国一个成本效益好的生产点制造半成品，然后在分布于全球客户周围的工厂里完成或客户化这些产品来实践客户化市场营销。客户化市场营销常常将客户和厂商紧密联系在一起，因为订单的价值值得让供应商为每个顾客付出大量的营销和销售努力。

近年来，市场营销中一个最吸引人的进步就是消费者市场中**大规模定制**（mass customization）的引进。这项实践最开始是由日本企业开始实施的，它们在产品体系中传递客户化的产品，如将男士西装、自行车、高尔夫俱乐部卖给私人消费者。所以当一位男性日本消费者去买西装时，他面对的不是一件件已经做好的衣服，而是一堆可供选择的各种颜色的材料。裁缝会为他量尺寸，在一周内他的西装就可以完成，但是价格相对于大规模生产的西装来说并不是那么便宜。越来越多的产品根据特殊群体的需求而被客户化。例如，在德国 Stuttgart 旁边 Mercedes Sindelfingen 的工厂中，工厂里来来往往的车模都是顾客预先选定的，其中很多人都是通过网络来组装自己的车。而且，很多顾客都是在工厂取货，而不是传统的通过中间商取货。正如技术关注 5.1 中所讨论的，技术在客户化营销中扮演了重要角色。

技术关注 5.1：一个人的细分市场

我们已经向一对一市场营销的"乐土"前进了多远？似乎已经有了很大的进步。例如，估计马自达在美国的 5 000 万顾客以及全世界的成百万的顾客都要求与马自达公司达成客户化的关系，希望在产品和服务上得到周期性的个人建议。同样地，大多数主要的网站都有工具来设置个人主页。谷歌用户可以制作一个包含所有主要信息源、客户喜欢的网址以及 g-mail 信息等的 iGoogle 页面。但是，逐渐的，这不仅仅在信息公司可见，而且几乎所有领导品牌都可以做到。例如，NikeiD 允许顾客设计自己喜欢的耐克鞋和服装的款式。最初只在网上可以，耐克乘胜追击，在全球耐克店开设了 NikeiD 工作室。消费者在工作室里设计，然后成品会送到耐克专卖店或者直接送到消费者家中。

很多其他类别的产品也加入了行动。德国消费者可以在 www.mymuesli.com 上运用 75 种原料制作燕麦粥。M&M 的产品可以在 www.mymms.com 上实现客户化。消费者使用 DNA 家庭收集箱向公司提供 DNA 样本，然后用来制作个人香水。治疗诊断科技是医学中一个正在成长的领域，可以首先判断出病人对特定的治疗是否有反应。例如，一家丹麦的诊断公司 Dako 发明了一种检测技术，利用蛋白质 Her-2，来诊断有乳腺癌的女性是否对基因技术中的赫塞汀治疗有反应。

客户化是网络的一大优势。像 www.pandora.com 这样的网站，顾客可以建立个人的无线电台组合。像 www.youtube.com 和 www.myspace.com 这样的网站允许客户建立自己的品牌。大多数的网站允许创建详细的网站和产品浏览记录。线下产品，如数字录影机（DVRs）允许我们客户化自己看电视的时间。这些装置的互动性向厂商提供了我们观看习惯的详细信息。所以我们正走向一个产品客户化且广告甚至我们购买产品的价格都客户化的世界。尽管这是一个缓慢且循序渐进的过程，但是有一些证据仍然表明消费者市场中存在"一个人的细分市场"。

5.6 市场定位

到目前为止，我们已经探讨了营销管理的两个关键环节，也就是市场细分（寻找市场差异化需求和偏好）和目标营销（决定要服务于哪一个或哪几个细分市场）。现在我们到了市场营销最关键、最具挑战性的环节：市场定位。**市场定位**（positioning）是指：

"对公司的产品和形象进行设计，从而使其在目标顾客心中占据一个有意义的、独特的位置。"

这是所有企业面临的挑战。所有的企业都生产产品或提供服务，但是正如我们在第 1 章中看到的，消费者买的是实惠。市场定位将你的产品和消费者寻求的解决方案联系在一起，当他们思考自己的需求时，你的品牌将是顾客第一个想到的。例如，有这样一个小汽车细分市场，将安全性能作为购买的首要准则。多年以来，瑞士汽车厂商——富豪汽车通过汽车设计和广告信息将自己成功定位为安全系数最高的汽车品牌之一。当被问及什么品牌的车最安全时，即使技术测试显示，富豪汽车的安全性能并没有显著高于市场中其他品牌，但顾客们的答案却常常提到富豪汽车。这就是有效的市场定位的作用：保证你的品牌在消费者心目中占据一个有意义、独特的位置。

有效的市场定位为可口可乐公司带来了一个有趣的问题（参见插图 5—5）。虽然没有专门向女性营销，但 80% 健怡可乐的销量来自女性顾客。公司的调查研究表明，男性对低卡路里的饮料也很感兴趣，但他们不太乐意喝健怡可乐。因此，零度可乐就用非常男性导向的广告将目标定位于男性市场。虽然，它的成分与健怡可乐几乎没有区别，但其市场吸引力却大不相同。

插图 5—5　健怡可乐和零度可乐：成分几乎相同，但市场吸引力却大不相同

市场定位很重要也很有挑战性。主要是因为，我们居住在一个过度传播的社会。

消费者常常暴露于广告信息之中，有人估计，一个人每天接触到的广告高达1 000条。再加上印刷媒体和广播媒体以及网络传递的信息，就不难说明为什么说消费者信息超载了。要理清这些混乱的信息，公司需要传递的信息必须简单、直接、与消费者需求产生共鸣。如果不能在消费者心中占据一个位置，在市场中失败的可能性就会大大增加。

5.6.1　制定定位策略

确定以什么样的定位去占领市场需要考虑3个要素，即消费者、竞争者以及公司自身。在消费者这一要素上，要理清什么对消费者重要——占领在消费者看来不重要的市场是没有多大意义的。在很多市场，竞争者早就确立了，那么接下来的挑战就是找到与其不同的优点。从基于公司资源的角度出发，应该根据其独特的贡献来定位产品，这就会增加持续优势的可能性。

一旦全面的定位策略通过了，下一个步骤就是定位陈述。定位陈述是对产品期望地位的一种易于记忆、印象深刻的书面概括。图5—4中的准则可以帮助提炼出所需的定位陈述。可口可乐正是通过有吸引力的定位标语——"有可口可乐，万事如意"（19世纪70年代）、"正宗"（19世纪80年代的广告语），有效地诠释市场定位使其成为最有价值的品牌之一。

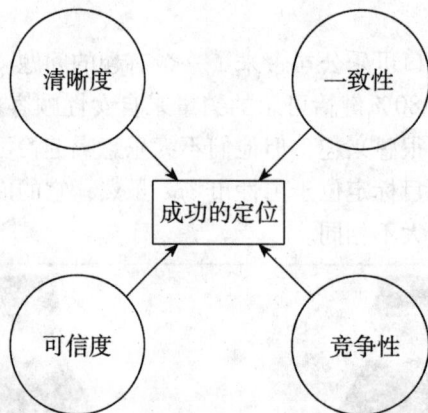

图5—4　成功定位的关键

1. 清晰度：在阐述目标市场与差别优势时，必须用清晰明了的词句。复杂的定位陈述让人难以记住。一些简洁的话语却让人过目不忘，例如"宝马——终极驾驶机器"，"嘉士伯——世界最好的淡啤酒"，"欧莱雅——你值得拥有"，这些市场定位目标既清晰又易于记忆（见图5—5）。

2. 一致性：人们每天都受到信息的轰炸，在这种喧嚣中，信息有必要始终不变。如果今年我们定位"服务的质量"，明年又换成"产品的卓越表现"，这样很容易让人混淆。一些公司一直使用相同的定位，像宝马"终极驾驶机器"，已经使用了几十年。

3. 可信度：企业选择的差别优势必须让目标顾客觉得可信。若将"摇摆"牌香

We try harder	Avis
Go to work on an egg	Egg Marketing Board
Guinness is good for you	Guinness
Don't be vague. Ask for Haig	Haig Scotch Whisky
Happiness is a cigar called Hamlet	Hamlet
Heineken refreshes the parts other beers cannot reach.	Heineken
Beanz Meanz Heinz	Heinz
It is. Are you?	The Independent
Just do it	Nike
Think small	Volkswagen

图 5—5　一些经典的广告词

烟定位成高级的排他性产品，就会失去可信度。同样地，丰田在高端品牌市场没有可信度，就用"雷克萨斯"作为其高端车的品牌名。

4. 竞争性：差异性服务必须具备竞争优势，为顾客提供竞争对手无法提供的有价值的服务。例如，iPod 的成功就是基于差异性优势——从 iTunes、苹果的专用音乐商店，再到高音质的移动播放器的无缝音乐下载。

在市场中为一个产品成功定位的有效途径是制作知觉图。这是利用顾客重视的特征（维度），将顾客对品牌及其竞争对手的看法进行可视性表述。制作知觉图的主要步骤如下：

1. 确定一系列竞争品牌；

2. 用定性研究（如小组讨论）确定顾客在选择同类产品时使用的重要特征；

3. 用定量研究确定顾客对每件产品所有特征所打的分数；

4. 将产品标在二维图上。

图 5—6 是一幅关于 7 家超市连锁店的知觉图。结果表明，超市最终被分为两组：价格高且品种多的和价格低且品种少的。这揭示了两个细分市场，表明在消费者眼里 C 与 D 势均力敌，相对于 E、F、G 来说，占据显著地位。知觉图在考虑策略转移时非常有用。例如，可以制造机会提供价位低、品种多的差异化服务（就像理论上设定的 X 位置）。

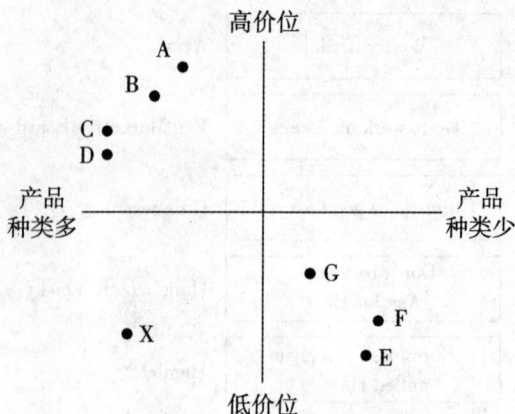

图 5—6　超市的知觉图

5.7　重新定位

通常，在销售业绩平平或消费群体偏好改变的情况下，需要对服务或产品进行重新定位。**重新定位**（repositioning）涉及改变目标市场或改变差别优势之一，或者两者都做改变（见图 7—10）。第一个选择是产品与目标市场保持不变，改变产品的形象。例如，很多公司向年龄大的顾客营销产品时意识到，当老年人仍然有适度的健康和活力的时候，他们必须非常小心，不能将这一群体定位成和蔼的、缓慢衰老的灵魂。因此，康补宁粉末状的能量饮料，通过包装和广告上半开玩笑的卡通人物参与有活力的运动，如滑板运动和冲浪运动等，将产品定位从有同情心的、病痛的代餐饮料，变成有幽默感、积极主动的品牌。同样地，李维斯也在尝试着调整 501 牛仔服的定位，从 19 世纪 60 年代尼克·卡门在自助洗衣店为其拍摄的广告，到现在在洛杉矶拍摄的广告，都是为了更贴近当代年轻人的文化。另一种选择是保持目标市场不变，以改进产品。例如，当大众车市场的竞争越来越激烈时，福特的品牌蒙迪欧以笨拙著称而且它的市场表现并不好，因此福特加大投资力度将车改造得更吸引消费者。一个新设计的机组被组装，在 2005 年的法兰克福车展上，新的福特 Iosis 以一个激进的设计揭开面纱——汽车门是向上开的，挡风板坡度很陡，轮子很大。

一些重新定位策略包括保持产品不变，改变目标分析市场。碳酸饮料 Lucozade，就是这种"无形重新定位"的典范。该饮料最初被定位为儿童饮料，但市场调查表明，母亲们也把它作为提神饮料，公司随之对产品进行重新定位。随后，Lucozade 充满活力的特征又被用来吸引更大的目标市场——年轻人，于是请来大牌运动员做广告。它的经历表明，随着时间的推移，对产品进行重新定位是成功打造产品的必要条件。一些其他的品牌也尝试走 Lucozade 的路线。例如，维他命 C 饮料 Rubex，从流感饮料转向帮年轻人缓解参加夜间俱乐部熬夜后不适的饮料，然而红牛从最初与俱乐部紧密相关的饮料转变成主流的功能饮料。Cadbury's 试图将 Roses 和 Flake 重新定位到快速成长的优质巧克力细分市场，然而 Jose Cuervo 花费 6 500 万美元通过一个名为"有生气的凯尔弗"的促销活动来增加龙舌兰酒的吸引力，而这个促销活动与学生聚会联系在一起。

关于无形重新定位的更深入的例子可以参照"营销实例5.4"。

当产品和目标市场同时改变，该公司就是在进行有形重新定位。例如，公司决定通过推出一系列新产品来满足低档或高档市场上新目标的需求。英伦航空公司发现必须同时运用目标和产品重新定位来应对航空业激烈的竞争。该公司担心英国本地居民的看法，并着手转型成国际航线。它加入了德国汉莎航空公司和美国联合航空公司组成的联盟，开始了飞往美国的长途运输服务。它也花费了1 500英镑用于公司的更名，把名字从英伦航空改为bmi来博得国际旅客的青睐。

不要轻易决定重新定位一个品牌，因为这个策略存在风险。例如，为了改变成熟男士杂志细分市场不景气的销售状况，《时尚先生》、《竞技场》等刊物将其重新定位为"女性杂志"（一个迅速成长的市场），点缀着衣着暴露的模特，以及政客酗酒的故事。然而，这个策略惨败，很多读者远离了这些杂志，即使刊名改回原来的定位，他们也回不到原来了。《竞技场》2003年的销量从峰值100 000册减少到30 000册。

营销实例5.4：苹果酒的重新定位

学习指南： 以下是Bulmers苹果酒成功重新定位的案例。阅读、思考其他重新定位成功或失败的例子。

有效重新定位的一个最好的例子就是爱尔兰苹果酒品牌Bulmers。它最初是由Showerings公司生产的，现在属于C&C公司，Bulmers在爱尔兰一直是苹果酒领导品牌。但是，曾经有很多年，Bulmers并没有那么令人羡慕的名声。当时Bulmers被广泛认为是年轻男性的饮料，一般是在公园或城区等户外场合饮用。不考虑喝的是什么饮料，"苹果酒派对"变成了描述年轻人在公共场所聚会的通用语，他们往往参加一些反社会行为，这对苹果酒这类产品产生了很大的负面影响。当时，啤酒市场的特点是销售额下降、价格低廉、利润低，而苹果酒是啤酒市场的一个利基类别。

受当时市场形势的影响，大家都认为苹果酒生意可能走向衰落或退出市场，但是Bulmers却选择重新定位这个品牌，使之在新的细分市场更有吸引力。重新定位的方法就是挑战对苹果酒存在的旧观念，分享Bulmers的价值观和福利。电视被选为改变群众观念的主要媒体。传递的主要信息就是制作苹果酒的传统以及爱自然、尊重自然的理念，这些信息都跟"无任何添加剂"、"时间奉献给你"联系在一起。运动节目是其主要目标，尤其是像高尔夫和橄榄球这一类的运动，这些都不是传统的苹果酒广告出现的地方，但却使得Bulmers从众多的竞争对手中脱颖而出。出版物、广播、户外和赞助活动也为电视广告的宣传做了很好的补充。

组合营销中其他元素的变化对苹果酒的定位起了重要作用。两升的塑料瓶或大肚酒瓶，这些都与负面信息联系在一起，Bulmers将这些换成了易拉罐。公司也很快在长颈瓶上有所创新，就像百威啤酒瓶一样。在价格方面，苹果酒的价格低于黑啤、麦芽酒和淡啤。C&C一步步提高苹果酒的价格，首先提高到黑啤的价格水平，然后超过了淡啤的价格，这些都有助于提升产品的形象。

重新定位策略取得了很大的成功。Bulmers在爱尔兰的啤酒和苹果酒市场的占有率从20世纪90年代的2%提高到现在超过10%。除此之外，该品牌用Magners的标签在2004年成功进入了英国市场。在英国也是这样，人们对苹果酒的印象也不乐观，常被视为便宜的、醉人的东西，主要原因是其在没有营业执照的商店销售。但视觉广告显示出该产品是"从苹果林到酒瓶",主要是作为一种清新的夏日饮品在酒吧销售。它的销量疯狂上涨,到2006年,该品牌在英国的苹果酒市场占有率已达到16%。

总　结

——本章介绍了市场细分与市场定位的主要策略问题,解决了以下几个关键问题:

1. 市场细分的步骤:市场中并不是所有的顾客都有相同的需求,根据需求的异质性将它们分成若干群体,将有助于更好地为它们服务。

2. 细分消费者市场和组织市场的标准有很多种,将不同的标准结合起来考察可以更有效地细分市场。在消费者市场,追求的利益、购买行为等行为变量是市场细分所要考虑的重要因素。在细分组织市场中,细分组织市场准则是重要的参考因素。

3. 成功的市场细分有5个标准:有效性、可度量性、可进入性、可行动性、可盈利性。

4. 有4条常用的目标市场营销策略:无差异性市场营销、差异性市场营销、集中性市场营销、客户化市场营销。差异性市场营销和客户化市场营销有其特殊的优势和劣势,客户化市场营销正越来越受欢迎。

5. 市场定位意味着什么,为什么市场定位很重要,成功市场定位的关键是清晰度、可信度、一致性和竞争性。消费者购买的是利益,而不是产品或服务,定位是向消费者传递这些利益的关键。

6. 重新定位的概念,4个重新定位的选择:形象重新定位、产品重新定位、无形重新定位和有形重新定位。重新定位很有挑战性,实施时需谨慎。

关键术语

——**市场细分**(market segmentation):把有相似需求的人或组织分成一类的过程,这对于指定营销战略具有重大意义。

心理细分(psychographic segmentation):根据购买者的社会阶层、生产方式、个性特点或偏好,将购买者划分成不同的群体。

概况细分(profile segmentation):从不同方面将人分组(比如年龄和社会经济指标),便于营销人员更好地跟他们沟通。

利益细分(benefit segmentation):根据购买者从同一商品中寻求的利益,对他们进行划分。

生活方式细分(lifestyle segmentation):根据人们展示出的关于自身行为、兴趣和观念的生活模式,对他们进行市场细分。

地理人口统计(geodemographic):将消费者按照其房屋类型、职业、小孩的数量、年龄和种族背景等分成不同的地理集群。

目标营销(target marketing):选定一个或多个消费群体作为目标市场,提供产品或服务。

无差异性营销（undifferentiated marketing）：企业将产品的整个市场视为一个目标市场，用单一的营销策略开拓市场，即用一种产品和一套营销方案尽量吸引更多的购买者。

差异性市场营销（differentiated marketing）：将整体市场划分成若干个细分市场，针对每一细分市场制订一套独立的营销方案。

集中性市场营销（focused segmentation）：集中力量进入一个或少数几个细分市场，实行专业化生产和销售。

客户化市场营销（customized marketing）：企业在营销活动中，针对每个消费者与众不同的个性化需求，为其"量身定做"产品，是一种最大限度满足消费者的营销模式。

大规模定制（mass customization）：是一种根据客户的个性化需求，结合大批量生产的低成本和高效率优势，来提供产品和服务的生产方式。

市场定位（positioning）：对公司的产品和形象进行设计，从而使其在目标顾客心中占据一个有意义、独特的位置。

重新定位（repositioning）：改变目标市场或改变差异化优势，或两者都改变。

案例5　奢华时尚的改变：巴宝莉、贝克汉姆、老大哥

BluewaterChoice 是追求时尚者的天堂。爱姆普里奥·阿玛尼（Emporio Armani），薇薇恩·韦斯特伍德（Vivienne Westwood），普拉达，保罗·史密斯和古驰只是众多设计品牌中的几个，它们都希望消费者扫荡一整个衣柜的新衣服。走在时尚的前沿是要付出代价的，但是似乎就像那句广告语："你值得拥有"，这不仅仅适用于化妆品品牌欧莱雅，也适用于当代其他的一般消费文化。根据莱德伯里调研公司研究，2006年，全球奢侈品牌市场价值为750亿英镑，而且正在以两位数的速度迅速增长。包括中国、印度、俄罗斯在内的新兴市场国家大量的需求是奢侈品市场扩大的重要源泉。英国奢侈品市场占全球奢侈品市场的5%，英国奢侈品消费的变化，意味着新一代的奢侈品消费者正在形成。Bluewater Choice 商店的消费者不太像有钱、有名气的人，更像是在星巴克喝拿铁咖啡的那群人。奢侈品的消费给大家的印象不再是"排斥性"，而是"包容性"。现在的奢侈品消费者可能是一名教师、一位银行家或是水管工人。

奢侈品大规模的消费运动就是奢侈品的民主化。过去十年，英国经济和社会结构的变化改变了消费者的态度和行为。首先，可支配收入的增加给了消费者财力支持来购买奢侈品。大量的消费者能负担奢侈品，这是前所未有的。大众富人的出现成为当代奢侈品消费的典型特征。职业女性变得越来越独立，购买力越来越强也证实了这一点，她们帮助复兴了奢侈品市场。第二个因素可以被解释为"贝克汉姆综合征"，尤其是对于年轻人，像球星贝克汉姆这样的名人一样变成了时尚和新的生活方式的重要标志。来自体育界、音乐界、时尚界和娱乐界追求时尚的代表们将奢侈品牌从时尚杂志的华美页面带向流行媒体的首页。嘻哈音乐场景美化了设计师们设计的品牌。说唱

者"50美分"中的一首歌"我知道你喜欢什么"中提及了大量包含古琦、芬迪、普拉达、莫斯基诺、克里斯汀·迪奥和香奈儿在内的奢侈品牌。最后一个原因，消费者从未如此轻易就能购买到奢侈品。设计者标签不再只有独家设置的精品店才有，不管是在克里登（Croydon）、赫尔（Hull）还是普利茅斯（Plymouth）的大街上，随处可见。网络降低了流行设计进入大众的门槛，消费者可以在网上精品店（例如jimmychoo. com）、百货公司（例如 harrods. com）、虚拟时尚商城（例如，designermall. co. uk）购买自己喜欢的品牌。

市场细分

奢侈品市场传统上被划分为两个独立的、不同的消费群——命名为"富人"和"非富人"。这些能负担得起奢侈品的消费者是报纸和时尚杂志中大量花言巧语的广告活动的目标群体。主要收入者的职业常常被用来划分消费者的社会阶层，当前的现实是，奢侈品领域发生了变化，奢侈品的消费不再取决于兜里的钱。奢侈品消费者是一个由不同年龄段、不同收入档次、不同职业和社会经济地位的消费者组成的"大帐篷"。这就意味着，营销人员必须不仅仅单独依据地理人口统计信息来识别和理解奢侈品消费者——对于奢侈品，不同的人有不同的理解。

另一种细分时尚奢侈品市场的方法是基于消费者的态度和潜在的购买习惯。下面的3个子细分市场，或者说是"倾向"，被认为是高回报的时尚奢侈品行业中最有代表性的细分市场。第一个子细分市场——时尚传统主义者，代表了保守的奢侈品消费者，他们重视高品质和服务。准确性在做决定阶段非常重要。传承性好的传统奢侈品牌，如巴宝莉、耶格（Jaeger）、奥斯丁（Austin）是很好的选择。第二个子细分市场就是时尚领导者。对于那些关注形象的人来说，时尚领导者是领导流行趋势的人。个人主义奢侈品牌反映了他们是谁以及他们想向外界展示出什么形象。他们想领先同伴一步，更倾向于根据风格购买品牌。

第三个子细分市场是时尚追随者，由一群以自我方式混搭的人士组成，他们喜欢在大街的零售店如 Topshop、Mango、Zara 等高档设计品牌店里买衣服。他们更倾向于买高价的东西，也就是说在自我选择的东西上花费更多来满足他们梦寐以求的需要。品质对他们来说并不是非常重要，更重要的是外观以及与潮流的匹配程度。

越来越多的主流群体或大众被奢侈时尚品牌吸引，这对奢侈品行业意义重大。一个正面的连锁反应就是奢侈品牌有机会吸引更大的顾客群，增加销售量。时尚青少年是一个有重大潜力，并且正在高速成长的细分市场。根据 NPD 调查公司（www. npdgroup. com）的市场调研，在美国，设计师品牌中约 15% 的购买力来自 13～17 岁之间的青少年。青少年正变得越来越独立和自信，因此他们开始购买奢侈时尚品牌。鼓励他们购买奢侈时尚品牌并为其提供信息的一个重要来源是时尚生活博客和网站。青少年成为奢侈品消费者，要么是依靠自己的经济力量，要么是让其父母或监护人给予资助来满足他们偶尔的奢侈。

奢侈时尚品牌的挑战

然而，无处不在的奢侈时尚品牌的普遍特性是，长期来看，假冒伪劣产品对时尚品牌造成的损失一定是非常大的。除非在防伪方面立法，否则假冒产品将继续壮大。假冒伪劣产品对时尚品牌造成的销售损失数以百万计，也稀释了品牌价值。消费者可以在全国不计其数的街市上或网上买到假冒、廉价的路易·威登包包。商业街的零售商也是抄袭设计的群体之一。设计师 Jimmy Choo 迫使 New Look、Oasis 和玛莎百货将产品下架，因为它们被控设计侵权。街头信誉对时尚假冒者非常重要，人们常常很难辨别什么是假冒的，什么是原创的。所谓的"大兄弟"技术，如射频识别（RFID）标签可以确认产品身份，顺便打击假冒伪劣产品。然而，态度的改变意味着假冒产品变得越来越被社会所接受。布兰妮·斯皮尔斯也曾被报道拿着一个假冒的香奈儿钱包。根据法律公司 Davenport Lyons（www. davenportlyons. com）的调查，英国几乎 2/3 的消费者都能自豪地告诉他们的亲朋好友，他们买了一个仿制的奢侈品。

当前奢侈品消费很流行，也很复杂。对每个人来说都有一些问题。许多奢侈时尚品牌的困境是在具备排斥性和可信性的情况下，还要吸引主流的消费者。在奢侈时尚品牌竞争压力越来越大的环境下，这并不是一个简单的任务。很多的零售商，像 Zara 和 Topshop，甚至是乐购连锁超市都在重新定义奢侈时尚——以低廉的价格提供相似的设计。越来越多的国际著名设计师都在与大规模零售商合作。卡尔拉·格菲尔德（Karl Lagerfeld）和斯特拉·麦卡特尼（Stella McCartney）就在为 H&M 连锁店设计时装。因为购物者争相抢购，他们设计的产品在数小时内就被售完。然而，奢侈时尚品牌的大众化趋势已经产生了更大的问题。奢侈品市场不再在富人和大众之间呈现两极分化。不同层次的奢侈品牌，从极奢侈到可负担的奢侈品牌的出现，反映了奢侈品牌强大的吸引力。对极端奢侈者来说。钱并不是障碍，他们可以得到在售的独有的奢侈时尚品牌。他们能搜寻到反映他们超奢华地位的品牌——愿意支付 1 万英镑来买 HENK 的箱包。这给了奢侈一个真正的新含义。通过网站以原价的小数部分的价格可以购买到相似设计的产品。但这样的奢侈品还是一样的奢侈品吗？

问题：

1. 识别和描述奢侈市场品牌的主要细分市场？

2. 在何种程度下，青少年细分市场可以作为一个可行的细分市场？

3. 到目前为止，奢侈品品牌实施了什么类型的目标市场营销策略？这一策略需要改变吗？

这则案例是由法国雷恩商学院的 Glyn Atwal 从大量的出版物中整理而成的，主要作为课堂讨论，而不是为了展示有效或者无效的管理。作者感谢莱德伯里调研公司对奢侈品行业的洞察。

第6章　品牌与产品管理

本章框架

- 产品与品牌
- 品牌化
- 创建品牌
- 品牌管理的问题
- 管理品牌与产品组合
- 动态管理品牌与生产线：产品生命周期
- 新产品开发
- 新产品开发过程的管理
- 产品管理问题

学习目标

在学习本章之后，你应该理解：

1. 产品与品牌之间的区别。
2. 建立与管理一个成功品牌所面临的主要问题。
3. 如何管理多样化产品或品牌组合。
4. 产品策略如何随产品生命周期而变化。
5. 创新的重要性及新产品开发的过程。
6. 与品牌和产品有关的道德问题。

营销聚光灯

体验营销

　　许多品牌都处在成熟的市场中。这些市场增长率较低，竞争局面已经建立并且异常激烈。所以品牌必须努力使自己与竞争对手区分开来，吸引那些时间和可支配收入都有限的消费者。许多品牌会选择传统的方式，尝试利用广告活动与顾客沟通，而现在许多品牌将这些与客户体验相结合，让品牌直接而真切地与客户接触。这就是所谓的"体验营销"。

　　比如，最流行的一种体验营销形式是将品牌与摇滚音乐会或者音乐节联系在一起。这使得品牌能够与参加活动的观众沟通，比如通过网络媒体和蜂鸣营销。在近十年的早期，Guinness 的品牌和爱尔兰的 Witnness 音乐节联系在一起，改写的"witness"强调了与"Guinness"的关联。活动的前期宣传在"见证（witness）"的概念上做文章。消费者和媒体都加入搜寻线索的活动，他们被邀请来发掘 Witnness。这种活动具有巨大的宣传效应。由于目标观众了解营销手段，对企业营销非常反感，这种方式更为微妙，让顾客感到自己是活动的主人。

由于商场和店铺都在寻求新方法来吸引潜在客户，体验营销在零售行业非常流行。商家的焦点从产品销售场所转变为顾客消费体验和参与活动的场所。许多大型的购物中心都设有电影院，一些还有体育馆、游泳池等休闲设施，还有的拥有剧场和画廊。普拉达纽约店有文化展示空间、路易·威登的巴黎旗舰店有艺术馆和书店、古奇的东京银座店也有艺术馆和活动空间。雀巢开了许多家雀巢精品咖啡馆，创造"终极咖啡体验"。

理想的**体验营销**（experiencial marketing）是自主的、可感觉的品牌体验，让消费者感到产品或服务属于自己。这激励消费者成为产品的支持者，进而影响家庭、朋友和同事来尝试产品。比如，达美航空在纽约建立了 SKY360 休闲吧，方便客户体验。客人会遇见真正的空乘人员和售票处。他们体验达美航空的机上食物和座椅后背的娱乐系统。如果乘客预定了达美航空的航班，就能享受 WiFi 网络和电脑终端。围绕品牌，创造用户体验将成为公司未来寻求差异化的主要途径。

就像我们在第 1 章看到的，营销的精髓在于向顾客群体传递价值观念。产品和品牌通常是价值主张的载体。比如，柯达生产胶片，它的业务是让消费者收集和保存回忆。随着消费者通过手机、CD 或网络收集和分享回忆，胶片技术被数码技术所取代。35 毫米的胶片和相纸打印这些老技术变得过时，30% 的数码相机用户根本不打印相片。柯达逐步淘汰日渐衰微的胶片业务，包括 26 000 人的裁员，将主要精力转向数码成像以及网络共享（Kodak Easyshare Gallery）。但是柯达的变革没有赶上消费者与技术变革的脚步，股价受到重创，往日世界一流的品牌价值跌倒了 2007 年世界前 100 强的第 87 位。

本章将解决以上所有问题。首先，我们分析产品和品牌的区别，这是营销专业学生必须掌握的一个概念区分。然后我们综合考察现代品牌管理的诸多方面。许多企业拥有众多品牌，比如迪阿吉奥或高露洁（Colgate）这样的跨国企业，我们将考察如何管理这些品牌以及产品组合。就像柯达案例表现的那样，产品需求可能发生迅速变化，所以我们也会讨论如何动态地管理产品和品牌。一个重要因素是创新和保证新产品的稳定供给。最后本章将介绍一些产品管理的其他内容。

6.1　产品与品牌

任何能满足消费者需要的东西都可以成为产品。日常语言里我们通常能区分产品和服务，产品通常看得见摸得着（比如汽车），服务却往往是无形的（比如医疗检查）。当我们看到消费者购买的东西，无论有形还是无形，都包含着功用。比如汽车提供的功用是运输；医疗检查提供的功用是健康检测。因此，将服务的概念整合进产品的概念是符合逻辑的，进而就可以分为物质产品（比如手表、汽车、燃气轮机）和服务产品（比如医疗服务、保险或银行业务）。所有这些都提供给顾客某些功用——比如燃气轮机提供了动力，保险减少了金融风险。本章讨论的原则对于物质产品和服务产品都适用。但是由于服务产品的特殊性（比如不可见性），并且服务业（如旅游、咨询）已经成为了一个重要且发展迅猛的部门，下一章将着力考察服务营销。

品牌化是公司将它们的产品区别于竞争对手的过程（见插图6—1）。单词"**品牌（brand）**"源自挪威单词"brandr"，意为燃烧，现在这个单词仍然指给牲畜作标记，宣示所有权。对于营销经理而言，宣示所有权建立和维护品牌是主要任务之一。在我们现在生活的世界里，产品之间的技术差别越来越小。比如大众的汽车与斯柯达、西亚特和奥迪使用的生产平台非常相似。在大多数情形下，消费者都不知道（也不在意）产品在哪里生产。消费者对于品牌的感觉决定他们购买哪家公司的产品。品牌与顾客相关联（比如声誉、地位、经济状况），让购买决策变得容易。在产品盲测中特别能体现品牌对认知的影响，盲测中的消费者不能区分测试品，即使他们对某一品牌有很高的忠诚度。

插图6—1　世界上有许许多多不同品牌的透明胶带、MP3 播放器和真空吸尘器，但是只有 Sellotape iPod 和 Hoover 成功地将品牌与此类产品联系在一起——它们被称作大众品牌

世界上有许许多多不同品牌的透明胶带、MP3 播放器和真空吸尘器，但是只有 Sellotape、iPod 和 Hoover 成功地将品牌与此类产品联系在一起——它们被称作**大众品牌**。

在一段时间内，营销者习惯将产品分为不同层次来思考（见图6—1）。最基本的层次是产品提供的核心功用，比如汽车提供了运输，电话提供了沟通。理解核心功用对于识别潜在竞争根源非常重要。比如，像 Filofax 等公司生产的纸质笔记本销量下滑，因为其核心功用在黑莓等掌上设备和个人电脑上得到了更好的体现。类似地，MP3 的流行对音乐 CD 的需求造成了巨大冲击。在核心功用的外围是消费者购买的"实际产品"，包括产品特性、款式等，这些构成了品牌。比如，诺基亚的手机是一种实际产品，整合了设计、款式、特性和包装，迎合了市场需求。产品的第三个层次称为"外延产品"。这是附加在产品上的额外功用，包括质量保证、附加服务、附加**品牌价值**（brand value），以及前面谈到的各类产品的相关体验。比如新的雷克萨斯 GS 车型包括无键盘登录系统、空调前座、手机蓝牙接入、泊车辅助传感器，还有车尾电子遮阳板。

用三层次法看待产品非常有助于制定产品管理决策。为了在拥挤而充满竞争的市

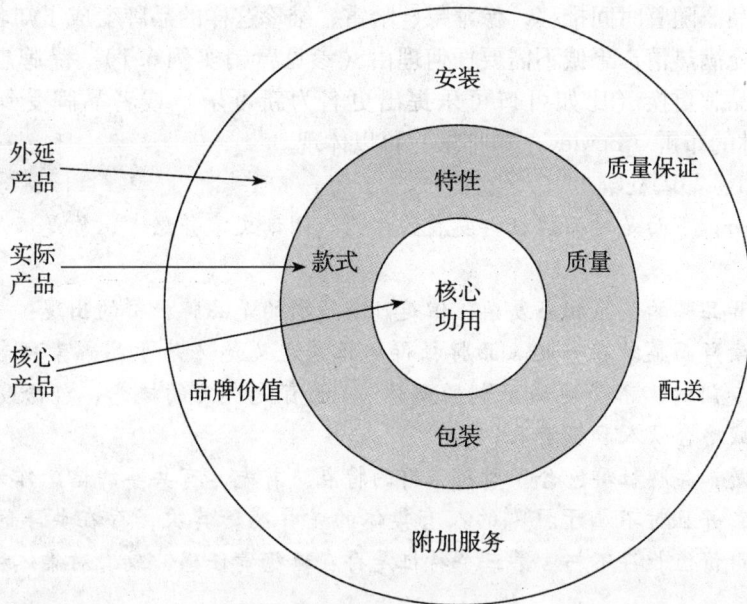

图6—1 产品的三个层次

场里区分自己的品牌，企业经常寻求新的方式优化产品，提高附加值。有趣的是，低端航空公司如瑞安航空（Ryanair）和易捷航空（easyJet）的策略刚好相反。它们不寻求增强产品，反而在产品上做减法，只关注于核心功用：低价运输。在它们看来，增强的产品功用并没有将有用价值传递给顾客，回到核心功用（将人们从甲地运送到乙地）更有价值。战略思维的转变带来航空业的大变革，低端航空公司发展迅猛，比传统航空公司的盈利更丰厚。

6.2 品牌化

发展一个品牌是困难、昂贵又耗时的。我们看到品牌将企业与竞争对手区分开来，但是我们需要更细致地剖析品牌的好处。

6.2.1 品牌的好处

强大的品牌对企业有如下好处。

（1）企业价值

强大的品牌能大大增强公司的财务价值。比如，雀巢为英国糖果制造商朗特里（Rowntree）支付了 25 亿英镑（36 亿欧元），这相当于朗特里资产负债表价值的六倍。但是收购使得雀巢接管了朗特里旗下稳定的品牌，包括奇巧（KitKat）、花街（Quality Street）、薄荷森林（After Eight）和保罗（Polo）。

（2）消费者偏好和忠诚

强大的品牌对消费者的认知和偏好有积极影响，这反过来导致了消费者继续购买其青睐的产品。随着时间推移，像苹果、哈雷、维珍这样的品牌变成了知名品牌：消费者对品牌充满热情，忠诚不需要任何理由（参见营销实例6.1）。品牌忠诚度的强弱可以通过品牌更换（比如可口可乐提出更名为新可乐）或者品牌受到消失威胁（比如都柏林的布雷（Bewley）咖啡馆）得以体现。

营销实例6.1：品牌社群

学习指南：下面是对品牌社群发展的评论。阅读文章并思考，你是不是某品牌社群的一员。

消费者和品牌的关系相当复杂，但是日渐清晰的是品牌社群的出现：一群人由对某个品牌的崇拜而集结在一起。品牌社群的正式定义是"基于品牌崇拜者们结构化关系的一种专门的、不受地域限制的群体"。也有更广义的概念，包含受激励的员工，品牌的战略合伙人和投资人。

有趣的是，品牌社群包含了所有社群的特点。首先，有共享的信念作为维系成员的内在纽带，并且对不属于社群的人有集体的差异感。其次，存在共享的仪式和传统，保证社群价值长存不朽。第三个特征是存在道德责任感，或者对集体和个人的义务感。

这些特征在哈雷等品牌的狂热消费者身上得到体现。哈雷品牌有106年的历史，在国际品牌价值排名中处于50强之列。"地狱天使"拥有866 000成员，组织骑自行车、训练课程、社会活动和慈善募捐，他们损毁哈雷公司形象。哈雷车友会建立之初是为了挽回公司形象，他们钻研摩托车杂志，穿着带有哈雷齿轮标志的衣服，看上去像是桀骜不驯的个人主义者。超过250 000人参加了2003年在密尔沃基举行的品牌庆典。

许多品牌都迅速达到了相似的偶像地位，比如绝对伏特加（Absolut Vodka）、亚马逊、苹果、本杰里、宜家、雷克萨斯、新加坡航空、蒂芙尼（Tiffany）等。虽然所有的品牌都有可能形成社群，但是品牌社群更可能形成于那些具有鲜明形象、丰富内涵、悠久历史、宣扬竞争和公开消费的品牌。因特网提供了社群成员之间整合、交流品牌信息的媒介，促进了品牌社群的发展。像CNN和迪士尼这样的领军品牌都有自己的在线社区、论坛和聊天室；喜力啤酒允许顾客建立自己的虚拟酒吧，扮演酒保来和其他朋友聊天。

（3）竞争壁垒

消费者对顶尖品牌有强烈的积极认知，这意味着新品牌很难与之抗衡。即使新品牌在盲测中更优越，还是难以撼动市场领导者的宝座。这可能就是维珍可乐没能削弱可口可乐市场控制力的原因。

（4）高利润

引领市场的强大品牌很少廉价。家乐氏、可口可乐、梅赛德斯、诺基亚和微软都有一定的溢价，这是因为它们优越的品牌价值意味着消费者认可其高于其他品牌的附加价值。大品牌更容易得到订单，在拒绝零售商的打折要求时，它们更具优势。对美国食品品牌投资收益的研究支持了大品牌获利更多的观点。第一名的品牌平均收益率是18%，第二名为6%，第三名为1%，第四名为-6%。

（5）品牌拓展的基础

大品牌提供了消费者积极认知的基础与核心品牌向拓展品牌发展的良好愿景。例如百事极度（Pepsi Max），红牛运动（Lucozade Sport），斯米诺冰纯（Smirnoff Ice）和微软 IE 浏览器。新品牌通过核心品牌的附加价值拓展获利。

消费者和公司都能从品牌中获益。消费者挑选他们偏好的产品，从而简化了购买决策。大部分时间里，这都取决于消费者有多么信任品牌。一些最令消费者信任的品牌包括：诺基亚、维萨、妮维雅和索尼。

现在品牌到处都是。超市的货架上就有成千上万的品牌，分销商不再是他人品牌的销售者，而成为自己品牌的经营者，名流变得非常重视品牌。伦理之争 6.1 讨论了这些发展的影响。

伦理之争 6.1：品牌价值与品牌的价值

品牌是营销的核心，无论技术、体育明星或者软饮料都能够从品牌中获利。在竞争的市场里，品牌将自己与对手区分，帮助消费者进行购买决策。

消费者选择品牌是基于品牌给他们的某种价值。但是这种认知有多精确？比如，消费者购买某知名品牌的跑鞋，她购买的价值真的比不知名的廉价跑鞋更高么？对品牌忠诚的消费者会说，名牌产品的质量的确对得起自己的牌子，但是研究表明并非如此。比如《英国体育医学》在 2007 年刊登了一项研究，表明 3 种品牌的中低价位跑鞋质量与高价跑鞋在鞋内缓冲方面相差无几。本例中的高价品牌似乎没有更高的实用价值。

品牌批评者们指出，品牌并不提供实际价值，而是提供虚幻的价值。花大价钱买来的大品牌往往没什么实际区别。消费者为名牌产品花更多钱，认为在质量和特性方面要优于其他产品，可事实往往并非如此。走出困境的方式是理解什么才是真正的消费者价值。就像第 3 章谈到的，消费者选择产品的理由既理性又感性。品牌选择并不仅仅出于技术属性，还包含了个人和社会原因。如果一个品牌让消费者自我感觉良好，或者在朋友当中倍儿有面子，难道他不该购买么？消费群体关乎选择，消费者越来越多地掌握了做出明智决策需要的信息。但是尽管如此，关于品牌真正价值的争论仍会在未来愈演愈烈。

推荐阅读：Adamson（2006）；Klein（2000）

6.3 创建品牌

创建品牌包括品牌命名，还包括品牌发展与市场定位。

6.3.1 品牌命名

识别 3 种品牌命名策略：家族品牌命名、个体品牌命名和混合品牌命名。

家族品牌名称（family brand name）用在所有产品上——比如飞利浦、亨氏和谷歌。将所有产品都附在家族品牌名字上的良好愿望是让所有产品都受益，是希望这个名字的广告也将促进所有产品的销售。风险在于如果一种产品受到不利舆论的影响或者不成功，那么所有的其他家族产品也受连累，这就是所谓的"品牌保护伞"。一些公司创建保护伞品牌以保证其某系列产品的一致性。比如索尼为电视游戏机创建的PlayStation品牌。

个体品牌（individual brand name）名称不能识别出某家公司，比如宝洁在品牌中不用公司名称——金霸王电池、海飞丝、帮宝适、品客薯片等（表6—5还会见到这些）。如果公司认为每个品牌需要有分离的、不相关的标识，那么就需要这样的策略。在一些案例中，进入新市场时采用家族品牌可能损害**产品线**（product line）。一个著名的案例是李维斯（Levi's）开发新产品线时使用李维斯精典（Levi's Tailored Classics），市场调研获取的信息表明，消费者将李维斯品牌与休闲风格联系在一起，与其推出的时尚套装不匹配。丰田没有重蹈覆辙，进军高端市场的时候它们放弃了家族品牌，使用了雷克萨斯这个名字。

在**混合品牌名称**的情况下，家族品牌与个体品牌结合，利用公司声誉的同时允许单个品牌被区分与识别（比如家乐氏的All Bran、诺基亚N70、微软Windows XP）。

名称传达了印象，选择品牌名称的时候应当多加小心。比如雷诺汽车为某行政轿车品牌命名为塞夫兰，有研究表明这个名字容易让人联想到奢华、另类、高科技和时尚。百事将其健怡可乐命名为百事极度，因为其目标消费者是男性，健怡可乐容易和女性联系在一起，这个名字更有男子气概。

在工业和技术产品领域里品牌名称同样重要。好的品牌名称给工业制成品提供价格以外的竞争力，中国等国家低成本制造业的崛起使之越发重要。有研究表明，世界上最有价值的工业品牌分别是：3M（工业产品），泰科（TYCO，工业产品），霍尼韦尔（Honeywell，工业产品），卡特彼勒（Caterpillar，建筑机械），联合科技（United Technologies，电梯和空调），爱默生（Emerson，发动机，控制系统）和英格索兰（Ingersoll-Rand，工业产品）。从一些顶级域名的价格上就能看出品牌名称的价值：diamond. com（750万美元），vodka. com（300万美元），cameras. com（150万美元）。

另一个重要原则是品牌名字必须好记又好说。短的名字就很好，比如埃索（Esso）、壳牌（Shell）、达斯（Daz）、碧浪（Ariel）、抑草蓬（Novon）和迷你（Mini）。比如欧洲第三大银行瑞士银行（UBS），放弃了瑞银华宝（UBS Warburg）和瑞银潘恩韦伯（UBS Paine Webber）的名称，就是为了简单。当然也有一些例外，比如哈根达斯，就是为了在美国推出的时候听起来比较欧洲化。一个品牌的名字可以表达产品的功用——比如好保镖（Right Guard，除臭剂），阿尔卑斯·佳丽（Alpine Glade，空气和衣物清新剂），海飞丝（Head & Shoulders，去屑洗发水），康柏（Compaq，笔记本电脑）——或者用比较有特点的表达，像玩具反斗城（Toys' R' Us）。技术产品可能从数字名称中获益（如奥迪A4、空客A380、雅马哈YZF R125）。这样在不同的国家和市场进行销售的时候不需要更名。

一些公司开始从事专业的品牌名称咨询。市场调研被用来检验关联、易记性、发音和偏好，寻求法律咨询以保证不侵害已存在的品牌名称非常重要。品牌和商标经常引起一些有趣的争议，比如维多利亚·贝克汉姆禁止彼得勒联足球俱乐部注册它们数十年之久的昵称"Posh"。更有甚者，一些公司试图得到品牌口号的法律权利，比如雀巢给奇巧的口号"休息一下"。表6—1总结了选择品牌名称的几个要点，表6—

2 展示了品牌名称的类型。

表6—1	选择品牌名称的几个要点

一个好的品牌名称应该：

激发正面联想

朗朗上口、容易记住

表明了产品功用

与众不同

强调技术的时候用数字

不侵犯已经注册了的品牌名称

表6—2	品牌名称的类型

人物：吉百利（Cadbury），玛氏（Mars），亨氏（Heinz）

地点：新加坡航空，德意志银行

描述：我无法相信它不是黄油（I Can't Believe It's Not Butter），婴儿商店（the Baby Shop），德国电信（T-mobile）

简略：奇巧（KitKat），柯达（Kodak），百忧解（Prozac）

唤起认知：艾格（Egg），橙子（Orange）

品牌拓展：多芬除臭剂（Dove Deodorant），维珍直线（Virgin Direct），顽童本性（Playtex Affinity）

外语含义：LEGO（丹麦语"好好玩"），Thermos（希腊语"热"）

6.3.2　发展品牌

通过核心产品向附加价值的拓展可以创造一个品牌。核心产品提供了核心功用（见图6—1）。薯片是令人满足的小吃，但是所有的薯片都能达到这种功能。品牌让产品区别于其他品牌的产品可以创造附加价值。通过比较金色奇迹（Golden Wonder）和沃克斯（Walkers）的例子就可见一斑。金色奇迹建立于1947年，在1962年发明了可口的薯片。尽管在英国风靡了几代人之久，但是连续下滑的销售业绩使管理层在2006年发生更迭。相比之下，沃克斯围绕其产品创造了快乐感觉，并且请Gary Lineker等名人代言广告，强调产品质量（参见营销实例1.3），因而占领了英国薯片市场。成功品牌能够创造一系列超越对手的品牌价值。所以建立品牌需要对消费者选择时的功能考量与情感考量都有深刻理解，并且将它们以特殊方式结合在一起，创造出消费者喜爱的产品。

建立成功品牌绝对是具有挑战性的营销任务。事实上，英国品牌前50强当中只有18%创建于1975年以前。这也说明品牌建立以后，都能够持续很久。表6—3列出了世界领导品牌，有一些其历史已经超过百年，可以见得品牌建立是长期行为。它需要吸引人们的注意力，产生认识，传递品牌价值。建立消费者忠诚需要很多年，这就是为什么亚马逊和谷歌能迅速建立品牌声誉值得尊重。与此类似，韩国三星从原来生产廉价电视和微波炉的企业，变成了生产手机、存储芯片、平板电脑的全球领先的优质品牌。实现这个目标，三星花费了30亿美元的营销费用广告显示出公司的超凡技术，产品广告植入《黑客帝国2：重装上阵》和赞助雅典奥运会增加了其品牌认知度。

三星的品牌价值已经超过了曾经处于统治地位的索尼。表6—3 见证了曾经辉煌一时的品牌的衰落，像福特、盖璞、柯达、必胜客、摩托罗拉，它们在 2006 年和 2007 年的品牌价值均下跌了 10%～20%。

表6—3　　　　　　　　　　　　　全球最有价值的 20 个品牌

	公司	2008 年品牌价值 （10 亿美元）	公司起源地	较 2007 年变动 （%）
1	谷歌	86.06	美国	30
2	通用电气	71.38	美国	15
3	微软	70.89	美国	29
4	可口可乐	58.21	美国	17
5	中国移动	57.23	中国	39
6	IBM	55.34	美国	65
7	苹果	55.21	美国	123
8	麦当劳	49.5	美国	49
9	诺基亚	43.96	芬兰	39
10	万宝路	37.32	美国	-5
11	沃达丰	36.96	英国	75
12	丰田	35.13	日本	5
13	沃尔玛	34.55	美国	-6
14	美洲银行	33.09	美国	15
15	花旗	30.32	美国	-10
16	惠普	29.29	美国	17
17	宝马	28.01	德国	9
18	中国工商银行	28	中国	70
19	路易·威登	25.74	法国	14
20	美国运通	24.82	美国	7

管理层必须自始至终都保持高昂的品牌投入，这样才能建立并保持品牌的市场地位。不幸的是，短期缩减支出很具有诱惑力，特别是在经济形势不好的时候。为了品牌的生存，必须拒绝削减支出，它是股东权益的支柱之一。

图6—2 的分析框架可以用来剖析品牌当前的市场地位，以形成新的品牌定位战略。市场定位的强度建立在 6 个要素之上：品牌范围、品牌传统、品牌价值、品牌优势、品牌个性和品牌映像。第一个要素，品牌范围，对应着目标市场选择（品牌竞争的场所）；另外 5 个要素为创造清晰、有区别的优势提供了可能。下面对这样要素

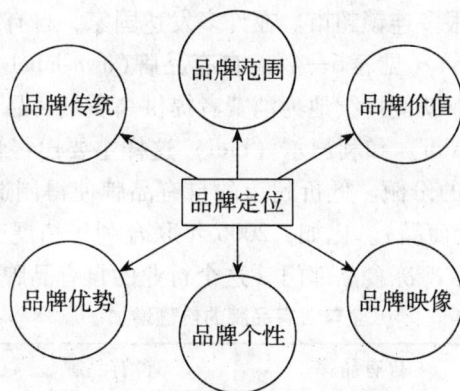

图6—2　品牌定位的结构解剖

做简要拓展说明。

1. 品牌范围：品牌的目标市场，也就是它在市场中竞争的区域。

2. 品牌传统：品牌的背景和文化，它是如何成功（或失败）的。比如英国葡萄酒品牌荡恩教堂（Chapel Down），尽管英国没有酿葡萄酒的传统，但是依然很成功。

3. 品牌价值：品牌的核心价值和特征。

4. 品牌优势：让品牌区别于其他竞争对手的特征（标识、特色、图案、关系等）。

5. 品牌个性：品牌利用其他实体表现的特征，比如人、动物或物体。明星代言给品牌以个性。Michael Campbell 穿着 Kia Kaha 的服装赢得美国高尔夫球公开赛之后，这家新西兰公司的产品赢得大卖。

6. 品牌映像：品牌与自我认知的联系；消费者购买使用品牌之后如何认识自己。

品牌经理通过分析以上要素，就能勾勒出品牌的市场定位。建立品牌花费巨大资金，在品牌投资决策时要仔细斟酌。比如联合利华为了让标识看上去更"开放和友好"，足足花了 700 万英镑。新的标识融合了太阳（"生命力的终极符号"）、飞鸟（"自由的符号"）还有衬衫（"代表洗涤后焕然一新的衣物"）。

6.4　品牌管理的问题

最终，企业可能会面临无数有关品牌管理的问题，下面我们讨论这些内容。

6.4.1　制造商品牌与自有品牌

制造商品牌由生产者自己选择，因此生产者也就担负了营销的责任。比如家乐氏玉米片，吉列感应刀片和碧浪洗衣粉。品牌的价值依托于生产者，通过建立主品牌，生产者可以分销并得到消费者忠诚。

自有品牌（有时称作经销商品牌）由经销商创造并拥有。有时经销商的整个产品组合（product mix）都是自有品牌，比如玛莎百货的 St Michael 品牌；有时只是一部分为自有品牌，比如很多连锁超市。在许多发达国家，自有品牌的发展超过**制造商品牌**（manufacturer brands）（见表6—4）。**自有品牌**（own-label brands） 如果能够对供应商做严格的质量控制，就能持续地为消费者提供高质量商品，成为制造商品牌的有力竞争者。像阿尔迪（Aldi）和利德尔（Lidl）这样主要出售自有品牌的折扣店，控制了欧洲零售市场15%的份额。低价超市的自有品牌使得制造商品牌推出"战斗品牌"（也就是自己的低价商品）。比如，2006年联合利华拓展了自己的品牌，包括冰淇淋和肉汤产品，卖掉了冷冻食品部门（这个行业的自有品牌特别强势）。

表6—4 全球自有品牌的份额增加

产品领域	自有品牌份额（%）	自有品牌增长（%）	与制造商品牌的价格差（%）
冷藏食品	32	9	-16
纸质、塑料包装	31	2	-24
冷冻食品	25	3	-20
宠物食品	21	11	-42
耐贮食品	19	5	-27
尿布和女性保健	14	-1	-34
健康	14	3	-37
软饮料	12	3	-32
家庭护理	10	2	-26

生产者需要面对的主要决策是为自有品牌提供产品。危险是消费者可能无法区分制造商品牌和便宜的自有品牌。对于其他品牌，向自有品牌供货仅仅意味着利用过多的产能，从经销商销售合同里赚取额外收入。

6.4.2 品牌延伸与扩张

著名品牌的良好信誉和因此带来的高额利润为公司带来有形价值。这种高额财务价值成为**品牌价值**（brand equity）。具有高品牌价值的品牌很可能被其他产品所使用，因为它们的出现能增加产品吸引力。**品牌延伸**（brand extention） 指在相同市场的新产品上利用已有的品牌名称。比如安乃定（Anadin）品牌名称延伸到相关品牌上：Anadin Extra，Ultra，Soluble，扑热息痛（Paracetamol）和布洛芬（Ibuprofen）（参见插图6—2）。联合利华成功将多芬香皂品牌名称延伸到除臭剂（deodorants）、沐浴乳（shower gel）、液体香皂（liquid soap）和沐浴露（bodywash）。**品牌扩张**（brand stretching） 指在不相关市场上利用已有品牌。现在的流行趋势是名人将品牌延伸到不同类别的产品中，比如詹妮弗·洛佩兹经营的Jlo服装、太阳镜、泳装、香水、首饰和女士内衣。

一些公司在品牌延伸和拓展方面非常成功：理查德·布兰森的维珍公司就是一个典型案例。始于1970年的维珍唱片历经维珍音乐（音乐发行），大卖场（Megastores，

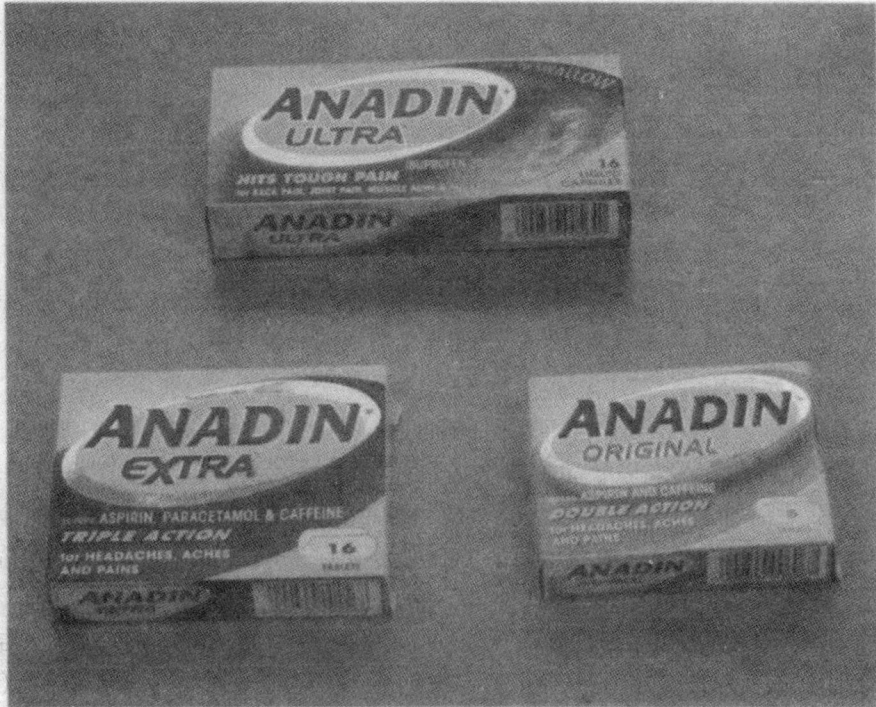

插图6—2　安乃定（Anadin）成功拓展其核心品牌来吸引不同的细分市场

唱片零售），电台，伏特加，可乐，大西洋航空（Atlantic Airways，长途运输），速递（短途运输），铁路，直线（Direct，金融产品直销）和1号（One，一站式银行）成长到今天已经经营200多种业务，最近又通过 Virgin Active 连锁健康中心涉足卫生保健领域。其他的著名企业就没那么成功。比如麦咖啡是麦当劳在美国的品牌延伸，但是麦当劳瑞士公司创立的为家庭度假服务的麦当劳列车、麦当劳航空，以及为商务旅行设计的麦当劳商务酒店金拱门（Golden Arch）经事实证明都不赚钱。

品牌延伸是重要的营销工具。一项由 AC 尼尔森进行的研究表明，品牌拓展占到了新日用品投放的40%。品牌拓展的两个重要优势是风险小、成本低。如果使用已有品牌，经销商和消费者都会觉得风险较小。经销商对新品牌销量有信心，从而更愿意进货；消费者则将原有品牌的品质与新品牌相联系。通过使用品牌拓展也可以减少投放成本。原有品牌已经很知名，建立新品牌的知名度就变得非常容易，从而减少了广告、销售和推广成本。更进一步，原有品牌和延伸品牌的相互强化可能实现广告的规模经济。

然而，这些论述也可能有失偏颇。如果与竞争品牌相比没有功能、心理或者价格上的优势，品牌就会失败。并且对那些压低投放资金、相信原有品牌辐射作用的营销经理也是个威胁，这可能导致较低的认知度和较少的购买尝试。"同类相残"指的是新品牌以牺牲旧品牌为代价增加销量。比如安乃定 Extra 可能侵蚀了原品牌安乃定的销量。也有可能一个品牌的坏口碑波及到其他同名产品。维珍品牌就曾经受到其列车晚点的威胁，通过大量投资增加机车和车头才解决了这个问题。

如果品牌拓展太广，就可能失去信誉，这一点需要引起管理者注意。使用品牌扩张策略的时候最容易遇到这种问题。维珍将品牌拓展到铁路服务就不太成功；皮尔·卡丹的名字用在不相干的产品上比如服装和化妆品，就会有损品牌信誉。品牌延伸如果对消费者有意义就会非常成功。如果新目标市场与原市场的价值取向相符，品牌质量也得到高度认可，那就非常有可能成功。

6.4.3　泛欧洲品牌和国际品牌

欧洲经济一体化和商业全球化的发展使泛欧和国际品牌得以兴盛。泛欧品牌（pan-European branding）指成功打入欧洲市场的品牌，而**国际品牌**（global branding）指进入全球市场层面的品牌。在欧洲，泛欧品牌的前景使得很多领先制造商寻求拓展他们的市场范围以及创建他们的品牌组合的机会。雀巢通过兼并罗群（糖果）和布托尼（面食和巧克力）来拓展品牌组合。玛氏用 M&M 替换了佩蒂（Patti）和松鱼（Bonitos）品牌，并把英国第 3 大品牌马拉松（Marathon）更名为在欧洲其他地区使用的士力架（Snickers）。许多其他品牌，比如丰田、亚马逊、可口可乐、宝马和诺基亚都得到了全球范围的成功。

泛欧和国际品牌有很多好处，最重要的是它们能获得足够大的规模效应。吉列的 Sensor 剃须刀在全球的成功得益于其高度标准化的做法：产品、品牌、广告词（"男人能得到的最好的东西"）、广告的视觉效果以及包装都合乎标准；只有广告旁白有所变动，以迎合欧洲、美国、日本等 26 种不同语言的消费者。使用同样的广告为公司在全球范围内节省了两千万美元的开支。一致的形象是许多国际品牌对消费者的保证，比如麦当劳消费者知道开在不同地方的餐厅没有什么不同。全球化还意味着许多公司变成首选的供应商，比如因为普华永道（Pricewaterhouse Coopers）能够提供全球服务，因此它对潜在客户的吸引力更大。

但是，尽管很多品牌寻求泛欧或全球化，国家差异却使得在全球使用相同的品牌策略变得非常困难。比如法国人吃的酸奶量是英国人的 4 倍，英国人买的巧克力是意大利人的 8 倍，这体现了国家差异会使制造商的营销策略有很大不同。问题不在于能否建立国际品牌（显然他们可以），而在于哪些部分要标准化，哪些要因地制宜。比如联合利华发现，对于清洁产品，其品牌形象与包装可以实行标准化，但名次、传播方式和品牌构成要因国而异。比如其布料洗涤剂在各国都用同样可爱的泰迪熊图案，但在德国（Kuschelweich）、法国（Cajoline）、意大利（Coccolini）、西班牙（Mimosin）、美国（Snuggle）和日本（Fa-Fa）却使用不同的名字。全球/区域的两难选择是许多大型跨国企业面对的问题，我们在营销实例 6.2 中说明这一点。

营销实例 6.2：全球和本地困局

学习指引：下面是长期以来对全球营销策略支持和反对意见的回顾。阅读材料以确定你支持哪一方。

大型跨国企业采用不同的全球或本地策略。联合利华和雀巢通过逐渐收购本地品牌变成了大型集团。但是它们发现这些品牌里很多对利润少有贡献。比如，截止到 1999 年，联合利华发现有 75% 的品牌对公司销售额的贡献不到 10%。2004 年它宣布在 5 年内将品牌组合从 1 600 种减少到 400 种。奢侈品集团路易·威登从 2000 年的

73 种品牌削减到 2006 年的 58 种，宝洁、亨氏和莎莉集团也采取了类似的措施。其他公司则投入很多精力在品牌改名上面，比如玛氏将马拉松改成了士力架，宝洁将仙女牌洗衣液改成黎明牌，希望品牌名称在全球一致。

相比之下，德国消费品集团汉高则背道而驰。像联合利华一样，汉高也是通过兼并本地企业成长起来的，但是它并不集中兼并全球知名品牌，而是不断调整着本地和国际品牌。其主打的洗衣液品牌宝莹不适合美国市场，美国洗衣机一般都放更多的水，并且水温也比欧洲低，因此 2003 年它支付给 Dial 集团 29 亿美元，收购了美国洗衣粉品牌普雷克斯（Purex）。在个人护理产品系列 Fa 失败之后，它在美国花 2.75 亿美元收购了宝洁的除臭剂好保镳（Right Guard），柔舒爽（Soft & Dri）和干爽梦（Dry Idea）。在它们看来，美国人倾向于抑制出汗，而欧洲大陆人却希望掩盖所有气味但不抑制出汗。

哪种方式更好？目前还没有定论宝洁在欧洲转向黎明品牌，使之在德国的市场份额从 2000 年中期的 11.9% 下跌到 2001 年底的 4.7%。显然德国消费者信任仙女牌，他们不知道什么是黎明牌。跨国企业需要寻求国际品牌与本地品牌之间的平衡。此外，一些营销手段容易标准化，比如产品配方，但是有些最好本地化，比如包装、定价和分销。所以汉高的洗衣液在俄罗斯叫做 Losk，在希腊叫做 Neo-Mat，在土耳其叫做 Tursil，尽管它们的配方都相同。

基于：Anonymous（2005）；Frost（2005）；Grant（2005）；Wiesmann（2006）

6.4.4 合作品牌

两种品牌结合形成的合作品牌是现在很流行的一种策略，包括**基于产品的合作品牌**（product-based co-branding）和**基于传播的合作品牌**（communication-based co-branding）。基于产品的合作品牌包含两种或更多既有品牌，消费者能看见它们各自的商标。它有两种变体，当两个独立品牌合力形成品牌时称为**平行合作品牌**（parallel co-branding），比如惠普和苹果 iPod 形成惠普 iPod。**部件合作品牌**（ingredient co-branding）是供应商提供产品的某个部件并在显著位置标示，比如 U2 发行专辑《如何拆除原子弹》时预装在了苹果 iPod 上面。英特尔是最有名的部件品牌，在全世界的个人电脑上都能看见那著名的标语"英特尔内核"。

基于产品的合作品牌有几个好处：第一，合作品牌联盟可以整合每个品牌的资源，提高价值，形成差异化。比如哈根达斯冰淇淋与百利酒创造出的哈根达斯百利酒香冰淇淋，通过独特口味增加价值，与竞争对手区别开来。第二，合作品牌可以针对某一目标市场推出产品。比如大众汽车与崔克山地车携手开发了大众捷达的特殊车型——捷达崔克。车上装备了自行车架，顶上有一辆崔克（Trek）自行车，吸引了 1 500 万山地自行车爱好者。最后，合作品牌能减少产品推广成本，两个知名品牌结合缩短了消费者的认知、接受和适应的时间。

基于传播的合作品牌是指不同公司的两个或更多品牌为了合作宣传而结合在一起。比如一个品牌推荐另一个品牌，就像惠而浦推荐碧浪洗衣粉。联盟还能刺激兴趣，提供推广机会，比如麦当劳和迪士尼的协议，迪士尼给了麦当劳展示和推广新迪士尼电影相关材料的独家资格。在美国，脆谷乐在包装上绑定了价值 1.5 美元的帮宝适尿布优惠券，帮宝适产品上也有同样的脆谷乐优惠券。传播同盟在赞助协议里非常普遍，比如壳牌商标出现在法拉利汽车上面。表 6—5 列出了合作品牌的一些例子。

表6—5 合作品牌的例子

平行合作品牌
哈根达斯和百利酒形成哈根达斯百利酒香冰淇淋
福特福克斯和 Elle 女性杂志形成福特福克斯 Elle 汽车
约翰迪尔和圣劳伦斯住宅形成北加州约翰迪尔社区
部件合作品牌
英特尔作为惠普电脑的部件
阿斯巴甜作为健怡可乐的成分
思高洁作为纺织品的防油防水剂
基于传播的合作品牌
碧浪和惠而浦：合作广告宣传
麦当劳和迪士尼：合作商铺推广
壳牌和法拉利：赞助

6.5 管理品牌与产品组合

一些公司有很大的品牌组合（见表 6—6 和插图 6—3）。它们一般包含在公司产品线和产品组合之中。（比如戴尔的个人电脑或者三星的电视机系列）。产品组合是公司品牌或产品的总和，它是产品线提供的所有东西。所以产品组合的广度是指一个企业提供的产品线数目。比如飞利浦提供了很多的产品组合，包括电视、视频设备、录像机、录音机、摄像机等产品线；在市场趋势变化面前可口可乐与其竞争对手相比更为脆弱，因为它仅依赖于软饮料的销售，而百事却拥有很多的饮料和食品组合。

对品牌组合与产品线组合的管理过程称为产品组合计划（portfolio planning）。这是非常重要且复杂的工作。一些产品线可能很强，另一些很弱。一些需要投资帮助其增长，另一些能带来超额的现金收入。无论如何，企业必须决定如何分配有限的资源，以取得整体上的最佳效益。管理层特别需要决定哪些品牌要投资，哪些要维持，哪些要撤资。

波士顿集团（BCG）的增长—占有率矩阵是从战略管理中借鉴来的技术，它在产品组合与产品线决策中非常有效（见图 6—3）。在矩阵中，产品组合被置于 2×2 矩阵中，两条轴线分别代表市场增长率和相对市场占有率。圆圈的大小反映了每条产品线带来的收入占比。纵轴代表市场增长率，它表示每条产品线所在市场的年增长率；比如图 6—3 中显示的是 0% ～ 15%，区间可以依据不同的经济状况而定。市场增长率被用来表示市场的吸引力。

强生	宝洁	雀巢	联合利华	欧莱雅	迪阿吉奥
邦迪	护舒宝	雀巢咖啡	奥妙	薇姿	健力士
露得清(Neutrogena)	Bounce	毕雷(Perrier)	家净	加尼尔	百利
RoC	金霸王(Duracell) 潘婷(Pantene) 帮宝适(Pampers)	维特尔(Vittel) 奇巧 花街(QualityStreet)	Cif	理肤泉 美宝莲	司木露 珍宝 班德堡
强生	丹碧丝(Tampax)	普瑞纳(Purina)	多芬	兰蔻	摩根船长
碧碧 (bebe)	佳洁士(Crest)	罗罗(Rolo)	蒂(Timotei)	拉夫·劳伦香水	酩悦香槟
可伶可俐 (Clean & Clear)	维克司(Vicks)	Nespresso	砍妮(Organics)	赫莲娜 (Helena Rubinstein)	豪帅金快活
阿伟诺 (Aveeno)	海飞丝	Carnation	家乐(Knorr)	乔治 阿玛尼香水	添加利金酒
娇生 (Acuvue)	吉列锋速 (Gillette Fusion)	瘦身特餐 (Lean Cuisine)	本杰瑞 (Ben & Jerry's)	卡夏尔	Malibu
法莫替丁(Pepcid)	卡枚儿(Camay)	堡康利(Buitoni)	立顿(Lipton)	碧欧泉	
泰勒诺 (Tylenol)	雨果(Hugo)	巧伴伴(Nesquik)	瑞谷(Ragu)		Archers
易蒙停(Imodium)	封面女郎 (Cover Gril)	Libby's	Pot Noodle	美体小铺	Bells
娇爽 (Stayfree) Piz Buin	古风(Old Spice) 品客(Pringles) 电动牙刷(Oral B)	Chef Purina Friskies	好乐门(Hellmann's)		多尔红
贝尼科尔(Benecol)	Naomi Campbell	醉尔斯(Dreyer's)	速瘦 力士 (Impulse)	帝柔	Bertrams VO
Reach 牙刷	鳄鱼(Lacoste)	波兰泉 (Poland Spring)	百多利	丽得康	轩尼诗

表6—6　　　　　　　　　　龙头企业的品牌组合样例

插图 6—3　联合利华集合了许多欧洲知名品牌（如 Knorr）

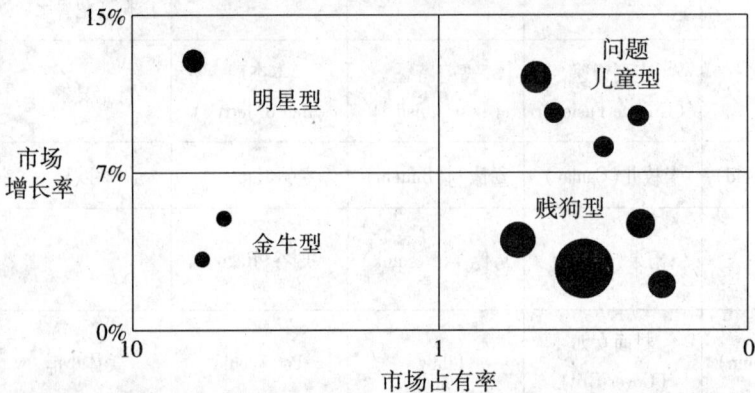

图 6—3　波士顿集团（BCG）的增长—占有率矩阵

横轴代表相对市场占有率，它是指每种产品相对于其最大的竞争者的市场占有率，它用来表示竞争力度。市场占有率的高低分界线为1。超过这个值，就表示该产品线的市场占有率要高于其最大的竞争对手。比如我公司产品拥有 40% 的市场份额，而我们最大的竞争者拥有 30%，那么在横轴上就表示为 1.33。在矩阵中画出每种产品的位置，公司就可以开始考虑每条产品线合适的战略定位。

高增长市场上的领先品牌被称作明星型产品。它们已经取得成功，并且在未来的增长势头也不错。资源应当用于维持/提高其领先地位，击退竞争挑战。它们将是未来的金牛，应当予以保护。

问题儿童型产品是现金消耗大户，因为它们的赢利能力低，而且需要资金投入来确保其赶上市场增长。它们被如此称呼，是因为管理者必须考虑是否继续投资。企业面临一个重大选择：追加投资将其变成明日之星，或者通过收获（减少营销支出同时提价）或者放弃（撤资或出售）来撤出资金。有时还有第 3 种选择：找到一个小的细分市场，获得市场领导地位。

在低增长的市场，高盈利、低投资、较高的市场占有率都意味着金牛型产品应当受到保护。因此，其战略目标是维持销售及市场占有率。产生的多余资金可以用于明星型、问题儿童型产品的建立和新产品研发。比如 C&C 集团卖掉其软饮料业务（金牛）得到 2.49 亿欧元，为其明星部门苹果酒融资。

贱狗型产品是在低增长市场上处于弱势地位的产品。它们在增长阶段未能取得领先地位，如今在成熟阶段挣扎。那些在市场上处于第二或第三位置的品牌（金狗型产品）可能会产生小额的现金流，而对于另外一些，则可以把产品重新定位于利基市场。但对于大多数贱狗型产品，其战略目标是收获暂时的正现金流，或者放弃以转移资源和管理的侧重点。

波士顿矩阵的优点在于简单易用。当所有的公司产品都画在图上时，明星型、问题儿童型、金牛型和贱狗型一目了然。资金配置在有需要的不同产品上，这样能维持产品组合的均衡。但是它也受到了众多批评，下面列举一些要点。

1. 矩阵基于现金流来配置资源，但是盈利能力（如投资回报率）可能是更好的标准。

2. 由于产品在矩阵中的位置取决于市场占有率，这可能导致企业恶性抢占市场份额。此外市场的界定（进而决定市场份额）也非常困难。

3. 矩阵忽略了产品的相互依赖性。比如，营销某贱狗型产品可能是为了补充某明星型或金牛型产品（比如零部件）。顾客或经销商更愿意与能提供全套系列产品的企业做生意。

4. 让市场增长率代表市场吸引力，市场占有率代表竞争力度，这可能过于简化了问题。

除了市场增长率和市场占有率之外，还有很多其他因素需要纳入考量，比如衡量市场吸引力时要考虑市场规模、竞争者的强弱，衡量竞争强度的时候要考虑可利用的营销资产、潜在成本优势。这些形成了更复杂的组合矩阵，比如麦肯锡/通用电气的市场吸引力/竞争地位矩阵，被应用于各类市场吸引力和竞争强度衡量中。

组合矩阵的主要贡献在于揭示一个道理：产品组合中的不同产品应该有不同的地位。比如要求明星型产品取得 20% 的投资回报率以迎合盈利要求，只能导致投资不足。另一方面，要求金牛型产品取得 20% 的投资回报率可能就太低了。但是该模型只能作为管理决策的辅助工具，制定产品组合决策时需要考虑的其他重要因素并未全部纳入模型中（参见营销实例 6.3）。

营销实例 6.3：索尼的组合决策

学习指南： 下面是索尼公司产品组合中一些领先的产品线。阅读后将文中提到的产品线绘制在波士顿矩阵中，并对索尼公司的战略提出建议。

索尼是日本最著名的公司之一；它生产高质量小型电子消费品的能力让世界拥有了随身听播放机和便携摄像机。但是过去几年里，公司一直在努力维持曾经的霸主地位，原因是索尼的太多产品不盈利，处于衰退期，也就是说产品组合里有太多贱狗型产品。

比如，索尼是顶尖级的显像管电视机制造商。2005 年它卖掉了 7 百万台电视机，该产品成为其最大的现金流来源之一。但是近年来，发达国家的显像管电视机需求大减，人们更喜欢平板电视，索尼将市场的领导地位拱手让给三星和松下等品牌。它现在已经进入家庭影院和平板电视领域，但是没有取得市场领导地位（问题儿童型）。它也通过Vaio品牌涉足个人电脑领域，但是又遇到了艰难选择。个人电脑领域价格竞争激烈，保持着低利润、低增长，索尼遇到了戴尔、惠普、联想等强势竞争者。由于Vaio品牌并不能与其他品牌严格区分，是否坚持这个业务成为问题。索尼经营的其他贱狗型产品包括CD和迷你盘产品、车载音响和索尼化工——都是低增长或者夕阳产品。

公司也有一些具有广阔前景的部门。比如它的主要金牛产品——便携摄像机。虽然这个业务不再迅速增长，但是索尼是这个领域毫无争议的领导者，因为它生产绝大部分的产品部件，所以还能保持两位数增长。它近年的明星产品是电视游戏。PlayStation品牌是业内的知名品牌，2005年为索尼贡献了2/3的利润。随着业务成熟，索尼需要保持控制地位，用PS3与Xbox、任天堂Wii竞争，使这个产品成为未来的金牛。索尼也有很多的问题儿童型产品，比如步行者MP3，尽管有较高的增长率，还是被iPod甩在后面。但是它的蓝光DVD很有可能成为新的明星产品。索尼成功说服许多好莱坞工作室用蓝光DVD替代东芝和微软开发的HD-DVD之后，赢得了激烈的格式之战，在未来将驱动其高清DVD播放器和碟片的销量。

索尼展现出了企业产品组合的动态本质。往日的明星和金牛产品必须要有所舍弃，以便未来将资源集中在新的明星产品上面，因为消费者偏好和技术变革日新月异。

基于：Annonymous（2008）；Gapper（2006）；Nakamoto（2005）

6.6 动态管理品牌与生产线：产品生命周期

产品线和单个品牌都需要长期管理。把一段时间内产品在市场上的变动情况概念化的有力工具就是产品生命周期理论。典型的产品生命周期（product lifecycle）包括4个阶段（见图6—4）：导入期、成长期、成熟期和衰退期。

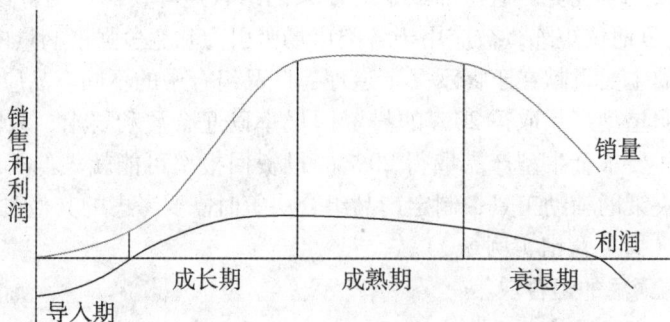

图6—4 产品生命周期

产品生命周期强调没有什么一成不变。比如精致茶具需求的锐减导致瓷器和骨瓷产品制造企业的衰落，如皇家·伍斯特和皇家·道尔顿。那些以某种特定成功产品起家的企业，迷恋于某一种产品可能给企业管理带来风险。产品生命周期强调企业必须接受某些旧产品终止被新产品替代的事实。否则，企业会发现自己置身于一堆处于生命周期衰退阶段的产品中。较好的产品组合既包括企业正在营销的处于成熟阶段的产品，也包括增长阶段的产品，还有计划在不久的将来推出的新产品。

产品生命周期强调将营销目标和战略看作产品经历各个阶段的过程。营销策略应当适应不同阶段的市场和竞争环境的变化。表6—7展示了每个阶段的典型营销策略响应方式。注意这是泛泛之谈，而非精确描述，但是它们确实强调了环境变化时营销目标和策略的要点。

表6—7 　　　　　　　　　　　产品生产周期内的营销目标及策略

	导入期	成长期	成熟期	衰退期
营销目标	建立	建立	保持	收获/设法变现
战略焦点	拓展市场	渗透	保护份额	效率
品牌目标	产品关注/试用	品牌偏好	品牌忠诚	品牌利用
产品	基本	差别化	差别化	理性
推广	建立关注/试用	建立关注/试用/重复购买	保持关注/重复购买	缩减/不再使用
价格	高	低	最低	提高
分销	零散	广泛	集中	有选择

6.6.1　导入期

当产品首次投放市场时，其销售额增长缓慢，并且由于巨大的开发和宣传成本，甚至会亏损。企业会监测产品的接受速度，如果不满意，就在这个阶段停止产品投放。

营销的战略目标是通过产品的市场扩张来促进销售。品牌目标是创造产品（品牌）意识，使消费者熟悉该类产品的一般功用。产品可能会很简单，它注重可靠性和性能，而非用各种特征来吸引不同顾客。促销会通过建立品牌与产品意识以及刺激试销等方式来支持品牌目标。广告在产品生命周期的初期更有效一些。此阶段的典型特征是产品价格较高，因为开发成本大并且竞争水平低。由于新产品尚未在市场上取得成功，经销商对它会非常小心，所以销售也比较零散（见插图6—4）。

6.6.2　成长期

这个阶段的特征是销售额与利润迅速增长。销售额的增长是因为很快得到了市场认可，对于许多产品来讲，还会出现重复购买。在这个阶段的后期，竞争者瞄准快速的销售增长和巨额利润前景的双重利益而涌入市场，利润也随之降低。比如，网络搜索引擎业务曾经是增长迅猛、利润丰厚的行业，给谷歌这样的企业带来巨大回报。但是行业利润吸引了大量的进入者，比如Jeteye.com，Blinkx.com和Icerocket.com，它们提供了更新的搜索解决方案。类似的，在发达国家，饲养宠物的兴起带动宠物产品和宠物服务产业的飞速增长。成长期终结通常与"竞争出局"相关，弱势的供应商首先停止生产。

在此阶段，营销战略目标是提高销售额以及市场份额。战略重点应是通过建立品牌偏好进行市场渗透。为完成该任务，产品需要创新设计以求独特，宣传也应强调差

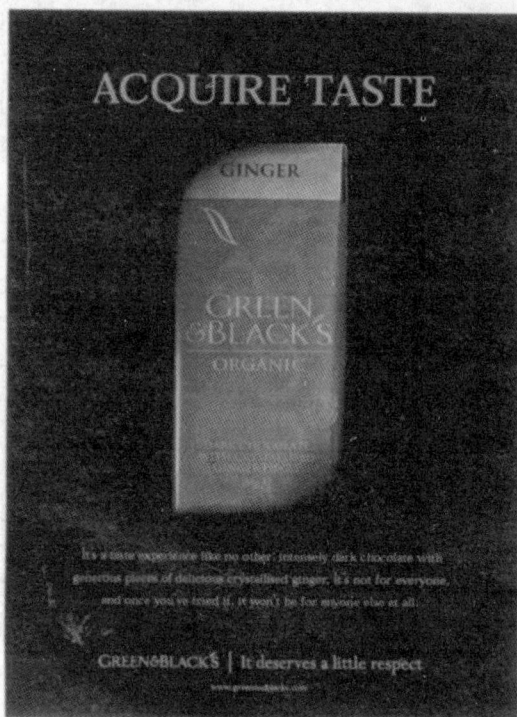

插图6—4 像 Green & Black's 这样的公司集中于黑巧克力市场，比其他牛奶巧克力厂商的发展更快

异化所产生的功能上/和心理上的效用。关注与试用依然很重要，但促销重点应放在回头客上。由于开发成本降低，竞争加剧，产品价格会下跌，而消费者的需求增加和销售力度的加大将扩大销售。

6.6.3　成熟期

随着销售额达到顶峰并日趋稳定，竞争出局加速。比如手机的接受率在一些西欧国家超过100%。竞争幸存者通过产品升级、广告、促销、打折等手段为市场份额而战，导致利润率下降，对市场跟随者而言尤其如此。在成熟市场里，谨慎的营销策略尤为重要。比如，星巴克在成熟市场里快速扩张（它在全球有 30 000 个零售店），导致市场饱和，咖啡店行业控制力下降，引致 2007 年盈利急剧下滑。

6.6.4　衰退期

在衰退阶段，由于新技术的出现和消费者偏好的改变降低了产品需求，销售额与利润也开始下滑。供应商会决定完全停产还是降低产量。宣传和开发预算会大幅下跌，并且由于供应商试图维持（或增加）利润率，经销商会减少。消费者对平板电视的转向让显像管电视机不再受欢迎。比如迪克逊将显像管电视机的价格从 2004 年的 1 300 英镑降低到 2005 年的 300 英镑，依然卖不出去。这些变化对电视生产商产生了戏剧性影响。法国电视生产企业汤姆森在 2006 年损失了 1.59 亿欧元，因此，他宣布关闭绝大部分的生产线和分销渠道。消费者通过网络安排旅行计划使英国旅行社的营业额大幅下滑。2000 年，英国旅行社协会有 1 820 家会员，2005 年减少到了 1 397家。

像波士顿矩阵一样，产品生命周期也受到了诸多批评。第一，不是所有产品都服从经典的 S 型曲线，一些产品的销量骤涨骤跌。这对于像 Rubik 魔方一样的时尚产品是非常正常的，在 20 世纪 80 年代，表面上销售量正在增长，但随着年轻人的热情转向另一种产品，销售量迅速下降。轰动的电影市场有着相似的短期生命周期。例如，《X 战警：最后一战》在影院上映前四天总共赚得 1.23 亿美元，超过它后来持续上映 4 个月所赚得的钱。第二，产品生命周期的持续时间是不可预知的。产品生命周期给出了产品经历的 4 个阶段，但没有明确指出其持续时间。显然这限制了它的预测功能，不可能预测到成熟期或者衰退期何时开始。最后，也可能是最令人担忧的，曾经有人讨论产品生命周期是市场营销活动的结果，而不是原因。显然，一种产品的销售量可能因为产品没有受到足够的市场注意或者已没有足够的产品设计或促销支持而裹足不前或者下降。利用产品生命周期理论，批评它的人认为，当正确的行动应该得到市场支持（例如产品的更换、定位加强或重新定位）时，它可能导致不恰当的行动（例如收购或撤销产品）。像很多市场营销工具一样，产品生命周期理论不该被看成是营销思维和决策的万能药，而应该是管理决策的辅助手段。

虽然如此，品牌的动态本质和产品线仍将注意力聚焦在研发新产品和服务的关键营销战略上。这个问题我们将在下一节讲到。

6.7 新产品开发

新产品的引入对于市场来说是公司蒸蒸日上的动力。顾客不断改变的偏好、技术上的进步和竞争的压力意味着公司不能依赖旧产品的成功。

事实上它们需要从事新产品开发项目和培养创新氛围来为新产品的成功创造基础。一个很好的例子是摩托罗拉。摩托罗拉紧随市场龙头诺基亚之后不断努力，通过它光滑、色彩明亮的 Razr V3 手机获得了巨大的成功。但是后续的努力不算太成功，Razr 2 和 Moto Q 并没有取得顾客相同程度的积极反响。摩托罗拉占全球手机的市场份额滑落至 12%，并且将"榜眼"之位让给了韩国的三星。新产品开发的现状是：这是一项危险的活动，大多数新产品会失败。然而，失败是可以容忍的，因为这是新产品开发过程的必经阶段。

一些新产品与现有产品从根本上有很大的区别，甚至重塑了市场和竞争。然而，一款洗发水只有在它的品牌、香味、包装和颜色都全新时才能推陈出新。事实上，市场中有 4 大类新产品：

1. 产品替代：这类产品大约占投放市场中的所有新产品的 45%，包括现存产品的改进和改革（例如，福特蒙迪欧代替了塞拉），重新定位（现有产品瞄准于新的细分市场，例如红牛）和成本缩减（现有产品重新配置或重新设计以减少生产成本）。

2. 对现有生产线的延伸：这类产品大约占投放市场的新产品的 25%，新产品以增加公司现有产品线的形式出现，这样可以加大产品开发的深度。一个例子是维他麦将一个拓展品牌——Oatabix 投放市场来抗衡其他的燕麦类谷物产品。

3. 新产品线：这类产品大约占投放市场的新产品的 20%，是进入新市场的一种新举措。例如，玛氏公司曾用一条新生产线把许多冰淇淋品牌投放到欧洲市场。这种战略扩宽了一个公司的产品结构。

4. 世界性新产品：这类产品大约占投放市场的新产品的 10%，创造了崭新的市场。例如电子游戏操纵手柄、MP3 播放器和便携式摄像机，由于它们高度重视顾客利益从而打开了新市场。

很明显，冒险和回报的程度因新产品的种类不同而不同。世界性新产品通常由于难以估测顾客的反应而要冒最大的风险。市场调查在预测顾客需求方面通常并不可信，因为只有产品进入市场，顾客有机会使用，才会了解产品的全部顾客利益。而且，顾客还需要时间接受新产品。例如，索尼随身听因为戴着耳机在公共场合出现，与大多数人的观念相抵触而被市场抵触。但是，这种随身听投放市场后，却逐渐被年轻人接受。另一方面，在现有产品线上增加品牌变化不具有很大的冒险性，但也不会有很大的回报。

6.8　新产品开发过程的管理

新产品开发有 3 个不可逃避的事实：昂贵、冒险、费时。例如，吉列花了 1 亿多英镑，用超过 10 年的时间研发 Sensor 剃须刀。这个新产品的概念是使用新技术开发一个非一次性剃须刀，沿着男士脸的轮廓线，只要刮几下，就能刮得很好（用两个安在弹簧上的白金加硬铬刀片）。这便有了商业意识，因为这种剃须刀比一次性剃须刀更有利可图，有更多机会创造差别优势。如果这个品牌失败了，吉列在市场中的地位将遭受不可挽回的损失。

图 6—5 展现了一个包括 7 个步骤的新产品开发过程；这个过程包括：产生构思、构思筛选、概念测试、商业分析、产品开发、市场测试和商品化。虽然新产品开发的现状比较混乱，但是每个阶段的活动对整个过程的限制使得更可能开发出既有效又有利于顾客的产品。但是我们应该指出，新产品的开发速度在每个阶段是不同的：有些产品在某一阶段滞留的时间可能很长，而有些则可能一晃而过。

6.8.1　产生构思

新产品构思可以来自企业内部：如科学家、工程师、市场人员、市场营销人员、设计师等。一些企业用**头脑风暴**（brainstorming）法刺激新构思，用物质刺激法说服员工提出自己的构思。3M 公司的报事贴就是一项成功的产品，该产品来自一名员工的构思。这名员工本来只是想在赞美诗上标记要唱的歌词时防止纸片掉下来。由于 3M 公司内的创新文化，他想到了商业应用，便在公司做了一名产品推介人，结果这项产品上市后在全球市场获得了成功。

产生构思

构思筛选

概念测试

商业分析

产品开发

市场试销

商品化

新产品

图6—5　新产品开发过程

新产品构思还可以来自公司外部。考察竞争对手的产品可为产品的改进提供线索。经销商也可以是新产品构思的直接来源，因为他们与顾客打交道，乐于出售经过改进的新产品。新构思的另一个主要来源是顾客自己。现有产品可能满足不了他们的需要，但他们可能真的喜欢给出改进产品的新构思。例如，荷兰飞利浦电子集团，它们雇用了人类学家和认知心理学家洞察全球人们的欲望与需求，并将其收集起来，使之能够更有效地对抗亚洲的竞争对手（如以设计能力著名的索尼）。网络社交是一个创新的有力来源，志趣相投的人将会为相同的商品分享新构思和新方法。

在组织市场中，有些顾客在他们自己的市场中是改革者和领导者，与他们保持密切联系很可能是一个富有成效的新产品构思的来源。这些"顾客领导者"会在其他顾客之前发现必须要改进的地方，因为他们有超前需求并且早于其他产品使用者遇到问题。

IBM在2006年关于全球董事长的研究中发现，在所有人中，雇员是改革构思最重要的来源，其次是商业伙伴、顾客和咨询顾问。

6.8.2　构思筛选

有了新产品构思后，企业便要对它们进行筛选，评估它们的商业价值。一些企业采用正式的检查表帮助它们判断某个产品构思是应该摒弃还是需要做进一步评估，这能保证没有重要的标准被忽略。这些标准可以用来评估推荐的产品的市场吸引力，判断产品是否符合企业目标，是否与企业的生产及销售能力一致。另外的一些企业可能采用非系统的方法，在新产品开发委员会成员之间展开灵活的公开讨论，评估产品成功的可能性。

6.8.3　概念测试

　　一旦产品构思被认为值得进一步研究，就可以在潜在顾客中进行这种特殊产品的概念测试。在许多实例中，基本的产品构思会被扩展成很多个概念，通过在目标顾客中进行测试以比较每一个概念。这样，**概念测试**（concept testing）保证让顾客的观点一开始就进入新产品开发过程。潜在顾客的购买意向是判断是否值得进一步追求某个概念的关键因素。

6.8.4　商业分析

　　根据概念测试的结果和重要的管理决策，对销售、成本和收益进行评估，就是**商业分析**（business analysis）。为获得明确的价格，需要进行商业分析，这样可以确定目标市场、市场的大小，并反映产品在几年内的接受情况。此外，还应考虑多种定价及其对销售收入（和利润）的影响。通过确立一个暂定价格，商业分析还可以估计出销售收入。成本也需要估算，如果新产品与现有产品相似（例如品牌延伸），精确的成本估算就会很容易。而对全新的产品，成本估算则不会比猜测好多少。

　　在计算为抵消成本而需要销售的产品数量时，可以使用损益平衡分析确定项目在经济上是否切实可行。敏感度分析是假定不同的价格、成本和顾客接受程度，分析它们对销售额及利润的影响，它对商业分析也很有用。拟定"最乐观"、"最可能"、"最悲观"的情况来估计项目风险程度。如果产品概念从商业角度看是可行的，那么就可以对市场营销费用和产品开发费用进行预算，产品开发的预算是根据让顾客关注并试用的费用和把概念转化成可售产品需要的工作而定的。

6.8.5　产品开发

　　这个阶段包含实物产品的开发。通常有必要把设计师、工程师、生产、财政和营销方面专家的技能结合起来，这样产品开发就会更快、成本更低，最后得到一个可以满足顾客要求的高质量产品。例如，"同步工程"就是让设计师和生产工程师一起工作，而不是一个部门的工作完成以后再传递到下一个部门。用目标成本计算法可以控制成本。目标成本根据市场中的目标价格计算，以工程/设计和生产目标的方式给出。

　　在许多行业中，一个关键的市场营销因素是通过缩短产品开发时间来缩短产品投放市场的时间。产品开发加速有两个原因：第一，诸如个人电脑、视频照相机、汽车市场的变化太快，放慢速度就意味着要冒在产品投放市场之前就过时的危险。第二，缩短投放市场的时间可以创造竞争优势，虽然可能只是短期的，但它在持续期间还是非常有价值的。例如 Zara 缩短其产品投放市场的时间使它在时尚行业占有竞争优势。市场营销在产品开发阶段起着重要作用。研发和工程部门可能聚焦在产品的功能方面，但看上去微不足道的因素也可能对顾客的选择有重要影响。

产品测试集中在产品的功能方面和消费者的接受度上。功能测试在实验室中进行，然而安全、运行和贮藏时间等的测试则需要在室外进行。产品也需要在顾客中进行测试，检查产品在使用中的可接受性。关注这一阶段可以避免随后昂贵的产品召回成本，例如三菱汽车曾因轮胎有缺陷召回超过 80 000 辆的汽车。日用消费品采用内部产品安置的方式进行测试。"成对测试法"是测试时同时使用新产品与竞争对手的产品，让被调查者对新产品有一个评判的基准。此外，在两个（或更多）新产品的变体之间可进行测试。在测试的最后，给出一份调查问卷，搜集总体的偏好信息和具体特征的比较结果。例如两种汤可以在味道、颜色、气味和浓稠度方面进行比较。

6.8.6 市场试销

产品开发过程到目前为止已经询问过潜在顾客的购买意向，但顾客还没有到真正付钱的时候。**市场测试**（market testing）比产品测试更进一步地测试顾客的接受程度，这也是关键性的一步，可以说是迫使顾客付钱买商品。基本思路就是把有限的新产品投放到市场，以便评估市场中顾客的反应。有两种主要的方法：模拟市场测试和**市场试销**（test marketing）。

模拟市场测试可以采取多种形式，但原则是要建立一个现实的市场环境，抽样调查的消费者可以在组织公司（通常是市场调研公司）提供的一系列产品中选购。例如，可以让抽取的消费者，在一周去一次的移动超市中选购杂货。可以提供给他们一份刊登着新产品广告和促销活动的杂志，这种方法能测量关键的成功指标，例如渗透（至少购买一次新产品的顾客比例）和重复购买（再次购买者的比例）。如果渗透率高而重复购买率低，可以询问顾客为什么在上市之后拒绝购买。模拟市场测试作为市场测试的初步措施，可以发现一些问题，例如包装、产品配方等一些可在产品投入市场前被改正的问题，所以十分有用。这种测试也可以淘汰一些在市场中与对手产品相比表现十分糟糕的产品，这些产品就不再进行市场试销了。

市场试销是把新产品投放到一个或多个代表其目标市场的地理区域中。选择一些地区，把新产品卖给那里的分销商店，可以和竞争产品进行面对面的性能测试比较。市场试销是新产品开发的酸性试验，因为推销产品的方法与把产品投放到全国市场时一样，让顾客在新产品上市时愿意选择这个新产品而不选择竞争产品。这是比模拟市场测试更现实的测试，所以对销售渗透和重复销售的估计更准确。通过把市场试销的结果扩展到整个市场，就可以做出一份对新产品成功可能性的评估。然而，市场试销确实存在很多潜在问题。接受测试的城镇和地区也许不能代表全国市场，所做的销售预测也可能不准确。因此，当吉尼斯在市场试销它的延伸品牌吉尼斯健力士———一种低度的吉尼斯啤酒时，它选择了利默里克作为爱尔兰市场的代表地区。竞争对手可以通过激励经销商储存他们的产品，以此来拒绝给予新产品货架空间，从而使市场测试无效。市场试销也需要有足够长的时间测量新产品的重复购买比率，因为这是许多成功产品（例如杂货和化妆品）的一项关键指标。市场试销最主要的优点之一是它所提供的信息可做出"投放或不投放"的决定。

6.8.7 商品化

有效的商品化策略依赖于营销管理，企业可以根据目标市场（产品将要参与竞争的地方）做出清楚的选择，并能制定提供差别优势的市场营销策略（产品想要如何竞争）。这两个因素确定了新产品的定位策略，在第 5 章已讨论过。对**创新普及过程**(diffusion of innovation process）的理解是选择一个目标市场的有用起点。它解释了一种新产品如何随着时间普及到整个市场。特别重要的一点是当产品被投放以后，不是所有市场中的人或组织都会愿意购买这种新产品。也就是说，市场中不同的要素会有不同程度的创新性，即人们愿意尝试新东西的程度不同。例如，有些消费者会比其他人更快地适应像黑莓无线掌上设备这样的新技术。图 6—6 给出了创新过程曲线，根据人或组织接受创新产品的速度把他们进行了分类。

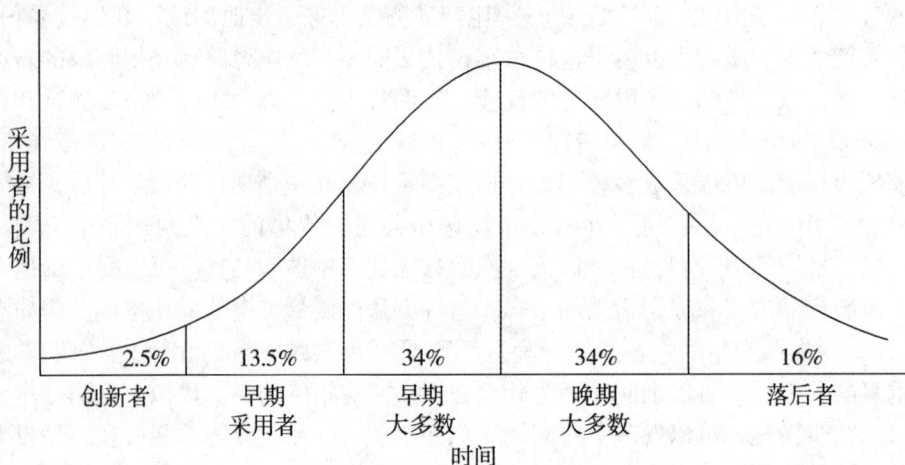

2.5%	13.5%	34%	34%	16%
创新者	早期 采用者	早期 大多数	晚期 大多数	落后者

图 6—6 创新过程曲线

该曲线显示在产品投放市场后很快购买新产品的人（创新者或早期采用者）只占了最终愿意购买产品的人数的一小部分（参见插图 6—5）。当新产品被顾客逐渐接受和认同，购买的决定变得不太冒险之后，市场中早期和晚期的大部分人开始自己尝试这种产品。最后，在产品得到整个市场的接受后，一组被恰当地称为落后者的人才开始使用新产品。到落后者开始购买产品时，创新者和早期采用者已开始转向其他新产品了。

电子书的普及至今仍非常缓慢，不知道需要多长时间才能让电子书通过技术改进成为你现在正阅读的纸质书的真正竞争对手。

创新普及的分类在目标市场的选择中起着非常重要的作用。企业关键是要了解创新者和早期采用者的特征，在投放时瞄准他们。例如，创新者通常是冒险者并喜欢与众不同，他们喜欢冒险尝试没用过的产品。在消费市场中，他们大多年轻、受过良好教育、比较自信、比较富裕，因此有钱冒险购买新产品。在组织市场中，如果创新比较昂贵，创新者多为一些规模大、获利多的企业，以及有受过良好教育的管理层的企业。它们可能自己就有生产新产品的优良业绩记录，可能在过去有过首先采用新产品

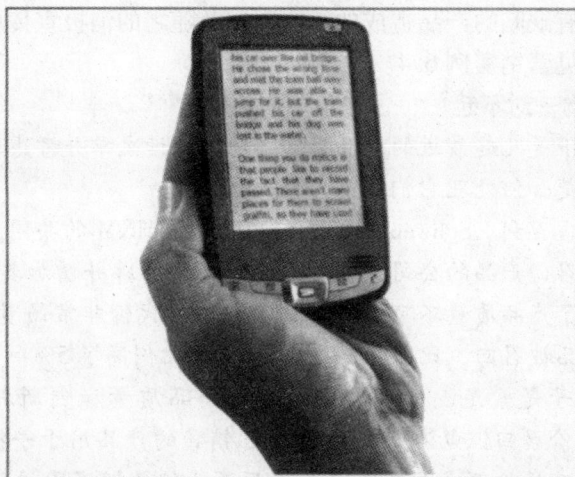

插图6—5 电子书的普及至今非常缓慢，不知道需要多长时间才能让电子书
通过技术改进，成为你现在正阅读的纸质书的真正竞争对手

的行为。通过这些特征，它们很容易被识别出。

就商品化策略的发展而言，第二个关键决策是对营销策略的选择，建立一个差别优势。一个产品给予顾客的超额收益越多，就会有越多的顾客愿意购买它。例如，索尼 PS3 和任天堂 Wii 在电视游戏控制器之间的商业竞争。索尼的产品聚焦质量，高价格下的蓝光高清 DVD 播放器呈现了真实生活图像，而任天堂 Wii 价格更为适中，注重在屏幕上模仿出玩家移动控制器的动作，以及提供娱乐元素。

总之，生产新产品和服务是企业长期成功的关键。这是一个有风险的活动，但也是一个很可能增加成功提供新机会的系统性途径。

6.9 产品管理问题

有 3 个主要的具有重要道德含义的产品管理问题：产品安全、计划报废、欺骗性包装。现在我们将依次了解它们。

6.9.1 产品安全

目前，对产品安全的主要担忧之一是转基因产品的安全。诸如绿色和平组织这样的示威压力群体就公开了转基因的危险性。这样的担忧以及随之而来的宣传让转基因的倡导者孟山都公司逐渐放弃了转基因食品的开发，也让超市联营企业在它们的货架上取缔了这样的产品。支持者声明很多新产品都是与一定程度可容忍的危险性一起引入的。例如，一种新的药物产品可能危害极小部分的使用者，但是最功利原则——"最好的产品有最大的受益群体"会支持它的投放。现代商业的现实是像汽车、药物和食品这样的产品在投放之前会经过大量的安全测试，少一点安全测试就侵犯了消费者的"安全权利"。在欧洲，产品安全在 2005 年开始实施的通用产品安全条例指令中被重点强调。由有缺陷的产品造成的组织问题及随之的消极宣传所引起的召回越来越普遍，详细请参见营销实例6.4。

营销实例6.4：哎哟，对不起！

学习指南：以下是几起最近的产品召回事件。阅读文章并考虑其他有关产品召回的例子。相关公司是如何处理它们的？

索尼、美泰、吉百利、Schweppes、丰田、佳藤和H&M的共同点是什么？它们都是近几年被迫高价召回产品的公司。公司斥巨资建立品牌并增加其情感层面的价值，但是这些召回证明了产品质量不可忽视，技术缺陷的代价非常昂贵。在2006年的英国，共有179个产品被召回，比2006年以前的召回比例高了5%。

一个相关的例子是索尼，索尼公司一直与产品质量和创新相联系。但是，在2006年，它被迫高价召回锂电池。大约50%已销售的产品用于手提电脑，而且索尼以全球大约25%的市场份额成为第二大加工厂商。但是锂离子的化学成分本质上是不稳定的，加工锂离子很困难也很危险，当索尼的电池安装在戴尔的电脑上爆炸时，索尼公司被迫召回7百万块电池并对它的收益和股价造成了重大连带影响。日本另一家著名的公司——丰田，因大量的产品召回使得品牌声誉遭遇了相似的损害。从2005年到2007年，丰田在美国和日本这两个最主要的市场中，因大量安全问题召回了将近6百万辆汽车。

在某些食品行业，产品召回是一个非常频繁的现象，因为尤其是对儿童来说，食品伴随着健康风险。例如，雀巢在2005年末，当发现婴儿牛奶产品中含有一种用于包装的化学物质后在欧洲召回了婴儿牛奶产品。亨氏在2003年召回了八种婴儿食品，因为错误地贴上了"不含牛奶蛋白"的标签。但是吉百利Schweppes在2006年因召回一些含沙门氏菌的巧克力时行动十分缓慢而被批评，在发现这个问题6个月后，有些巧克力依然在货架上。

产品召回成本昂贵而且对品牌会产生持久的损害。鉴于产品问题几乎不可能完全消除，那么重要的就是公司在发生问题后如何解决。与吉百利采取的方法形成对比的是玩具生产商美泰，其流行品牌例如Sarge汽车含有危险的加铅油漆，同时芭比和勤务兵玩具生产线上使用了潜在的致命磁铁，在发现这些问题后，美泰召回了2 100万个在中国制造的玩具。公司CEO立即介入并承认问题，大胆地发布召回信息，但美泰还是因最初未报告美国消费者产品安全委员会，产品可能会有问题而被批评。

基于：Nakamoto and Nuttall（2006）；Silverstein（2007）；Tait（2007）；Wiggins（2006）

6.9.2 计划报废

市场中很多产品并没有被设计成能够使用很长时间。从生产者的观点来说这是明智的，因为它创造了重复购买的机会。因此，汽车会生锈、电脑软件很快会过时、时尚物品会被最近的款式替代。消费者接受没有任何东西可以永久用下去，但是关于这个问题的担忧主要是在必须更换之前多长时间是一个可接受的长度。一个驱动力是竞争。诸如福特和大众等汽车制造商为了抗衡日本汽车，让它们的车身外壳比以前更抗锈。另外，已得到公认的是许多消费者欢迎购买新衣服、新功能的电气设施和新型汽车。评论家争辩计划报废减少了消费者的"选择权"，因为有些消费者可能非常满意驾驶一辆旧车只要它的车身不生锈并且功能良好。就像我们注意到的，竞争的力量可能制止过多的计划报废。

6.9.3　欺骗性包装

欺骗性包装是指一种产品在过大的包装中呈现，给人留下获得了比实际包装更多物品的印象，这被称为"松包装"，在包装不透明时就潜在地存在欺骗。诸如肥皂粉和早餐谷类食品等产品就有可能出现"松包装"。第二个包装可能会有欺骗性的是令人误解的标签。这可能会以"疏忽过失"的形式出现——例如，包装没有说明产品包含转基因大豆。这关系到消费者的"知情权"，标签上应包括对原料（包括香料和颜料）、营养成分和产地的说明。然而，标签依然会被误解。例如，在英国，"产地"仅指最后一个使产品发生"重大改变"的地区。因此在法国压榨出希腊橄榄树的油，产地会标记为"法国"，外国进口货在英国包装会标记为"产自英国"。消费者应对这种不精确的用词保持谨慎。例如，Bachelor 无糖烤豆实际上每 100 克含有 1.7 克的糖；Kerry 的 Low Low Spread 被称作低脂肪食品，但每 100 克包含 38 克脂肪；因此，英国食品标准局（FSA）正推行一个"交通灯"标签体系，如果食品含有高卡路里、盐分、糖分和脂肪就会被清晰地盖上红灯的戳，健康的选项会盖绿色的戳。与许多主要制造商和零售商相反，它们更喜欢以占一个成人"日常指导数量"的百分比来表示糖分、脂肪和盐分的级别。同样地，欧洲立法旨在将模糊的说明定为不合法，例如"使你的身体和精神更加有活力"（红牛）、"净化清新你的身体和心灵"（康普茶）。

2007 年新西兰围绕即饮饮料利宾纳的争论明显说明了对产品标签和广告更加严格的规则需求。作为实验的一部分，两个 14 岁的女学生试验了产品，发现它几乎不含维生素 C，尽管制造商葛兰素·史克声明它含有相当于橘子四倍的维生素 C。类似的，在美国，Kraft 食品被一个消费者指控其出售的桶装鳄梨色拉酱含有的鳄梨少于 2%。

总　结

本章介绍了一系列有关产品和品牌营销的问题，解决了以下几个关键问题：

1. 产品和品牌的重要区别。产品是任何一种可以满足消费者需求的东西。品牌是公司与其他竞争者区分其产品的方式。

2. 创建品牌的关键步骤包括品牌名字的决策、品牌发展和品牌定位。公司从家族、个体和混合品牌名称中挑选，发展品牌需要，对顾客的价值议题做出关键决策。

3. 品牌管理的关键问题包括由自有品牌发展、品牌延伸决策、泛欧和国际品牌决策以及联合品牌决策所带来的挑战。

4. 管理不同群体的产品和品牌的挑战以及在辅助管理过程中组合规划的作用。很多公司拥有自己有效的产品投资组合，需要确定其中哪一个应该投资，哪一个应该放弃。

5. 由于时间推移的挑战和产品生命周期理论在辅助管理过程中的作用，产品在不同的成长阶段需要不同的营销战略，尽管它也有弱点，但产品生命周期提供了一个有益的方法来思考这些决策。

6. 新产品研发的重要性和产品从构思到商品化的过程。在整个主要阶段中都需要精细化管理，包括产生构思、构思筛选、概念测试、商业分析、产品开发、市场测试和商品化。

7. 产品安全是一个主要挑战，正如全球若干产品召回事件的增加。包装和标签也是产品安全的关键，它们有助于对产品的真实内容进行更详细的审查。

关键术语

体验营销(experiential marketing)：是用来描述关于消费者体验的市场营销活动的术语。

大众品牌(generic brands)：某些品牌广受欢迎，以至于这一类别的产品都家喻户晓。

品牌(brand)：使用名称、标志、图案、包装或四者组合同其他竞争者区分开的别具一格的产品。

品牌价值(brand values)：品牌的核心价值和特点。

家族品牌(family brand name)：某系列所有产品共用的品牌名。

个体品牌(individual brand name)：不与任何特定企业挂钩的品牌。

产品线(product line)：功能和利益特别相近的一组品牌。

产品组合(product mix)：企业推出的整套产品。

制造商品牌(manufacturer brands)：由生产商创立并由他们决定品牌名称的品牌。

自有品牌(own-label brands)：由分销商或零售商创立并拥有的品牌。

品牌资产(brand equity)：与品牌名称相关的信誉，可以带来较高的销售额和利润，从而为企业增加有形价值。

品牌延伸(brand extension)：在同一个大市场中，以已有的品牌名称来命名新品牌。

品牌扩张(brand stretching)：将现有的品牌名称应用到与原来产品不相关的市场中。

国际品牌(global branding)：指进入全球市场层面的品牌。

基于产品的合作品牌(product-based co-branding)：不同公司的两个及以上的现有品牌或商业部门组成一个产品，品牌名称是对消费者可见的。

基于传播的合作品牌(communications-based co-branding)：连接不同公司两个及以上的现有品牌或是不同的业务部门来达到合作沟通的目的。

平行合作品牌（parallel co-branding）：两个及以上的独立品牌连接以创造一个组合品牌。

部件合作品牌（ingredient co-branding）：清楚地标出作为产品部件的供应商品牌。

组合规划（portfolio planning）：管理品牌和产品线的小组。

产品生命周期（product life cycle）：一个产品经历4个阶段的周期，用代表需求的曲线表示。这4个阶段是：导入期、成长期、成熟期和衰退期。

头脑风暴（brainstorming）：一个团体试图通过聚集成员自发提出的观点，以为一个特定问题找到解决方法的会议技巧。

概念测试（concept testing）：通过潜在客户测试新产品构思。

商业分析（business analysis）：审视预计的销售额、成本和利润是否能够达到公司预计的目标。

市场测试（market testing）：通过新产品小规模地投放来测试销售潜力。

市场试销（test marketing）：在一个或几个能够作为潜在市场典型代表的选定区域内进行新产品销售。

创新普及过程（diffusion of innovation process）：新产品或技术从少量使用者到推向整个市场的过程。

练习题

1. 解释产品和品牌的区别。

2. 列举出5个品牌名称。它们在多大程度上符合表6.1列出的良好品牌名称的标准？有没有一些名称打破了这些原则呢？

3. 混合品牌的优缺点有哪些？列举你认为会成功的两种混合品牌联盟，并说明原因。

4. 产品生命周期理论是会更误导营销管理还是会提供有益的思考。请予以讨论。

5. 很多公司由复杂的商业部门群体组成，通常会有很宽的产品线。讨论营销人员应具备什么技术来管理这种复杂性。

6. 概述新产品研发过程的主要阶段，标识每一阶段失败的可能原因。

7、访问 www.rdtrustedbrands.com。回顾在你所在的地区中，不同类别里最值得信赖的品牌。这些品牌是如何建立这种信任的？

案例6 Gorenje 集团：一万英镑的冰箱与新的欧洲品牌的奇特案例

Gorenje 集团的销售总监亚历山大·乌兰克欣喜地看到月度计划全部完成。明天，他将在世界最著名的商场——伦敦的哈罗兹向等待已久的媒体揭开世界最贵冰箱的面纱。大多的冰箱零售价在250镑~650镑（300欧~800欧），高级冰箱接近1 500镑。

但是一个冰箱接近 10 000 英镑（14 605 欧元），世界独此一台。Gorenje 即将展示的"眼部识别"冰箱是由著名的法拉利设计师 Pininfarina 设计的，外壳由 7 000 颗施华洛世奇水晶来装饰，让有时尚设计意识的顾客能够辨识出来。这款冰箱有一个触屏用户界面，设有温度控制器、内置收音机、菜谱和声音备忘录音机。

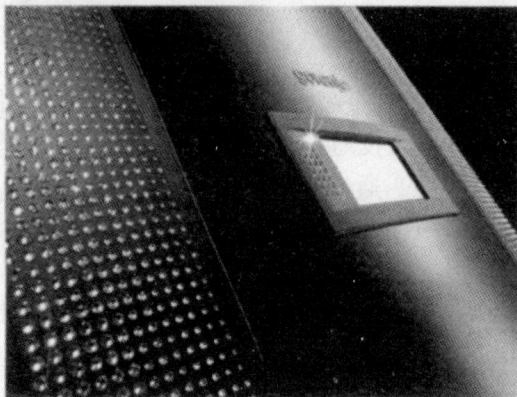

案例 6：Gorenje 集团的 Eyecather 冰箱

在家用电器竞争激烈、由几个大合伙跨国公司主导的世界里，Gorenje 试图发展它的品牌并在国际范围内竞争。Gorenje 是一个斯洛文尼亚电器制造商，以东欧产业中最成功的商店著称，在后冷战时代生存并蒸蒸日上。这个公司是斯洛文尼亚的骄傲。从一个相对小的国内市场征服了欧洲。它经受住了各种挑战，例如与亚洲低成本对手、巨大销售预算的竞争者竞争，并建立了零售经销网。通过与一些像宾尼法利纳、欧若依图和施华洛世奇这样著名的国际设计师/合作者合作，这个公司已让自己不断改变并定位成创新领先品牌。

但是 Gorenje 需要继续将品牌国际化。与哈罗兹这样有声望的零售合作伙伴合作对其产品投放效果非常好。限量版"眼部识别"高级冰箱仅生产了 5 台，而且这 5 台全部都是手工制作，收益用于慈善。Gorenje 希望这场创新运动能够倡导积极的品牌联合，提高 Gorenje 在英国乃至国际的收益。亚历山大正着眼于在哈罗兹的产品展示，他希望这次投放能够获得精彩的媒体报道，并再次为 Gorenje 在将来成为一个高级家电品牌充入能量。

Gorenje 的背景

这家公司的名字来自南斯拉夫的一个小村庄。Gorenje 的产品种类多元化涉及陶瓷、家具、医药用具和电视机。公司鼎盛时期拥有超过 20 000 名员工，它的口号是"一切为了家"。Gorenje 得益于在一个闭关自守的经济中，它可以通过国家补贴获得巨额股息并专注于出口，20 世纪 70 年代出口占其收入的 30%。它试图创建可靠、可信赖的产品声誉，并与很多大型主要零售商建立了伙伴关系。

在 20 世纪 80 年代，因其在 IMF 的负债逐渐增加和国内的通货膨胀，遭受了经济紧缩。南斯拉夫市场的盈利占了 Gorenje 收入的 40%。斯洛文尼亚本身不参与克罗地亚、波斯尼亚、塞尔维亚和其他前南斯拉夫国家的战争。Gorenje 不仅仅被切断了主要市场，还有主要的供应商，这造成了巨大的制造和运输压力。

在 20 世纪 90 年代末，Gorenje 因为成功的私有化和对出口市场的洞察从而进入了稳定时期。公司在东欧市场的成长过程中逐步建立分销网络和子公司。计划的重要性加大了它对成本效率的关注，引导其开发中高价位的家用电器。在亚洲非常强大的低成本竞争中，这种战略帮助公司生存，而其他的都外包给中国这样的国家。通过与其他外部优秀设计师联盟，这个品牌得到了提升。现在它在斯洛文尼亚、捷克共和国和塞尔维亚计划生产的家用电器每年超过 350 万台。

生产和品牌战略

公司最初关注"一切为了家"，但是现在 Gorenje 主要关注大型家用电器如电冰箱、厨具、洗衣机和整体厨房（见表 C6—1）。公司的生产线不断进步，从生产基本的家用电器到生产更多以设计为主导、现代化并且技术精良的产品。大多数 Gorenje 的产品都是五年保修，凸显了公司对构建高质量、可信赖产品的关注。

表 C6—1 　　　　　　　　　　　　　Gorenje 一瞥

背景

- 核心业务是生产和销售大型家用电器
- 斯洛文尼亚最大的出口商
- 其产品超过 90% 用于出口
- 销售额 11 亿欧元；净利润 2 200 万欧元
- 有 4% 的欧洲家用电器市场
- 雇员 10 816 人
- 公司的使命是制造创新的、技术完备的、设计优等的、用户和环境友好型的家用电器
- 2005 年红点设计大奖和 2006 年设计制作奖的赢家

Gorenje 集团的位置

总部设立在斯洛文尼亚的韦莱涅。斯洛文尼亚是东欧的一个小国家，与意大利、奥地利、匈牙利和克罗地亚接壤，有 200 万人口。

主要品牌

- Gorenje
- Sidex
- Korting
- Mora

75% 的销售额来自 Gorenje 品牌。Mora 最初是一个捷克品牌，Korting 来自东德国。Mora、Sidex 和 Korting 是低价品牌，Gorenje 占据了中层价格。

出售产品类型	市场
电冰箱 厨具 洗碗机 微波炉 滚筒式烘干机 冷酒器 整体厨房	在全世界 70 多个国家和地区销售，包括英国、西班牙、瑞典、土耳其、德国、法国 销售到欧盟：57% 销售到东欧：37% 销售到其他国家：6%

市场不断地发生改变。一些主要的消费趋势包括：能源消费、新技术特性、个人日常用品、人口老龄化和全球可支配收入的上升。政府现在推出政策积极地倡议保护生态平衡的产品，在家用电器部门内就有动力来促进公司推出生态环境友好产品的生产。这提供给了 Gorenje 一个以高零售价格出售高端电器的机会，也让电器不再仅仅被看作是"白色货物"。现在它们可信赖，并且有强大的技术功能，也符合审美要求。

Gorenje 是公司的主要品牌，但公司也有一些其他的品牌。联合品牌 Gorenje-Pininfarina 和 Gorenje-ora-Ito（下文详述）是高声望的品牌。Sidex 品牌是在像法国这样的市场中相对 Gorenje 零售价较低的品牌。Korting 品牌在意大利和希腊等国家非常成功。在美国，Gorenje 主要销售给有自有品牌的零售商，这些零售商以自己的品牌名称再进行转卖。目前为止德国是 Gorenje 最大的市场，Gorenje 品牌和销售自有品牌的零售商以 50∶50 的比例分布。因此，Gorenje 利用了一个强大的自有品牌策略，但是它保证自有品牌销售额不会超过总收入的 30%，以保证核心品牌得到持久关注。

战略伙伴——创新设计

为了提高 Gorenje 的品牌形象，加强品牌吸引力，公司与许多不同的设计伙伴合作。这种合伙战略收获了无数的设计奖项并在市场上取得了巨大的成功。三家最成功的与 Gorenje 有合作关系的伙伴包括宾尼法利纳、欧若依图和施华洛世奇。这些伙伴关系为品牌被视为先锋、创新和设计焦点铺平了道路。在这个行业中，如果想要以更高的零售价格抵挡远东的低价竞争就必须要采用这种战略。

宾尼法利纳

Gorenje 和宾尼法利纳早在 1990 年就组成了这种看似不太可能的伙伴关系。这个意大利公司一开始以为菲亚特、阿尔法罗密欧、标志和法拉利设计汽车而出名。在 20 世纪 90 年代初期，公司兼营非汽车产品的设计，例如家具、室内设计、时尚和技术产品。与 Gorenje 一起合作，它们投放了一个联合品牌产品线帮助把 Gorenje 品牌改变成有时髦设计师印记的、现代技术精良的品牌。这种伙伴关系创造了很多不同的产品线：联合品牌的电冰箱、炉架和烤箱。此外，这种伙伴关系不断开发新的设计，由于对设计和技术创新的注重，所有的价格都指向极高端消费群体。

施华洛世奇

将冰箱转换为珠宝和极复杂的艺术是一场奢侈的品牌运动。这家奥地利公司在国际上以向时尚和珠宝行业供应水晶而闻名。与 Gorenje 相结合，两家公司研发出世界上最贵的冰箱，外壳镶嵌有 7 000 颗闪闪发光的施华洛世奇水晶。这些限量版的一次性物品用来展现 Gorenje 的精湛技术和创新设计。这些冰箱提供了必需的"闪光点"来吸引媒体和顾客的注意力。

欧若依图

这位年轻的法国设计师与多家世界著名的品牌合作过，例如路易·威登、喜力、斯沃琪、古奇、苹果等等。凭借这位设计师对未来的想象和令人兴奋的设计，Gorenje 生产出未来的整体厨房。这些由 Gorenje 设计的高质量和独特的物品，体现了最新的先进技术。它们时髦、新颖以及独一无二的设计——让 Gorenje 成一个强调设计的现代品牌。

竞争格局

仅在欧洲估计就有 250 个家用电器品牌。现在这个行业面临巨大整合，诸如博世—西门子家庭用具公司、意黛喜、伊莱克斯和海尔，这些公司占领着市场（见表 C6—2）。伴随这些，销售渠道也要整合。公司面临来自成熟市场中巨大竞争者的巨大挑战和来自亚洲的新威胁。

表 C6—2 Gorenje 集团的主要竞争者

伊莱克斯	意戴喜	博世-西门子家用电器公司
各不同品牌每年销售超过 4 000 万台，包括 Tricity Bendix、AEC-Electrolux、Frigidaire 和 Zanussi	这个意大利公司使用 Ariston、Cannon、Creda、Hotpoint、Indesit 和 Scholtes 品牌一年生产 1 500 万台家用电器，销售额达 32 亿欧元	生产两个主要的独立从属的家用电器品牌：博世和西门子。它拥有高级品牌：Neff 和地区品牌 Ufesa 和 Thermador。4 000 万台的销量带来了 83 亿欧元的销售额
美诺	海尔	法格白朗
德国制造商，以其高质量和产品寿命长而自豪。口号是"永远更好"。每年生产 50 亿台，销售额超过 25.4 亿欧元	世界第四大白色家电制造商，一颗来自中国的新星。它处于低成本制造地区，关注创新，能够成为未来强有力的竞争者	法格白朗拥有高档的 Brandt、De Dietrich 和 Ocean 品牌，以及五个地区品牌。De Dietrich 是集团未来的主要品牌
LG	费雪派克	惠而浦
这个韩国的工业财团生产范围广泛的电器产品，从冰箱到真空吸尘器	这个新西兰的家用电器制造商以创新设计主导的电器进入了欧洲市场	这个公司销售 Whirlpool、Maytag、KitchenAid、Jenn – Air、Amana、Brastemp 和 Bauknecht。每年销售额达 180 亿欧元，分布在 170 个国家，是这个行业的领导者

下一步

2010 年 Gorenje 希望单年销售 430 万台产品。它聚焦于成为引领世界上家用电器、设计的领导人。它确立了一个野心勃勃的目标：年增长率达到 5%。这要通过增加产品的附加值，更高效率的销售战略和更优化的销售网络以及改善成本效率才能达成这个目标。亚历山大将会忙于达到这个目标，在哈罗兹的市场投放产品是创建品牌的必要手段。要尽力吸引欧洲顾客的心灵、思想和钱包，尽力在激烈的竞争中建立品牌认知和积极的品牌形象。它必须为它及其子品牌、自建商标产品的供应和它的联合品牌的创立塑造一个高级品牌形象。而且，公司需要取得必要数量的销售额来达到一定的经济规模。

问题：

1. 讨论 Gorenje 是如何着手建立欧洲家用电器品牌的，它的优势和弱势是什么？
2. Gorenje 品牌的价值是什么？
3. 公司在扩展其商业规模和国际经营范围时面临的主要品牌管理问题是什么？
4. 估计 Gorenje 产品组合的宽度和深度。你会做什么改变？

第7章　服务营销管理

本章框架

- ● 服务的特点
- ● 服务营销组合
- ● 服务企业管理
- ● 服务生产率管理
- ● 服务质量管理
- ● 建立和管理客户关系
- ● 非营利组织的市场营销

学习目标

在学习本章之后，你应该理解：

1. 服务的性质和特点。
2. 产品和服务之间的区别。
3. 服务营销组合的构成。
4. 管理服务企业的主要问题。
5. 对服务业来说，关系营销的重要性有哪些。
6. 非营利性营销的性质和特点。

营销聚光灯

Vapiano：餐厅新概念

吃是我们最为享受的活动之一，食品产业也是世界上最大的产业之一。餐厅类型从无所不在的麦当劳、汉堡王快餐店到名厨开办的顶级大饭店，各种各样，无所不有。但开餐馆也是一项失败率很高的商业活动。许多业余的厨师尝试开设餐馆或者提供饮食服务，却常常发现它并不像看起来那样简单。了解当地市场的需求，提供恰当的服务内容并且做到坚持不懈是一项高难度的挑战。

一个创新的德国连锁食品公司 Vapiano 正在快速成长，它的名字源自意大利"放松"或者"生活轻松、长寿幸福"的俚语。通过一种独特的方法，它尝试将麦当劳等全球性企业的标准化原则与提供高品质、定制化食物的原则相结合。这个公司最初的想法是让顾客产生与朋友一起烹饪的感觉，在它们的餐厅，你感觉是在和厨师面对面地进行交流。刚刚创立公司时，公司的 CEO——Kent Hahne 带来了他做麦当劳加盟代理时的经验。这种新的餐厅模式，现在非常流行。

Vapiano 会给顾客提供一份菜单和一张电子芯片卡，电子芯片卡会记录顾客在不同的食品台和饮料台所点的物品。有 3 个食品台可以提供 3 种不同的食品，分别是色拉、披萨和意大利面，每个食品台根据受欢迎程度提供四条食品线，而每条食品线分别对应一名厨师。电子芯片卡在每个食品台通过电脑读取和写入。虽然点餐的过程让人明显感觉像是在快餐店，但是可供顾客选择的食品则更类似于高级餐厅。例如，9 种不同的意大利面能与 20 种调味酱和多种多样的辅料组合。食物是在顾客面前使用新鲜的原料烹饪而成，这增加了体验概念的实际性。在美国平均每餐的花费是 18 美元，可以分为午餐是 9 美元到 10 美元，晚餐是 22 美元到 25 美元。标准化的处理流程和技术让员工浪费更少的时间，从而提高了公司的利润率。

Vapiano 国际目前在 9 个国家有 31 家自有或者加盟店，2007 年它首次在美国、匈牙利首都布达佩斯、土耳其首都伊斯坦布尔开设了加盟店。从 2008 年到 2011 年 4 年期间，Vapiano 国际计划新开设 80 家分店，在美国、东欧、中东等地进行扩张。潜在的加盟店将得到一切必要的支持，例如开店地点的选择、运营服务和管理培训。和麦当劳类似，这家公司已经总结出了自己的"Vapiano 圣经"，那是一本 350 页的餐厅经理培训手册。

Vapiano 的成功已经说明在类似餐饮这样的成熟服务业中也会有新的机会。因为顾客们正变得越来越忙、行色匆匆，对休闲餐厅的需求正在加大。同时原料的新鲜健康以及手工烹饪的可视性吸引了大量的顾客。Vapiano 宣称自己的餐厅是休闲餐厅的未来。

在很长的时间里，**服务业**（service）的销售已经对销售经理提出了额外的挑战。总的来说，这些挑战来自于服务所具有的独特特点。例如，很多实例说明服务的生产和消费同时发生，这点与传统的商品生意有很大的不同，在传统生意中，产品在工厂生产、储存然后运输，有时需要经过很长的流程才能到达市场上。这意味着经营服务业会面临一些独特的问题，但这并不是说本书前面章节中阐述的营销原则不适用于服务业，只是必须对服务业进行更多的思考。

服务业正变得越来越重要，在许多发达国家服务业的发展非常迅速，在其中一些国家服务业已经占到了本国国民生产总值的 60% ~ 70%，因此远远超过了制造业和农业。

7.1 服务的特点

服务有 4 个突出性的特点，即无形性、不可分离性、可变性和不可贮存性，见图 7—1。

7.1.1 无形性

纯粹的服务在购买之前是看不见、尝不到、摸不到、闻不到的，这就是服务的**无形性**（intangibility）。确切地说服务是一种行为、表现或者努力，而不是物体、装置或东西。无形性意味着客户在购买服务之前很难对服务进行评估。例如在度假之前，人

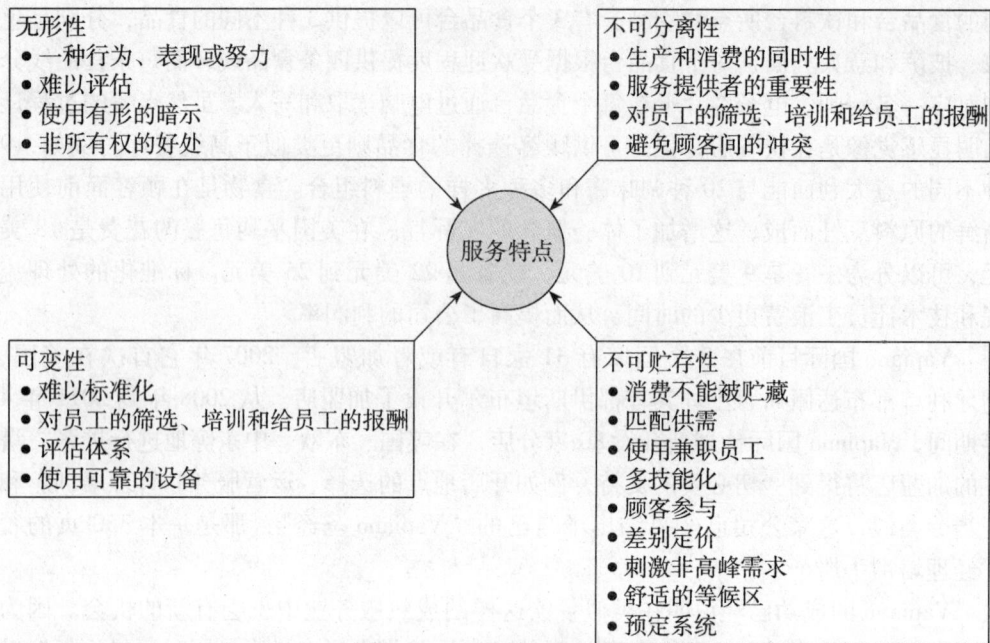

无形性 • 一种行为、表现或努力 • 难以评估 • 使用有形的暗示 • 非所有权的好处	不可分离性 • 生产和消费的同时性 • 服务提供者的重要性 • 对员工的筛选、培训和给员工的报酬 • 避免顾客间的冲突

服务特点

可变性 • 难以标准化 • 对员工的筛选、培训和给员工的报酬 • 评估体系 • 使用可靠的设备	不可贮存性 • 消费不能被贮藏 • 匹配供需 • 使用兼职员工 • 多技能化 • 顾客参与 • 差别定价 • 刺激非高峰需求 • 舒适的等候区 • 预定系统

图7—1 服务的特点

们根本不可能判断它能带给人的愉悦程度，因为在消费之前度假不能展示在客户面前，这点不像手机等实物产品。

对于一些服务，它们的无形性导致消费后也很难评估服务的质量。例如，汽车服务刚完成时很难判断服务是否彻底，因为无法判断是否所有应该检查的地方都被检查了。

提供服务的人面临的挑战是使用有形的根据来暗示服务的质量。例如，度假公司可以给出度假地点的照片，出示满意的度假者提供的证据，提供宣传册中包括的所有娱乐项目的详细情况。美国电脑服务公司 Geek Squad 的员工穿着短袖白衬衫、戴着黑色领带、徽章，开着颜色鲜艳的 Greek Mobiles 车，就很容易被辨认。像酒店这样的服务公司则会在诸如房间的装修和员工的制服等有形方面做重大投资。

服务提供者的任务就是要提供判断服务质量的根据。麦当劳的做法是控制餐厅的实体环境，以及使用金色拱门作为品牌的标识。该公司提供始终如一的产品，有效地解决了客户在评估服务质量的过程中所遇到的困难。标准的菜单和订餐程序确保了顾客统一、简单的消费途径，同时还可以控制质量。

无形性也意味着顾客不能拥有一项服务。报酬是用来支付服务或性能的。例如消费者可以租用汽车，可以进行手术。服务组织有时会强调非所有权的好处，如资金成本较低、费用支付的延伸。

7.1.2 不可分离性

与商品不同，服务具有**不可分离性**(inseparability)，即它具有生产和消费的同时性。例如理发、手术、心理分析、度假和流行音乐会等都是在生产的同时被消费的。而实体商品在被购买和消费之前还要进行生产、贮藏以及通过中间商分销。这就表明了服务提供者的重要性，他是客户所获得的满意度的一部分。服务提供者的行为对于重复业务具有决定性的意义，甚至超过了服务任务的技术效率。例如，服务提供者的礼貌程度和友好态度会大大影响客户对这项服务的感受。服务的提供不仅要在适当的时间和适当的地点，而且要以适当的方式进行。

通常，在客户眼中，复印机服务工程师或者保险业务员就是公司的代表。因此，这些员工就是前端服务人员，对他们的筛选、培训和所定报酬的多少，对于公司实现高标准的服务质量是至关重要的。生产和消费的不可分离性导致了另一概念——服务中关系营销的产生，我们将在后面的章节中做出阐述。在这种环境下，管理买者—卖者的关系对于有效的市场营销是很重要的，并且它只能在与顾客的关系中实现。

此外，服务消费肯定发生在其他消费者也在的场所，例如饭店、航空、铁路、公路和许多其他形式的娱乐场所。因此，享受服务不仅取决于所提供的服务本身，而且还取决于其他的消费者。所以服务提供者需要识别可能遇到的麻烦（如噪音、吸烟、插队），并且要采取适当的措施避免顾客间的冲突。比如在饭店的布局方面，餐桌间的空间应该合理，并提供禁烟区，这样发生冲突的可能性就能降到最低。

市场营销经理不应该低估客户在其他客户的决策过程中所起的作用。在宜家商场进行的关于服务的相互影响的研究表明，几乎所有客户与店员之间的交流都与"地点"（如你能告诉我乘车点怎么走吗?）和"功能"（如这把椅子怎么用?）有关。然而客户间的交流还包括，对有关产品中所用材料的质量的看法，对床的大小的建议以及怎么找到店内餐厅等等。很多顾客显示出一定的产品知识或专业知识，甚至可以和导购人员媲美。

7.1.3　可变性

服务质量会受到相当多的可变性的影响，**可变性**（variability）使得服务质量难以标准化（参见插图7—1）。由于同一连锁店的两家餐厅的经理和员工的能力不同，他们的服务也会不同。同一所大学的两门市场营销课程，由于讲师的水平不同，课程质量也会大不相同。实物产品的质量差异受控制措施的影响，包括生产集中度、自动化和出厂前的质检。然而，服务往往在多个地点展开，服务提供者在他们的态度（和疲劳程度）上也各有不同，而且服务受到生产和消费的同时性的影响。最后一个特征意味着服务错误（如粗鲁）不能在生产和消费之间被质检检查出来并改正，这与有形产品不同，例如汽车挡风玻璃雨刷的线向不正可以检测并纠正。

服务质量上潜在的可变性强调了服务组织需要对员工进行严格的筛选、培训和制定员工的报酬。培训应重点放在增强员工对客户关系的处理上。应该建立一个评估体系，让顾客方便地反馈他们和员工在一起时的感受。一些服务组织，如著名的英国航空局，把报酬体系和顾客的满意度调查联系在一起，该调查的一部分是以员工所提供的服务质量为基础的。

服务的标准化是解决可变性问题的一种方法。例如大学的各个学院在开发课程时可以使用相同的软件平台。使用可靠的设备而不是人工服务，有助于标准化的实施，例如用自动贩卖机提供饮料；用自动取款机来提供现金。然而设备的可靠性和

插图 7—1　柏林动物园设计的这个精妙的广告主要聚集于服务的可变性
——如果你错过了躲起来的动物们，你可以随时再来

功效也需要特别的注意。例如，网上银行设备的安全性会影响消费者进行金融交易的意愿。

7.1.4　不可贮存性

服务的第 4 个特征是**不可贮存性**（perishability），即消费不能被贮存起来以备将来使用。今天没有被使用的酒店房间和飞机座位就意味着损失，这个损失是明天无法挽回的。如果一件实物商品没有卖出去，可以存起来以后再卖。所以，对于服务来说，协调供给和需求都非常重要。例如，如果一家酒店平时具有较高的入住率，但周末基本上是空的，那么市场营销任务的关键就是提升酒店周末的入住率。这可能会涉及周末折扣，或者向入住酒店的人提供恰当的娱乐活动，如高尔夫、钓鱼或者徒步旅行等。

服务提供者还可能面临这样的问题：在供给不足的情况下迎来需求高峰。实体商品提供者可在萧条时期增加存货以备需求高峰时期出售。服务提供者却没有这样的选择，因此需要有相应的替代方法。例如可以通过在高峰时期使用兼职员工来增加供给弹性。多技能意味着可能要在多个任务中训练员工。超市员工应该既能爬货架，又能在高峰时期到收银台工作。服务提供者可以鼓励客户参与服务的生产过程（如酒店的自助早餐），通过差别定价鼓励客户在非高峰时期光顾以缓和需求（如下午场的低价电影和剧院门票）。如果不能避免延误，那么就让消费者更容易接受，如提供有效率的排队系统、有座位和免费点心的等待区（参见插图7—2）。最后，可以像餐厅、美发厅和电影院那样，使用预定系统控制高峰需求和协调时间置换。

插图7—2　大量的迪士尼主题公园因其排队系统而闻名，这个系统很好地解决了对最受欢迎娱乐项目的需求过剩问题

　　总体来说，无形性、不可分离性、可变性、不可贮存性共同将服务与产品区分开来。但必须记住的是它们之间没有严格的区分，在大多数情况下只是程度问题。例如市场调研需要提供调查报告（物品），调查报告中则包含了很多服务活动，诸如与客户的交谈、制定研究策略、访问调查对象、分析调查结果等等。图7—2给出了实物商品和服务之间的连续变化图，这个图中的所有事物的顺序都是基于它有形或者无形因素的比例而定的。在纯商品这端的是服装等，例如买一条裙子或者一双袜子就不需要提供服务。购买机械也许在安装和维护的过程中会包含更多服务因素。软件设计被放在服务类一端是因为软件产品的价值在于其设计所包含的专业知识而不是光碟等实物产品。最后，心理治疗也许是最纯粹的服务，因为顾客在交易中得不到任何有形的东西。竞争中的机遇往往在服务部分，例如电影院往往因电影以DVD形式发售，且顾客在家中观看而再一次遭受票房寒流，那么改善电影院的服务就是为数不多的几条能帮助电影院夺回客户的方法。

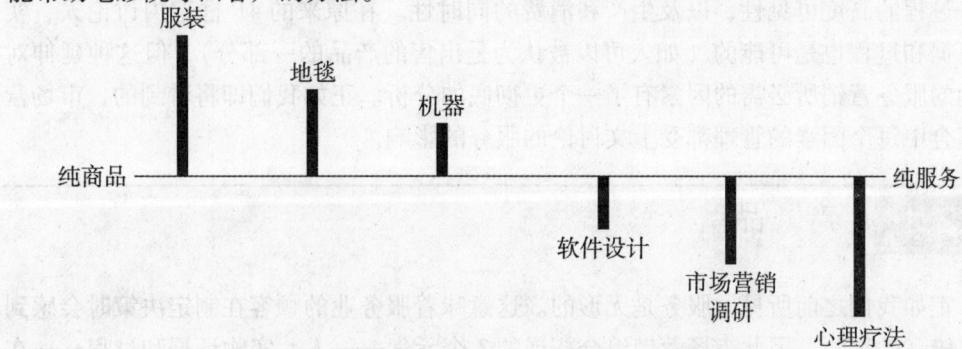

图7—2　实物商品和服务之间的连续变化图

学习指南： 下面是对假日酒店品牌重塑的回顾，关注的焦点是对酒店有形设施的改变。阅读文章并联想另一个服务企业的例子。明确服务业中的有形资产并弄清楚它们是怎么升级的。

假日酒店是洲际酒店集团的一部分，而洲际酒店集团是世界上最大的酒店集团之一，在全球 100 多个国家拥有 4 000 多家酒店。假日酒店最初于 1952 年在美国创立，并且迅速在中产阶级中建立了良好的声誉。在持续为中产阶级服务的同时，它也瞄准了商务旅行者，并在这个拥挤的领域和其他许多知名品牌酒店竞争，例如 Ramada Inn、Best Western、Quality Inn。它的姐妹品牌——假日快捷酒店则针对更有预算意识、更加节约的旅行者。

在 2007 年，洲际酒店集团决定利用与万豪酒店和希尔顿酒店等高端酒店之间的差距重塑假日酒店品牌。在这个项目中，洲际酒店集团共计耗资约 10 亿美元，并且每家加盟酒店的拥有者的最低投资为 20 万美元。这个工程预期每月改造 150 家酒店，并于 2010 年年底最终完成。整个重塑过程重点关注诸如酒店指示牌和大厅等硬件设施的升级改造，这些硬件对顾客进入酒店后的第一印象有着重要的影响。洲际酒店集团还花了两年的时间研发了专门的香水和专门的音乐来完善顾客对酒店的印象。假日酒店会有柠檬香草等新鲜香味，配有 U2 等乐队的音乐。而假日快捷酒店则会有麝香、木香等，并配有 Jack Johnson，John Mayer 等人的舒缓的流行音乐。

重塑假日酒店的决定是在调查过 18 000 名顾客以后作出的，这个调查持续两年，耗资 2 000 万英镑。在有关酒店体验方面，硬件的有计划性投资说明了在提供服务上它们是多么重要。假日酒店期望投资会带来让人印象深刻的用户体验，同时增加客房收入。

7.2 服务营销组合

服务营销组合（services marketing mix） 是第 1 章中介绍的 4P 框架的一个扩展。它保留了 4 个必要元素：产品、促销、价格和渠道，另外增加 3 个变量：人、实物证据和过程，组成了 7P 组合。这一扩展的原因包括公司和顾客直接接触的频率较高、服务过程的高度可见性，以及生产和消费的同时性。在原来的 4P 框架内讨论人、实物证据和过程也是可能的（如人可以被认为是出售的产品的一部分），但这种延伸对成功的服务营销所必需的因素有了一个更彻底的分析。正如我们即将看到的，市场营销组合中每个因素的管理都受上文讨论的服务的影响。

7.2.1 产 品

正如我们之前所见，服务是无形的。这意味着服务业的顾客在制定决策时会感到存在较高的风险，因此市场营销组合拓展的 3 个元素——人、实物证据和过程——在影响顾客对服务质量的感知方面是非常关键的。后面我们会讨论这些问题。

前面的章节曾提到品牌名称对有效的市场营销很重要。服务的名称影响到人们对这项服务的感知。一项研究发现成功的品牌名称有如下 4 个特点：

1. 与众不同：马上能识别出服务提供者，并且使之与其他服务提供者区别开来。

2. 相关性：传递服务的性质与服务的利益。

3. 难忘：容易理解与记忆。

4. 灵活性：不仅表达了服务组织目前的业务情况，而且具有一定的概括性，足以涵盖可预见的新投资。

成功的日本面食品牌——拉面道，字面翻译是淘气的野孩子，但是它与众不同的名字和服务被证明它在外国市场具有吸引力。信用卡提供了有效的品牌名称的例子：Visa 显示了国际化的观念，Mastercard 则强调了顶级品质。很明显，品牌名称的成功主要依赖于服务组织许诺的服务能力。有时服务品牌的名称也会发生变化，例如英国最大的保险公司 Aviva 放弃了存在 200 多年的 Norwich Union brand；Eagle Star 将它的名称变成了它母公司的名称 Zurich。

7.2.2 促 销

服务的无形元素可能很难传达。例如无形元素很难在广告上表明礼貌服务、工作努力和关心顾客，解决方案还是使用有形线索，它可以帮助顾客了解和判断服务的好坏。例如酒店可以展示建筑、游泳池、友好的员工和幸福的客户；投资公司可以提供过去业务的有形证据；满意的顾客送来的推荐书也能暗示消费者将获得同样的服务。以丹麦为基地的连锁超市 Netto，在广告上用来自 6 位顾客的推荐书来宣传在该店购物的好处。广告可以用来传达和加强服务形象，例如商店形象能够提高客户满意度并且培育顾客对该店的忠诚度。新兴媒体也能用来推荐服务，例如一些网络营销商发送邮件给目标客户来鼓励客户访问它们的网站。旅游和休闲提供商 Lastminute.com 每周根据客户的年龄和生活方式发送两百多万封电子邮件。

由于服务的本质是从经验出发，口头传播就成了成功的关键（参见插图 7—3）。例如与去过某旅游胜地或酒店的人交谈比阅读假日指南要更具说服力。所以，促销必须承认选择过程中个人影响的主导作用，并且刺激口头交流。Cowell 提出了 4 种方法。

1. 说服对公司服务满意的客户向别人提供这一信息（如美国运通奖励客户为它们介绍更多的客户）。

2. 制作材料，使客户能把它传递给其他人。

3. 在广告活动中瞄准意见领导者。

4. 鼓励潜在客户与正在接受服务的客户进行交谈（如大学里的开放日）。

考虑到员工在创造和保持服务质量中的重要性，也应该把员工当做交流的目标。内部交流可以明确对员工的管理预期，强化对取悦客户的需求，解释对优秀服务的回报。如果描述服务质量的外部交流涉及员工并且表现了员工怎样特别照顾客户的话，那么它也能影响内部员工。

还应该注意在促销材料上不要夸大许诺，因为这可能会使顾客对其形成不可达到

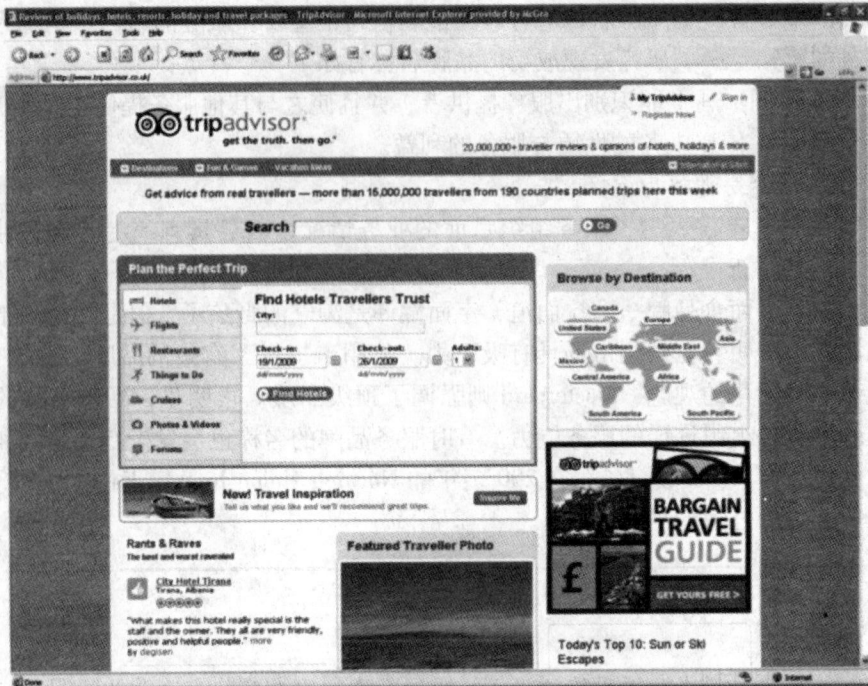

插图7—3　网站 TripAdvisor. com 已经成为最受欢迎的旅友交流网站之一，在这里，
顾客们可以交流旅行地、酒店和航线，谈论自己满意或不满意的经历

的期望。例如 Delta Airlines 使用了这样的广告语："你们准备好了，Delta 就准备好
了"。这引起了很多问题，因为这使得顾客认为，该航空公司的飞机可以随时起飞，
但是这是不可能的。因此，Delta Airlines 将它们的广告语改成了更实际点的"我们热
爱飞行，它会向你展示我们的爱"。

7.2.3　价　格

价格是市场营销的重要工具，原因有三。第一，由于服务在购买前通常很难评
估，价格可能会担当感知质量的指示器。例如在一本旅游指南里，酒店的价格可能被
用来表明它的服务质量。一些公司希望管理顾问收取高额费用，否则就认为他们不能
提供好的服务。第二，价格是控制需求的重要工具，调节供给和需求对服务来说是非
常关键的，因为服务不能储存，定价的创造性应用有助于缓解需求。第三，一个非常
重要的服务细分变量是价格敏感度。一些客户可能愿意支付较高的价格。价格通常用
来细分客户（他们有的对价格敏感，有的则对价格不敏感）。例如苏格兰皇家银行1/
3 的利润来自公司的借贷和资本市场领域，在这个领域它有价格敏锐的声誉，这里的
价格是指银行向找它借款的人索要的利息。

7.2.4　渠　道

服务的销售渠道（place）通常比很多实物商品的销售渠道更直接。因为服务是

无形的，服务市场很少考虑商品的贮藏，而且生产和消费通常是同时进行的，服务个人化的特征意味着顾客愿意与服务提供者（或至少是服务代理）进行直接接触。服务代理是在单个服务提供者不能为客户提供充分广泛的选择时使用的。因此，服务代理人通常被指责是在进行旅游、保险和娱乐活动的市场营销。然而，互联网的出现意味着与服务提供者的直接交易变得更加频繁了。

对很多服务公司来说，业务的增长意味着在新的地点开设新的服务点。实体产品的生产者能够在一个地点扩大生产，满足不同地理范围内的市场需求；然而，在酒店、银行业、公共饮食业、零售业和财务服务等服务业中，生产和消费的同时性意味着它们需要采用多地点的策略。因此，对于商场地点的评估是非常关键的。欧洲前几名的超市连锁店的成功主要是因为它们有能力为零售服务业务选择一个有利可图的新地点。Tesco 在英国市场的统治地位得益于它在这个国家很多最好地点的优先购买权。

7.2.5　人

因为服务具有生产和消费的同时性，所以公司的员工在影响客户评估产品质量上占据了一个非常重要的地位。事实上服务质量和服务提供者的质量是分不开的。航空公司 SAS 的领导 John Cartzon 将这种相互关系描述为真实瞬间。他解释说 SAS 每天面临 65 000 个真实瞬间，这决定了公司的成功。有关服务行业客户忠诚度的研究发现在停止购买服务的客户中只有 14% 是因为他们对接受的服务感到不满。2/3 的客户停止购买是因为他们发现提供服务的员工对他们漠不关心或者无益。

为了使服务提供者好好对待客户，这就需要他们的公司好好对待他们。市场营销的一个重要的任务就是建立一定的标准来提高员工的服务质量并监督他们的服务行为。没有培训和监督，员工的服务就会有不稳定的趋势，随之导致服务质量的不稳定。员工满意和客户满意之间的关系是复杂的，正如营销实例 7.2 所示。

选择合适的人是这个过程的起始点，这项工作产生的本质要求合适的个人品质。一旦选择好合适的人，就需要通过培训使招聘的员工适应工作要求和组织文化。接着社会化会使被招聘者感受到公司的文化和组织的任务。服务质量也受员工被授权程度和处理问题主动权多少的影响。例如，每位 Marriott Hotel 的员工能够主动使用最多不超过 1 000 英镑的资金来解决客户的问题。面临发怒的客户、有缺陷的供应系统和伴随着服务工作的一些令人厌倦的事物，让员工保持主动性是一项艰巨的任务。一些服务型公司会根据员工突出的服务表现颁发月度员工奖，奖金也是很重要的。例如，美国销售量最大的连锁会员制的仓储式量贩超市 Costco 和美国最大的连锁零售企业 Wal-Mart 竞争。它的工资报酬和工作条件远超它的主要竞争对手，它每年的员工流失率是 17%，远低于这个领域 70% 的平均流失率。

7.2.6　实物证据

正如我们前面所见，客户通过检查实物证据（physical evidence）来确定一项服务可能达到的质量水平。例如潜在的客户可能通过从饭店的窗户向里看，来观察服务员的外观、饭店的装饰以及陈设品。零售店的环境在很大程度上取决于店内装饰，具有不同含义的颜色在培养情绪方面也起着重要的作用。例如，美国宠物旅馆的接待区往往有植物色的柔软家具、扶手椅、宽频电视和装满狗食饼干的不锈钢碗。这些和它的标语"如家般舒适"都是为了使宠物的主人放心，认为当他们出门时他们的宠物狗能够得到很好的照顾。

服务环境的布置可能是效率和有效地为客户服务的市场营销这两者需要的折中。例如试图在餐厅加一张桌子或在飞机上加一个座位，都可能导致其他客户不舒服。实物证据方面的改变往往是市场营销人员改变品牌形象的一部分。例如，麦当劳改变自身品牌形象的方法就是把灰绿色蛋形椅子和 iPod 放置于它在欧洲的许多门店里以便顾客能够坐下来听歌。这使这家企业更像星巴克，而不是它的传统对手汉堡王。

7.2.7　过　程

过程是指所需服务的步骤、机制和各种活动的流程。过程决策极大地影响了为顾客服务的情况。例如自助餐厅和饭店是完全不同的。营销经理需要搞清楚自助这种方式是否得到客户的认可（或客户是否喜欢）。排队可能会提供一个创造**差别优势**（differential advantage）的机会，具体方法是减少等候时间或使等候时间过得更加愉快。当然，等候服务对客户来说是司空见惯的，但它是决定客户对服务的总体满意度和客户忠诚度的一个非常重要的因素。调查研究表明，即使顾客要等待很长时间，但有吸引力的等候环境能使客户不易生气和感到无聊。当等待环境被认为具有较高吸引力时（衡量标准包括气氛、卫生条件、空间大小和气候），顾客对等候的评估和对服务的满意度就都提高了。提供更有效的服务（较短的等候队伍）可能与实际操作相矛盾，因为实际的解决方案可能是要雇用更多的员工。

服务提供者缩短交货时间，例如点菜和上菜时间，也能够提高服务质量。正如我们以前讨论过的，这样做所需要的费用不一定会增加，例如可以说服客户参与生产过程，而这一点已成功地反映在酒店越来越多地使用自助早餐上。对效率的追求意味着服务公司外包部分服务过程，这些服务往往对服务绩效和声誉有较大风险。例如英国航空决定卖掉它的餐饮部门，并将自己的餐饮服务外包给 Gate Gourmet。当它的新食品供应商出现问题而打乱它的食品供应时，这个决定就显得有问题。例如伦敦希思罗机场 5 号航站楼开放时出现的混乱状况。

营销实例 7.2：快乐雇员与快乐顾客间的联系

学习指南：下面是一些关于快乐雇员与快乐顾客之间关系的讨论观点，阅读文章并且想想你去过的使人愉悦或者让人不高兴的服务组织的例子，它们分别对你关于服务的体验有何帮助。

在服务市场有一个存在已久的观点，一个积极、快乐的员工能增加其顾客接受服务时感到快乐的可能性。一些公司，像 Virgin Group，走得更远，认为快乐的员工能使顾客快乐进而使公司股东快乐，实现良性循环。因为满意的顾客可能会消费得更多，这将导致更高的利润，最终使公司所有者有更好的回报。

另外一个最近出现的流行趋势是"最佳雇主"排名，这个排名依据员工工作时的快乐程度、工作环境、工作报酬打分。在以工作环境的品质闻名的公司中有一家叫做 SAS 的公司，SAS 公司在竞争激烈的电脑软件领域脱颖而出。它在北卡罗莱纳州的公司拥有大量的体育设备、儿童看护中心、早教中心和专属医疗中心，员工在专属医疗中心里接受治疗是完全免费的。SAS 公司还提供长期的健康项目和有关生活方式的教育计划，这些使得该公司的员工每人每年平均只生 2.5 天病。这家公司的员工离职率仅为 4%，比软件行业的平均离职率低 20% 左右，这使该公司每年能在招聘和培训员工方面节省约 8 500 万美元的费用。SAS 公司现在的年收入大概在 20 亿美元，而且它一直在盈利。

但是这种在快乐员工方面的投资和快乐顾客之间的联系并不像我们想象的那样显而易见。例如一项有关英国 13 家金融服务、饮食、电信、保险等零售业方面的调查结果就让人感到很困惑。在一些例子中，在快乐员工和快乐顾客之间存在正相关关系，但是在另外一些例子中要么员工快乐、顾客不快乐；要么员工不快乐、顾客快乐。一个更深入的有趣发现是当员工比顾客感到更满足时，企业的利润呈上升趋势；顾客比员工满足时，企业的利润反而下降。对于服务企业来说，一个显著的问题是尽管最近有很多"以人为本"的活动实施，比如团队建立练习和文化转变项目，但员工对自己公司的参与意识并没有明显加强。Gallup 公司对 124 个国家的 450 家公司做了调查，结果一直表明在过去的 7 年里只有不超过 30% 的员工积极参与到他们的工作中。

这些发现的意义非常重要，它证明了快乐员工和快乐顾客之间的关系是复杂的，在员工满意方面的创新要首先验证它对顾客满意的影响。

基于：Anonymous（2007）；Mitchell（2007）

7.3 服务企业管理

成功地实施营销组合并处理服务型企业所面临的独一无二的挑战对企业经营者提出了很多要求。首先，服务的多样性和不可分割性对管理服务生产率提出了一些独特的挑战。其次，所有的公司活动都必须围绕能够提供一定质量的服务而实施，这是使自己的服务区别于其他服务提供者的服务的关键。最后，对于服务质量和优秀程度的关注能够创造与客户建立长期合作关系的机会，长期合作关系的建立对企业来说是非常有利的。

7.4 服务生产率管理

生产率是投入和产出的关系。例如，如果使用相同数量的服务人员（可以看作投入）能够为更多的人服务（可以看作产出），那么每位员工的生产率就都提高了。在提高服务生产率（效率）和提高服务质量（效果）之间明显存在着冲突。例如医生减少每位患者的就诊时间、大学老师增加指导的学生的数量都会提高生产率，但是却冒了降低服务质量的风险。

显然，必须在生产率和生产质量之间找到平衡。有些方法可以提高生产率而不损害服务质量。正如我们之前看到的，客户可以参与到服务的过程中，比如自助餐厅和自助加油站。服务企业通过产能扩张或者需求管理技巧，使服务的供给和需求能够重新达到平衡。正如技术聚焦7.1所显示的，技术进步也能大幅提高服务生产率。

技术聚焦7.1：自动化服务

技术能够提高服务质量和服务效率。例如机场的X光扫描设备能够加快旅客的通过速度（效率），并且加快检查的过程（服务质量）。银行里的自动提款机能够提高单位时间内的处理量（效率），同时减少顾客的等待时间（服务质量）。自动贩售机能够提高每家饮料店出售的产品数量（效率），同时也能使顾客更容易获得自己想要的饮料（服务质量）。

技术也成为提供服务时一个越来越重要的因素，例如2007年各公司花了2 800亿美元在外包的电话中心上，其中很多都是客户服务中心。由于顾客对许多客服中心提供的服务越来越不满，更多软件方面的投资用来改进服务质量。例如，"人口地图"软件会根据客户打电话时的所在地、打电话的时间、使用固定电话还是手机等来判断客户更有可能买什么，这使得电话能更有效地达到目的。

网络已经给一些服务行业带来了引人注目的影响。例如旅游业已经发生了显著的变化。旅行社的角色已经改变，因为顾客开始在线预定酒店、旅游线路等。顾客自己制订旅游计划的倾向带来了一些新的商机。旅行社过去习惯于提供包括机场到酒店的各种服务，但是这对自助游顾客并不适用。这为一家叫做Holidaytaxis.com的英国公司创造了机会，这家公司提供一个先进的在线预订机票系统。它还通过Shuttlertransfer.com网站提供交通服务，对于企业用户，则是通过Businesstaxis.com网站，这个网站已经进入了有利可图的企业市场。

总的来说，技术已经而且还将在服务性企业和顾客如何互动方面起到关键性的作用。对于企业来说真正的挑战是在技术应用产生的效率和人工服务的品质与灵活性之间找到平衡。创造性的解决方法已经被Liveperson.com这样的软件公司开发出来，在它的解决方式中，当顾客放弃了提供电话或者人工信息服务的邀请时，它就会自动跳出一个电脑服务的对话框。

7.5 服务质量管理

从直觉上说，提高服务质量能够增加客户的满意度，从而获得较高的销售额和利润（参照营销实例7.3）。在诸如电信这样的行业中，针对客户满意度的研究越来越多，研究表明对服务较低的评级会使客户留下不好的印象并影响公司的收入。服务不好或者不能有效处理客户投诉的公司往往在市场上表现得更容易受到打击。

事实上，有更高服务质量的公司，市场占有率和利润率都能较快增长。但是对于很多公司，它们仍不愿意提供高质量的服务。这种现象有4个原因，见图7—3。这4点障碍把对服务质量的期望值和感知水平与客户的期望值区分开来。

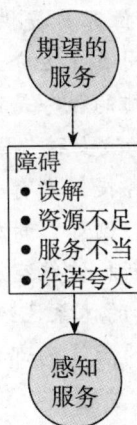

图 7—3　服务质量的期望值和感知水平相符合的障碍

7.5.1　服务质量的期望值和感知水平不一致的障碍

误解障碍(misconception barrier)：这是源于管理者对客户期望的误解。缺乏市场营销调研，会使管理者误解客户在评估服务时使用的重要服务属性，以及顾客在评估时使用这些属性的方法。

资源不足障碍(inadequate resource barrier)：管理者可能明白客户的需求，但不愿意提供满足这些需求所需要的资源。成本降低、生产率集中都可能导致这种情况发生，或者仅是因为这样做不方便。

服务不当障碍(inadequate delivery barrier)：管理者也许明白客户的期望并且能够提供足够的资源，但是没有恰当地挑选、培养和回报员工，导致了服务质量差和服务的不一致性。这表现为交流技巧差、服装不合适和不愿意解决客户纠纷。

夸大承诺障碍(exaggerated promises barrier)：即便当对客户的理解、资源和员工管理都恰当时，承诺夸大同样会引起客户期望和感知间的差别。广告和买卖信息使顾客的期望达到一定高度，却得不到完全满足，这样即使客户受到了较好的服务也会很失望。

营销实例 7.3：新加坡航空优秀的客户服务

学习指南：下面是对新加坡航空客户服务战略的回顾总结，阅读这段文字并回想其他提供优秀服务的例子。

新加坡航空在顾客服务品质方面有杰出的声誉，它频繁获得航空领域的各种奖项。例如在 2003 年它获得了英国 OAG 颁发的"年度航空公司"和"最佳太平洋航线航空公司"的殊荣，获得美国 Travel & Leisure 杂志颁发的"世界最佳服务奖"。过去的几年里新加坡航空还获得各个领域的荣誉，例如"最佳长途航空公司"、"最佳头等舱"、"最佳经济舱"、"最佳外国航空公司"、"最佳危机管理"等。

那么是什么让这家公司如此优秀？简单地说，自从成立以来它就致力于使它的顾客感到愉悦，并且已经建立了持续的优秀服务的声誉。在飞行服务方面，新加坡航空强调食物的品质，它的食物是由一个国际化的大厨团队设计出来的；座椅被设计得很舒适；飞行娱乐系统 Krisworld 为每一位客户提供一个独立的屏幕等等。但是让新加坡航空和其他提供类似硬件的航空公司真正区分开来的是机组成员对特殊顾客的需求所体现出来的用心和关注。如此有品质的服务是由该公司的所有营销活动所表现出来的殷勤和"新加坡女孩"获得。"新加坡女孩"是亚洲人魅力的典型偶像代表。

像所有的服务业领导者一样，服务提供者有一个对客户服务的承诺，这个承诺从高层领导到整个公司一直都被贯彻着。例如，新加坡航空的一位前任 CEO 说道："我们的客户就是我们的国家利益，如果新加坡航空成功了，那是因为我们从未忘记这一点。"一个保证服务品质能够不断延续的体系已经建立。例如：新加坡航空有一个专门在变化引入之前测试变化可能产生的后果的部门。它还引入了一个叫做 40-30-30 的创新性的方法，即将 40% 的资源用于培训、30% 的资源用于过程和程序的检查，另外 30% 的资源用于创造新的产品和服务。培训是关键，一个刚入职的空姐需要接受 4 个月的培训，这比其他任何航空公司要求的时间都要长。新加坡航空为每 22 位顾客配备一个服务人员，在所有竞争对手中这个比例也是最高的。

这种战略的结果为其正确性做了证明。即使新加坡航空的票价往往比其他航空公司要高，但这家公司自从进入航空业领域以来始终在盈利，而航空业一向以其周期长和经营难度大而闻名。

基于：Heracleous；Wirtz and Johnston（2004）；Kingi（2003）

7.5.2　满足客户的需求

服务质量的关键是了解和满足客户的期望。为此就需要对顾客形成这些期望的标准有清晰的认识，同时也要认识到消费者、顾客不仅评价服务的结果，而且还评价接受服务的过程。例如：对于理发的评价不仅涉及理发的质量，还涉及理发的过程。显然一名理发师不仅需要技术，而且需要能够与人进行礼貌的、让人感兴趣的沟通。对于一项服务的结果和过程可以用 10 条标准来评价：

1. 可得性：服务是否能够在方便的时间和地点提供，并且等待时间短？
2. 可靠性：服务是否一致、可靠？
3. 可信性：顾客是否信任提供服务的公司和它的员工？
4. 安全性：服务的使用是否有风险？
5. 了解客户：服务提供者是否表现出了解客户的期望？
6. 反应性：服务人员对客户提出的问题、要求和疑问的反应有多迅速？
7. 礼貌性：服务人员的表现是否友好？是否有礼貌？
8. 能力：服务人员是否具有要求的技能和知识？
9. 交流：服务描述是否清晰、准确？
10. 实物：服务的实物证据管理的怎么样？如员工的外形、装饰和布局。

这些标准构成了一个实用的清单，这个清单帮助服务提供者理解客户是如何判断他们的。虽然一份自我分析可以找出哪些地方需要改进，但是最可靠的方法还是使用这些标准检查客户，并进行市场调查来比较性能和竞争。服务质量的好坏取决于服务的连续性，例如住酒店就可能包括登记、入住、房间、餐厅、早餐和退房，衡量每个步骤的好坏应以它们对整体满意度的影响为标准，这样必要的时候就可以采取矫正措施。

7.6　建立和管理客户关系

提供卓越的服务品质能够为服务机构提供与客户建立不间断关系的机会（见插图7—4）。**关系营销**（relationship marketing）的概念能够运用到很多行业，但是在服务行业这种观念特别重要，因为在服务提供者和消费者之间经常发生直接接触，如医生和病人、酒店工作人员和房客。他们之间关系的质量常常会决定该关系持续时间的长短。但是并不是所有的服务都有维持长时间关系的可能。例如在国际机场需要公共交通工具的乘客可能永远也不会再遇到同一个出租车司机，而且对于出租车司机的选择也取决于该乘客在队伍中的位置，而不是自由选择。在这种情况下，交易——付给司机的现金——只是纯粹的商业交易，司机也知道重复购买的可能性极小。所以，服务组织需要判断什么时候最适合开展关系营销。下面给出了关系营销活动的条件：

插图7—4　斯堪的纳维亚航班因其为商务旅客提供的优质服务而闻名

1. 客户对该服务具有持续的或周期性的欲望，如保险或电影院服务，而不是葬礼。

2. 由客户选择服务提供者，而不是像在机场打出租车一样直接走进第一辆开过来的汽车。

3. 客户有选择的余地，而不是像购买自来水一样，只能从社区内唯一一家公用事业公司购买自来水。

强有力的客户关系的存在对提供服务的组织和客户都有利。发展和维护强有力的客户关系对服务组织有6点好处。第一，增加购买。客户倾向于花得更多，因为随着关系的发展，信任在双方之间建立起来。第二，成本更低。有关吸引新客户的启动成本费用很可能会大大高于保留现有客户的成本。第三，终身价值。忠诚的客户产生终身价值。如果一位顾客每周在一家超市中消费80英镑，为超市贡献8英镑的利润，那么他30年内每年去超市45次，该客户的终身价值就是11 000英镑。第四，持续的竞争优势。关系的无形方面不易被竞争对手效仿，因此使得服务组织产生持续的竞争优势，参见营销实例7.3。第五，口头传播。对服务满意的客户能够带来额外的生意，因为在服务业中口头的传播推广具有重要作用。第六，员工满意度和保留。满足的、忠诚的客户能够增加员工的满意度,进而减少员工流失。发展客户关系的这6点好处的最终结果是带来高额利润。一项对各种服务业的调查研究表明,如果一家公司降低顾客流失率,利润会直线上升。客户流失率仅仅降低5%,公司的利润就会增加25%到85%(取决于不同的行业)。原因是时间越长,忠诚的客户所产生的收益就越多,而维持现有顾客的费用要比赢得新客户的费用低。

形成一种长期的合作关系对于顾客也是有好处的。首先,因为服务的无形性使服务在购买之前难以评估,购买关系能够帮助顾客减少作决策时所承担的风险和压力。其次,强有力的关系能使服务提供者提供满足客户特殊需求的高质量服务,保持这样的关系能降低客户的转换成本。最后,客户能从这种关系中得到社会和地位收益。

发展长期关系的两个关键性因素是建立关系(bonding)和服务补救(service recovery),我们将分别介绍。

7.6.1 建立关系

保留策略取决于服务双方所建立的关系的程度。有一种框架,根据用来巩固关系的关系类型的不同,把保留策略分成了3个等级水平。

水平1:在这一水平上,关系的建立主要是通过经济刺激,例如对大量购买或者频繁乘坐飞机的人,在价格上给予较高的折扣,或者实行忠诚度积分的办法使其在将来享受到较低的价格。问题是使用这种方法获得可持续的竞争优势的可能性非常小,因为即使它们用频繁飞行或者忠诚度积分的形式加以掩盖,竞争者之间仍很容易彼此模仿这种价格上的刺激。

水平2:建立这一较高水平的关系,并非仅仅取决于价格刺激,因此提高了获得可持续的竞争优势的可能性。事实上,很多服务同时也是一种社会活动,2级保留策略通过社会以及价格联系来建立长期的客户关系。客户成了委托人,关系人性化,服务也顾客化。这种关系类型的特点是:与客户进行频繁的交流、提供送卡等个人服务、通过教育或娱乐活动(如论坛或观看体育比赛)来提高核心服务。一些酒店保留客户个人喜好的记录,如最喜欢的报纸、酒水等。

水平3:这种高水平关系的建立是通过经济、社会和结构联合实现的。服务提供者为客户提供解决方案来应对他所面临的问题,结构联合把服务提供者和顾客连在一起。例如物流公司常向客户提供设备,而这些设备就把客户捆绑进了物流公司自己的系统。

7.6.2 服务补救

服务补救策略的设计应该能解决问题和争端,使顾客对公司恢复信任,同时改进服务系统以保证类似问题不再发生。服务补救策略非常重要,因为如果不能补救服务中的失败和错误就会直接导致客户流失,同时对其他的客户和潜在的客户产生负面影响。这点在客户已经为服务支付了大量费用时显得特别重要,比如头等舱客户。

服务补救策略的第一步是建立一个追踪系统来确认服务失败，因为不投诉的客户很可能就不再继续购买服务了，所以应该鼓励客户对服务中出现的问题进行投诉。第二，应该培训员工以使他们能够应付投诉服务。这很重要，因为研究发现成功地解决抱怨能使客户对公司的感觉比服务失败前更加积极。例如，当 P&O 因为游轮 Aurora 号出现问题不得不取消一次环游世界的旅行时，它返还了客户的所有费用并且对于客户的下次预定给予折扣。许多乘客说他们计划将来还乘坐 P&O 公司的船只旅行。

最后，服务补救策略应该鼓励学习，以便服务补救中的问题能够被发现和解决。公司应该激励员工去发现问题和解决问题，这样经常出现的问题才能得以发现和解决。通过这种方法，服务补救策略才能改进对客户的服务，提高客户满意度和更高的客户忠诚度。

7.7　非营利组织的市场营销

非营利组织想要取得的是利润以外的其他目标，但这并不意味着它们对收入不感兴趣，因为它们还得用钱来生存。然而它们的主要目的不是经济上的，例如丰富文化生活（交响乐团）、保护鸟类和动物（皇家护鸟协会、皇家防止虐待动物协会）、减轻饥饿（施乐会）、提供教育（中小学校和大学）、促进社区活动（社区协会）、提供保健（医院）和公共服务（当地政府）。它们的价值和身份不取决于它们所产生的利润。这章讨论非营利组织是因为大多数非营利组织是在服务领域内运行的。事实上，在多数欧洲国家，非营利组织提供的服务量超过总服务量的一半。

因为很多非营利组织需要在一个竞争日益激烈的环境中募集资金，市场营销对它们的重要性日益增加（参见插图 7—5）。即使是那些依赖政府赞助的组织也需要表明它们的工作是如何使社会受益的，它们必须满足客户的需要。很多非营利组织依赖于会员的缴费和捐款，这就意味着要与个人和组织进行交流，并且说服他们加入或者进行捐款。这就要求组织具有一定的市场营销技术，而这种技术正不断得到正确应用。正如在第 1 章中所见，政党、学校、医院和救援机构都是市场营销的经常使用者。

7.7.1　非营利性市场营销的特点

非营利性市场营销有很多特点，使之区别于营利性组织所做的市场营销。

（1）教育和满足当前需求

一些非营利性组织认为自己的作用不仅是要满足当前客户的需求，而且还要在新观点和新问题、文化发展和社会意识方面教育客户。这些目标可能与收益最大化或者听众数量最大化的目标相冲突。大众传播组织如 BBC（英国广播公司）可能会因为

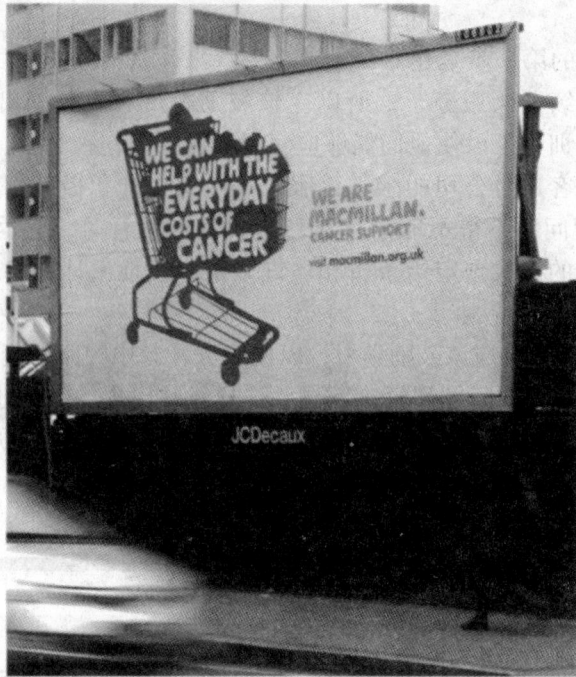

插图 7—5　这幅为麦克米兰癌症基金会设计的广告，主要是为了让大众了解这个重要的组织

这些目标而损失一部分听众，或者一个管弦乐队可能会因为这些目标决定演奏带有神秘色彩的经典音乐而不是流行音乐。

（2）多个公众群体

大多数非营利组织为多个团体或公众服务。两个主要团体是捐赠人和客户。捐款人包括个人、信托人、公司以及政府部门；客户包括观众、病人和受益人。捐赠人和客户两者都必须获得满足，这一需要使得市场营销任务更加复杂。例如一个社区协会的基金可能一部分来自于当地政府，一部分来自于使用该协会的建筑和设备的用户（客户）。社区协会为了取得成功，那么就需要使两个团体都得到满足。BBC 不但要满足观众和听众的需要，而且还要满足政府的需要，因为政府决定了BBC 活动资金的来源——许可费的多少。非营利组织要把市场营销作为一种一贯的哲学来管理多重公共关系。

（3）衡量成功和冲突的目标

对于营利性组织来说，成功最终是以利润率来衡量的。而对于非营利性组织来说，衡量成功就不那么容易了。例如大学的成功是由研究项目、学生人数、资格授权范围或教学质量衡量的吗？答案是这些因素的结合，而这可能会导致冲突：更多的学生和较广的科目范围可能会增加调查研究的时间。因此非营利性组织的决策制定是非常复杂的。

公众监督（public scrutiny），所有组织都必须接受公众监督，非营利组织也从来没有远离过公众的注意力，原因是它们的资金来自于税收。这给了它们额外的报道价值，因为所有纳税人对自己的税款是怎么花的都非常感兴趣。这些组织必须特别小心，不要卷入是非，因为这可能会产生恶劣的宣传效果。

7.7.2 非营利组织的市场营销步骤

尽管存在着这些差别，与营利性公司有关的市场营销步骤也能应用于非营利性组织。其市场营销步骤涉及目标营销、差别营销和营销组合决定。现在我们将参照非营利性组织的特点来讨论这些问题。

（1）目标营销和差别优势

正如之前讨论过的，非营利性组织能有效地把目标公众细分为捐款者和客户（顾客）。而在每个群体内部，又需要再细分成个人和组织，这些将是劝说性交流和服务发展的目标。一定要理解每一个群体的需求。例如捐款者决定把钱捐给某个慈善机构的依据是其个人意识和该机构的声誉、确信资金不会浪费在臃肿的行政机构上，以及认为该捐赠是有价值的。所以，慈善机构不仅要推销自己，而且还要为筹资做广泛宣传。捐赠者提供的资金数额将取决于这两个因素。慈善机构的商标名同样非常重要。施乐会暗示了该组织主要涉及的工作类型是救济饥荒，所以马上可以从商标名中识别出来。济贫活动也暗示了它的工作类型。

在政治党派的市场营销中，市场细分和选择目标市场是非常重要的组成部分。根据他们选举的倾向（可以从选民名册中得到）细分潜在的投票人，然后通过直邮广告或亲自登门拜访的方式，将资源分配到那些在即将来临的选举中最有可能改变选票的细分市场中。焦点小组提供一种反馈机制来测试政策选择的吸引力，评估投票人对关键领域的政策意见，如健康、教育和税收。通过密切关注公众意见，政党就可以占有一定的信息，在投票人看中的问题上使自己与其他竞争者有一定的差异。虽然这样的营销调查不可能影响一个政党根本的信念和原则，然而它是与变化不定的选民保持联系所要求的政策变动的基础。

（2）制定市场营销组合

很多非营利性组织擅长活动营销。为筹集资金所组织的活动包括吃饭、跳舞、咖啡早茶会、卖书、赞助步行和剧院演出。然而不是所有的活动都能为发起者筹集资金。例如BBC为"喜剧救济"和"需要帮助的孩子"等组织通过电视募集节目帮助那些有价值的事业筹集资金。

非营利性组织的服务定价可能并不遵循于营利性组织的定价指导原则。例如由社区组织的幼儿园，它的价格可能很低，以鼓励穷人来利用这一机会。一些非营利组织提供免费服务，例如英国的国家医疗服务。在其他情况下，由非营利性组织提供的服务，其价值成本可能来自于成员的会费或许可权费。例如皇家护鸟协会每年要收取会员费，而会员可以得到一本季刊并且免费进入皇家护鸟协会的鸟类观赏区。BBC的收入来自于电影所有者都必须支付的许可费。这一费用是由政府制定的，使得BBC把与政治人物的关系看成是营销的一个非常重要的考虑因素。

像很多服务一样，非营利性组织的分销体系很短，并且生产和消费同时进行，如医院的手术、医生的会诊、教育、托儿所的服务、文化娱乐和很多由非营利性组织提供的其他服务。这样的组织需要仔细考虑怎么按照顾客的要求方便地为顾客提供服务。例如施乐会在英国有750家店，这些店出售捐献的二手衣服、书籍、音乐和日常用品。它会与诸如 abebooks. co. uk 等网上零售商成为合作伙伴来展示和出售二手书籍，这样施乐会就能从中获利。

很多非营利组织在利用促销来增加自己的需求方面非常内行。印刷媒介很受一些组织的欢迎，它们为某些有价值的事，如非洲的饥荒寻求捐款。直邮广告也用来筹集资金，因此以前捐款者的邮寄名单非常有用。一些组织还依据生活方式来细分地理人口以确定哪种人更有可能对直邮广告做出反应。非营利性组织还需要注意到它们的活动可能引发的宣传机会。很多编辑由于与公众有共同的兴趣，因此非常同情这种宣传企图。对很多非营利性组织来说，主办人也是关键的收入来源。

在进行正面的口头传播交流和建立非营利性组织（如慈善机构）的身份方面，公共关系起到了重要的作用。非营利组织可以组织有吸引力的筹资安排（如赞助午餐），以确保捐款人对这种交易感到满意。交流的一个最重要的目标是使人们对筹资活动有一个正面的评价，以减少捐款风险，这样捐款人才能对该组织产生信任和信心，以确保他的捐款是值得的。

营销实例 7.4：ActionAid 瞄准青年市场

学习指南：下面是对 ActionAid 所使用的推广技巧的回顾。阅读这段文字并且思考其他非营利组织使用推广技术的例子。

ActionAid 成立于 1972 年，它的愿望是使世界没有贫困，世界上所有人都能行使自己的权利过有尊严的生活。这个组织致力于消除贫困，帮助非洲、亚洲和拉丁美洲的边远地区消除产生贫困的因素。这些因素有 5 个主要的方面，包括教育、艾滋病、食物、突发事件、妇女和女孩。同时 ActionAid 力求使这些地区产生有效的变化，因此它也求助各个政府和组织，诸如世界银行、世界贸易组织、国际货币基金组织和欧盟，以改变那些使贫困恶化的政策。

青年是 ActionAid 活动的重要支持力量，该组织也使用了一些新颖的方法来接触这个群体。例如，在音乐节上它设立一个帐篷，白天的时候提供卡拉 OK，晚上提供俱乐部音乐。在跳舞和放松的同时，参加节日活动的人也有了交流思想和签署请愿书的机会。同时它也打出了强有力的标语"去你的，贫困"，这条标语让人觉得是对观众强烈、直接的诉求。这样战略已经开始起效果。ActionAid 称这个活动使其网站的流量增加了 4 倍，并且一个夏日嘉年华上就有超过 10 万人在请愿书上签字。

对于救助机构来说青年是一个关键的市场群体，他们对这样的问题有着自己鲜明的观点并且有意愿实践自己的观点，无论是以志愿者还是以捐款的方式来实践。运用音乐节来接触他们是一个聪明的方法，同时许多艺术家在音乐节上通过做表演来表示对救援机构的支持。例如酷玩乐队的主唱 Chris Martin 在自己的手上纹了"让贸易公平"的标语。有了青年偶像的支持，他们更加愿意听取并实践救援组织的理念。

总 结

在这一章，我们通过研究那些在进行市场营销时出现的特别问题，解决了以下几个关键问题：

1. 服务有 4 个独特的特点：无形性、不可分离性、可变性和不可贮存性。因此，市场营销人员必须找到使营销有形化的方法，必须注意服务品质，必须保证服务的一致性，同时必须平衡对服务的供给和需求。

2. 服务的营销组合的范围要比用于产品的营销组合的范围广，因为服务的营销组合必须关注人、实物证据和过程的各种问题。

3. 一线员工对服务组织的成功非常重要，应该对他们的选聘、训练和工作积极性高度重视。对员工的放权是提高服务品质和进行服务补救的关键性因素。

4. 由于服务的可变性和不可分离性，高生产率很难达到。技术进步已经对服务的生产率和服务质量产生显著影响。

5. 服务品质是服务市场营销的关键因素。从本质上来说，它涉及衡量客户的感知和客户对服务的事先期望。

6. 服务业有机会和客户建立牢固的关系。建立关系的两个关键因素是建立关系和服务补救。

7. 非营利组织尝试达到一些其他的目标而不是利润。它们的两个关键团体是捐赠者和客户，这两个团体的需求常常冲突。在解决这个复杂问题的过程中，非营利组织运用了服务业常用的市场营销技巧。

关键术语

服务（service）：向消费者提供的各种无形的行为、活动或努力，其结果不涉及任何所有权的发生。

无形性（intangibility）：服务的一种特性，服务是摸不着、看不见、尝不到、闻不出的。

不可分离性（inseparalility）：服务的产生和消费是同时进行的。

可变性（variability）：服务具有极大的变化性，它取决于由谁提供、何时何地提供。

不可贮存性（perishability）：服务不能储存。

服务营销组合（services marketing mix）：包括产品、渠道、价格、促销、人员、流程和有形化。

差异化优势（differential advantage）：一个企业为顾客提供满足其特殊偏好的某种独特产品或服务，从而使该企业具有区别于其竞争对手的优势。

误解障碍（misconceptions barrier）：源于管理者对客户期望的误解。

资源不足障碍（inadequate resources barrier）：管理者可能了解客户的需求，但不愿意提供满足这些需求所需要的资源。

夸大承诺障碍（exaggerated promises barrier）：即使服务提供者对消费者很了解，对资源及员工的管理也适当，但是由于其夸大的承诺，使得消费者的期望和感知之间存在差距。

传递不充分障碍（inadequate delivery barrier）：在某个市场，服务提供者了解消费者的期望，并且为其提供充足的资源，但是由于对员工的选择、培训及奖励都不充分，导致它所提供的服务质量差、不连贯。

关系营销（relationship marketing）：把营销活动看成是企业与利益相关者发生互动作用的过程，其核心是建立、发展和强化与这些公众的良好关系。

案例7　Paddy Power：从赌博到娱乐

赌博行业发生了一些巨变，原来提到赌博就会首先联想到缭绕的烟雾和中年男人。这一行业的零售被一些大的、光鲜的和设计出色的连锁店所垄断。现在，赌博行业因为网络而发生了变化。网上赌博迅速流行，吸引了大批不愿意去传统赌博店的年轻人和女性。为了增加对这部分细分市场的吸引力，赌博公司提供了各种下注的机会，不仅仅是赛马，其他所有的体育项目，甚至是其他所有的东西都可以下注，例如谁会是冬季真人秀的冠军？某名人的下一个小孩是男孩还是女孩？采用这种方法，赌博变得简单有趣，变得更主流，也促进了这个行业的发展。

就像其他蒸蒸日上的生意一样，在吸引新进入者的同时，竞争开始白热化。

公司背景

Paddy Power 成立于 1988 年，它通过兼并当时爱尔兰 3 个连锁博彩公司成立，最初的门面数是 38 家。在这个基础上，Paddy Power 开始迅速壮大，在十年间门面数增加到了 100 家。到 2008 年，它成为了爱尔兰最大的博彩公司，拥有 183 家零售店。2008 年 5 月，Paddy Power 通过兼并位于贝尔法斯特（Belfast）的 McGranaghan Racing，首次向北爱尔兰扩张，成立了另外 5 家零售店。该公司也积极地、全方位地探寻吸引顾客的新方法。例如，1996 年，它开发了电话赌博服务 Dail-a-Bet。在 2000 年，该公司创办了自己的 www.paddypower.com 网站。

该公司于 2001 年在都柏林（Dublin）和伦敦证交所上市。在这个时候，该公司重新定义了其使命：成为业务更广阔、更具娱乐性的公司，使服务更具可进入性和趣味性。为了这个目标，公司扩大了服务的范围。2004 年，Paddypowercasino.com 网站建成，这是一个网上赌场，在这里用户可以玩虚拟纸牌、二十一点、轮盘以及其他各种游戏。2005 年 2 月，借着全球网上纸牌盛行之机，该公司成立了 Paddypowerpoker.com 网站，在这里玩家可以与全球各地的其他真实玩家切磋技艺。确实有很多人放弃了自己的工作成为全职的网上扑克玩家。玩家可以选择一系列的游戏，例如得克萨斯扑克 5 张或 7 张的种马符游戏，Paddypowerpoker.com 网站提供了不同种类的赌注来满足不同收入和技术等级的玩家。还有其他一些服务，像 Paddypowerbingo.com 网站主要是针对男性的细分市场，Paddypowertrader.com 更是广为流传的赌博网站，顾客可以对大量的金融产品，如股票、指数、货币和商品的表现下赌注。Paddypower 大部分的服务主要针对个人消费者，但它也提供一些商业服务，如有条件返利。例如，假设某汽车商做一个促销——"买宝马，如果英国在世界杯上夺取冠军，钱就退给你"，卖家就会在 PaddyPower 上反向下注。如果英国夺冠，Paddy Power 就会把钱支付给汽车卖家，他再将钱转付给买宝马的人。

这家公司主要的金融信息见表 C7—1。表 C7—1 展示出该公司强大的盈利性，网上服务在集团营业额和利润中扮演了重要角色。

市场营销活动

自 2001 年上市以来，公司的市场营销策略就是：

- 在新旧细分市场为公司品牌创造知名度
- 提升赌博服务的形象
- 为服务招募有活力的和忠实的用户

成功的达成这些目标的关键就是该公司的定位——有趣、公平、友好。在娱乐方面，该公司提供了各种新奇的赌法，如谁会是下一届的美国总统？公司还举办了很多活动，像全球第一届"神父泰德节"，甚至在梵蒂冈设立赌局——罗马教皇的选举——这是一个噱头，成功吸引了上百个主要的国际媒体公司，如 NBC 和 CNN 的报道。

公司也通过"返钱特例"成功塑造了公平、博爱的朋友形象。例如，2006 年，由于贿赂事件，巴基斯坦板球队被取消了第四场对战英国队的资格，Paddy Power 退还了所有的赌资。一篇报道中，Paddy Power 的发言人说："在这样的环境下，我们不看规则，我们会问自己，如果我们是一个赌博者，怎样才是一个公平的结果。"同样地，如果它们选的球队在 2006 年世界杯中因点球大战被淘汰，公司也会退还赌资。通过这些，Paddy Power 帮助了那些英国、阿根廷、法国和瑞士的支持者。

这样有趣、友好的形象也体现在公司的零售连锁店里以及其与顾客的交流中。例如它的店面设计得时尚、有吸引力，还装有空调设备。通过高质量音频、视频以及其他的诸如交互式信息终端等创新设备，加强了顾客的体验。Dial-a-Bet 客服中心的电话线路增加到 360 条，在员工的培训发展方面也都有投资，以形成有效的、友好的服务体系。Paddy Power 的网站设计得很有趣，是交互式的，其中添加了很多新奇的东西，像婚礼演讲抽奖工具包，这就可以方便用户利用婚礼演讲的时间组织抽奖。在 2006 年，网站还推出了西班牙语和德语版本。

表 C7—1　　　　　　　　　　　主要金融信息　　　　　　　　单位：百万英镑

	2007	2006	2005	2004	2003
非零售押注	926	832	577	471	363
零售押注	1 102	963	794	689	551
总计	2 028	1 795	1 372	1 160	914
非零售营业利润	38.4	29.4	20.7	13.4	2.2
零售营业利润	33.7	16.0	9.4	17.7	17.4
总计营业利润	72.1	45.5	30.1	31.1	19.6
税前利润	75.8	49.7	31.3	27.5	17.6
现金余额	87.9	87.1	52.3	47.2	39.2

资料来源：Paddy Power 的年报

宣传和推广

通过将其重新定位为娱乐公司，Paddy Power 力图将娱乐带到所有服务中。在开发并利用公共机会的能力，以及其有争议的广告中，这种定位体现得淋漓尽致。Paddy Power 一直因其广告的性质和内容被消费者和监管者诟病。由于赌博广告在广播和电视中受到限制，Paddy Power 主要将宣传集中于门户媒体。2001 年，公司举办了一个活动——老年人过马路时正好一辆轻运货车正在靠近，每个人的头上都标有被撞的概率，品牌标语就是"我们让事情更有趣"。当年这个广告在英国和爱尔兰广受抱怨，很多人批评这是对老年人的侮辱。Paddy Power 解释说，这个几率指的是哪位老人将先过马路，而不是谁先被撞的概率，但是广告还是被禁播了。为了恢复声誉，公司向老年人们发布了道歉信息，媒体举办活动让支持者和反对者发表看法。Paddy Power 得到了很好的宣传，这段时期，其在英国和爱尔兰的网站点击率超过了平常的3 倍。

2005 年公司再次陷入麻烦，因为它推出了一个户外版本的列奥纳多·达·芬奇（Leonardo da Vinci）的"最后的晚餐"，展示的是耶稣和他的门徒们赌博的画面。耶稣面前有一堆筹码，同时一些门徒在玩轮盘，标语写着"总有地方可以玩乐和游戏"。当广告标准管理局让公司取消这个容易引起麻烦的广告时，Paddy Power 并没有这样做，反而增加了一个标签，写着"总有地方适合玩乐和游戏。显然，不是这里"。Paddy Power 另一个有争议的宣传活动是 paddypowerbingo.com （见第 9 章）网站中包含"这些女人都去了哪？"，被指责是隐含着网上赌博增强了性能力的信息。这项活动花费了 20 万英镑，但是其因争议所产生的宣传效果有效地抵消了活动花费。

为了实践娱乐精神，Paddy Power 在开发和利用机会的过程中非常专横。例如受举办运动会的限制，该公司创造性地高度赞扬了与球队以及各种赛事之间的联系。在2007 年橄榄球世界杯期间，公司要求汤加运动员 Epi Taione 以契约的形式将自己的名字改成 Paddy Power，来凸显公司对汤加球队的支持。国际橄榄球理事会否决了这种引人注目的举动，但是此后它却得到了大量国际媒体的关注。公司在赞助知名球星以及将公司名字印在球员的装备方面都受限制。

另一个显示其宣传活动能力的例子是在 Paddypower.com 网站上发布的世界脱衣扑克锦标赛。最初这只是 4 月 1 日愚人节的玩笑，但是公众对它有兴趣就意味着要真正上演了。来自 12 个国家的 200 名男男女女参加了这项持续八个小时的活动，最后获胜者是 John Young，一个来自伦敦的自由撰稿人。这项竞赛为癌症研究筹集了 1 万英镑的善款，且最后被写在了吉尼斯世界纪录里。

Paddy Power 也组织或举办了一些其他的活动，包括世界长跑"无极限得克萨斯扑克锦标赛"——爱尔兰扑克公开赛——在 2007 年吸引了 708 名参赛选手。在英国举办的五人足球锦标赛吸引了 400 只队伍，爱尔兰卡拉 OK 冠军赛吸引了 88 个俱乐部的加入。Paddy Power 还赞助了非常成功的电视剧"大兄弟"，获得了电视媒体和出版媒体持续 8 周的关注，估计等价于投入 150 万英镑的广告费才会产生的效果。

与客户建立联系也是市场营销活动的重要部分。例如，创新"赌 & 看"允许顾客利用设备来现场实时观看爱尔兰和英国的每一场赛马。在 Paddypowercasino.com 网站，玩家俱乐部的忠诚程序已经设定，以奖励那些一直坚持的玩家，而在 Paddypowerpoker.com 网站，玩家将被奖励"Paddy 积分"，以便可以免费进入比赛或者从忠诚商店购买礼物来提升 VIP 的等级。为了创建一个网上扑克社区，网站允许用户在玩游戏时交谈，在游戏中或者游戏外，在线互动会有规律地释放惊喜以愉悦玩家。网站也试图通过提供扑克指南、技巧性的文章、扑克软件工具、新闻和有趣的内容来教玩家。

一个成功的娱乐公司

Paddy Power 通过拓展业务而成为一个成功的娱乐公司。它不仅仅聚焦于高端用户，而是试图让赌博大众化，让它变为一种愉悦大众而且很容易让大众接触到的东西。通过采用这种方法，Paddy Power 成为了爱尔兰最大的赌博公司，通过主要的在线业务，Paddy Power 成为英国第五大运营商。它的网上业务占其总营业额的45%，而其主要竞争对手 William Hill 和 Ladbrokes 的在线业务分别占了12%和17%。尽管它高调地向媒体曝光常常带有争议，但也往往使它在很大程度上获益。它的品牌认知在爱尔兰一直保持在90%，在英国则是60%，把一些熟悉的品牌像 Ladbrokes、William Hill 和 Coral Bookmakers 甩在了身后。

问题：

1. 分析技术的进步是以什么方式改变了赌博行业？这对赌博公司有什么意义？

2. Paddy Power 是怎样开始建立服务品牌的？品牌的独特贡献是什么？

3. 评估 Paddy Power 的营销组合？其优势和劣势分别是什么？

4. 考虑到赌博方方面面的社会影响，赌博广告在爱尔兰和英国是如何被严格限制的？

5. Paddy Power 以一些不敬的广告活动试探，随后引起了某些群体的攻击，广告标准管理局的不赞同。在你看来 Paddy Power 用了什么策略？这些伦理的问题应该考虑吗？

这则案例是由利默里克大学的 John Fahy 教授从大量的发表物中整理而成的，主要用于课堂讨论，而不是为了展示有效或者无效的管理。

第8章 定价策略

本章框架

- 定价的基本方法
- 影响定价决策的主要因素
- 价格变动的管理
- 预测竞争者对价格变动的反应
- 应对竞争者的价格变动

学习目标

在学习本章之后，你应该理解：

1. 3 种基本的定价方法。
2. 在制定价格时，采用综合方法的重要性。
3. 影响定价决策的主要因素。
4. 随着时间的变化，定价决策管理过程中所涉及的主要问题。

营销聚光灯

定 价

到目前为止，公司依然是其产品价格的制定者。在本章中，我们会看到它们在做决定时将考虑多种因素，例如：产品成本、竞争对手的价格、定位策略等等。但是某些组织使用了一个新颖的方法，就是它们允许顾客自己设定价格，顾客可以支付他们认为的商品或服务值得的价格。

近年来，关于这种定价方法最著名的一个例子发生在迅速变化的音乐行业，音乐通过网络传播已成为一个趋势。起初不合法后来变成合法的数字音乐的下载和分享改变了音乐的打包和分散方式，这对唱片公司造成了很大的冲击。曾经是唱片公司主要收入来源的 CD 销售已经垮掉了，取而代之的是数字音乐的下载和实况转播。但是，数字音乐下载的成本远低于获得 CD 唱片的成本，这激励了艺术家们尝试不同的定价规则。当世界著名乐队之一的 Radiohead 为它的顾客提供选择支付价格服务时，一个转折点已显然出现了。

Radiohead 在 2007 年 10 月发行了新唱片集 In Rainbows。歌迷只能从乐队的 Radiohead. com 网站上下载数字音乐。歌迷被邀请进入网站下载新专辑并支付他们愿意支付的价格。采取这种方法，乐队剔除了唱片公司、经销商和零售商等所有会吞掉新唱片销售利润的一切组织和个人。因为减少了产品推广的成本，在过去需要支付 15 英镑的唱片，在新的定价方法下歌迷们只需支付 5 英镑，只要消费者们愿意支付正常情况下唱片价格的 1/10，艺术家们便不会亏本。

对于这个实验是否成功，大家的观点是有分歧的。到 2007 年 11 月份，从网上下载唱片的人中仅有 38% 的人支付了多于 45 便士的手续费。付款的平均金额大约是 6 美元（2.88 英镑），实质上少于正常的 CD 价格。然而我们也可以认为 6 美元远比由于非法下载，乐队什么都得不到要好很多。

这个例子向我们展示了市场可以如此富有动态性。在面对瞬息变化时，管理者能够提出在一个行业内有巨大分歧的新方法。Radiohead 公司由于管理良好，并且没有合同的限制，因此它可以施行这种新方法。但是像 Priceline.com 这样的公司，如果允许消费者对一大堆商品和服务制定价格的话，那在现存的模式下它们的价格是没有保证的。因此，这类公司只能通过管理者来制定其产品的价格，消费者只能接受价格，这样它们才会长久生存。

价格是收入的来源，是营销组合中不可或缺的一个因素。产品价格是公司获得的在产品生产和销售过程中所投入的一切努力和付出的回报。营销组合的其他因素有产品、营销、位置、有形展示等，这些都属于成本范畴。因此，不论产品有多好，营销方式多具有创造性或者配送多有效率，除非是价格高于成本，否则公司都会遭受损失。因此，管理者明白如何制定价格是很重要的，不管是要价低（损失利润）还是要价高（降低销售量）都会对收益产生巨大的影响（参见营销实例 8.1）。

营销实例 8.1：哈利波特系列：票房高，利润低

学习指南： 以下是对极为成功的哈利·波特系列丛书的价格的一个回顾。阅读文章并考虑价格和利润之间的关系。

J. K. Rowling 的哈利·波特系列一直以来都是最为有名和成功的系列丛书之一。这一系列丛书有七本，包括：《哈利·波特与魔法石》，《哈利·波特与密室》，《哈利·波特与阿兹卡班的囚徒》，《哈利·波特与火焰杯》，《哈利·波特与凤凰社》，《哈利·波特与混血王子》以及《哈利·波特与死亡圣器》。它们每一本都比上一本更加成功。《哈利·波特与凤凰社》自出版就打破了很多纪录，在全球共收到了 130 万册的订单，亚马逊网站把它称为电子时代的最大事件。

尽管销量达到了令人眩晕的高度，但是零售商的盈利能力却被巨大的价格竞争削弱了。例如在《哈利·波特与凤凰社》的销售中，建议零售价为 16.99 英镑，然而特斯科考虑到其巨大的规模——能够提供 750 000 本复印本，提出的价格却为 9.97 英镑。顾客选择了从特斯科购买，它在开始销售的 24 小时内就卖出了 317 400 本书。

这种模式在 2005 年的《哈利·波特与混血王子》的销售中再次出现了。该书的建议零售价依然为 16.99 英镑，但平均价格却为 9.4 英镑。KwikSave 通过限量提供价格为 4.99 英镑的书籍而吸引了很多注意，这个价格是低于成本价的。这本书在 7 天时间内的销售量就超过了 300 万本，但是像 Ottakars 这样专业的书籍零售商在第一天仅售出 65 000 本，市场占有量为 3.5%，与其通常的 8% 的占有量有很大差别。这一系列丛书的最后一本——《哈利·波特与死亡圣器》，在它发行之前 6 个月就已经成为一本畅销书，而且可以在亚马逊网站、沃尔玛和其他地方以折扣价格进行预订。

这种价格竞争意味着对于零售商来说有很少的讨价还价的余地。像超级市场和在线商店这样的折扣商店利用这本书来增加网站流量，目的是希望它的其他产品也可以卖出。自相矛盾的是——据报道，《哈利波特与凤凰社》在超级市场的零售价格远低于超级市场的进价，这暗示着对于消费者来说从特斯科或者阿达斯订购这本书比从出版社订购要便宜得多。

基于：Graff and McLaren（2003）；Voyle（2003）；Wilson and Woodhouse（2005）

在德国，奔驰的一个车型展示活动很好地诠释了价格的重要性。最初，公司选择的价格标签为 29 500 马克。然而进一步的市场调查即通过与竞争品牌例如宝马 3 系列和大众高尔夫的价格对比检验提供给消费者的价值之后，公司将价格定为了 31 000 马克。但奔驰依旧达到了它的销售目标——200 000 辆，而且比较高的价格使得其收入一年就增加了 3 亿马克。

市场营销经理需要记住的一个关键要素是价格只是营销组合的一个元素，价格的制定不是孤立的，而应该与产品、营销联系在一起。很多产品的销售额，尤其是那些可以表现自我的产品——例如饮品、汽车、香水和服饰，价格太低会带来损失。正如我们看到的，价格是定位策略的重要部分，因为它能够给消费者提供质量线索。

了解如何设定价格是营销决策的一个重要方面，是因为商业竞技场充满变化。巨大的价格竞争已成为无法改变的事实，科技的应用有助于降低成本，高度的全球化和零售业的竞争有助于压低价格水平，网络的发展和欧元的引入有助于把价格的透明度提高到更高的层次。因此，设定价格和管理价格是影响公司盈利能力的重要活动。

8.1　定价的基本方法

Shapiro 和 Jackson 总结了管理者们常用的 3 种定价方法（见图 8—1）。第一种定价方法是成本导向定价，反映的是一种强烈的内在定向。正如它的名字所表明的那样，是基于成本之上定价的（参见营销实例 8.2）。第二种定价方法是竞争导向定价，重点是竞争对手设定的价格水平，以及我们的价格如何与其比较。最后一种定价方法是市场导向定价，之所以如此称呼是因为它关注消费者在市场中对一种产品认定的价值和用以支持产品的营销策略的评价。在本节中，我们将考察每一种定价方法，并指出它们的优点和局限性。

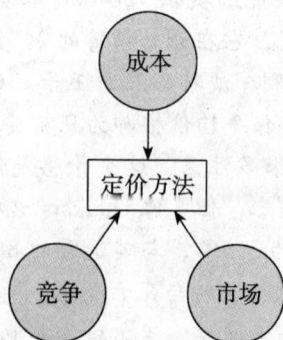

图 8—1　定价方法

8.1.1　成本导向定价

成本导向定价是一种有效的价格设定方法，可以为最低价格提供指示，这样可以保证不赚不赔。成本导向定价可以用一个很简单的例子来很好地解释（见表8—1）。假设你接受了一个给新产品定价的任务，成本数据如表8—1所示。直接成本——例如劳动和物资，计算出来为每单位2英镑。随着产出的增加，更多的人力和物资将被投入到生产中，因此总成本增加。不变成本（或者企业的日常管理费用）为每年200 000英镑。这些成本（例如办公和制造设施）在产出增加时是不变的。不论生产了1件还是200 000件产品，这些成本都是必须要支付的。

表8—1　　　　　　　　　　　　　　　**基于成本价格**

第一年	
直接成本（每单位）	2 英镑
不变成本	200 000 英镑
预期销量	100 000 件
每单位产品成本	
直接成本	2 英镑
不变成本（200 000/100 000）	2 英镑
总成本	4 英镑
价格加成（10%）	0.4 英镑
价格（成本加上价格加成）	4.4 英镑
第二年	
预期销量	50 000 件
每单位产品成本	
直接成本	2 英镑
不变成本（200 000/50 000）	4 英镑
总成本	6 英镑
价格加成（10%）	0.6 英镑
价格（成本加上价格加成）	6.6 英镑

一旦我们计算相关成本后，下一步是估计我们能够售出多少产品。我们相信我们生产的是高质量的产品，并在第一年预期我们的销量应该能够达到100 000件。因此每单位的总成本是4英镑，采用公司传统的10%的价格加成，价格应该被设定为4.4英镑。

这样，我们就可以理解我们在使用**完全成本定价**（full cost pricing）时所遇到的问题。我们应该假定由于经济不景气或者定价过高，预计的 100 000 件的销量在年底没有完成，只卖出了 50 000 件。如果公司相信这个销售水平明年一定能够达到。那么价格会如何呢？表 8—1 给了我们答案：由于每单位的成本增加，所以价格上涨。这是因为不变成本（200 000 英镑）被一个更小的期望销量（50 000 件）所除。对较少销量的响应是价格上升，这显然是没有道理的，除非盲从完全成本定价。一个重要的英国工程公司用这种方法对它的一个主要产品进行定价将会遭受销量螺旋式下降、价格逐年上升并面临灾难性的后果。

因此，成本导向定价面临的第一个问题是它会导致价格上升，销量下降。第二个问题是对销量的预测是在价格设定之前，这个过程是不合逻辑的。第三个问题是它关注的是内部成本而不是消费者的购买意愿。最后，在生产多样化产品的企业里分配日常管理费用时会存在技术问题。

这种定价方法的真正价值在于它为能够使企业获利的最低价格提供指示。一旦直接成本和不变成本被确定之后，"损益平衡分析"就可以被用来估计不同价格水平下能够使收入和成本平衡的销量。因此，由于总成本的约束，在使用其他定价方法时，计算这个过程的总成本是有用的。如果它们不能被包含进去，那么新产品就不值得推出。事实上，某些公司会设定低于总成本的价格（被称为直接成本定价或者**边际成本定价**（marginal cost））。

营销实例 8.2：雷诺公司 Logan 的成功

学习指南：以下是对推出 Renault Logan 定价策略的回顾。读一下，思考成本导向定价的优点和缺点。

借助于欧洲中部和东部的逐渐繁荣，法国汽车公司 Renault 于 1999 年收购了年代久远的罗马尼亚制造商——达契亚。它的策略是在欧洲、亚洲和拉丁美洲的发展中市场生产一种现代的、可靠的、人们负担得起的汽车。驾驶效率是这个策略的一个关键部分，每一分努力的目的都是使成本最小。汽车设计中的奢华曲线和折痕已经被淘汰，其他车辆的组件被重新使用。模型的要价不贵，只是期望能够超过投资成本，获取适当的利润。

结果却被证明这一策略取得了巨大成功。它在法国售价 7 500 欧元，2005 年 6 月正式出售之后，3 个月的时间内售出了 9 000 台，尽管并没有任何广告的支持。2005 年其全球销量预计能达到 160 000 台，大大超过了计划销售 100 000 台的水平。到 2006 年年底，超过 450 000 台车被售出，实际上超过了目标销量水平。这个品牌也成为罗马尼亚轰动一时的品牌，以至于这个公司提高了价格，但这并没有影响它推行最便宜汽车售价 5 000 欧元的计划。利润也大大超过了预期。在 2006 年，它推出了一种旅行汽车，在 2007 年，Logan 厢式货车被推出，一种小型货车计划在 2008 年推出。

这个例子解释了成本导向定价的风险。对这个公司来说幸运的是销量超过了预期，但是错过了获取更大利润的机会。它证明了理解潜在价值的必要性，消费者把它归因于创新。

基于：English（2004）；Mackintosh（2005）

8.1.2 竞争导向定价

竞争导向定价可以采取以下3种形式中的任意一种：

（1）企业追随主要竞争对手的要价

（2）生产者采用随行就市定价法；

（3）合同是通过**投标定价法**（competitive bidding）过程取得的。

某些公司倾向于用简单的基准问题测试它们自身与其主要竞争对手的不同，设定价格水平高于、相同或者低于对手的价格（参见插图8—1）。在金融服务领域里，这种方法是很流行的。例如贷款价格（这里指利率）在大范围的竞争对手中是非常相似的。公司可以采取冒险的方法，尤其是当公司的成本地位不低于它的竞争对手的成本地位时（见成本导向定价，上文和营销实例8.3）。

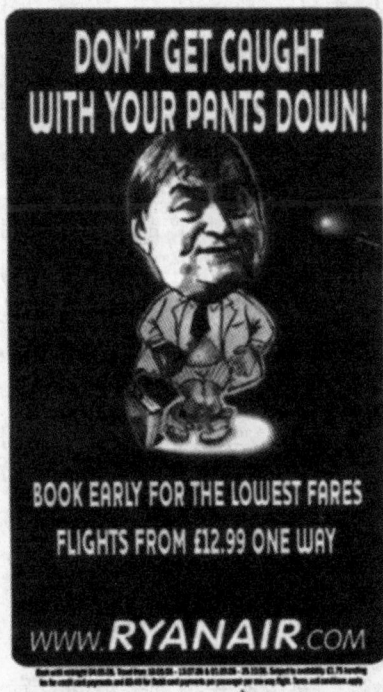

插图8—1　很多广告，像瑞安航空公司的这个广告一样，经常因为传递了错误的、有误导性的，或者有攻击性的信息而把企业送上法庭；这些广告经常瞄准它主要的竞争对手

在其他情况下，所有的竞争者接受相同的价格，因为产品有现行的价格。在大部分情况下**随行就市定价法**（going-rate prices）典型地应用于无差别商品，例如咖啡、豆类或者牛肉。这种情况对于商人的最大挑战是找到有创造性的方法来差异化产品，以便索要不同的价格。

此外，很多合同就是通过竞标签署的。最通常见的过程是为产品起草详细的说明书并且把合同拿去招标。潜在的供应商会进行报价，这个价格只有他们自己和买方知道，买家（被称为"密封投标"）或者是招标方可以通过公开拍卖进行，这样所有的竞争者都可以看到报价。买家会选择报价最低的供应商。因此，供应商关注的焦点在于其他竞争者们的投标价格。价格压力、欧洲的竞争立法和更多科技的使用导致了越来越多的供货合同选用投标定价法。例如，传统上来说，很多医院的供应商直接在医院把产品销售给医院的医生和护士，这意味着供应商投资发展销售技能并与这些客户建立人际关系。现在的规则是供应合同被拿出来投标，中标人能够争取到 3 到 5 年的合同期。因此，供货公司不得不在不同的领域发展技能，例如投标准备和定价。在线拍卖为供应商呈现了一个全新的需求（见第 3 章）。

竞争导向定价法的主要优点在于简单且方便使用（竞争性招标的情况除外），因为很难猜到竞争性投标的价格会是多少。随着欧洲价格透明度的增加和欧元的引入，可能会增大人们对使用竞争导向定价法的注意力。但无论如何，它将遭受自身两大缺陷的困扰。首先，差别利益证明了公司比其他竞争者要价高是正当的。正如我们所看到的，创造差别利益是一个基本的市场活动，公司应该寻求这些投资的回报。这里重申把价格和市场营销组合的其他要素结合在一起考虑的重要性，而不应该是把它看成一个孤立的决定。其次，如上面看到的那样，当一个公司的成本地位比它的竞争对手弱的时候，竞争导向定价就是冒险的。

8.1.3　市场导向定价

在定价时，一个关键的营销考虑是推测产品对于消费者的价值。简单地说，在竞争中产品价值越高，它的要价就越高。但一个产品在制造时的花费比其他产品少，并不意味着它的价格就应该低于其他产品。这个观点的逻辑性被葛立索在推出雷尼替丁——一种治疗溃疡的药物时所采取的方法证明了。虽然这个药物的定价要比史莱克·施恩宝公司的西咪替丁的价格高 50%，但却成为了当时的畅销药。由于它具有较少的副作用，雷尼替丁赶上了西咪替丁，结果较好的收入使得葛兰素从一个中等规模的英国企业变成了一个国际强企。

在本节，我们将继续为消费者探索一些估价方法。市场营销人员对于未覆盖的消费者价值有 3 种有用的感知技巧：权衡分析、实验法和顾客经济价值分析。

（1）权衡分析

对价格和其他的产品特性进行度量——即权衡分析或者结合分析——使它们能够对产品偏好的建立产生影响。受访者并不直接被问及有关价格方面的问题，而是被问及一些产品外形方面的问题包括产品的特性和对其价格的描述，受访者要说出他们喜欢的外形。从他们的答案中可以看到，价格的影响和其他产品的特性都可以用计算机模型来加以衡量。例如，受访者的回答展示了不同组合的特性，例如速度、汽油消耗量、汽车的品牌和价格，并指出了哪种组合是他们所偏爱的。这种练习可以使一个人去衡量偏好对产品涨价或者降价的影响。像 3M 这样的公司，因它们的产品以创新而著名，它们在新产品的测试标记阶段就用了均衡分析法。3M 公司通过测试不同的变量组合，例如品牌、包装、产品特性和价格，来制定消费者准备支付的价格水平。

（2）实验法

均衡分析的局限性在于受访者不需要用现金支付来证明他们的偏好。因此，这里会有一些质疑，在实际购买中，当需要他们支付现金时，他们所说的自己的偏好能否反映出来呢？"实验定价法"试图通过在不同的地点用不同的价格出售同一产品来克服权衡分析存在的弊端。测试营销（见第六章）经常被用来比较不同价格的效力。例如同一产品可以通过完全相同的促销活动在两个地区进行出售，但不同地区间采取不同的价格。显然，依据目标顾客的档案，地区需要与其相匹配（或者允许存在差异），以便结果是可比的。测试期需要足够长以便在每一价格下的实验和重复购置是可以度量的。

（3）顾客经济价值分析

在对消费产品进行定价时，实验法是更常用的。然而，工业市场在对产品定价时有一个强大的工具供它们使用：**顾客经济价值**（EVC）分析。很多组织的购买动机是出于对经济价值的考虑，因为降低成本，增加收入是很多企业的主要目标。如果一个企业能够生产一种具有高 EVC 的产品，那么它就可以设定一个高的价格，一个高的 EVC 可能是因为与其他竞争对手的产品相比本产品可以给买家带来更高的收入，或者因为它的运作成本（例如维护、经营或者启动成本）是比较低的。

例如，假定一个厂商正在购买一个可以在它的产品生产线上使用的机器人，机器人花费 100 000 欧元，但是这只代表了消费者生命周期成本的 1/3。另外需要 50 000 欧元用来支付启动成本，比如安装费和员工培训费，此外还需要 150 000 欧元作为售后的成本预算，比如维修、能源的费用等。也可以假定一个新产品投入到市场中，由于科技的进步启动成本减少 20 000 欧元，售后成本减少 50 000 欧元。这时总成本就已经减少了 70 000 欧元，并且 EVC 对新产品提议的价格为 170 000 欧元（300 000 欧元～130 000 欧元）。因此 EVC 价格是消费者对新产品不得不支付的构成整个生命周期的成本的一部分价格。如果新的机器人要价 170 000 欧元将会出现这种情况——任何低于这个水平的价格都将创造一种经济诱因使买家购置新的机器人。

市场导向定价的主要优势在于它使消费者的感知和需要处在定价决策的最前部。然而，在实践中公司采取整合的方法进行定价是明智的，不仅要集中注意力在顾客的需要上，还要注意成本水平（成本导向定价）和竞争者的价格（竞争导向定价）。

营销实例 8.3：货币价格

学习指南：以下是对银行如何制定贷款价格的回顾。读一下，检查你所拥有的贷款的价格。在市场中，它是最有竞争力的价格吗？

货币是一种媒介，通过它，交易得以进行，同时也是世界上可贸易的商品之一。然而当我们想要的时候并不是总能得到它，因此我们拿出个人贷款，使用我们的信用卡来购买，如果我们需要购买像房子一类的高价商品，我们就需要接受抵押贷款。但是这些产品的供应商们——也就是商业零售银行，是如何得出它们对我们的要价的呢？显然，它们会采取基于成本导向、竞争导向和市场导向定价相结合的方法。

2006 年欧洲委员会的一项研究发现欧洲金融产品的成本发生了显著变化。最昂

贵的抵押贷款发生在德国、西班牙和葡萄牙，而丹麦和波兰的抵押贷款是最便宜的。个人贷款在丹麦、荷兰和爱尔兰是最贵的，在匈牙利和波兰则是最便宜的。英国和希腊是信用卡最昂贵的国家，比利时的信用卡则是最便宜的。鉴于这些银行基本上是从零售存款取钱，然后再把它借给那些需要它的用户，那么什么原因能够解释主要的价格变化呢？市场愿意接受显然是一个重要的因素。

竞争强度也是一个关键因素。金融产品往往具有高水平的消费惯性。消费者倾向于缓慢地转变抵押贷款，这样做在整个贷款期间能够节省成千上万欧元。缺乏竞争时，价格居高不下直到利润吸引了潜在的新的进入者。例如哈利法克斯被爱尔兰的高利润所吸引而进入那里的抵押贷款市场。它的贷款价格比当地的竞争者低，并且允许消费者超过 1 000 欧元就可切换其贷款。虽然提供了这些激励，但公司依然可以获得较高的回报。

但是当银行频繁地因为过多的暴利而被批评时，它们近年来的经历显示了对于它们来说能够覆盖成本是多么重要。北岩银行在 2007 年和 2008 年信贷危机发生时的破产明显地解释了这个问题。不像它的同辈依赖存款作为它们贷款资金的主要来源，北岩银行通过大量的银行间的市场借款来贷款给它的客户。但是当这种借款价格突然升高时，它贷款的差价就减少了，其利润也就产生了戏剧性的下滑。当不能够覆盖它的成本时，银行不得不被英国银行援救。金融产品一般带来很少的差价，这使得价格设定起到决定性作用。价格透明度的提高和跨境竞争进一步减少了误差。

基于：McCaffrey（2006）；Slattery（2006）

8.2 影响定价决策的主要因素

除了成本、竞争价格和消费者价值这些基本的方面以外，公司营销策略的各个方面也将会影响定价决策。尤其是营销决策例如定位策略、新产品发行策略、产品线策略、竞争性营销策略、渠道管理策略和国际营销策略都将对价格水平产生影响。

8.2.1 定位策略

正如我们第 5 章中看到的那样，市场营销经理面对的一个重要决策是定位决策，包含目标市场的选择和差别利益的创造。这些因素中的每一个因素都会对价格产生巨大的作用。价格可以用来传达差别利益和吸引某些细分市场（参见插图 8—2）。欧洲主要的零售连锁店像阿尔迪和利德尔，把节约成本的食品杂货购物者作为目标，对人们经常购买的家庭用品实行最低价格的策略。在这个市场的另一端很多厂商索要很高的价格，目的是吸引净资产多的个人，像游艇、豪华轿车、奢华假日等产品便用这种方式出售。价格是强有力的定位工具，因为对很多人来说它是质量的保证。尤其适用于以下的情况：对产品质量做客观的测量是不可能的——例如饮品和香水，以及消费之前不能对其质量进行评估。

插图 8—2　对于 TKMaxx 来说，像这样的广告是它定位策略的一个重要组成部分

　　由于价格感知对消费者来说如此重要，很多厂商致力于所谓的心理定价（psychological pricing），即根据价格水平对消费者的心理冲击程度来制定价格。大部分食品杂货的价格以"××.99"结束，因为在 2.99 英镑和 3 英镑之间心理上的差别要比实际的差别大很多。

8.2.2　新产品发行策略

　　当发行新产品时，应通过促销策略对价格做仔细的校正。图 8—2 展示了 4 个基于价格和促销组合的营销策略。类似的模型也可以用来研究产品和配送，但是为了便于说明这里可使用促销。高价格和高促销费用的组合被称为"快速撇脂战略"。高价格为投资提供高利润回报，重磅促销创造深层次的产品认知和了解。微软游戏机和苹果平板电脑的发行就是应用"快速撇脂战略"的例子（参见营销实例 8.4）。一个"缓慢撇脂战略"把高价格和低促销费用相结合。高价格意味着丰富的利润空间，但是大规模的促销被确信是不必要的，或许是因为口头宣传更重要，产品已经众所周知（Rolls-Royce 说）或者因为重磅促销被认为与产品形象不相容——正如风靡大众的产品一样。有效地使用掠取定价政策的公司是德国汽车组件供应商——博世公司。它应用一种极其有利可图的掠取战略，包括专利支持以及其推出的燃油喷射和防止刹车锁死系统。那些结合低价位和重磅促销的公司是在实践一种"快速渗透战略"，目的是快速获得市场份额，或许是以快速掠取为代价。最后，一种"缓慢渗透战略"把低价格和低促销费用相结合。

	促销	
	高	低
高价格	快速撇脂	慢速撇脂
低价格	快速渗透	慢速渗透

图 8—2　新产品投放策略

学习指南：下面是对撇脂定价法在一些热门产品中应用的回顾。阅读文章并考虑这种定价方法是否道德。

在一些产品市场——如手机、MP3 播放器和游戏机市场，撇脂定价法变得越来越普遍。一个典型的例子就是苹果的 iPhone，一部 8 GB 版本的 iPhone 在 2007 年 7 月推出时标价 599 美元。但就在当年的 9 月，它的价格就已经降至 200 美元，并且一部新的 16 GB 的模型以 499 美元的价格开始在市场上推出。那些最初以原价购买产品的顾客被激怒了，苹果公司最终为他们提供了一张 100 美元的礼品券。

iPhone 是撇脂定价法的一个经典例子。它大量使用口碑营销来创造对该产品的需求，并承诺这部手机将包括 iPod 中的 MP3 播放器的所有功能。博客和各种评论中充斥着对它操作简单、功能强大及其苹果"酷"的赞美。对于苹果公司的这种低成本推广，制定较高初始价格的营销战略意味着高利润。截止到 2008 年 1 月，苹果公司已售出 400 万部 iPhone 手机并且通过降价帮助它实现了在该年年底销售量达到 10 万台的目标。

对于撇脂定价法的广泛使用有几种解释：一是生产成本。像 iPhone 这样的产品代表着多种技术（如音乐播放器、计算机和电信）的融合。把这些所有功能集中到一个产品中的成本是相当高昂的。二是被竞争对手模仿的速度。现在的创新设计非常容易被模仿，并能够迅速以低成本的新版本投入生产。撇脂定价法是在竞争者研制出相似产品来挤占利润空间之前尽快收回研发成本的最好的方法。最后，消费者的行为也起着重要的作用。新手机、游戏机和时尚产品这一系列产品的营销实例表明，渴望成为拥有某种新款产品的第一人是当今消费者群体的显著特征。对于这些早期的购买者，价格似乎不是一个主要的因素，技术公司正是利用了这一点。

然而，撇脂定价法的管理说起来容易，做起来难。价格下调太快，可能面临客户愤怒的风险，就像苹果一样；价格下调速度过慢，像索尼的 PlayStation 3，可能致使销售量和市场渗透力下降。在 PlayStation 2 获得全球性成功的基础上，相比微软公司的 Xbox 售价 349 美元和任天堂的 Wii 游戏机售价 249 美元，索尼在 2006 年以 600 美元的价格推出 PlayStation 3。当索尼最终在一年后将 PlayStation 3 的零售价格定为 399 美元时，它已经看到其在全球游戏机市场的主导地位受到侵蚀，并下降到微软和任天堂之后，位居第三。因此，把握定价的时机对于新产品的成功是至关重要的。

基于：Sanchanta（2007）；Stern（2008）

TiVo 在英国的失败说明了选择正确战略的重要性。TiVo 生产的个人视频录像机（PVR）——是一款能够存储 40 小时电视的高科技刻录机，例如可以重播电视节目，并有记忆存储功能——选择最喜爱的节目刻录下来。但这一产品却未能得到推广，并且 TiVo 也已经退出了英国市场。失败的部分原因是：这一地区的消费者没有充分了解个人录像机的功能，因此不能确信要不要为一个录像机支付 300 英镑再加上其每月的月租费。一些分析师认为该产品在这一地区的推行价格应该为 100 英镑，并且相对于撇脂定价法（price skimming），市场渗透策略可能更适合它。

高价格（撇脂定价）策略和适当的低价格（渗透）策略可能适用于不同的情况。

撇脂定价法最适合于客户对价格不敏感的情形。但是，设定过高的价格可能会影响销量。例如，尼桑推出 350Z 跑车时，它的价格水平接近于顶级跑车保时捷 Boxster 和宝马 Z4 等。然而，可怜的销量使其被迫将它的零售价削减至 10 000 英镑，这一举动让它的价格水平接近于类似马自达 RX-8 这样较低级别跑车的价格。如果公司正寻求在市场上占领主导地位，或是公司正准备初步进入市场，亦或是它试图防止竞争对手进入市场，那么这样的企业环境更能够推动市场渗透策略的实施。

8.2.3　产品线策略

市场导向型的企业还需要考虑一个新产品的价格应该如何融入现有的产品线。产品在多元市场具有吸引力，那么就应该设计优化版的产品，但价格的制定不应该根据成本差异，而应采取差别定价，使它与目标市场赋予它的实际价值保持一致。所有的主要汽车制造商都根据不同的细分市场，对经济型轿车、家庭轿车、行政车等制定不同的具有吸引力的价格。

一些公司希望扩展它们的产品线，而不是降低价格竞争。它们发动削价"战斗机品牌"（见第 6 章）的竞争来对付低价竞争对手。这样做的好处是保持现有品牌的形象和利润率。例如，苹果公司推出了零售价为 99 美元的 iPod shuffle，与低价的 MP3 播放器进行竞争，并且还在低端 PC 的未来市场上推出了 Mac Mini 电脑，与类似联想这样的企业一争高下。企业通过推出一系列具有不同价格的品牌，可以覆盖具有不同价格敏感性的客户，并鼓励他们购买对企业来讲价格和利润较高的品牌。

8.2.4　竞争营销策略

产品定价方案的设定需要限定在公司竞争策略的大背景下。4 个战略目标与产品定价相关：市场构建、市场保持、市场收获、重新定位。

（1）市场构建

对于价格敏感的市场，一种产品的市场建立意味着其价格要低于竞争对手。当竞争对手提高价格时，我们也试着慢慢提高价格。对于价格不敏感的市场，并没有明确的最佳定价方案。在这种情况下，价格取决于与产品对应的整体市场的战略定位。

（2）市场保持

当企业的战略目标是保持市场份额时，最恰当的定价方案是保持与竞争对手相似的价格。这意味着价格变化规则为：如果对手降低价格，我们也相应地降低价格。

（3）市场收获

盈利目标意味着企业需要保持或是增加利润。因此，在这种情况下，需要制定较高的价格。正在获利的产品比刚建立市场的产品更能承受价格削减。同样，当价格上升时企业也要迅速做出调整。

（4）重新定位

不断变化的市场环境和产品命运可能促使我们对现有产品进行重新定位。这可能涉及价格变动的方向和幅度，而这又依赖于厂商对该产品的新定位。

上面的例子说明了如何制定明确的战略目标以帮助厂商制定价格，并明确了当竞争对手的价格发生变化时应如何相应地做出调整。价格的制定并不是简单的一句"这个产品可以获利多少"，这个过程首先要考虑许多根本的问题，比如"这个产品的市场定位如何"和"这个产品适当的战略目标是什么"，回答这些问题，是有效进行价格管理的一个重要方面。

8.2.5 渠道管理策略

当产品通过分销商或零售商等中介机构出售时，其针对顾客的产品标价必须反映他们所要求的利润水平。有些产品如汽车所携带的利润率通常小于10%，因此，汽车经销商必须依靠配件的销售和对新车的售后服务来获得利润。其他产品，如珠宝首饰，可能会有100%的利润。当穆勒酸奶在英国首次推出时，它能在一个成熟的市场中吸引分销商的一个主要原因是，它高昂的价格能为连锁超市带来可观的利润。相反，如果经销商拒绝进货，渗透定价策略此时可能就行不通，因为相对于有市场竞争力的产品，这样的产品利润率较低。

这意味着定价策略不仅需要了解终端客户，而且要满足连接终端客户与生产商的分销商、零售商的需求。如果无法满足他们的需求，对产品的销售就可能不利。

8.2.6 国际营销策略

公司的国际营销策略也对其定价决策有着显著的影响。部门经理面临的第一个挑战就是价格附加（price escalation）。这意味着多方因素迫使公司需要提高其商品在其他国家市场中的价格。这些价格附加包括额外的运输成本、支付给当地经销商的利润、进口关税、各种销售税以及根据汇率和通货膨胀率进行的价格调整。所有这些结合起来说明产品的价格在国外市场和国内市场往往是不同的。在国外市场一般会高一些，但如果情况特殊，如在居民可支配收入水平低的国家，为实现其销量目标，售价也有可能低于国内市场。在这种情况下，公司一定要注意防止平行进口（parallel importing）——进入国际市场的产品重新进口到国内市场，并通过授权非正规的分销商，以低于厂商的国内正常价格水平进行销售。例如，英国在线音乐公司 CD Wow 由于被指控廉价销售从中国香港重新进口（参见插图8—3）到国内的 CD，被罚款4 100万英镑。但在欧盟范围内跨国商品交易是合法的，所以像 Chemilines 这样的公司已经成功建立了一种商业模式——从欧盟成员国家进口药品然后在英国销售，价格可高达30%以上。

尽管大多数企业试图尽可能多地规范国际化市场的营销组合元素，但定价却基于上述原因而成为最难以规范的问题之一。有时，成本差异导致价格差异，但有时它们也由于缺乏竞争对手或缺乏对不同客户价值的感知，导致被指控欺诈顾客。现在，由于欧元的出现，国际市场价格更容易进行比较，市场中的价格差异也变得更加具有争议（见表8—2和伦理之争8.1）。

插图 8—3　在线音乐商店 CD Wow 被指存在平行进口现象

表 8—2　　　　　　　　欧元区汽车价格比较（2008 年 1 月 1 日）

	税前价格			单位：欧元
国家	奥迪 A3	马自达 E220	丰田 Avenis	大众 Golf
德国	19 080	34 500	19 781	13 698
西班牙	18 263	34 397	16 730	13 372
法国	16 984	34 569	17 986	12 787
爱尔兰	17 777	34 500	18 751	13 707
英国	16 329	30 318	18 342	12 900
希腊	17 710	34 500	16 507	11 027
丹麦	16 061	34 476	15 833	10 986
瑞典	16 310	31 754	16 855	12 636

伦理之争 8.1：什么是公平价格？

　　价格是市场营销中最有争议的话题之一。新闻经常报道有关欧洲市场产品价格变化的事件。价格差异导致一些消费者声称厂商欺诈顾客，索取虚高的价格。例如，一项研究发现，在爱尔兰，消费者购买 4 个吉列 Mach-3 刀片需要支付 10.99 欧元，但在伦敦仅需要 6.84 欧元；购买一包帮宝适新生儿尿布需要 9.39 欧元，而在荷兰仅需要 4.79 欧元，而且对于其他名牌他们也需要支付更高的价格。由于现代消费市场的性质，这些价格差异很难证明。全球制药公司被指控对一些关键药物收费过高，特别是在世界上艾滋病猖獗的较贫穷的国家。电信公司对国际漫游通话和短信收取较高的价格。国际旅客多年来一直在抱怨当他们在新的国家旅行时，总是被出租车公司、汽车租赁公司、酒店及其他服务机构欺诈。

这些机构运用多种方式向消费者索取高价。最普遍的一种方式就是价格合谋，这在欧洲被认为是非法的并被严格禁止。企业不采取价格竞争，而通过相互串通来确保收取相同或相似的价格。例如，爱尔兰的 23 个个人和企业被指控在家庭取暖所用的石油定价上采用了相同的价格。这些卡特尔组织定期举行会议，向消费者收取相同的价格来应对全球油价的变化。

它们可能每年都将价格提高 10% 或者 440 000 欧元，这向那些不法企业展示了合谋价格的魅力。对此，政府需要设立监管机构——如爱尔兰竞争委员会和英国公平调查局，识别和调查疑似串通涨价的行为。例如，在 2008 年，英国公平调查局对 British 超市与它的供货商之间的疑似价格合谋的行为进行了调查。四大零售超市——特斯科、阿斯达、塞恩斯伯里、莫里森和它们的供货商如碧玉、可口可乐、马尔斯、雀巢、宝洁、利洁时、联合利华等，都被要求上交文件。价格合谋最可能发生在品牌分化的行业，如原油、纸、玻璃、日化等。

同样具有争议的是欺诈定价的做法。低成本航空公司是采用欺诈定价方法的典型商家。例如，尽管底价可能低至 99 美分，但所有其他项目——如税收、行李费、燃油附加费、座位费和信用卡费，全部加进来后票价最终可能会超过 70 欧元。除非顾客特别提出取消某些额外项目，如旅行保险，否则它们通常都会收取这些费用。而且，许多大力宣传的低价票是非常有限的，往往仅限于几个席位。欧盟监管机构针对这些行业的定价行为进行了清理，指出现在必须标明总费用，额外的费用必须在预订之前说明。

所有这些说明顾客在判断一个商品或服务的价格时需要非常警惕。这场辩论最终落在价格和价值的议题上。消费者可以根据他们的感觉投票。如果他们觉得价格过高，大多数情况下他们会寻求替代产品或其他供应商。消费者需要使自己获得足够的信息，同时企业也需要采取非常谨慎的定价策略。就如本章所示，定价是公司营销战略的一个重要组成部分。

8.3　价格变动的管理

目前为止，我们讨论的焦点主要集中在那些影响定价策略的因素上，但在一个竞争激烈的市场中，价格往往是动态变化的——部门经理应该明白何时降价，何时涨价，是否需要针对竞争对手的价格变化做出相应调整。许多大公司——如沃尔玛、家乐福、戴尔，就是根据价格策略来制定市场营销策略。在分析如何应对竞争者的价格变化之前，我们首先来讨论初始价格的变动。

关乎初始价格变动的 3 个重要问题是：导致公司降价或涨价的市场环境、可以采取的策略、对竞争者反应的推测。表 8—3 对这 3 个问题的主要观点做出了解释。

表 8—3   挑起价格变动

	提价	降价
环境	价值高于价格 成本上升 需求过剩 目标在于收获	价值低于价格 供应过剩 目标在于创立 不可能打价格战 在竞争中抢占先机
策略	价格跳涨 分阶段提价 自动调整条款 分项定价 降低折扣	价格下降 分阶段降价 供给品牌 价格捆绑 提高折扣
预测竞争者 的反应	战略目标 自身利益 竞争环境 以往经验	

8.3.1　环　境

市场营销调研（如**权衡分析**（trade-off analysis）或实验法）表明如果消费者认为产品价值大于产品价格，那么这意味着涨价是合理的。成本上升导致利润下降同样会刺激价格上涨。导致价格上升的另一个因素是需求过度。经常会出现这样的情况；如在房地产市场，通常由于需求快速增加，导致房价持续上涨。如果一个企业不能满足顾客对其产品的需求，通常会选择提高价格，以实现供需平衡。这是一个具有吸引力的选择，因为这意味着利润的增加。最后一个涨价的理由是，当企业的目标能盈利时，产品可能会涨价。尽管价格上升会导致销售量的下降，但仍能带来利润的增加。

同理，引起价格下调的原因主要是消费者认为产品价格大于产品价值、成本下降以及供给过量导致产量过剩。另一个可能导致价格下调的因素是建立新市场的目标。当顾客为价格敏感型客户时，尽管降低价格可能面临"价格战"的风险，但这还是有利于扩大销量和增加市场份额。

8.3.2　策　略

调整价格可以采取多种手段。最直接的方式就是"价格跳涨"或"价格急降"，即将价格一次性上调或下调一定数额。价格跳涨能够避免一段时期价格持续上涨带来的痛苦，但会使顾客明显感到价格的上升。这样的案例曾经在印度出现过。联合利华在印度的子公司 Hindustan Lever，在原材料价格下降的情况下，一度利用它的市场力量提高其主要品牌产品的价格。尽管，随后由于宝洁和当地品牌 Nirma 的竞争以及顾客的不满，销量急剧下降，但它的营运利润率还是由 1999 年的 13% 上升到 2003 的 21%。使用价格阶段性上涨策略可能使价格更容易让人接受，但会使它招致"总涨价"的指责。一步降价法可能产生很明显的效果，但也会对利润产生直接影响。分段降价法对销量的影响可能并不明显，但当需要不断降价时就可以采取这种方式。价格小幅度下调可以作为一个缓慢的过程一直进行，直到它实现对销量的预期影响。

"伸缩条款"同样可以应用于价格上调。一些组织的订单合同可以在产品制造前签署。建造这些项目——如防卫系统、高速公路，可能要花很多年。合同中的"伸缩条款"允许供应商根据特定的价格指数（如行业工资水平或生活费）规定价格上涨。

另外一个有效的提价策略是**分项定价**（price unbundling）。许多产品是一个产品组合（如计算机硬件和软件），厂商通常将它们作为一个整体设定一个价格。分项定价允许对所提供的产品的每一个要素分别定价以提高其整体定价。这个过程的一个变相做法是向之前包含在产品价格内的服务收取额外的费用。例如，大型计算机生产商选择对设备和培训费分项定价。

还有一种方式就是先保持标价不变，然后向消费者提供较低的折扣。例如，在汽车需求量很大的时期，经销商减少对客户的现金折扣。同理，当需求不足时，可以给客户提供较多的折扣，进行促销（见插图8—4）。然而，这一策略的使用时间持续过长也存在风险。例如，由于汽车销路不佳，通用汽车公司在美国市场上推行了一项为期四年的价格折扣策略，结果造成了灾难性的后果。其中一个被称为"人人可享员工优惠"的互动项目，对购买者提供每辆车平均优惠400～500美元的折扣。这项计划可使客户总共享受超过7 000美元或是建议零售价20%的优惠。这致使福特和克莱斯勒也采取了同样的策略，继而引发了价格竞争，导致利润受挫。但更令人担心的是，这场营销大战的结果是通用的客户仅是简单地为了使用自己的折扣而购买新车，顾客的注意力转移到了价格而不是产品的实际价值上。

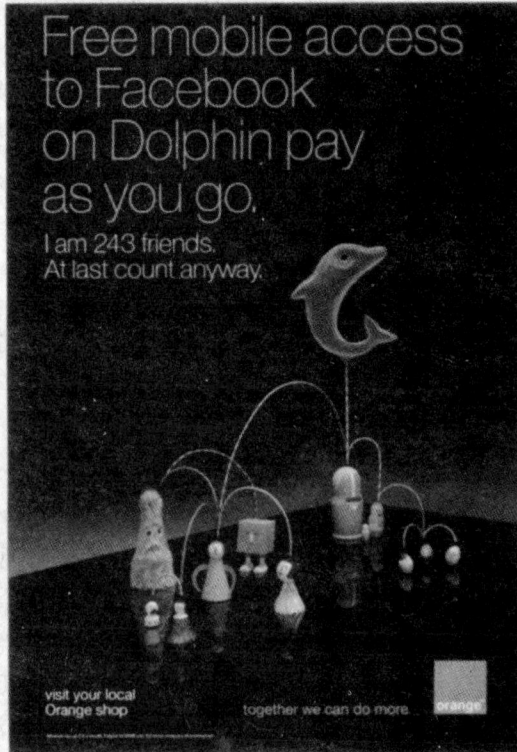

插图8—4　Orange 的广告反映了电话公司普遍将打折作为获得并保留客户的媒介

数量折扣也可以用来提高对顾客的交易价格。降低单位数量的折扣比例，或者增加针对某一折扣率所要求的购买量。

那些考虑降价的公司除直接降价外还有3种选择方案：

1. 一个公司的高端品牌受到廉价竞争对手的攻击时，可以选择在维持其原来价格的同时引入战斗品牌。现有品牌保持高端产品的定位，战斗品牌在价格敏感型的顾客那里与对手抗衡。

2. 当一些商品和服务总是被一起购买但被分开定价时，可以采取捆绑销售的方式来有效地降低价格。例如对电视提供3年的保修服务或对汽车提供2年的免费售后服务。

3. 通过提高折扣或者降低产品打折的资格条件使打折条件更加诱人。

8.4 预测竞争者对价格变动的反应

竞争者的反应程度在价格调整的决策中是一个重要的影响因素。若企业提高产品价格，但竞争对手不跟着提价，企业就会失去众多顾客；相反，若企业降低产品价格，而竞争对手也跟着降价时，那么就会影响企业的利润。影响竞争者反应程度的因素主要有4个：战略目标、自身利益、竞争环境、以往经验。

商家应该试着估计竞争对手为自己的产品制定的战略目标。通过观察价格和促销方案、与分销商进行交流甚至是雇用职员来估计竞争对手的产品的市场状况或者盈利水平。这是关键性信息——它们针对我们的价格调整所做出反应正是基于此。如果它们的目标是保持市场份额或者盈利，那么当我们涨价时，它们很可能会跟着涨价。如果它们的目标是增加市场份额，那么它们就可能不会跟着涨价。相反，当它们建立或保持市场份额时，很可能会随着我们降价而降价，若想要盈利，则会忽略我们的降价行为。

当估计竞争对手的反应时，自身利益同样很重要。部门经理在开始调整价格时应该站在竞争者的立场上进行考虑。他们最有可能做出什么反应？这取决于价格变化的市场环境。例如，如果我们涨价的原因是成本提高，那对手很可能跟着一起涨价；而如果我们是为了增加利润而涨价的话，对方就不一定跟着涨价了。价格同样和竞争环境有关。例如，如果对手产能过剩，那很有可能跟着我们一起降价。同理，如果对手也存在过度需求，那很可能跟着我们一起涨价。

分析竞争对手在以往对价格变化的反应有助于对其可能产生的反应做出判断。尽管以往的经验并不总是一个可靠的参考，但还是有助于了解竞争对手会如何看待价格变化以及最可能做出什么反应。

8.5 应对竞争者的价格变动

当竞争对手发起价格变化时，企业需要分析自身合理的反应。相关的问题主要有3个：何时跟进，何时忽略、跟进策略。表8—4总结了需要考虑的主要问题。

表 8—4　　　　　　　　　　　　　　　对竞争者价格变动的反应

	提　价	降　价
何时跟进	成本上升 超额需求 顾客对价格不敏感 价格随品牌形象上升 盈利或把握目标	成本下降 超额供给 顾客对价格敏感 价格随品牌形象下降 建立或把握目标
何时忽略	成本稳定或下降 超额供给 价格敏感型顾客 价格随品牌形象上升 目标是创立	成本下降 超额需求 价格非敏感型顾客 价格随品牌形象下降 盈利目标
跟进策略 　快速反应 　缓慢反应	亟待提高利润 通过成为顾客的朋友增加收益	抵制竞争威胁 提高顾客忠诚度

8.5.1　何时跟进

首先，当竞争者由于成本的普遍上涨或者整个行业出现产品的超额需求而提高价格时，企业很可能也跟着提高价格。在这种情况下，各方提高价格的初始压力都是一样的。其次，当客户对价格比较不敏感时，即企业即使不跟随行业提价也不会有任何优势时，企业就很可能跟着提价。再者，如果品牌形象与高价格一致，那么企业很有可能追随竞争对手进行提价，因为这样做符合品牌定位策略。最后，如果一个企业追求盈利或者把握目标时，它很可能也跟随竞争者涨价，因为这两种情况重点都在于利润率而不是市场份额。

成本普遍下降或供给过量导致价格下降。在这种情况下，企业也会随之降价。成本下降使得所有企业都能在保持利润率的同时降低价格。供应过剩意味着企业不可能牺牲自己而让对手获利。在价格敏感的市场中，一家企业降价，其他企业也会随之降价，因为如果一家企业削减价格时没有遭到反击就意味着能获得很高的销售额。企业的形象也会影响到它对降价的反应。有些企业把自己定位成低价产品的生产商或零售商，那么在这种情况下，企业就不太可能对竞争对手的降价漠然置之，如果对手的价格最低，那就致使企业与自己的品牌形象不一致。最后，当企业以创立或维持产品为战略目标时，就会降价。在这种情况下，企业就会追随竞争对手采取积极的价格措施，以此来防止其销售额或市场占有率的降低（参见插图 8—5）。在目标创立时，反应可能会更加强烈，降价的幅度也会大大超过最初的竞争行为。例如，沃达丰为了增加它在移动数据服务业的市场份额，将其移动数据卡的月租费从 30 英镑降为 15 英镑，使它位居行业前三甲。

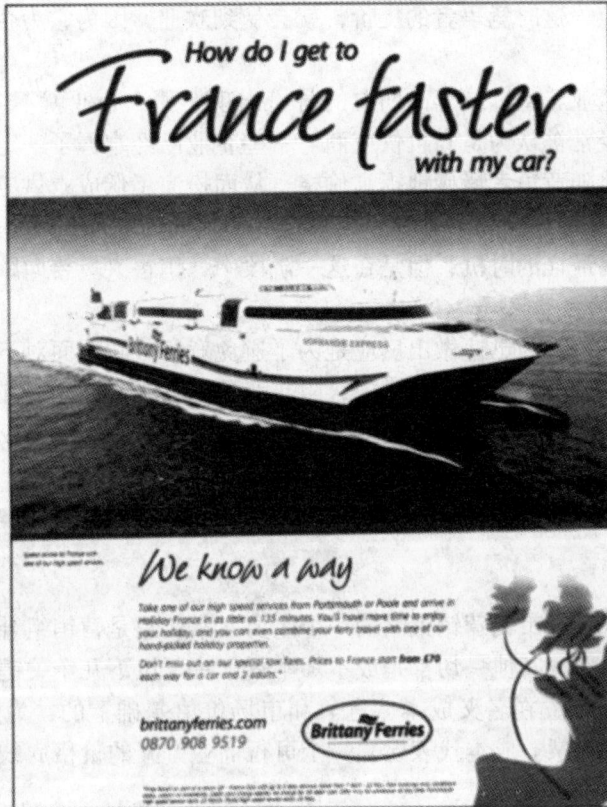

插图 8—5　这则广告显示了一个轮渡公司试图通过强调自驾游
相比乘飞机的便捷性来增加竞争优势

8.5.2　何时忽略

通常，企业对竞争对手的价格变动不做任何反应的情况基本和上述情况相反。成本稳定或下降时企业可能忽略提价，也就是说没有成本压力迫使价格普遍上升。超额供给的企业认为提价会使发起者的竞争力减弱，于是价格保持不变，特别是在顾客对价格非常敏感的时候。保持低价位的企业认为由竞争对手提价而引起的价格上升与它们的品牌形象是不一致的。最后，以创立市场为目标的企业会允许对手把价格提到无以匹敌的程度，这样企业就可以获得较大的销售额和市场占有率。

当成本上升，需求超额，而且为价格不敏感的顾客服务时，企业都有可能对降价置之不理。提供优势价位的企业可能不愿意随竞争对手降价，那是与其品牌形象不一致的。例如一些奢侈品牌——如鳄鱼，由于在产能过剩时采取打折策略，受到了重创。最后，以盈利为目的的企业也会拒绝降价。

8.5.3　跟进策略

一个企业决定遵循价格的调整，可以快也可以慢。如果企业急需提高利润率，它就会迅速做出反应,这时竞争者的提价,就会受到欢迎,因为它为企业实现上述目标提供了机会。

相反,如果企业希望以顾客的朋友的身份出现,那么企业就不会急于做出反应。首先提价的企业经常被认为是高价供应商。一些企业已经掌握了一定的技巧,从来不首先提价,总是追随竞争者慢慢地提高价格,从而扮演了低成本供应商的角色。这种策略的关键在于调整反应速度:过快,顾客没有注意到;过慢,利润就会损失。只有利用经验才能找出最佳的时机,但是在这一阶段中,销售人员要向顾客强调企业在尽力维持原价不变。

对竞争者的降价行为迅速做出反应是为了避免竞争威胁。面对不尽人意的销售额或市场占有率,企业就要迅速采取措施,阻止竞争者获利。然而,如果企业有忠诚的顾客,只要他们能在较长的时间内接受高价,企业就不必急于做出反应。

总 结

价格是开发有效的市场营销策略的一个主要元素,它是营销组合中唯一一个可以直接带来收入的元素,其他一切都是成本。本章解决了以下几个关键问题:

1. 定价策略是建立在名义成本、竞争和市场价值基础上的,为产品定价时要同时考虑这 3 个基本要素。成本代表建立一个可行商业方案的价格底线,而竞争和顾客则影响整体价格水平。

2. 定价水平也会受到许多其他的市场战略的影响,即定位策略、新产品推出计划、竞争策略、渠道管理策略和国际营销策略,定价决策必须将这些营销组合的所有元素整合起来。

3. 定价是动态的,因此市场营销人员需要面对有关初始价格变化的决策或者对竞争者的价格调整做出回应。无论是提价还是降价,都需要考虑多种因素。这些决策很重要,因为它们影响到公司的整体盈利水平。

4. 定价策略涉及一些道德方面的关键问题。价格合谋是违法的,其他不道德的手段如欺诈定价、倾销等都是监管机构需要注意的目标。较高的价格透明度可以帮助消费者避免被不择手段的商家利用。

关键术语

完全成本定价(full cost pricing):按照产品的单位总成本进行定价的方法。

边际成本定价法(marginal cost pricing):按照产品的边际成本(单位产量增加所形成的成本的增加量)进行定价的方法。

投标定价法(competitive bidding):招标人为产品制定详细的说明,并对合同进行招标。

随行就市定价法(going-rate pricing):企业制定的产品价格主要基于竞争者的价格,而不是成本。

顾客经济价值(economic value to the customer，EVC)：顾客愿意支付的使新产品与现有产品的整个生命周期成本相同的价格。

心理定价(psychological pricing)：根据价格水平对消费者心理产生的冲击程度来制定的价格。

平行进口(parallel importing)：有些进口商从一个国家的销售商那里购买产品，然后将产品卖到另一个国家的销售商那里，而那些销售商并不是制造商的正规分销商，由此使同一产品的价格在不同国家产生了巨大差异。

价格附加(price escalation)：产品投放到国际市场时所产生的额外成本——包括运输费用、关税、汇率和通货膨胀率。

权衡分析(trade-off analysis)：为了决定对产品的偏好，顾客在价格和产品质量以及其他特点之间进行比较分析。

分项定价(price unbundling)：分别对所提供的产品的每一个要素进行定价，以提高整个产品的价格。

练习题

1. 会计人员会对利润率感兴趣；销售经理则希望低价推动销售；市场营销经理更热衷于以高价来确定企业在市场中的优势地位。你是否同意有关定价的这些说法？

2. 企业要投产一种声音激活的语言译码机，冲着这种装置说话，机器就会通过电子装置将其翻译成相关的语言，传递给听者。作为市场营销经理，你在给这种产品定价时应该考虑哪些因素？

3. 为什么依据产品对顾客的价值来定价比依据生产成本来定价是更合理的定价方法？成本在定价中起什么作用？

4. 讨论一个追求建立目标的企业是如何应对竞争对手的降价或提价的。

5. 讨论为国际市场产品定价需要注意的特殊问题。

6. 访问 www. vodafone. co. uk，www. o2. uk，www. orange. co. uk 和 www. easymobile. co. uk，比较这些企业对其产品的定价。精确比较一个移动电话包的成本，难度如何？你为什么这么看？

案例8　索尼 PS3：国王的陨落

在过去的 7 年里，三大巨头——索尼、微软和任天堂，瓜分了电视游戏机市场。它们最近发售的下一代游戏机已经引发了新的战争，它们的目标已不仅仅是出售游戏机，而是要成为真正的室内娱乐中心。在通向目标的路上，它们采用了不同的营销和定价策略。

新的国王正在诞生……是吗？

在 PS3 发售之前，索尼凭借 PS2 的热卖一直稳坐游戏机市场的头把交椅。从

2000 年到 2006 年，在全世界卖出了 1 亿台的 PS2。索尼相信这些销量数字自己会说话，公司的声誉会帮助 PS3 再度成功。但是却事与愿违……

PS3 于 2006 年的 11 月在日本和美国发售。当时，索尼发售了两个版本的游戏机：一个是 20Gb 的硬盘，另一个更贵一些，是 60Gb 的硬盘。除了其他的一些差异外，两种型号都配备了高清制式的蓝光 DVD 播放器和高性能的显卡。而次年 3 月索尼在欧洲的发售就有所不同，仅仅出售 60Gb 的型号，认为应该等这个市场对 20Gb 的型号有需求的时候再发售该型号的产品。结果，几个月之后，由于销量很低，20Gb 的型号被人们抛在脑后。

PS3 号称是市面上最强大的游戏平台。索尼希望它在电视游戏和多媒体娱乐行业中都成为新的行业标准。索尼确实一方面配备了具有强大计算能力的显卡，另一方面又有蓝光播放器，与微软的 Xbox360 和任天堂的 Wii 相比这是两个巨大的优势。在这个意义上，索尼认为 PS3 不仅仅是游戏机，还是家庭的娱乐中心，就像它在 PS 网站上说的那样："PS3 提供了新一代的交互式娱乐系统，用以享受蓝光碟片电影，尖端的高清游戏，轻松的音乐，视频、图片存储，便捷的 PS 网络（PSN）和更多精彩。"既然明确指出 PS3 会提供更多精彩，那么就必须在操作平台上有更多改进。当时索尼电脑娱乐公司的总裁 Phil Harrison 在 2007 年 2 月宣布："PS3 这样的平台已不再是你从前购买的游戏机。虽然还是一样的芯片，但软件却一直在与时俱进。我们将继续升级它，不仅为了开发者的体验，更为了消费者。"

通过 PS 网络实现的许多在线服务增强了消费者的体验。它让网上冲浪、免费在线游戏（不包括大型的由多人在网络中扮演角色的游戏，比如魔兽世界）、音频视频聊天、即时通信成为可能。PS 网络还能接入 PS 商店——一个网络商店，它给玩家提供免费的或者付费的数字产品：游戏试玩，游戏和电影预告片，专营游戏（包括之前 PS 版本上的游戏，如世嘉创世纪）。索尼宣布未来 PS 网络还将融合高清电影和音乐。此外，PS 网络还将在几个月之后接入 PS 家园——一种"栩栩如生"的虚拟世界，玩家可以形成社区，创建自己的人物形象，拥有一个巨大的虚拟空间，存放自己的内容（照片、电影、游戏解锁物品等）。最后，PS 网络能使 PSP 通过 WiFi 读取 PS3 的硬盘。

之前提到过 PS3 有蓝光播放器，目的是推广蓝光制式，使之成为未来 DVD 的碟片标准。事实证明这项举措耗费了索尼巨大的成本。蓝光二极管的昂贵造价一定程度上解释了 PS3 迟迟发售的原因。此外，2006 年有两项研究表明，只有很少的 PS3 玩家对蓝光功能感兴趣。

这个顶尖级设备确实很昂贵。在美国，20Gb 版本的发行价是 499 美元，60Gb 版本的发行价则是 599 美元。尽管价格很高，还是有许多人在发售日排队等着购买，有的甚至在上架前一周就开始排队。事实上索尼存在很多产品问题，因而被强制推迟了发售，这让追随者更不耐烦。另外这些问题使得索尼只能在日本和美国市场限量发售 PS3。结果许多人购买 PS3 只是为了尽快在易趣网上转手挣差价（比如，2006 年 11 月 16 日到 22 日，28 500 台 PS3 以 1 276 美元的均价出售）。

由于索尼拥有了更长的准备时间，所以在欧洲发售没遇见同样的问题。2007 年 3 月 23 日以 599 美元的价格发售了 1 亿台 PS3（英国稍贵一些，425 英镑约合 635 美元），价格又一次没能阻碍它的商业成功。在线销售商被包围：比如在 www. play. com 上的 PS3 预售量是 Xbox360 的 6 倍，是 Wii 的 15 倍。在英国，PS3 成为了销售最快的家用游戏平台，在市场上两天就售出 200 000 台中的 165 000 台（与此形成对照的是在相同的发售期，只卖出了 105 000 台 Wii 和 70 000 台 Xbox360）。

与销量数字形成对比的是索尼举办了许多庆祝其在欧洲发售的晚间活动，却鲜有人参加。在巴黎和伦敦，只有很少人在第一天到了现场，这与 PS2 发行时的场面大有不同。一些分析人士指出，尽管 PS2 发售前公开了许多缺点，但还是有大量排队的人群，PS3 百万台的发售量让人们不愿意在发售日去排队到深夜，因为他们可以在以后再买。不过索尼确实在乎那些发售日排队的人。比如，那些在伦敦维京商场排队到深夜购买 PS3 的人得到了免费的 46 寸高清电视和回家的出租车费。尽管如此，但接下来几周和几个月的销售方式还是引发了一个关键问题：PS3 是不是一个泥足的偶像？

激烈的竞争

由于存在竞争，PS3 的销量确实不如预期。首先，微软的 Xbox360 与索尼的平台几乎一样强大，最大区别是没有蓝光播放器。Xbox 360 早一年发售（2005 年 11 月底、12 月初），在 PS3 发售的时候它已经卖出了 530 万台。像 PS3 一样，Xbox 360 通过 Xbox Live 实现了在线的免费或付费服务。这些服务包括：聊天、即时通信、专有游戏和视频点播。尽管如此，Xbox 360 也遇到了很多技术问题，并在视频游戏网站、博客和视频分享网站上被大量转发。糟糕的形象迫使微软迅速对消费者的不满做出回应。

最近，这个市场中的竞争者是任天堂的 Wii。从技术上讲，它要远远落后于其他两个，但是玩法却别具一格。它的基本控制器 Wiimote 有运动传感器的功能，使玩家可以通过移动与屏幕相交互来操纵屏幕上的物体。结果玩家非常感兴趣，电视游戏起到了前所未有的社交功能。这使 Wii 从大量的公共关系活动中获益。此外，Wii 的价格远低于 Xbox 360 和 PS3：在欧洲的价格是 249 欧元（179.99 英镑），并配有一个 Wiimote 和 Wii 体育游戏。Wii 还允许玩家创建自己的人物角色（叫做 Mii），在很多游戏里都能用这个角色；它还提供了许多在线服务（天气预报、能下载旧版本游戏的虚拟商店、社交网络）。这个明智策略的主要目标人群是非玩家和传统任天堂产品的忠实粉丝，并取得了巨大成功：自 2008 年 7 月 16 日起，任天堂卖掉 2 865 万台 Wii，同时期 Xbox 360 的销量是 1 960 万台，PS3 只有 1 396 万台。这样的成功甚至超过了任天堂的最高预期，为此公司经常面对货源紧缺的局面。由于很多人认为他们玩游戏时得到了身体锻炼，Wii 的成功得到放大。这激发公司推出了 WiiBoard 控制器和 Wiifit 游戏。有了这些配置，玩家可以体验很多体育运动（如健身房、健美、滑雪等）甚至瑜伽。然而，作为回应，谣言在 2008 年年初开始四起，传微软正在开发能玩体感游戏的 Xbox 360。这让微软能够锁定享受超凡视觉体验的非玩家。

与竞争对手相比，Wii 的低价成就了它的巨大成功，微软和索尼也不得不降价。尽管在日本上市以前，索尼就已经宣布降价两成，但还是太贵。2007 年 7 月，索尼 PS3 的价格在美国降了 100 美元（几周后在欧洲打折了 100 欧元）。微软也在美国打折了 50 美元，在欧洲打折了 50 欧元；2008 年 3 月中旬又大幅降价。iSuply 的研究表明，每销售一台 PS3，索尼就亏损 240～300 美元；微软每台控制器亏损 120 美元，它主要是通过游戏和许可证销售来赚取收入。与此同时，两家公司都增加了许多型号，尽可能压低价格，尽管这意味着其产品质量也略有下滑（见附录 1）。相比之下，任天堂从一开始就因它的技术选择而获得收益，此外旺盛的需求也使得它不需要降价，即便在竞争对手降价的时候会有很多降价的谣言。

就像价格竞争一样，三家公司都进行了大量的针对消费者的宣传活动：电视和广播广告、网络广告和竞赛、公关活动。比如 Wii 推出时的推广预算是 2 亿美元，这是任天堂历来最大的推广投入。

问题：

1. 任天堂、索尼和微软对游戏控制器的最初定价策略一样吗？

2. 3 个企业定价决策的关键影响因素相同吗？

3. 分析索尼和微软的价格变更策略。你怎么认识任天堂对 Wii 的不降价策略？

表 C8—1　　　　　　　　　　　　　　PS3 的不同型号

特征	20Gb（NSTC）	40Gb（PAL/NSTC）	60Gb（NSTC）	60Gb（PAL）	80Gb（NSTC）
在产	否	是	否	否	是
颜色(全部光面)	钢琴黑	钢琴黑 陶瓷白（仅美国、亚洲和日本） 缎布银	钢琴黑	钢琴黑	钢琴黑
USB2.0 端口	4	2	4	4	4
802.11b/g WiFi	无	有	有	有	有
闪存卡读卡器	无	无	有	有	有
镀铬装饰	无	无	有	有	有
SACD 支持	有	无	有	有	有
PS2 向下兼容	有（硬件）	无	有（硬件）	有（软件模拟）	有（软件模拟）
发行时间	2006 年 11 月	2007 年 10 月	2006 年 11 月	2007 年 3 月	2007 年 8 月

表 C8—2   Xbox 360 的不同型号

特征	Elite	Premium	Arcade	Core
在产	是	是	是	是
建议零售价（2008 年 3 月 14 日）	美国 449.99 美元 英国 259.99 英镑 369.99 欧元	美国 349.99 美元 英国 199.99 英镑 269.99 欧元	美国 279.99 美元 英国 159.99 英镑 199.99 欧元	美国 279.99 美元 英国 199.99 英镑
发行时间	2005 年 11 月	2007 年 8 月	2007 年 10 月	2005 年 11 月
外观	磨砂黑、镀铬纹	磨砂白、镀铬纹	磨砂黑	磨砂白
存储	120G 硬盘	20G 硬盘	256M 内存	无
以太网	有	有	无	无
Xbox360 耳机	有	有	无	无
内置音频、视频电缆口 适配器	HDMI1.2（HD） 混合组件、集成数字、模拟接收器	混合组件/集成	集成	集成
HDMI 接口	有	有（自 2007 年 7 月起）	有	无
绑定游戏	旋转泡泡球	旋转泡泡球	Xbox Live Arcade 编译盘	视区域而定

第9章 整合营销传播1：大众传播技术

本章框架

- 整合营销传播（IMC）
- 开展整合传播活动的流程
- 广告
- 促销
- 公共关系及公共宣传
- 赞助
- 其他促销工具

学习目标

在学习本章之后，你应该理解：

1. 整合营销传播的概念。

2. 7 种主要的促销工具的特点。

3. 如何开展整合传播活动——目标客户分析、目标制定、预算、信息和媒体决策以及活动评价。

4. 广告在促销组合中的性质和作用。

5. 促销、公共关系/公共宣传、赞助在促销组合中的作用。

营销聚光灯

玛莎百货广告方案

市场营销的最大挑战是信息的传播。这种一部分是艺术一部分是科学的行为对于组织的价值有着巨大的影响。成功的电视、出版物或者户外推广可以使公司的市场地位发生改变，并且能推动其产品和服务的销售。许多其他的推广方式对于改善公司的市场地位是无效的。在开展一项推广活动之前最大的困难是不能真正确定这项活动能否起作用。一些成功的营销策略（如李维斯的501s营销（见第1章）或阿迪达斯的"Impossible is Nothing"营销（见第9章））引起了消费者的共鸣，这在营销策略实施之前是无法被预测到的。这是成功营销所面临挑战的一部分。

玛莎百货过去几年价值的变化已经成为一个典型的案例。玛莎百货是英国最伟大的公司之一，它为消费者提供服装和高质量的食品。20世纪90年代末，玛莎百货已经在英国零售市场占据领导地位，不过在商场上从来没有什么是绝对的。专业的零售公司如 Next、Gap 和 Zara 开始蚕食玛莎在服装市场中的份额，因为玛莎的产品被认为是古板、保守的，无法满足现代消费者的需求。玛莎管理层的重组也没有能阻止市场份额的快速下降。

世纪之交，在食品以外的其他所有领域，玛莎的市场份额都在下降。在曾经占据主导地位的市场中——特别是像女装这样的市场——玛莎把削减成本以增加销售量作为当务之急。公司的营销人员需要创造较好的交流信息以吸引现代女性的目光。在它第一次尝试这样做时，玛莎采用了一个有风险的营销战略，并最终导致了灾难性的后果。在以女性为对象的广告中，很多广告都被消费者批评没有突出女性苗条和漂亮，而玛莎以 "I'm normal" 为广告语的营销活动呈现出更强调自然的风格。其中，为某一品牌服装代言的 Amy Davis，赤裸地在爬一座小山。作为一个以卖衣服为目的的营销策略，它没有起到任何作用反而导致了品牌的声誉跌至谷底。相比之下，Dove 的 "campaign for real beauty" 的营销策略，反映出了现实的吸引力。

玛莎的复兴源于 "Your's M&S" 的营销方案。随着玛莎的衰退，它逐渐成为好几家公司的收购目标，"Your's M&S" 的营销方案正是在这个背景下产生的。这个方案的想法是重新灌输玛莎的质量、服务和价值的核心历史观，并试图传达给英国消费者这样一个信息——玛莎是"属于"你们的公司。像 Twiggy, Lizzie Jagger 和 Erin O'Connor 等英国明星都参与了这个广告的拍摄，在玛莎历史上从没有任何一件衣服在一个星期内的销售量能超过 Twiggy 在拍摄的广告中穿的一件衬衫的销售量。食品的广告则用了 "This is not food, this is M&S's food" 的口号，当热巧克力布丁出现在它的一个广告中时，其销售额提高了 288%。"Your's M&S" 的营销策略最终使玛莎第一年就增加了 18 万的顾客量，同时销售量和利润都大幅增加。

这个广告被广告从业者协会评为 2005 年英国最有效的广告活动。虽然玛莎并没有完全脱离困境，但是这个案例表明有效的广告可以帮助企业改变最困难的境况。这个案例同样体现了广告和促销的成功与失败之间只有一线之隔，这就是广告的挑战和令人兴奋之处。

正如上述案例所示，促进产品和服务的销售是营销活动的关键，但不幸的是，一些人认为促销是营销的全部。不过，到目前为止这本书的读者会认识到营销的内容不仅仅是促销。促销活动可以很广泛——即把市场作为一个整体。这些被称为大众传播技术，本章将重点讨论这一内容。然而，近年来，我们可以看到针对个人的促销活动显著增加。这被称为直接传播技术，下一章我们将讨论这部分内容。整体营销的技术范围通常被称为"促销组合"，它包括 7 种主要的元素。

1. 广告：在主要媒体（电视、出版物、海报、电影和广播）上以付款方式进行的创意和产品的非人员展示以及促销活动。

2. 促销：用于刺激顾客购买或刺激贸易的手段。

3. 公众宣传：在媒体上发布有关产品或组织的新闻，而不用直接为时间和空间付费的传播方式。

4. 赞助：将公司或者其产品与某个人、某件事或某个组织结合在一起。

5. 直复营销：通过使用在某种程度上可以衡量消费者反应的互动传播方式，向目标消费者销售产品、提供信息和开展促销活动。

6. 网络营销：通过网络技术告诉消费者和企业关于产品、信息和促销收益的分布。

7. 人员推销：对潜在购买者进行的为促成交易的口头沟通。

除了这些促销工具，市场营销人员还可以使用其他的一些技术，比如在展览、电影、歌曲和视频游戏中植入广告，这种广告方式在近几年出现了快速的发展。然而，在任何进一步行动之前，都需要强调的是：不能孤立地采取某种营销策略。正如我们之前看到的一样，营销组合的各个方面都需要仔细地融合在一起。为了更好地与目标市场沟通，所使用的促销组合必须与产品、定价和分销方面所作出的决定相一致。

9.1 整合营销传播

在各种不同的营销技术中，市场营销的一个关键决策是选择一个促销组合的**目标受众**（target audience）。在表 9—1 中，我们总结了上述 7 种促销方式的优缺点。市场营销人员需要结合营销目标仔细权衡这些利弊，以决定应该对每种方式投入多少资源。例如，在 2002 年，快速消费品巨头——联合利华，花费了 73 亿欧元在营销上，但在广告促销上的投入仅为 40 亿欧元，刚刚超过其营销费用的一半。

通常，以下 5 个方面的考虑对于促销组合的选择有着重大的影响：

1. 资源的数量和促销工具的成本：推出一个全国性的广告需花费好几百万英镑。如果资源有限，那就必须借助一些更廉价的营销工具，如直复营销或宣传。

2. 市场规模和市场集中度：如果是一个小而集中的市场，那么个人销售是可行的。但是，对于一个大而分散的市场来说，个人销售给是不符合成本效益原则的。在这种情况下，广告或直复营销可能是更好的选择。

3. 客户的信息需求：如果客户需要复杂的技术说明，那么个人销售是首选。如果需要的是合适的品牌形象，那么广告可能更适合。

4. 产品特点：根据上述论点，生产工业品企业往往更多地使用个人销售，而消费品公司倾向于使用更多的广告。

5. 推动与拉引策略：**分销推动策略**（distribution push）是把产品出售给渠道中间商（如：零售商），它依赖于个人销售和贸易推广。**消费者拉动策略**则绕过了中间商直接向消费者传达信息。消费者的需求将帮助我们说服中间商大量购进该产品，广告和消费者促销更适用于这种情形。

随着促销技术的扩张，越来越需要协调信息及其执行。这一问题正成为一个越来越严重的挑战，例如，广告由广告部门控制，然而个人销售策略由销售部门控制，导致这两种方式间缺乏协调的过程。这也导致越来越多的公司采用整合营销传播的策略。**整合营销传播**（integrated marketing communications）是指公司通过协调各种营销传播手段（广告、促销和公共宣传等），传递关于组织和产品的清晰的、连贯的、可信的、具有竞争力的信息，使传播影响力最大化。整合营销传播意味着，网站的视觉效果与广告中描绘的形象一致，也意味着在直复营销中传播的信息与在公众宣传中传播的信息相一致。

表 9—1　　　　　　　7 种主要促销组合工具的主要特点

广告：	网络营销：
*因为能迅速传播给很多受众，所以能很好地构建产品形象	*低成本，却可覆盖全球
*重复意味着品牌的定位概念可以被有效地传达；电视广告在这方面的效果尤为明显	*网站的访问量可以被测量
*可以用来帮助销售：使观众接受公司和它的产品	*可以建立公司与其客户和供应商之间的对话
*非个人的：缺乏灵活性，不能解答问题	*可以快速廉价地改变产品的目录和价格信息
*完成销售的能力有限	*搜索和购买商品很便捷
	*避免了与销售人员进行谈判和争论的必要性
个人销售：	
*互动：可以回答客户的问题	促销：
*适应性强：可以根据客户的需求更改演示方式	*激励机制能快速提高销售量
*可以进行更复杂的说明	*影响可能只是短期的
*其私人性质有利于跟客户建立良好的关系	*过度使用一些激励措施可能会恶化品牌的形象
*提供了完成销售的机会	
*成本高昂	公众宣传：
	*由于消息来自第三方，所以可信度高
直复营销：	*与贸易和技术出版物上的广告相比，读者更多
*直接瞄准单个消费者最有可能促使他们产生购买欲望	*无法掌控：一则新闻也许有用也许没有用，而且内容容易被曲解
*可以实现个性化沟通	
*容易衡量短期效果	赞助：
*通过定期接触可以与消费者建立持久的关系	*对塑造品牌和产生公众宣传效果非常有用
*其行为不易被竞争对手觉察	*提供了一个娱乐合作伙伴的机会
*回应率通常很低	*一般用来展示公司在当地社区或社会的商誉
*针对性不强的直复营销活动易引起消费者的反感	*由于传统媒体，碎片化正变得越来越流行

整合营销传播能提高传播的一致性，并使企业及其产品在消费者的脑海中定位更清晰。

关于整合营销传播过程的一个简单模型如图 9—1 所示。信息源（或传播者）把要传播的观念翻译成文字、图片和数字组成的象征物——例如广告——来编码信息。这个信息通过电视或网络等媒介来传递给受众，选择这些媒体是因为通过它们可以用期望的方法将信息传送到预定的目标受众那里。"噪音"——传播过程中的干扰和扭曲——可能阻止信息向某些目标受众传递。消费者每天接收到大量的促销信息，这导致营销人员削减"噪音"变成了一种挑战。当接收者看到或听到这个消息时，该信息就被解码了。解码是接收者解释发送者所传递的信息符号所具有的含义的过程。为使信息可信，传播者在编码信息前需要了解他们的目标，否则，受众的回应可能是怀疑或排斥。在个人销售（personal selling）的情况下，销售人员能在异议提出之际或购买结束之时立即得到来自购买者的反馈。相对其他的促销方式（像广告或销售）

来说，反馈依赖于对广告效果进行估计的营销研究或依赖于激励措施带来的销售增加。

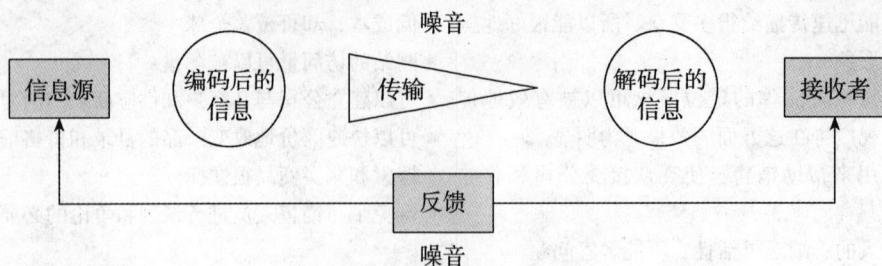

图9—1 传播过程

9.2 开展整合传播活动的流程

对于许多中小型公司来说，整合营销传播计划涉及的内容多一些，它需要评估公司所能负担的成本，不同媒体资源的分配，在适当的时候还需要看看销售量是否真的增加了。为避免浪费宝贵的企业资源，对整合营销传播应该仔细地加以计划和评估。图9—2列出了这个过程中所涉及的阶段。

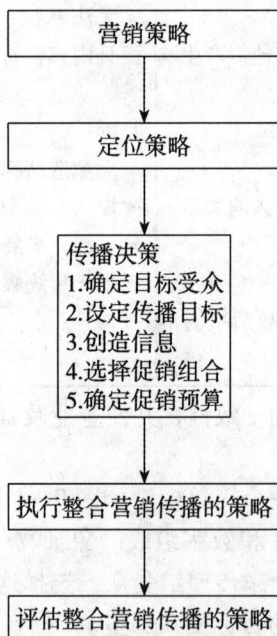

图9—2 实施整合营销传播的框架

这个过程首先审视公司的整体营销策略以及它的定位策略和预期的目标受众。公司在市场中试图实现什么？营销传播扮演什么样的角色？比如，如果公司试图重新定位品牌或试图改变消费者的态度，那么广告可能在营销策略中扮演一个更重要的角色，当然它必须和其他的营销工具整合在一起使用。整合营销传播活动的目标应该事先设定，而且这个目标必须能被量化。比如营销目标是增加一定量的销售额，或者在针对年轻人的市场中增加几个百分点的市场认可度。只有当这些步骤都完成以后，企业才可以考虑它们应该传播什么信息（信息决策）以及如何传播这些信息（促销组合决策）。这些都是比较复杂的决策，我们将在本章的余下部分和下一章讨论它们的细节问题。通常需要在董事会层面通过营销活动的预算方案。接下来，需要在营销活动结束后对营销活动的效果进行评估。下面我们更细致地探讨几种主要的大众传播技术。

9.3　广　告

广告市场是一个非常大的市场。在 2005 年，英国的广告市场份额达到将近 190 亿英镑。长期以来，对于广告一直有一个很大的争议就是广告是如何起作用的。一个共识是因为广告有多种不同的目标，因此没有一个无所不包的理论来解释所有的广告是如何起作用的。例如，通过提供返还券促成立即购买的广告和旨在加强消费者对企业形象认同的广告就不同。一种观点认为，广告是一种强大的力量，强大到它能促使消费者实现从对于某件商品仅仅有意识（awareness）到有兴趣（interest）再到有欲望（desire）购买，最后到实际购买（action）的转变（通常简写为 AIDA）。另一种观点是——意识（awareness）、实验（trail）、加强（reinforcement）、模型（ATR 模型）——认为广告通过加强信念而保留了现有的客户，达到维护品牌的关键作用。根据产品的性质和消费者参与的程度不同，广告可能扮演了很多不同的角色（见第 3 章）。

9.3.1　制定广告策略

无论公司是否正进行一项广告活动，图 9—2 所确定的步骤都是恰当的。**直复营销**（direct marketing）或**促销**（sales promotion）设计的变化只是细节问题。在这里，我们研究一些具体的广告问题。

9.3.2　确定广告目标

广告最终是一种刺激销售、提高利润的手段，但如果你理解了它的传播目标，你会发现广告有更大的经营价值。广告可以有一系列的传播目标。首先，它可以用来建立一个品牌的知名度或者作为一个针对公司问题的解决方案。当一个新产品推出或者公司进入一个新的市场时，建立知名度很关键。其次，广告可以用来刺激对商品的试用，比如汽车广告鼓励驾驶者参与驾车体验。最后，如我们在第 5 章中所看到的，广告能帮助提升产品在消费者心目中的地位，比如欧莱雅重复使用的口号是 "Because I'm worth it"，又比如英国皇室（Ronseal）的广告语 "It does exactly what it says on the tin"。广告还包括诸如纠正人们对产品或服务的误解、提醒客户销售或优惠的信息、为销售人员提供支持等一些其他目标。

9.3.3　确定广告预算

广告预算决定着传达目标能否实现。有 4 种确定广告预算的方法。一个简单的方法是将广告预算设定为"占销售额的百分比",这种方法根据当前或预期的收入确定广告的预算。然而,这种方法存在一个缺陷,那就是在销售额下降时它会引起广告支出下降,这可能导致销售额螺旋式下降。此外,有时市场需要增加广告的投入,而这种方法却对市场机遇不理不睬。比如,通用汽车在 2007 年上半年削减了 27% 的广告支出,因为其在美国市场的销售额一直在下降。此外,公司可以将它们的广告支出与其竞争对手的支出相匹配,或者根据它们主要竞争对手的广告支出额使用类似于"占销售额百分比"的方法来确定自己的广告预算。这种方法也存在一些缺陷,因为它假设广告支出的竞争已经达到了最优的水平,忽视了市场机会和传播的目标。有些时候公司根据它们的支付能力来确定广告预算。当将承受能力作为企业广告预算支出的唯一标准时,就容易导致传播目标与公司产品难以统一,错失许多可以增长销售量与利润的市场机遇。

设定广告预算的最有效的方法是"目标和任务"方法。这种方法是合乎逻辑的,因为广告预算依赖于传播的目标以及完成这些目标任务的成本。它迫使管理层思考传播的目标、媒体的曝光次数以及由此产生的费用。在实践中,广告预算的决策是一个高度政治化的过程。财务人员出于谨慎的考虑可能希望广告费用少一些,但是营销人员将广告视为长期品牌建设的方法,他们会支持更多的广告预算。虽然广告支出可能是最有效的支出,但是在经济放缓时期,广告费用通常是第一个被削减的。

9.3.4　信息决策

广告信息(advertising message)是将公司的基本销售主张或广告平台(advertising platform)转换成对于目标受众有吸引力和实际意义的文字、符号和图案。在 20 世纪 80 年代,IBM 意识到,许多客户购买其电脑是因为他们觉得跟一个知名的供应商交易更放心。于是 IBM 在确定/低风险的广告平台上开展了一次广告活动。这个平台被转换成广告信息 "No one ever got the sack for buying IBM"。正如我们将在下面看到的,可供广告客户选择的媒体是众多的,因此,制定消息的一个挑战就是要保持信息的简洁,并且保证信息在不同媒体之间的适用性。比如,易趣最近的一个广告活动关注"It"这个单词。这个单词的意象不断出现在海报、平面媒体和电视上,并且像病毒一样在互联网上迅速传播。"It"最后成为易趣广告语 "Whatever it is, you can get it on eBay" 的一部分。

大多数人只是浏览一下印刷广告的标题而很少去看它的内容。正是基于此,一些广告商建议公司或品牌的名称应该出现在广告的标题中,以免读者不知道广告的来源。像 "Good food costs less at Sainsbury's" 和" United Colors of Benetton" 这样的广告标题就做得比较好,因为它们很好地将顾客的利益或属性与公司的名字统一在一句话中。即使没有阅读广告的内容，客户依然能通过强有力的标题将信息传达给消费者。

广播电视的消息也必须建立在一个强大的广告平台之上（参见营销实例9.1）。因为电视广告通常持续的时间只有 30 秒左右甚至更少，因此大多数的电视广告只有一个主要的卖点诉求，有时候也将这个诉求称为"专心主题"它是该品牌最具有激励性和差异性的方面。可以使用从生活方式到幽默再到显著广告等各种创造性方式来处理这个问题（参见插图 9—1）。像雅诗兰黛等一些化妆品品牌虽然在最初的广告中使用了很多顶级模特和名人，但是它们也有用表现生活方式的方法来做广告的传统。即使最近有研究表明它获得关注的能力正在减弱，但是在广告中依然频繁使用性感这个有冲击力或令人瞩目的广告策略。诸如低成本航空公司、超市和银行等公司频繁使用比较的广告策略来揭示它们的相对价格优势。这是一个比较危险的策略，因为它可能会导致法律纠纷。比如，阿斯达和乐购之间的法律纠纷，因为阿斯达公司宣称它是"真正"价格最低的超市。

插图 9—1　2007 年，吉百利通过让一个大猩猩敲打爵士鼓的视觉画面来对它的牛奶品牌促销。这个广告策略虽然风险比较高，但是这个广告后来成为一个轰动性的电视广告，而且取得了病毒式营销的效果。如何理解这个广告所蕴含的信息由你自己决定

电视广告通常用来构建品牌个性。品牌个性就是广告试图传达的信息。兰顿认为，品牌个性有不同的用途，可以是进行自我表达与打消疑虑的一种方式，也可以作为传达品牌功能的工具和诚信可靠的符号。产品类别的不同，品牌个性对于消费者的价值也不相同，这取决于他们使用品牌的目的。在诸如香水、香烟、酒精饮品和服装等"自我表达"类的产品中，品牌是消费者用来展示给公众其人格特性的一个"徽章"（我选择这个品牌来讲述我自己 [Tommy Hilfiger 的例子]）。在营销实例9.1中我们展示了一些领导品牌的营销活动。

为了使受众能在日益增加的广告中保持关注，很多公司都推出了一些日益新颖的创意方案。例如，2008 年本田和第 4 频道联合推出了第一个直播的电视广告。它们直播

了一个高空跳伞的场景，其中有 19 个特技阐述了这个汽车制造商的品牌名称和广告口号 "Difficult is worth doing"。直播之前和之后的主动宣传都使本田获益。

营销实例 9.1：创造和传递信息

学习指南： 下面是对几个欧洲电信业的领导品牌曾使用过的广告信息的回顾。认真阅读它，并考虑这些方法的优点和缺点。

广告是一个具有高度创造性的过程。公司有它们想传达的信息，于是它们跟广告公司一起寻找一些途径来传播这些信息。通常，这是一个很具挑战性的过程。我们用移动电话网络产品来讲述这个问题。从技术上来说，手机网络是一个彼此通信的连接系统，它可能不是世界上最令人兴奋的技术。但是，为了发展它们的业务，不同的移动电话运营商必须找到能够连接客户的方式。

Orange 公司一直是移动电话运营商中最成功的公司之一。在 1994 年 Orange 公司成立时，手机市场还是一个很混乱的领域，消费者难以跟上技术进步的脚步，他们也不能理解运营商提供的收费策略。Orange 的策略与其竞争对手的策略背道而驰，它关注于古怪的名称和颜色，甚至都没有提到手机。这一策略在其广告语 "The future's bright, the future's Orange" 中得到充分体现，这个广告语使面临上述挑战的消费者感到心安。这种情感诉求取得了成功，它的用户群在 1995 年的基础上增加了一倍，1996 年它成为进入"金融时报指数"的最年轻的英国公司。现在，它作为法国电信的一部分，在整个欧洲市场成功地运用了类似的策略，使得它成为法国、以色列和瑞士等欧洲国家的市场领导品牌之一。

类似地，世界上最大的移动电话厂商——沃达丰集团，最近也将其焦点放在了情感诉求上，它使用了 "Make the most of now" 的广告语。这通过标志性的"蜉蝣"电视系列广告得到体现，这个广告颂扬了生活起居要有效率的美德。蜉蝣的预期寿命只有一天，观众被要求想象如果我们的生命也只有一天，生活会变成什么样子。移动电话或网络没有出现在这个广告中，但是这个广告的含义是：时间是宝贵的，手机可以帮助使用它的人充分利用时间。新一代手机的 3G 服务，进一步增强了其节省消费者时间的价值。具有讽刺意味的是，只有时间会告诉我们本次活动是否能有效提高 3G 手机的普及率或提高沃达丰的市场份额。此外，一些领先的移动电话运营商采用的广告类型体现了吸引消费者的新颖手法。

基于： Cane（2005）；Carter（2005）

9.3.5　媒体决策

因为可供广告商选择的媒体形式繁多，比如有数百个电视频道和广播电台，因此媒体选择的决策已经成为一个很重要的问题。我们将在技术焦点 9.1 中讨论广告中技术变化的一些整体效果。

技术焦点 9.1：电视广告的新形式

技术的发展正在改变适用于各种层次的大众传播方式。首先，媒体形式越来越多，这导致了挑战与机遇并存。少量的地面电视或电台频道已经被替换为卫星电视或频道。根据受众细分对象，它们变得更加难以实现，但是也有机会专注于小部分的增加。其次，电视广告经常打断电视节目的播放。遥控器和个人视频录像机（PVRs）可以提供一种免打扰技术。再次，这是广告商面临的一个挑战，但也是一个更精确定位广告的机会。PVRs记住观看者的观看模式，当这些记忆被反馈给广告商时，特定的广告就能够传达给特定的消费者。最后，新技术能引发创新，像品牌电视频道和用户生成（User-generated）广告等。

随着互联网的发展，视频分享网站（如YouTube）通过与电视的竞争成为娱乐的来源之一。因此像宝马和奥迪这样的汽车公司已经率先开通在线品牌渠道。宝马系列电影——The Hire，是一系列的8分钟左右的短电影，它们是2001年宝马公司为互联网创作的。为了与宝马的质量声誉相一致，这个广告在制作的时候很注意，以确保它不会被简单地视为是赞美的广告。这一系列电影的主人公英国男星克里夫·欧文，由著名导演约翰·法兰克海默、盖·瑞奇、李安等导演。这一系列电影推出后非常受欢迎，而且它们得到了扩展并一直播放到了2005年。据估计，在4年内，这一系列电影被点播超过100万次，而且现在依然可以在一些病毒视频网站找到它们。数百万的观众注册了宝马网站的账号，这给公司提供了一个巨大的关于宝马拥有者和潜在拥有者的数据库。奥迪的电视频道于2005年在英国正式推出，该频道介绍了奥迪汽车的信息，不过也有一些关于体育或烹饪名人的娱乐消息。但是这并不意味着所有的品牌推广方案都需要迁移到网络上。例如，Luxury Unveiled系列是一个为像中国和俄罗斯这样的奢侈品新兴市场制作的一系列一小时左右的电视纪录片，主要是介绍一些像卡地亚和香奈儿这样的奢侈品品牌。

过去几年互联网中最独特的变化是用户生成内容（User-generated Content）的发展，它支持着MySpace，YouTube和Flickr等类似网站的发展。所以毫不奇怪，用户生成广告在过去几年也出现了增长。像YouTube等一些视频分享网站上出现了越来越多的恶搞广告，一些公司正通过积极邀请用户创作广告来获取这些广告创意，并将这些广告提交到公司组织的比赛中。例如，万事达卡（Mastercard）邀请用户创作广告并上传到它的网站Priceless.com上。Wal-Mart's School My Way邀请美国的高中生参加一个制作网页和视频的比赛，参加比赛的获奖者，其作品将在一个有线电视的商业广告中播放。

其他一些像耐克、丰田和欧莱雅等品牌也鼓励用户创作广告。然而，用户生成的内容可能是非常危险的。有的广告可能从一个很负面的角度来表现一个公司。比如，通用汽车公司的一个比赛引起了一项索赔行动，原因是索赔者认为通用汽车需要为全球变暖负责。即使在公司改变其广告的主题和焦点后仍然有很多人保持在线索赔的状态。用户生成内容的真正优势是鼓励消费者与品牌之间进行互动，它也有利于品牌所有者了解消费者对自己品牌的感受。同时，它带来了任何公司或机构都不能提供的多样化的创作过程。

传统的电视广告离消失还很远，但是它正在改变。它会日益成为一种互动媒介，驱动更多的顾客去寻找它和创作它，而不是仅仅作为生产者的一种驱动或阻碍的力量。

媒体类型（media class，例如电视和平面媒体）的决策和**媒体形式**（media vehicle，例如某种特定的报纸和杂志）的选择是两个关键的决策。我们将在下文中进行讨论这两个决策。

　　表9—2列出了一些主要的可供选择的媒体类型（媒体组合）。媒体策划人可以在电视、出版物、电影、海报、电台等媒体中选择一种媒体形式或者选择这些媒体形式的组合。广告的传播目标对媒体的选择有重大的影响。例如，如果广告的目标是将品牌定位为追求高品位的、梦寐以求的个性，那么电视是比广告牌更好的选择。但是，如果传播的目标是提醒目标受众品牌的存在，那么广告牌就足够了。

表9—2　　　　　　　　　　　　　　主要媒介类型
___

1. 电视

2. 报刊

　全国性的报纸

　地区性的报纸

　贸易和技术出版物

　杂志

3. 广告牌

4. 电影

5. 广播
___

　　每一种媒介都拥有自己的创造性品质和局限。电视广告可以通过动作来展示产品，也可以使用颜色和声音来打造围绕产品的气氛，从而提升它的形象程度。虽然电视是传统上最强大的广告媒介之一，但是考虑到电视观众的碎片化，还是有许多较大的广告商远离它。此外，最近的研究再次质疑当广告播放时观众是不是真的看了它们，研究发现消费者观看广告的时间只有广告播放时间的23%左右，这个时候他们一般在说话、阅读或者在不同的频道之间切换，或是做一些像清洁、熨烫和公务之类的事情。联合利华已对这一质疑作出回应，它减少了其在电视上的广告投放量而增加了在户外和网络上的广告投放量。尽管其他的媒体形式都取得了发展，但电视依然是最大的广告媒介（见图9—3），而且有一些研究表明电视在品牌塑造过程中扮演了一个重要的角色。

　　报刊广告可以提供产品的实际信息，它还有一个优点是允许反复阅读。为保证他们的品牌突出，越来越多的广告商使用彩色印刷的广告。这一领域的领导者有 Orange 公司和易捷航空公司以及玛莎连锁百货。相对于单色广告8%的增长率，报纸上的彩色广告已经增长了53%。杂志可以针对特定的市场，而且"客户杂志"也是一个正在成长的行业，知名品牌如宝马和梅赛德斯出版了由它们的产品的彩色图片组成的杂志。广告牌是一个很好的补充媒介，由于它们的信息简单明了，像司机这样的消费者都能有时间来浏览一下它的内容。意大利的著名咖啡品牌—乐维萨（Lavazza），在机场和大都会区域投放了大量的广告海报，它那光鲜亮丽、时尚杂志风格的广告海报被用于塑造品牌的知名度和形象。尽管日益受到监管，户外广告还是由于城市的扩大、

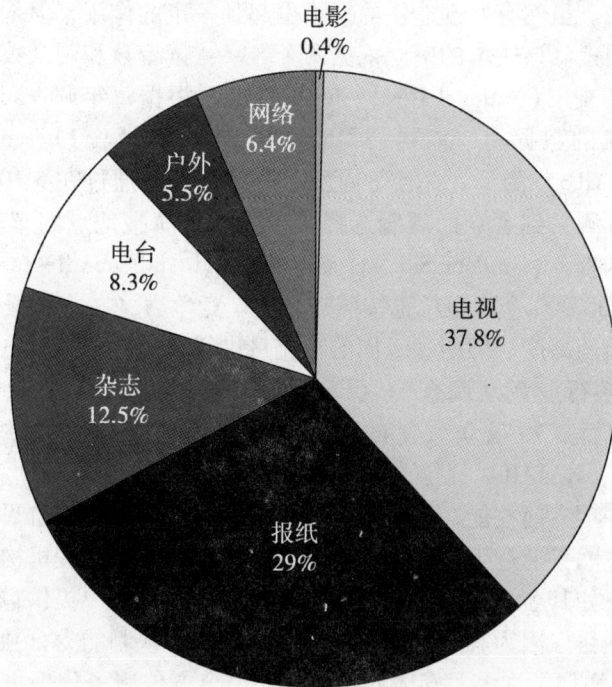

图 9—3　不同类型媒体广告收入份额

数据来源：Zenith Optimedia

地铁的延伸和上下班时间的增加而继续作为一种有吸引力的媒介。由于广播只能使用声音来传达信息，因此广播通常用来传达实际的信息而鲜用于塑造形象。而电影能通过颜色、运动和声音以及一批被"俘虏"的观众来传达广告信息。如果一个品牌试图将信息传达给年轻观众，那么电影是一个特别好的媒介。

一些其他因素也会影响公司对媒体类型的选择。首先，一个重要的因素是广告预算的多少。媒体之间有昂贵与便宜的区别，这很自然。例如，500 000 英镑足够在全国开展一项广告牌的推广活动，而不幸的是，如果用来做电视广告却是远远不够的。用一种媒介传达广告信息给目标受众可能比另一种媒介更便宜。然而，由于媒体类型不同，接触机会（OTS）的计算也不同，这使得不同媒体类型之间的比较变得困难。例如，在英国，报刊的一个 OTS 被定义为"对某出版物的任何一期都至少阅读或观看两分钟"，对于广告牌来说它正好是"车辆通过站点的时间"。其次，进一步需要考虑的是竞争性活动。公司可能会决定利用同一种媒体来跟竞争对手进行竞争，也可能会利用另外一种媒体来寻求主导地位。例如，如果公司的一个主要竞争对手使用电视来做广告，那么这个公司可能会选择利用广告牌来做广告，在这里它能处于主导地位，能达到更好的效果。最后，对于许多消费品生产商来说，零售商（如超市采购商）的意见可能会影响其对媒体类型的选择。促销商往往花钱做广告，以说服零售商更多地买进原先就有的产品以及购入新的产品。例如，如果超市选择某个产品时看重它的电视广告，那么在电视广告上投入 3 000 000 英镑就会比将这 3 000 000 英镑均分给电视广告和平面媒体广告更有利于扩大销售。

对特定的报纸、杂志、电视广告、广告牌等媒体的位置、表现形式的选择我们称之为媒体形式决策。虽然有些创造性的想法也起到一定的作用，但是每千人次成本仍然是主要的影响因素。该成本的确立依据两个数字：读者数和观众数。在英国，读者数由"全国读者调查"（National Readership Survey）根据每年调查36 000位受访者确定。电视观众数量的数据由"广播公司观众研究委员会"（Broadcasters' Audience Research Board，BARB）测量，并且每周发布一次。它们通过在5 100户家庭的电视机上安装测量装置测量到观众的观看选择报告。通过海报地点的车辆数量由"户外站点分类和观众调查"（Outdoor Site Classification and Audience Research，OSCAR）测量，这个研究将130 000个海报位置按照知名度、竞争力（一个海报位有几张海报）、视野角度、离地面的高度、照明和每周的车流量进行分类并测量。电影观众数量的数据由"电影和视频行业观众调查"（Cinema and Video Industry Audience Research，CAVIAR）提供，而广播观众数量的数据由"听众收听调查组织"（Radio Joint Audience Research，RAJAR）提供。

媒体购买是一项专门技能，强大的媒体买家可以帮你在广告价目牌的基础上再节省一大笔钱。媒体购买通过下列3种方法实现：全方位服务代理机构、媒体专家和媒体购买俱乐部。正如其名，全方位服务代理机构就是为其客户提供包括媒体购买在内的所有广告服务项目。因为客户青睐它们的专业知识和谈判能力，独立的媒体专家在20世纪90年代初增加了许多。媒体购买俱乐部由全方位服务代理机构组成，它们协同为客户提供完整的广告服务。然而，现在流行的方式又回到了全方位服务代理，但是有一点不同：今天的广告购买是由独立的盈利性的子公司来完成。除了极少数的例外，世界上顶级的媒体购买都由像WPP和Pubilcis这样的全球性广告公司来操作。

9.3.6 执行推广活动

当一个广告已经制作好而且媒体类型的选择也已经完毕时，它将被送到合适的媒体那里进行出版或播放。一个涉及组织结构的关键问题是必须确保正确的广告在正确的时间到达正确的媒体。每个媒体工具都有自己的期限，超过这个期限，广告可能就无法出版或播放。

9.3.7 评估广告效果

效果评估在活动前、活动时、活动后均可以进行。预测试是在广告活动开始之前进行的，属于创造性过程的一部分。在电视广告中，首先制作出来的是广告草稿，这些草稿需要拿到目标消费者那里进行测试。这通常通过焦点小组的方法来完成，一般给消费者提供3个可以相互替代的广告方案，要求焦点小组的成员发表他们的意见，说出喜欢的、不喜欢的广告内容以及他们对每则广告的理解。设计好的电视广告还要在一个电视屏幕上展示，并配上画外音，以便于广告主可以不用花多少钱就能真实地看到广告最终制作完成的样子。最终的结果往往是吸收了一些重要的消费者意见，而不是仅仅依赖于广告公司（advertising agents）的观点。但是，也有人对预测试提出批评意见。批评者认为一个重复多次的电视广告造成的影响不可能通过一次两个小时的谈话就能确定。他们援引喜力的广告为证。喜力的广告 "Refreshes the parts other beers cannot reach" 在预测试中不被目标消费者认可，但最终广告却非常成功。尽管存在这种批评，但由于诸如电视这样的传统媒体的效果的不确定性以及诸如网络和手机广告等这类新兴媒体的增长，广告研究还是获得蓬勃发展。

广告一旦启动，广告的后测试就可以用来评估广告效果，但由于疏忽、恐惧或资金匮乏等原因，正式的后测试常被忽略。但是，检查一次广告活动的执行效果如何可以为以后的广告提供必要的借鉴。虽然现金流、股东价值等的一些财务度量方法的使用越来越多，但是在电视广告的后测试研究中最常使用的 3 种度量方法依然是：印象/态度的改变、实际销售数据的分析和关于使用情况的调查。印象/态度的改变是一种敏感的度量方法，它是购买行为改变的先兆。那些偏爱以实际销售额作为度量方式的广告代理指出，尽管在确立因果关系方面有一些困难，但销售额的变化才是广告的最终目的，因此它才是唯一有意义的后测试方法。回忆也是很流行的方法。尽管有证据表明回忆并不是一个度量广告效果的有效方法，但是那些偏爱它的人辩护说，如果一个广告能让消费者清楚地回忆起来，那么它就是有效的。

9.3.8 广告运作的组织

当一个广告客户在组织广告运作时有 4 个选择。第一，小公司可以通过与媒体的工作人员分工合作来开展广告活动。例如，广告文案可以由公司撰写，图片设计与最后的编排则可以由报纸或杂志来完成。第二，广告功能可以通过一个由文案写作人、媒体购买人和制作人员组成的内部广告部门来执行。这种组织方式置广告功能于公司的完全控制之下，但是由于媒体购买时只代表一家公司，因此它的购买力很低。如像瑞安航空公司这样成本意识较强的公司，它们的广告大部分都是在内部完成。第三，因为开展一项广告活动需要专业的技术，许多广告客户都倾向于选择与广告公司合作。大的广告公司会提供全方位的广告服务，包括创意、媒体策划、总体设计和战略实施、市场调查和广告制作。由于它们对广告的运作有丰富的经验，对广告中什么是必需的，怎样解决碰到的问题，它们都能站在局外人的角度提出客观的意见。2006 年，4 个大型跨国企业——奥姆尼康（Omnicom）、WPP、埃培智（Interpublic，IPG）、阳狮（Publics）的总销售收入超过 340 亿美元，在广告行业中处于领先地位。这些公司跟随像三星（Samsung）和雀巢（Nestlé）这样的跨国企业一起成长，因为这些公司希望它们在全球的广告业务都由一家广告公司来处理。第四，让公司内部的广告人员（或由他们组成的广告服务机构）负责一部分的广告功能，剩的一些广告功能则选择专业的广告公司来处理。专业代理吸引人的地方是每一个专业代理都掌握着大量的广告业务。这就意味着，他们在进行媒体价格谈判时，拥有强大的购买力。或者，广告客户可以雇用"点子公司（Creative hot-shop）"来完善本公司人员或全方位代理商的工作。盛世长城（Saatchi & Saatchi）在发展成为全方位代理之前就是一家点子公司。

代理付费的传统方式是由媒体所有者向代理支付佣金。这是因为广告公司设立之初代表的就是提供广告服务、推动广告版面销售的媒体所有者。因此，代理的付费来自媒体也就理所当然了。在佣金体系下，媒体所有者按照传统，付全部广告价目牌

（表）金额的15%左右给广告公司。例如，如果一则电视广告的花费是100万英镑，那么代理从媒介那里收到的费用将是100万英镑减去其中的85%（即85万英镑）。广告公司给客户的发票是广告价目牌的全部金额（100万英镑）。广告公司的佣金总共是15万英镑。

大型的广告客户可以通过打折的形式要求低于15%的佣金。例如，像联合利华（Unilever）和宝洁（P&G）这样的大型公司，就可以降低为其服务的广告公司的佣金比例。例如，宝洁公司在2006年的广告费用为85亿美元，因此它完全能够要求给广告公司很低的佣金。但是，公司认为佣金比率太低最终会降低广告的质量，因此公司并没有选择最大限度地降低佣金比率。第二种付费方式是支付酬金。对于一些小型客户来说，他们支付的佣金可能都不足以弥补广告的制作成本。，有些大客户也提倡使用酬金支付而非佣金支付的方法。因为他们认为这样可以消除媒介和代理之间可能存在的矛盾。

根据广告效果进行支付是第3种付费方法，指的是运用市场营销调研的方式评估广告活动的效果，以是否实现了传播目标为基础确定应付的费用。例如可以根据意识水平的提高、品牌形象的改善以及购买意向增强了多少来决定费用。另一个依据广告效果进行支付的领域是媒体购买。比如，按正常来说，年龄到达30～40岁的男性消费者的每千人次成本是4.5英镑，那么当广告公司节省10%的成本时，这10%就要分成两部分，8%归客户，2%归广告公司。宝洁公司使用这种方法对它的广告公司进行支付，这些广告公司包括盛世长城、李奥贝纳（Leo Burnett）、精信（Grey）和达美高（D'Arcy Masius Benton & Bowles）。酬金和品牌的全球销售额紧密联系在一起的，这样广告公司的收入与它们的广告效果密切相关。

伦理之争9.1：通知和误导

广告几乎无处不在。这句话的含义是：广告是企业与潜在顾客进行沟通的一种方式。但许多反对者认为：广告是浪费的最好方式，拥有彻头彻尾的最坏的误导性、攻击性和危险性。然而另一方面，支持者认为，在现代社会，顾客都是很精明的，他们能正确评估广告所宣传的商品。

误导性的广告通常有两种表现形式：夸大其辞和隐瞒事实。比如，在欧洲，低成本航空公司——瑞安经常因为其煽动性的广告而陷入困境之中。最近，在英国出现了一个标题为"Robbed by Lastminute. com"的广告活动，在这个广告中，出现了一个头顶写着"online agent"字样的窃贼。Lastminute. com抱怨说，这个广告具有很强的误导性，这个卡通强盗是对其业务的"诋毁和抹黑"，英国广告标准委员会（Advertising Standards Authority，ASA）也支持这个说法。此外，宽带运营商也因为没有达到承诺的下载速度而受到批评。

广告可以通过在其传达的信息中隐瞒重要事实来欺骗观众。这些隐瞒的事实会误导消费者。早餐、谷物食品等食品类的广告会因为忽略糖和盐的含量或者宣称不实的健康益处而特别容易成为误导性的广告。一些公司，如凯洛格公司（Kellogg），利用名人主持的节目（例如，Philippa Forrester，明日世界的主持人）来保证它们产品的益处，这些广告给观众一种它的广告是有科学依据的错觉。许多工业化国家制定专门的业务规范来保护消费者免受欺骗性广告的误导。例如，在英国，ASA管理英国的广告从业准则，ASA 强调广告应该"合法、得体、诚实和真实"。像帕迪鲍尔（Paddy Power）、贝纳通（Benetton）和 FCUK（French Connection United Kingdom）等公司过去所追求的那种具有震撼效果的广告就经常被投诉到 ASA 那里（参见插图9—2）。

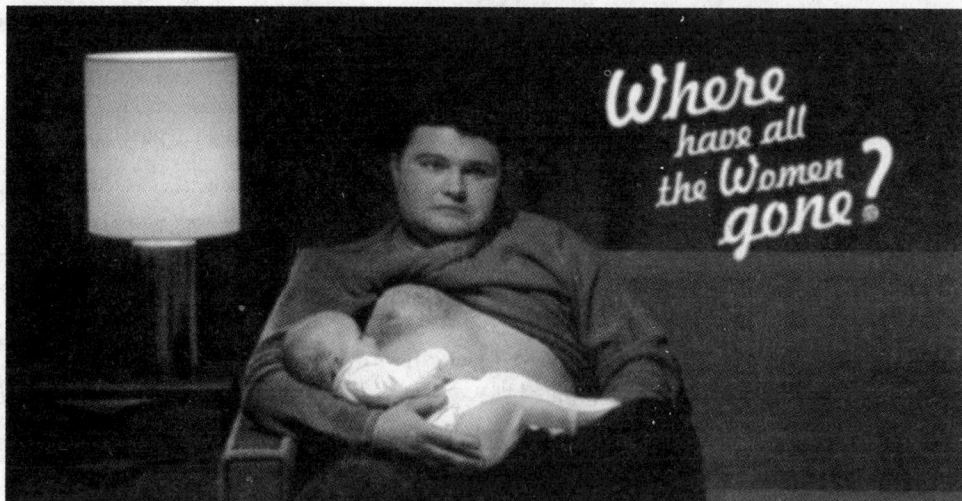

插图9—2 博彩公司帕迪鲍尔（Paddy Power）的广告定期测试高品位的边界；这个广告是它在线宾果游戏"所有的女人都走了（where have all the women gone）"系列的一部分，这个广告在英国和爱尔兰是限制级广告

批评者认为，广告对于社会有深刻的影响。他们声称，广告促进了物质主义的横行，是利用人性的弱点来赚钱。广告被指责过分强调了物质财富——比如拥有一辆汽车或者最新款式的家用电子产品——对人的重要性。批评者指出，广告促进了社会中这种错误价值观的发展。与之相关的另一种批评意见认为广告利用了人性的弱点——比如人有归属的需要以及对取得更高社会地位的欲望。例如，英国政府白皮书制定了一份在特定时间禁止垃圾食品广告的禁令，香烟和酒类的广告也以同样的方式被限制。广告的支持者反击说，这些广告没有利用人性的弱点而是捕捉到了人类基本的心理特点，他们认为即使广告不存在，这些产品和服务依然会被消费。

广告对儿童的影响是一个备受争议的话题。批评者认为，儿童特别容易受到外界的影响，因此他们需要得到特别的保护。举例来说，英国的一项研究表明，儿童在观看了电视上的快餐、谷物早餐和软饮料的广告后，他们消费的甜的和咸的食品比观看广告之前增加了34%，而且肥胖小孩增加得更多。但是，也有人反驳说，今天的儿童都特别"冰雪聪明"，他们自己能照顾好自己。而且，他们的父母也会保护他们，这在一定程度上能抵消广告对他们的影响。许多欧洲国家已经有了控制儿童广告的法规。比如，在德国，特定类型的玩具广告是被禁止的；又比如，在英国，酒类广告是被管制的。爱尔兰广播委员会（Broadcasting Commission of Ireland，BCI）推出了一项针对儿童广告的新禁令，它禁止在每年的 11 月 1 日以前播放"圣诞主题"的广告，同时，它也禁止名人和体育明星为儿童食品和软饮料作广告。然而，广告业对这些禁令的反应阐明了这种广告监管方式存在的困难，因为广告公司建议它的客户将广告转移到像 Sky、UTV 和 MTV 等非爱尔兰的电视频道上，在爱尔兰，这些频道照常播放而不受 BCI 的限制。

广告的争议一直存在，而且在今后一段时间内，它的争议会继续存在。

9.4 促 销

正如我们已经看到的，促销是旨在刺激消费者或贸易商进行购买的手段，包括优惠促销和赠送免费礼物（消费者）、折扣和销售队伍竞争（贸易促销）等形式。越来越多的公司开始进行促销活动，而且在这上面花费了大量的金钱。促销费用快速增长的几个关键原因如下所示：

1. 即兴购买的增加：面对消费者即兴购买的增加，零售业要求生产商提供更多的促销。

2. 广告成本的上升和广告混战的出现：这些因素都削弱了广告原有的成本效益。

3. 缩短时间跨度：更激烈的竞争和缩短产品生命周期都增强了能带来快速销售增长的促销的吸引力。

4. 竞争对手的参与：在一些市场由于促销活动使用频骤，这导致所有的竞争对手都被迫跟风。

5. 可度量性：相比较广告来说，促销的短期影响更直接，因此促销的销售影响更容易度量。电子销售时点（Electronic Point-Of-Sale，EPOS）扫描仪的使用越来越频繁，这使得促销的效果更容易度量。

促销经常被用来实现"短期的、快速的"销售增长目标。从这个意义上来说，它是一种有效的短期营销策略。它对销售的长期影响可能是正的，也可能是中性的，甚至可能是负的。如果促销活动吸引了喜欢本品牌的新购买者，那么他们的重复购买行为就可能导致一个正的长期影响。相反，如果促销活动（如优惠促销）使得消费者心目中的品牌形象贬值，那么它带来的长期影响可能就是负的。如果消费者购买某品牌的原因只是因为它的促销价，而对他的潜在偏好没有影响，那么促销的长期影响可能就是中性的。一项针对一流食品品牌的国际研究表明，促销的长期影响最有可能是中性的。在促销时期，这种促销活动往往会吸引现有的购买者而不是新的购买者（参见营销实例 9.2）。

营销实例 9.2：报纸和促销

学习指南：下面是对一些报纸曾经使用过的促销手段的回顾。阅读它，并思考这些方法的优点和缺点。

正如前面章节所讨论的，报纸是一个很重要的广告媒体。但是，在信息时代，它是一个面临很多挑战的行业。越来越多的报纸，它们的所有权都被像新闻集团（News Corporation）、费尔法克斯传媒（Fairfax Media）、独立报（Independent Newspaper）这样的大型传媒公司所控制，这些公司在全世界控制了几百家的报纸。因此，内部的竞争十分激烈。但是，许多消费者都开始从广播和数字媒体获取新闻信息，报纸的读者数量是相对不变的甚至是下降的。例如，在过去的 10 年，除了爱尔兰和西班牙，欧洲的大部分国家的报纸销量都是下降的。的确如此，法国一家主要的报纸——世界报（Le Monde）——在2001—2006年间的发行量下跌超过了11%，法国和英国大部分的报纸也都出现了类似的情况。诸如广告收入的移动——利润极大的分类广告由报纸向互联网转移，这对报纸的成本优势也产生了很大的影响。

有趣的是，面对这些挑战，报纸纷纷采取了促销的手段来帮助自己。赠品是最常用的促销形式，它给予购买者一些免费的礼物，比如杂志、CD和DVD，通常还赠送一些周末日报（Sunday titles）。西班牙的报纸经常采用这些促销手段。它们使用机票、经典电影收藏、汽车和假日彩票等一切促销形式来促进报纸的销售。很多促销活动都具有自偿性，商品的价格通常会增加以收回促销活动的成本。

在西班牙，这种促销活动似乎已经有效地阻止了销量的下滑。但是，这十分值得怀疑，因为不能肯定这种策略在长期是否持续有效。在长期内，如果过度使用促销手段，可能会导致"促销疲劳"。促销活动可能会给困境中的报纸业一个短暂的繁荣，但是如果想把向数字媒体转移的读者和广告商重新拉回报纸的怀抱，就需要更多的整合市场的营销策略。

9.4.1 促销策略

与广告一样，应该采用一种系统化的方法来管理促销活动，这种方法应该包括以下内容：促销目标的说明，决定最合适的技术工具，评估促销的效果。

促销可以有很多目标，最常见的目标是在短期内增加销售。增加短期销售的原因是多样的，包括降低库存的需要、在会计年度结束之前平衡预算的需要、旧产品在被取代前清空存货的需要以及在竞争对手的新产品推出前尽可能增加消费者和经销商手中的产品持有量的需要。在鼓励试用方面，促销十分有用。家庭样品和家庭优惠券对鼓励试用十分有效。这些促销活动的本质是在一段时间内鼓励消费者进行重复购买。像需要收集包装袋或标签（包括免费赠品或宾果游戏促销活动）的促销方式只能在促销期间提高重复购买率。一些促销活动旨在鼓励消费者购买大包装的产品。最后，贸易促销通常是为了获得更多的货架和分布空间。折扣、免费礼品以及联合促销都是鼓励分销商进货的手段。

9.4.2 选择促销形式

供营销人员使用的促销技术有很多种（见图9—4）。消费者促销的主要形式有：优惠促销（money-off promotions）、附赠包装（bonus packs）、赠品（premiums）、免费样品（free samples）、优惠券（coupons）、有奖促销（prize promotions）和会员卡（loyalty cards）。相当大的一部分促销活动是针对贸易的，这些促销活动的形式包括价格折扣（price discount）、免费商品（free goods）、竞赛（competitions）以及津贴（allowances）等。

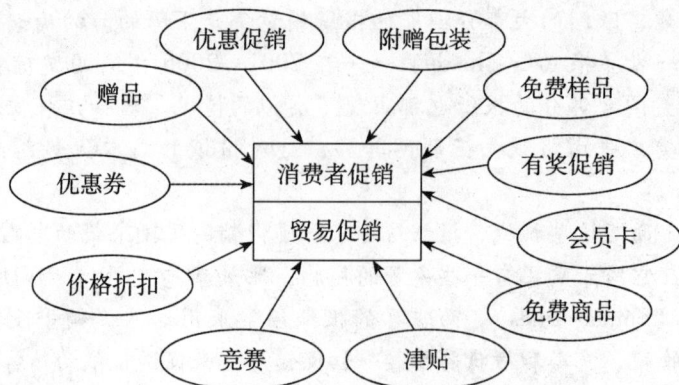

图9—4 消费者和贸易促销

9.4.3 消费者促销技术

优惠促销（money-off promotions）给予消费者直接价值，因此对于购买有明显的刺激作用。以往这种记录表明，这种方法能短期内促使销售的增长。然而，降价也很容易引起竞争对手模仿，而且，经常使用这种方法的话，还可能使品牌形象贬值。**附赠包装**（bonus packs）是指消费者不需要额外付费即可获得额外数量的产品，这种方法经常用在饮料、糖果和洗涤剂产品的促销上。这种促销的形式可能是"买10赠2"。（参见插图9—3）因为产品的价格没有降低，这种促销方法导致品牌形象贬值的可能性较小。把两件或两件以上的商品打包在一起进行销售的促销活动称之为多重购买（multibuy）。这种方法通过激励消费者增加对打包在一起的同一个品牌的两个或两个以上的商品的购买来维持其市场占有率。多重购买也能够鼓励消费者更多地尝试购买，例如，可以将一罐咖啡与拿铁和摩卡之类的其他咖啡品种的样品一起售卖。赠品是为了刺激消费者购买，提供免费或价格低廉的产品有3种形式：即时赠送的附包装赠品、免费邮寄赠品和自我清偿性赠品。自我清偿性赠品要求消费者支付一笔仅能弥补成本的费用。赠品的主要作用是鼓励大量采购和维护市场份额。早餐谷物生产商已经大量地使用了附包装赠品和自我清偿性赠品这两种促销形式。比如，凯洛格公司最近为其迷你包装谷物棒产品实行了"Big Breakfast"的促销计划，这个促销方案包括赠品、刮刮卡、贸易激励和广泛的购买点支持等促销工具。

一个品牌的免费样品可以直接送货上门，也可以在商店派送，它们可以用来鼓励消费者试用。对于一个新的品牌或者同品牌的新商品来说这是一种昂贵的但很有效的促销方式。优惠券是直接提供给家庭的，它一般刊登在杂志和报纸上，也可以附在包装上，它通常用来鼓励消费者试用和重复购买。尽管在提升销量方面，其效果不如优惠促销，但免费样品和优惠券都是流行的促销形式。它们提升销量的效果不如优惠促销的主要原因是这些形式对于消费者来说没有直接节省金钱，而对于现有的消费者来说，节省金钱几乎是唯一的吸引力。有奖促销有3种主要的形式：竞赛、抽奖和游戏。这些往往用来吸引消费者的目光和激发他们对这个品牌的兴趣。竞赛通常要求参与者有一定程度的技能和判断力，而且这些参赛者至少是商品的购买者。例如，为了

插图9—3　博姿（Boots）的这个促销是附赠包装的一个例子

使茶叶品牌 PG Tips 走出困境，联合利华把"mind game"的题目放在包装的背面，消费者可以直接访问 PG Tips 的网站提供解决问题的方案。抽奖不需要专门的技能和判断力，其结果完全取决于运气。

最后，零售业的一个重大发展是向客户提供会员卡（也可称为客户忠诚计划）。顾客每次购买的时候都可以获得一定的积分，在未来购买时，积分可以用来抵付一部分价款。会员卡的目的在于招揽回头客，但正如我们下一章将看到的，会员卡是客户信息的一个极好来源，可以根据会员卡的客户信息来实行直复营销。在英国，会员卡十分流行，超过90%的人至少拥有一张会员卡，有78%的人拥有两张及两张以上的会员卡。会员卡可以是针对一个公司的，如乐购（Tesco）会员卡；也可以由几个公司联合推出，比如 Nectar 会员卡，这个会员卡由赫兹（Hertz）公司、塞恩斯伯里超市、英国石油公司（BP）、必富达（Beefeater）和福特等公司联合推出，它拥有超过1 100万的客户。类似地，像 MyPoints 这样的在线零售商也使用客户忠诚计划来奖励阅读邮件、访问网站、完成调查和购买商品的顾客。

因为维系客户对公司的盈利有直接的影响，因此会员卡的维持作用一直是备受瞩目的焦点。普华永道的一份研究表明，在客户维系中，如果顾客增加2%，那么利润就会增加2%，而且管理费用会下降10%。客户维系计划旨在把客户对公司的终身价值最大化。比如，航空公司可以通过分析数据库来识别最好的客户（通常是商务旅客），并对这些顾客对于公司的忠诚予以奖励。通过收集和分析数据，航空公司能够识别和鉴定它们的常客，了解如何与他们建立最好的联系，并且能够利用类似的个人资料来获得新的客户。

尽管如此，客户忠诚计划仍然招致了不少批评。批评者指出，这样的计划只是提高了商业活动的成本，而且，如果竞争对手采取类似的方法，最终这可能仅仅是一个很小的战术优势。举例来说，据报道，壳牌石油（Shell）在推出它的智能卡时，在硬件和软件上花了2 000万英镑，这种智能卡能让司机在购买汽油时积分。针对客户忠诚计划的第二个批评是，它的扩散导致消费者的忠诚度下降。来自国际市场研究公司（MORI，www.mori.co.uk）的证据表明，如果有更好的益处，25%的会员卡持有者随时会变成竞争对手的会员。客户忠诚计划远非我们所认为的那样，它不是一个消费者对某个品牌忠诚的象征，它可能只是消费者转换品牌消费的一个标准。

9.4.4　贸易促销技术

制造商在分销商购买时可提供（或被要求）折扣优惠，这可能是联合促销方案的一部分。根据这个折扣，零售商同意增加额外的货架、大量购买产品、参加一个联合的比赛和（或）允许在店内展示该公司的产品。价格折扣这一促销手段的一个替代方式是以相同的价格提供更多的商品（或免费的商品）。比如说，名为"面包师的一打（baker's dozen）"的促销技术就是以12个商品的价格提供13个商品。制造商可能会使用竞赛的方法来进行促销，比如，在对实现本公司产品的销售目标所提供的回报中，制造商给予经销商的奖励就属于这个范畴。最后，为回报零售商在商店内给产品提供的宣传设施，制造商会给零售商提供一笔津贴（一笔钱）作为补偿。例如，如果说服一个超市在它的货架上展示某产品正在以特别低的价格销售，那么此时就需要补贴。

采用贸易促销最多的行业之一是制药业。举例来说，2004年，美国的医药公司在向医疗保健专业人士进行营销的活动中，花费了147亿美元，而直接面对消费者的广告活动的花费仅为36亿美元。贸易促销包括礼品、样品和行业发起的培训课程。这是一个具有竞争性的商业活动，因为有大约102 000个医药零售商或销售人员都试图与美国870 000名医生中的顶尖医生会面。

促销活动的最后阶段是评估这个促销活动。与广告一样，预测试与后测试都是可行的。预测试的技术包括**小组讨论**(groupdiscussion，测试一群潜在目标的想法)、**室内测试**(hall tests，将消费者的一个样本带到一个房间内，对供选择的促销方法进行测试) 和**实验**(experimentation) (例如，选择两个不同的商品，分别测试两种不同的促销方法的效果)。当促销活动实施以后，必须仔细监测其效果。在检查促销期间和之后的销售额时，必须仔细认真，以确保考虑到了促销结束后会致使销售下降的因素（滞后效应）。在某些情况下，在促销活动实施以前，销量就可能下滑（前置效应）。如果消费者认为一项促销活动会很快开展，那么他们可能会延迟购买直到促销活动开始实施。另外，如果一项耐用消费品（如煤气取暖炉、冰箱、电视）的销售给予营销人员的佣金率较高，那么营销人员也可能推迟销售直到促销活动开始。如果有可能产生前置效应，则应对销售促销前的销售也进行监测。

9.5 公共关系及公共宣传

一家企业的成败依赖于许多群体。市场营销观念聚焦在客户和分销商上，但其他机构（比如员工、股东、当地社区、媒体、政府和压力集团）的需求和利益也同样重要（见图9—5）。**公共关系**（public relations）关注以上所有团体的利益，公共关系活动（简称公关活动）包括**公共宣传**（publicity）、企业广告、研讨会、出版物、游说以及慈善捐款等。公关可以实现许多目标：它可以提高企业的威望和声誉，可以帮助企业销售产品，吸引和留住优秀的员工，并能与社区和政府建立友好的关系；在人们阅读或观看报刊、广播或电视时，它可以通过不显眼的材料激发人们对某产品的购买欲望；它能够激发观众对公司产品的认知和兴趣；它可以用来解决问题或者处理机遇，也能用来纠正不良公共宣传造成的对于公司的错误认识；它在培养对客户、员工、供应商、分销商的商誉时扮演了一个很重要的角色。例如，沃达丰在与埃迪·乔丹（Eddie Jordan）的法律纠纷中采用了一个精心策划的公关策略，它在很容易获得法律纠纷胜利的情况下，赞助乔丹的一级方程式赛车车队。它还聘请了一名传播专家，在每天审判结束时告诉媒体今天审判的总体情况并附一个关于沃达丰法律地位的详细分析。

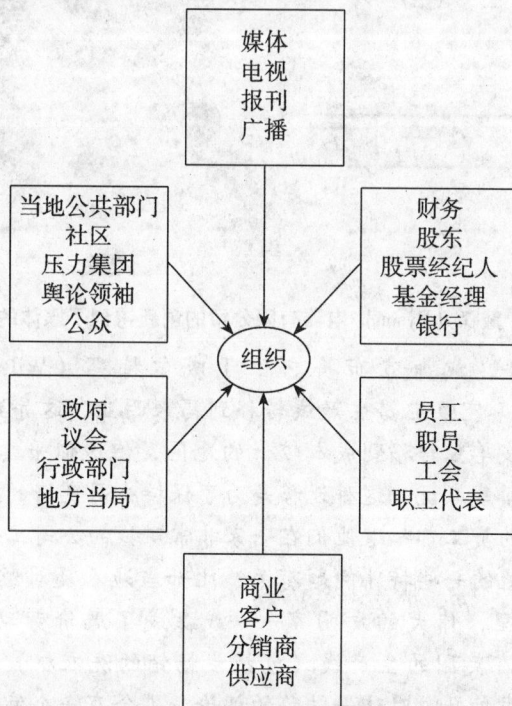

图9—5 一个组织和它的公共关系

公共关系活动增长的3个主要原因是：营销团队对公共关系影响力和价值的认识；广告成本的增加导致对成本效益更高的传播方法的探求；对于公共关系作用的进一步理解（参见营销实例9.3）。

营销实例 9.3：戴森（Dyson）：好的和坏的公共宣传

学习指南： 下面是一些媒体对戴森电器有限公司的报道和评论。阅读文章并考虑使用公共宣传作为促销工具的优点和缺点。

英国媒体对戴森电器有限公司的评论出现了一个较大的转变。这家公司由詹姆斯·戴森在 1993 年创立，起初，它被尊称为英国制造业的榜样。戴森发明了无尘袋旋风真空吸尘器（一个"吸力强"的不需要袋子的机器），这在真空清洗业是一项革命性的发明（参见插图 9—4）。成功的创新使得戴森电器成为行业的领导者之一，它的市场份额一跃达到 5.3 亿英镑，这一市场份额与伊莱克斯这样的大型跨国公司的市场份额相当。詹姆斯·戴森个人的身家也大幅上升。作为一个活生生的例子，他曾被誉为是最伟大的英国发明家，并成为了一组选定的商务人士中的一员，这组商务人士被托尼·布莱尔（Tony Blair）选中作为他创新评审小组中的成员。

插图 9—4　戴森（Dyson）电器有限公司的创新得到了媒体的广泛报道

但是，在 2002 年，戴森宣布将它位于威尔特郡（Wiltshire）马姆斯伯里（Malmesbury）小镇的真空吸尘器生产线转移到马来西亚，这导致了 800 人失业。虽然，戴森只是将生产线单独转移到成本较低的地区，但这似乎真的会引起一些问题，即这种迁移如何进行？戴森说，这种迁移是为了保持公司良好的财务状况，但是这听起来很虚伪，因为它的员工都知道他们在一家非常赚钱的公司工作。有人猜测，戴森公司此举的原因与当地的一些特殊问题有关，比如当地人反对继续扩大工厂的规模。因此，在一些人的眼里，伟大的发明家——戴森成了廉价劳动力的追求者。随着 2003 年戴森宣布所有在英国的生产线（包括最畅销的洗衣机）都转移到马来西亚，人们的这种看法进一步加剧。对这一转移的评论，工会有一个官方表述："戴森不再是英国的生产商。"

这种负面宣传也损害了戴森公司的市场地位。其在真空吸尘器市场的市场份额由 2002 年的 20% 下降为 2003 年的 15%。此外，低成本的竞争对手（如来自韩国的三星和 LG）也在侵吞戴森公司的市场份额，它们的产品价格不到戴森产品价格的

50%。一项也许是戴森公司最关注的研究发现，只有35%的戴森吸尘器拥有者会购买另外一个吸尘器。

基于：Collins（2003）；Marsh（2003）；Moorish（2002）

公共关系的一个主要组成部分是宣传（Publicity）。它可定义为在媒体发布不直接按时间或空间支付费用的有关产品或公司新闻的活动。宣传部门的3个主要任务是满足媒体要求、为媒体提供与公司有关的活动信息以及试图让媒体传递公司的信息和观念。信息的发布可通过新闻报道、新闻发布会、采访、专题报道、可视电话采访或公开演讲（例如在会议或研讨会的演讲）进行。不管采用哪种方式传递信息，宣传都有3个重要的特点。

1. 信息的可信度高：信息可信度较广告高，因为读者认为它是由独立作者（媒体工作者）而不是广告商撰写的。由于可信度高，不少人认为它的说服力较广告中的类似信息高。

2. 无直接媒体费用：由于不用购买媒体的使用时间或空间，因此无直接媒体费用，但这并不意味着免费。因为总要有人写新闻报道、参与采访或组织新闻发布会，这可由内部的媒体官员或宣传部门组织，或交由外界公共关系机构承办。

3. 无法控制发表：与广告不同，新闻报道不一定会发布。决定权不在企业而在编辑手中。决定新闻发布与否的关键因素是看它是否具有新闻价值。新闻必须在新闻价值方面有独特性，比如新产品或新的研究突破、新员工或公司的扩张、赞助等等。表9—3列出了一些有潜在新闻价值的主题。同样，它无法确保新闻提供者的观点能在发表的文章中体现出来。

表9—3　　　　　　　　　　　　　有潜在新闻价值的主题

最先做某事	与财务有关的话题
与市场有关的话题	财务报表
新产品	收购
研究突破：未来新产品	销售额/盈利
大订单/合同	与人员有关的话题
赞助	培训奖励
价格改变	公司竞赛获胜者
服务改变	晋升/新的职务指派
新商标	成功故事
出口成功	著名人物的造访
与生产有关的话题	采访报道
生产力提高	一般话题
雇用改变	会议/研讨会/展览
投资	重要活动纪念

9.6　赞　助

Sleight 将**赞助**（sponsorship）定义为：

一种资金、能源或服务的提供者与个人或组织间的商业关系，个人或组织作为回报，提供一些可作为商业优势的权利或关系。

供潜在的赞助商挑选的实体活动，包括体育、艺术、社区活动、团队比赛、名人和重大事件、竞赛、展览会和表演。体育赞助是迄今最受欢迎的赞助方式，因为它能通过广泛的电视媒体报道，引起人们的高度关注；它能吸引社区的各种人群并满足各种不同的需求；它还能消除文化壁垒（参见插图9—5）。举个例子，作为全球最大的体育盛会——2004 年的雅典奥运会吸引了超过 14 亿美元的赞助，这相当于奥运会所产生的收入的 1/3。赞助机会被火热争夺，甚至一个足球队的季前巡回赛也可以得到赞助，比如西班牙俱乐部皇家马德里的中国之旅，当地烟草公司红塔山赞助了它的季前巡回赛。

插图9—5　体育赞助仍然是最流行的赞助形式；通过与杰出的体育人物和赛事联系起来，品牌能够获得认可和积极的影响

沃达丰在体育赞助方面非常活跃，它的赞助组合包括英国板球队、澳大利亚橄榄球队、迈凯轮 F1 车队和欧洲冠军联赛。它们连接在一起作为全球性的力量建立起沃达丰的形象。

赞助费用可能非常庞大。举个例子，2006 德国世界杯足球赛的每个官方赞助商为获得特权都支付了高达 4 500 万英镑的赞助费。因此组织机构需要一份经过深思熟虑和精心策划的赞助方案。赞助的 5 个主要目标分别是获得宣传机会、创造娱乐的机会、促进良好的品牌与企业之间的联想、改善社区关系以及创造促销机会。

9.6.1　获得宣传机会

赞助创造了许多在新闻媒体获得宣传的机会。像年度高尔夫、足球和网球比赛这样的国际赛事，提供了全球媒体报道的平台。赞助这样的赛事将带来数以百万计的曝光率。德国快递公司 DHL 签署了一项协议赞助美国职业棒球大联盟。这只是 DHL 公司的一项关于提高其在美国市场认知度的战略的一部分，DHL 公司在美国拥有较小的市场份额且它的全球两大主要竞争对手 UPS 快递和联邦快递总部都是在美国。同样地，红牛把赞助美洲虎车队进入 F1 赛车作为扩大其市场号召力的战略的一部分。赞助所获得的宣传机会能很大程度上改善公司的知名度。例如，佳能通过在英国赞助足球使得该品牌在男性中的知名度从 40% 提升到 85%。类似地，由于赞助摩托车大赛，德士古（Texaco）公司的知名度由 18% 提升到 60%。

9.6.2　创造娱乐的机会

大多数赞助的一个主要目标就是为客户和经销商创造娱乐的机会。赞助音乐、艺术表演和体育活动效果十分明显。举个例子，巴克莱资本为它的 450 个客户赞助了一场在伦敦自然历史博物馆展出的时装秀，这些客户都将出席一个全球性的借款者和投资者论坛。通常，重要客户还被邀请作为嘉宾来进一步增加事件的吸引力。同样地，全球帆船挑战赛的赞助商们如诺威治联合、英国石油和英国电信等利用它们所赞助的船只在波士顿和开普敦招待最重要的客户。

9.6.3　促进良好的品牌与企业之间的联想

赞助的第 3 个目标是创建良好的品牌与企业之间的联想。比如史克必成（SmithKline Beecham）公司为它的 Lucozade 体饮品牌赞助的运动竞技赛，加深了其产品市场定位和对能量的联想。同样地，宝洁公司花去总额为 840 万英镑的全部营销预算来赞助英超足球联赛以宣传它的洗发水产品 Wash & Go。公司的目的是将该产品定位为运动型品牌，宣传标语为 "A simply great supporter of football"。在赞助商和被赞助的活动之间，价值从活动转向赞助商。观众在整个赛事过程中看到赞助商的名字、商标及其他的商家符号，就会很自然地将赞助商与该活动联系起来。赞助商的主要任务是确保自己与活动紧密相联，且将活动价值转至品牌上。图 9—6 是 5 大赞助类别与赞助商之间的价值转移关系。

9.6.4　改善社区关系

对学校的赞助可以为企业树立具有社会责任感和爱心的声誉，赞助方式可以是像乐购那样提供廉价的个人电脑，也可以是支持社区活动。很多跨国公司都参与到当地

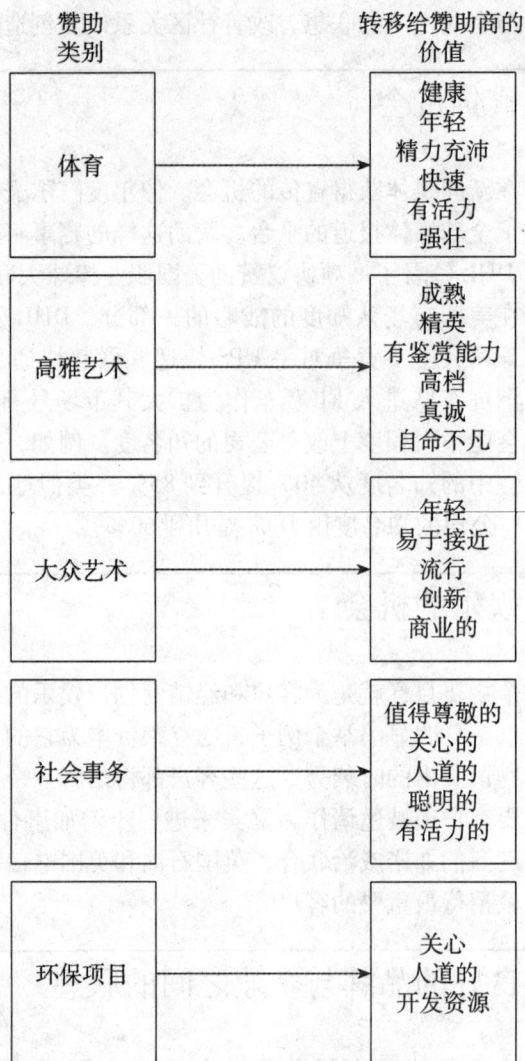

赞助 类别	转移给赞助商的 价值
体育	健康 年轻 精力充沛 快速 有活力 强壮
高雅艺术	成熟 精英 有鉴赏能力 高档 真诚 自命不凡
大众艺术	年轻 易于接近 流行 创新 商业的
社会事务	值得尊敬的 关心的 人道的 聪明的 有活力的
环保项目	关心 人道的 开发资源

图9—6　由赞助转移来的价值

市场的社区活动中。一个例子，加拿大电信公司——北电网络（Nortel Networks）就非常成功地与爱尔兰共和国的一个传统节日——戈尔韦艺术节（Galway Arts Festival）活动建立起联系。瑞士联合银行（UBS）与泰特（Tate）美术馆、伦敦交响乐团（London Symphony Orchestra）和伦敦市中心的一些学校如桥梁学院（Bridge Academy）都有赞助关系。

9.6.5　创造促销机会

赞助活动为宣传公司的品牌创造了理想的机会。印有赞助商商标和活动名称的运动衫、包、笔等都可以向活动中的观众销售。英国的 O2 公司与以前的千禧穹顶（Millennium Dome，现在以 O2 闻名）有赞助关系，该赞助的亮点之一就是通过展示部分最新的移动技术和无线服务来提升所有造访者在圆顶的体验。比如 O2 公司的顾客不需要门票而只需要通过他们的手机获得参与活动的条形码即可。通过这种方式，O2 公司希望既可以赢得新的顾客又可以促使老顾客购买新的产品。

9.6.6　赞助的新发展

赞助在过去的 15 年中经历了一个快速的发展。驱动赞助支出增加的因素包括媒体广告的成本不断攀升、政府对烟酒广告的限制性政策、传统大众媒体广告有效性的减小、已被证明的以往良好的赞助记录。伴随着**事件赞助**（event sponsorship）的增长，**埋伏营销**（ambush marketing）现象出现。最初这个词是指公司尝试在不付给活动主办方任何费用的情况下将自身和事件联系起来的活动。耐克就是一个在各种奥运会上都特别成功的埋伏营销者，虽然它并不是雅典奥运会的官方赞助者，但它确实成为亚洲观众眼中与雅典奥运会最密切相关的名字。只要没有使用事件的符号、标志或者吉祥物，这种活动就是合法的。近年来埋伏营销行为进行的更加巧妙，比如很多公司赞助事件的电视报道而不是事件本身。规则也随着埋伏营销不断改进，比如伦敦奥运会法案就规定禁止在非 2012 年伦敦奥运会赞助商的广告中涉及"金牌"、"夏季"、"2012"这类词。

选择赞助对象时需要考虑大量的关键问题。这些问题包括该公司的沟通目标、目标市场、促销机会、涉及的成本和赞助所带来的风险。最后一点在营销实例 9.4 中进行了研究。对所有的沟通活动而言，都应该通过初始目标对赞助进行评估以评定这个赞助是否成功。举个例子，沃尔沃对网球比赛提供的 200 万英镑的赞助为它带来了丰厚的回报，他们估计，在媒体广告需要投入 1 200 万英镑的成本才能产生相同的效果。同样地，英国电信估计出它通过赞助全球帆船挑战赛获得的媒体覆盖率的价值是其成本的三倍，并且它的官方网站吸引了超过 3 000 万的点击率。

营销实例 9.4：赞助风险

学习指南：下面将回顾一些赞助的例子，这些赞助都给参与赞助的企业带来了负面宣传。阅读文章并考虑你会给一个未来的赞助商什么意见。

赞助是一个强大的促销工具但是它也存在风险。特别是当赞助与名人或体育明星联系起来时。近年来最著名的一个例子是英国顶尖时尚模特之一的凯特·摩丝。她成功代言了大量的著名时装和化妆品品牌，但是有关她吸食可卡因的视频图像流出，给她带来了巨大的负面影响。由于担心和她有关联会破坏品牌的形象，很多品牌都取消了她的代言，包括 H&M、香奈儿和巴宝莉。讽刺的是，在吸食可卡因的丑闻发生之前她靠名气每年能赚取 450 万英镑。但是自从丑闻发生后，她签署了全新的广告，其广告代言费从 50 万英镑的 CK 香水到 150 万英镑的尼康相机。总体上，2006 年她的收入飙升到了 1 100 万英镑，这个结果显示争议并没有破坏她的品牌价值。

为了避免赞助个体所带来的风险，很多企业选择与团队建立赞助关系。但是这种方式也被证明是有问题的，近些年环法自行车赛带来的负面宣传就是个例子。环法自行车赛是世界上最困难和最著名的职业自行车赛之一，也是举办国的一个标志性体育盛会。但是一段时间以来，该赛事由于车手被指控使用药物乃至整队策划使用兴奋剂而遭受困扰。赛事中的每个主要车队都有商业赞助商。比如，德国电信赞助的电信车队即后来的电信移动车队，在车队队长乌尔里希夺得 1997 年的冠军之后在德国掀起了骑自行车的热潮。但是当 2006 年乌尔里希没有通过药物检测且以前的队友和车队医生也承认他使用兴奋剂，这种赞助关系就变味了。

即使赞助一个电视节目也是有风险的。近年来最成功的电视节目之一就是 4 频道的真人秀节目——老大哥。但是该节目在 2007 年因为印度演员希尔帕·谢蒂与某些其他选手特别是杰德·古迪的争论而陷入了种族主义的争议中。尽管市场调查显示大部分观众不会因为该争议去责怪赞助商，但该节目的赞助商卡冯–维尔豪斯公司还是暂停了对该节目 300 万英镑的赞助费。显然卡冯–维尔豪斯公司不愿意去承担有损自身品牌的风险，讽刺的是这种争议却显著地提高了这类节目的收视率。

基于：Anonymous（2007）；Grande（2007）；Vernon（2006）

9.7　其他促销工具

由于出版社和电视等传统媒体的观众出现碎片化，大量的其他促销工具变得越来越普遍。下面将研究两种受欢迎的大众传播工具——展览和产品植入。另外，一些公司则会利用它们的品牌创造娱乐的机会。比如健力士黑啤公司（Guinness）于 2000 年在都柏林开放了健力士黑啤的展览馆。截止到 2002 年，健力士黑啤展览馆已经迎来了它的第 100 万个造访者，并成为爱尔兰首屈一指的付费旅游景点之一。

9.7.1　展　览

展览（exhibition）之所以独特，是因为在所有促销方式中，只有它能将购买方、销售方和竞争者都聚集在一个商业环境中。在欧洲，科隆（Cologne）贸易展览会将来自 100 个国家的 28 000 个参展商和来自 150 个国家的 180 万个买家聚在一起。展览是产业促销组合的一个组成部分，也是买方获取他所需求和喜好的信息的一个重要来源。

展览不管是在数量上还是种类上都在增加。除了像摩托车展这样的工业展览外，更专注于生活方式的展览也逐渐出现在相应市场中。比如以化妆品为特色并以年轻女士为目标的丽悦秀（Cosmo show）吸引了 55 000 名参观者。1999 年该展览会成为 Olay Colour（以前的 Oil of Ulay）展示新品牌的发布平台以及加信氏（Gussons）推出其新款乳液 Aqua Source 的平台。

通过展览可以达成很多目标，包括识别发展前景及确定前景需求，建立关系，提供产品展示、销售、收集竞争者的情报和树立公司形象。为了确定展览的效果，展览过后的评估是必需的。幸运的是，我们能轻松地度量很多变量来测度展览是否成功。这些变量包括到场观众的人数、产生的潜在客户的数目、收到的订单数量以及订单额等等。通过联系潜在客户和顾客来对贸易展跟进也是很重要的。

9.7.2 产品植入

产品植入（product placement）就是企业通过向制片方付费有意将其产品或者标志植入电影、电视节目、歌曲或视频游戏中（参见插图9—6）。尽管产品植入在某些国家如某段时期的美国是笔很大的交易，但在欧洲有关禁止产品植入的限制到最近才放宽。举个例子：斯蒂芬·斯皮尔伯格的科幻电影《未来报告》就植入了超过15个的主要品牌，包括盖普、诺基亚、百事、健力士黑啤、雷克萨斯和美国证券交易所等。上述品牌的标志在整个电影的屏幕中均得以出现。这些产品植入使得电影从梦工厂和21世纪福克斯那里就赚取了2 500万美元，它又以某种方式使得电影的道具成本减少了1.02亿美元。类似地，当嘻哈歌手布斯塔·莱姆斯（Busta Rhymes）以其单曲《Pass the Courvoisier》轰动一时时，美国市场中的法国白兰地的销售量增加了14%，销售额增加了11%。虽然麦当劳品牌的拥有者道麦克（Allied Domecq）公司声明不会对歌曲植入支付费用，但是麦当劳每次都爽快地给在歌曲中提及巨无霸的嘻哈歌手支付5美元的费用。美国产品植入的交易额从1974年的1.74亿英镑增加到2004年的35亿英镑，并预测到2009年将会增加至70亿美元。造成近些年产品植入显著增加的原因有下面几点：媒体的分散化意味着对来说接触大众市场更加困难；通过将产品植入一部电影或电视节目，该品牌可以因为相关联想而获益；很多顾客并没有意识到该品牌被植入了；电影或电视节目的重播意味着该品牌会被反复看到；对电影或电视节目的慎重选择表明可以锁定某些领域作为目标；在节目的网站上可以创造很多宣传和促销的机会。例如，观众们对热播电视——如《欲望都市》和《绝望主妇》中女演员们所穿戴的衣服和饰品有很大的需求，结果它们很快就会被售光。节目制作方很快就能观察到其节目能够带来的推销机会。网络游戏行业的技术发展容许在游戏中的不同时间段或不同地理位置植入不同的产品，以增强提供给公司的促销可能性（阅读市场营销在进行9.5）。尽管欧盟在2007年通过的视听媒体服务指令允许在除了新闻、时事、运动和儿童节目以外的电视节目中进行更频繁的植入，但是产品植入在欧盟受到的限制仍比在美国要严格许多。

虽然产品植入变得越来越受欢迎，但需记住它仍然存在风险。如果电影或电视节目没能上演，它可能损坏这个品牌的形象以及减少该品牌可能的曝光率。观众对明显的产品植入可能会很恼火从而损坏品牌形象，而且品牌商可能不知道如何去描述它们的品牌。产品植入的流行也很快导致产生了由于欺骗性广告而引起的索赔。美国游说团体强调产品植入的缺点之一就是消费者不能对其进行控制。

在詹姆斯·邦德的电影《Die Another Day》中，出现了福特汽车公司的3个汽车品牌：阿斯顿-马丁"征服"、雷鸟和美洲豹XKR。电影观众在进场之前和观看电影之后都受到了采访，以了解他们对品牌的观点有没有变化。另外，产品植入只是产品综合活动中的一部分，还包括公共关系和广告，以确保即使没有看过电影的人也会意识到福特公司和该电影的关系。在该电影在美国和英国的热映期间，福特公司进行了调查，结果表明该公司在媒体上的出现次数增加了34%，而且在有关邦德的报道中有29%都出现了福特公司的信息。

插图9—6　2008年詹姆士·邦德系列影片《量子危机》植入了诸如索尼（Sony）、阿斯顿·马丁（Aston Martin）、皇冠伏特加（Smirnoff）、维珍大西洋航空公司（Virgin Atlantic）等领先品牌的广告。在这幅图像中，丹尼尔·克雷格（Daniel Craig）带着专门为这部电影定制的限量版欧米茄海马系列600m防水手表，版权归欧米茄所有2008

营销实例9.5：产品植入和游戏

学习指南：下面是对视频游戏中的产品植入的回顾。阅读文章并尝试去回想一下你在电影、歌曲或视频游戏中看过的产品植入的实例。

视频游戏是一个迅速发展的产业，并对年轻男性有特别的吸引力，因此对于以此年龄段为目标市场的公司来说视频游戏是产品植入的热点之一。据估计在18～34岁的男性中有超过70%的都是游戏玩家并且他们花费在游戏上的时间超过300亿小时，但是至今只有0.07%的广告支出会分配给视频游戏。与电视节目和电影相比，将产品植入到游戏中有以下几个优点。第一，产品可以作为游戏的一部分出现，这使得产品显得更加逼真，如汽车或滑雪板；第二，由于游戏玩家会全神贯注地投入到游戏中，在视频游戏中做广告可以确保观众高度关注；相对于产品在电视节目或电影中只露一次脸，它的亮点在于每次玩家在玩游戏时都有可能看到该产品。

早期版本的游戏植入趋向于静态公告板形式的广告（如运动场地的围墙）和简单的植入（如模拟人生中对麦当劳的一次造访）。新一代游戏允许更多的动态植入和诸如音乐、动画和视频等多媒体格式的使用。在线游戏确实是这样。例如，当你下午两点钟玩游戏时游戏人物拿起的可能是一罐可乐，但是如果那天再晚一点玩游戏，同一个游戏人物拿起来的可能就是另一种牌子的啤酒。动态植入的一个真实优点就是一个广告可以轻易地从一个游戏转移到另一个游戏中。植入还可以依据游戏玩家的所在地进行地理上的定制，即允许更高层次的市场分割。

游戏植入支出的增长非常迅速。美国在 2006 年对其相关支出是 5 500 万美元，预计到 2012 年该支出会飙升到 8.05 亿美元。投入静态广告的费用快速转移到动态广告上，广告客户根据广告的观众人数即其他媒体使用的公认的标准（千人成本）来支付费用。很多著名品牌都在视频游戏中出现，包括麦当劳、英特尔、红牛、可口可乐和一些汽车品牌如嘉实多、普利司通和埃尔夫。像其他促销形式一样，游戏植入的一个主要挑战就是评定它的有效性水平。比如，将一个产品植入游戏中，该产品的销量和知名度能因此发生多大程度的改变。事实上，最近的研究结果显示游戏植入是非常有效的。在美国进行了一项利用调查、面板和眼球追踪技术的实验，结果显示一个产品只需要半秒的曝光就足够引起游戏玩家对它的注意，75% 的游戏玩家每分钟至少会注意一个被植入的产品。

基于： Anonymous（2007）；恩莱特（2007）；纳托尔（2005）56；威廉姆斯（2005）

总　结

本章对促销组合进行了概述，并且讨论了一些重要的大众传播技术，解决了以下几个关键问题。

1. 促销组合是很宽泛的，包括 7 个元素，分别是广告、促销、公共宣传、赞助、直复营销、互联网和在线营销、人员推销。决定使用哪种组合取决于产品的特性、资源的可用性、市场的性质和公司追求的战略。

2. 因为可用的促销手段很多，因此采用整合营销传播的方法是很重要的。这意味着公司需要精心协调这些促销组合的元素，提供给市场一个清晰的、连贯的、可信赖的、具有竞争力的信息。

3. 采用一个系统化的方法来实施传播计划十分重要。所涉及的步骤包括：考虑公司的市场营销和定位策略、识别目标受众、设定传播目标、创造消息、选择促销组合、设定促销预算、执行营销战略和评估营销战略。

4. 广告是市场营销的一个十分明显的组成部分，但它只是促销组合的一个元素。一个广告策略包括对目标受众的分析、设定广告目标、预算决策、信息和媒体决策以及评估广告效果等环节。由于技术的发展，围绕着广告产生的重大伦理问题也发生了许多变化。

5. 促销是一个短期内激励消费者和贸易商迅速或较大量地购买产品的强大技术。一些最流行的促销技术包括赠品、优惠券、会员卡和优惠活动等，而折扣和津贴是流行的贸易促销技术。

6. 公共宣传在促销组合中扮演了一个很重要的角色。它是一种组织与不同的公众进行沟通的机制。它比广告更可信，而且不存在直接的媒体成本。但是，公司无法控制宣传的推出时间和内容。

7. 赞助是促销的一个流行形式。最常见的赞助类型包括体育赞助、艺术赞助、社区活动赞助和名人赞助等。其主要目标是为赞助商进行宣传、创造娱乐的机会并树立良好的企业和品牌形象。

8. 产品植入是一种快速增长的促销形式，不过却因为它微妙的性质而引起不少争议。企业有意将产品融入电影、电视节目、歌曲和视频游戏中，以达到营销目的。企业通常需向制片方付费。

关键术语

目标受众（target audience）：广告或信息传播的对象，即广告或信息的接受者。

分销推动策略（distribution push）：制造商运用一些促销手段，旨在推动中间商销售产品。

消费者拉动策略（consumer pull）：制造商运用一些手段吸引消费者，使之产生需求，并向中间商询购商品，从而拉动产品销售。

广告（advertising）：由明确的主办人发起并付费的、通过非人员介绍的方式展示和推广其商品、服务或创意的行为。

整合营销传播（integrated marketing communications）：公司通过协调各种营销传播手段（广告、促销和公共关系）来传递关于组织和产品的清晰的、连贯的、可信赖的、具有竞争力的信息，使传播的影响力最大化。

个人推销（personal selling）：销售人员通过与潜在的购买者进行口头交谈，来推销商品，促进和扩大销售。

直复营销（direct marketing）：人们对直复营销的定义的理解差别很大，主要有两种：（1）不通过中间商，直接获取消费者并进行维护；（2）通过可以衡量消费者反应的互动传播方式，向目标消费者销售产品、信息，开展促销活动。

促销（sales promotion）：它包括各种短期性的激励工具，用以激励消费者和贸易商迅速或大量地购买产品。

广告信息（advertising message）：利用媒体向目标受众传播信息时所使用的文字、符号和插图。

广告平台（advertising platform）：卖方产品中对目标消费者最有说服力和与目标消费者最具相关性的方面。

媒体类型决策（media class decision）：主要传播媒介（如报刊、电影、电视、海报、广播电台）的选择或它们的组合。

媒体形式决策（media vehicle decision）：对特定的报纸、杂志、电视宣传短片、海报等媒体的位置、表现形式等的选择。

广告公司（advertising agency）：专门为顾客提供广告服务的组织，其所提供的服务有媒体选择、广告创意、产品和宣传活动的策划。

优惠促销（money-off promotions）：利用折扣对产品进行促销的手段。

附赠包装（bonus pack）：消费者不需要额外付费即可得到额外数量的产品，借此激发消费者的购买欲望。

小组讨论（group discussion）：通常由 6~8 人组成，成员们聚到一起，针对公司营销策略方面的问题展开讨论。

室内测试（hall tests）：将目标消费者的典型样本带到用于实验的房间内来对营销问题（如促销）进行测试。

实验（experimentation）：在受控的情况下，将刺激（如两种价格水平）匹配到不同组群，目的是测量变量（如销售额）的影响。

公共关系（public relations）：通过对沟通和关系的管理，建立组织机构与公众之间的友好关系和相互了解。

公众宣传（publicity）：不需要考虑时间和空间，在媒体上刊登与产品或企业有关的信息进行宣传。

赞助（sponsorship）：企业为实现自己的目标而向某些活动提供资金、资源或服务支持的一种行为，作为回报，它可能因此获得一些权利和商业优势。

事件赞助（event sponsorship）：对一场体育赛事或其他事件的赞助。

埋伏营销（ambush marketing）：企业不是活动的赞助商，不向活动主办方付费，但又将自己的产品与特定赛事联系起来，开展一系列的营销活动。

展览（exhibition）：把买方和卖方聚到一起，为他们提供进行活动的商业环境。

赠品（premiums）：有些厂商为了刺激消费者购买，提供免费的或者价格低廉的产品。

产品植入（product placement）：企业有意将产品及其标志融入到电影或电视节目中，以达到营销目的。企业通常需向制片方付费。

练习题

1. 何谓整合营销传播？解释采用整合营销传播方法的优势。

2. 选择最近以来你所熟悉的 3 个广告活动。分别讨论每一个广告的目标受众、广告目标和信息执行的结果。

3. 过多的促销费用通常被认为是一种浪费。讨论可以测量本章中所描述的各种促销手段的有效性的方法。

4. 讨论在促销组合中赞助所扮演的角色。

5. 永远不会出现不良宣传。试对此句话进行分析。

6. 对于某些商品来说，植入广告已经成为一种十分常用的促销方法，讨论它的原因。

7. 访问 www. youbute. com. 网站，从中选择几个组织或品牌的广告来研究一下。讨论它们试图传达的信息和创意。

课后阅读

Fahy，J.，F. Farrelly and P. Quester（2004）.

Competitive Advantage Through Sponsorship：A Conceptual Model and Research Propositions，European Journal of Marketing，38（8），1013–31.

Fitzgerald, M. and D. Arnott (2000).

Marketing Communications Classics, London: International Thomson Publishing.

Kohli, C. , L. L. Leuthesser and R. Suri (2007).

Get Slogan? Guidelines for Creating Effective Slogans, Business Horizons, 50 (5), 415-22.

Nunes, P. F. and J. Merrihue (2007).

The Continuing Power of Mass Advertising, Sloan Management Review, 48 (2), 63-9.

Raghubir, P. , J. Inman and H. Grande (2004).

The Three Faces of Consumer Promotions, California Management Review, 46 (4), 23-43.

Robinson, D. (2006).

Public Relations comes of Age, Business Horizons, 49 (3), 247-56.

参考资料

Pfanner, E. (2006) Fashioning a Makeover, International Herald Tribune, 12 Novermber, www. iht. com; Rigby, E. (2005) Jazzy Lights and Music Fail to Hide M&S's Need to Increase Sales, Financial Times, 9 Novermber, 23; Sweney, M. (2006) A Successful Ad Campaign has Revived the Fortunes of Marks & Spencer, Guardian, 6 November, www. guardian. co. uk.

Benady, A. (2003) Hundreds of Brands, Billions to Spend, Financal Times, Creative Business, 25 February, 2-3.

Piercy, N. (1987) The Marketing Budgeting Process: Marketing Management Implications, Journal of Marketing, 51 (4), 45-59.

Saatchi & Saatchi Compton (1985) Preparing the Advertising Brief, 9.

Silverman, G. (2006) Is "it" the Future of Advertising? Financial Times, 24 January, 11.

Anonymous (2004) Sex Doesn't Sell, Economist, 30 October, 46-7.

Rigby, E. (2005) Tesco's Victory Over Asda Advert Ends Year-Long Row, Financial Times, 18 August, 5.

Lannon, J. (1991) Developing Brand Strategies across Borders, Marketing and Research Today, August, 160-7.

Cane, A. (2005) Vodafone Rings the Changes, Financial Times, 11 October, 15.

Carter, M. (2005) Orange Rekindles Emotional Ties, Financial Times, 20 September, 13.

Ritson, M. (2005) It's the Ad Break... and the Viewers are Talking, Reading and Snogging, Financial Times Creative Business, 4 February, 8-9; Silverman, G. (2005)

Advertisers are Starting to Find Television a Turn-off, Financial Times, 26 July, 20.

Terazono, E. (2005) TV Fights for its 30 Seconds of Fame, Financial Times, 20 September, 13.

Grimshaw, C. (2003) Standing Out in the Crowd, Financial Times, Creative Business, 6 May, 7.

Bell, E. (1992) Lies, Damned Lies and Research, Observer, 28 June, 46.

Anonymous (2005) Consumer Republic, Economist, 19 March, 63, 66.

Smith, P. R (1993) Marketing Communication: An Integrated Approach, London: Kogan Page, 116.

See Tomkins, R. (1999) Getting a Bigger Bang for the Advertising Buck, Financial Times, 24 September, 17; and Waters, R. (1999) P&G Ties Advertising Agency Fees to Sales, Marketing Week, 16 September, 1.

Wiggins, J. (2007) Fat Children Double Eating After Adverts, Financial Times, 25 April, 5.

Oliver, E. (2004) Advertisers Uneasy Over Regulator Code for Children, Irish Times, 27 March, 16.

Rothschild, M. L. and W. C. Gaidis (1981) Behavioural Learning Theory: Its Relevance to Marketing and Promotions, Journal of Marketing, 45 (Spring), 70–8.

Tuck, R. T. J and W. G. B. Harvey (1972) Do Promotions Undermine the Brand?, Admap, Jannuary, 30–3.

Brown, R. G. (1974) Sales Response to Promotions and Advertising, Journal of Advertising Research, 14 (4), 33–9.

Ehrenberg, A. S. C., K. Hammond and G. J. Goodhardt (1994) The After-effects of Price–related Consumer Promotions, Journal of Advertising Research, 34 (4), 1–10.

Davidson, J. H. (1998) Offensive Marketing, Harmondsworth: Penguin, 249–71.

Murphy, C. (1997) The Art of Satisfaction, Financial Times, 23 April, 14.

Dowling, G. R and M. Uncles (1997) Do Loyalty Programs Really Work?, Sloan Management Review, 38 (4), 71–82.

Burnside, A. (1995) A Never Ending Search for the New, Marketing, 25 May, 31–5.

Murphy, C. (1999) Addressing the Data Issue, Marketing, 28 January, 31.

Anonymous (2005) An Overdose of Bad News, Economist, 19 March, 69–71.

Doyle, P. and J. Saunders (1985) The Lead Effect of Marketing Decisions, Journal of Marketing Research, 22 (1), 54–65.

Lesly, P. (1991) The Handbook of Public Relations and Communications, Maidenhead: McGraw–Hill, 13–19.

Collins, N. (2003) Dyson's Not Making Suckers of Anyone, Daily Telegraph, 25 August, 18.

Marsh, P. (2003) Dust is Setting on the Dyson Market Clean-up, Financial Times,

12 December, 12.

Moorish, J. (2002) In Malmesbury, There are Few Tears for Mr Dyson and his Miracle Cleaner, Independent on Sunday, 10 February, 14.

Lesly, P. (1991) The Handbook of Public Relations and Communications, Maidenhead: McGraw-Hill, 13-19.

Sleight, S. (1989) Sponsorship: What it is and How to Use it, Maidenhead, McGrew-Hill, 4.

Ward, A. (2005) DHL Goes For Home Run in Rival's Back Yard, Financial Times, 6 April, 31.

Mintel (1991) Sponsorship: Special Report, London: Mintel International Group Ltd.

Friedman, V. (2003) Banks Step on to the Catwalk, Financial Times, 3 July, 12.

McKelvey, C. (1999) Washout, Marketing Week, 2 December, 27-9.

Carter, M. (2007) Sponsorship Branding Takes on New Name, Financial Times, 13 March, 12.

Miles, L. (1995) Sporting Chancers, Marketing Director International, 6 (2), 50-2.

Bowman, J. (2004) Swoosh Rules Over Official Olympic Brands, Media Asia, 10 September, 22.

Smith, P. R (1993) Marketing Communications: An Integrated Approach, London: Kogan Page, 116.

Anonymous (2007) The Cartel of Silence, Economist, 9 June, 71.

Grande, C. (2007) Big Brother Sponsor Injects New Reality, Financial Times, 19 January, 3.

Vernon, P. (2006) The Fall and Rise of Kate Moss, Guardian. co. uk, 14 May.

Parmar, A. (2003) Guinness Intoxicates, Marketing News, 10 November, 4, 6.

O'Hara, B., F. Palumbo and P. Herbig (1993) Industrial Trade Shows Abroad, Industrial Marketing Management, 22, 233-7.

Anonymous (2002) The Top Ten Product Placements in Features, Campaign, 17 December, 36.

Tomkins, R. (2003) The Hidden Message: Life's a Pitch, and Then You Die, Financial Times, 24 October, 14; Armstrong, S. (2005) How To Put Some Bling into Your Brand, Irish Times, Weekend, 30 July, 7.

Silverman, G. (2005) After the Break: The "Wild West" Quest to Bring the Consumers to the Advertising, Financial Times, 18 May, 17.

Dowdy, C. (2003) Thunderbirds Are Go, Financial Times, Creative Business, 24 June, 10.

Anonymous (2007) Got Game, Economist, 9 June, 69-71.

Enright, A. (2007) Inside In-Game Advertising, Marketing News, 15 September, 26-30.

Nuttall, C. (2005) There's a New Game in Town for Television Advertisers, Financial Times, 17 May, 14.

Williams, H. (2005) Medium is New Home for Message, Financial Times, Creative Business, 6 September, 7.

在线学习中心：当你阅读本章时，请登录 www. mcgraw-hill. co. uk/textbooks/jobber 的市场营销在线学习中心。在这里你可以找到一些多项选择测试题、友情链接和额外的市场营销方面的在线学习工具。

案例 9　阿迪达斯对战耐克：谁会赢？

德国品牌阿迪达斯是由阿迪·达斯勒（Adi Dassler）在 1949 年创立的。这家公司最初是按照如下 3 项理念创立的，这 3 项理念直到现在仍然渗透在公司中：

1. 制作最好的运动鞋
2. 防止运动员受伤
3. 提供耐用产品

阿迪达斯将自身定义为：关注顾客、不断提高产品质量、外观、手感和形象。不幸的是，20 世纪 80 年代末 90 年代初，这家世界上的运动鞋领袖遭遇了创立以来的第一次财务和商业危机。阿迪达斯在 20 世纪 70 年代的时候被它的竞争对手耐克赶超。为了重新回到市场领袖的位置，阿迪达斯除了采取别的措施之外，还在 2005 年收购了锐步。

领袖崛起

1964 年，菲尔·奈特（Phil Knight）和比尔·鲍尔曼（Bill Bowerman）认为当前市场上的运动鞋在质量上不能满足他们的需求，所以他们合作创建了一家名为"蓝带体育用品公司"（Blue Ribbon Sports）的公司。7 年后这家公司更名为 Nike（"希腊胜利女神"之意）。耐克最初的标识"Swoosh"实际上是以不到 35 美元的成本由一个大学生设计的，尽管这听起来似乎难以置信。

1985 年，Air Jordan 品牌的球鞋开启了运动鞋品牌的新纪元，而且迅速成为世界上最畅销的运动鞋之一。据耐克公司的欧洲区总裁 Yves Marchand 所说，在这之前，产品并不是和人结合起来的，而是和运动结合起来的。Air Jordan 建立了一个明星、产品和消费者之间的三角关系。

1987 年，耐克用披头士出队的一首歌"Revolution"设计了一个具有创新性和让人记忆深刻的广告。过去都成为历史，这一品牌目前位居运动鞋行业的领导地位。

足球营销市场的交锋

尽管在与阿迪达斯的长期竞争中，耐克一直处于领先地位，但德国的阿迪达斯却一直拥有一项优势：足球。

菲尔·奈特对这项运动并不迷恋，并总是保持一定的距离来评价这项运动。但是，他意识到在欧洲足球不容忽视，最终决定在这一领域内也要占领主导地位。为了达到这一目的，耐克使用了它用在其他产品上的成功手段——促销。所以，从 1994

年起，耐克的促销支出就显著增加。那时，市场主要由阿迪达斯（市场份额为45%）和彪马（市场份额12%）占领，其余的市场份额主要零星地分布在一些不能投入大量资金的相对较小的品牌中，如 Umbro，Lotto，Kappa。耐克最先向这些小品牌发起攻击，因为相对于直接进攻阿迪达斯，这个相对容易一些。

这一战略的典型案例就是1994年的世界杯。巴西队获得了 Umbro 公司的赞助，但是耐克说服了球队的10名队员以每人 $ 200 000 的价格选择耐克赞助的鞋。这在当时是一笔很大的支出，但当巴西获得世界杯冠军时，这似乎是一项很好的投资。耐克并不是球队的官方赞助商，但也算是通过它赞助的球员间接地对这支球队进行了投资。因此，耐克在足球上缺乏合法性的时代已成为历史，而且，在2006年，耐克与巴西队签署了价值2 000万美元的为期10年的合约，成为巴西队的官方赞助商。在由德国举行的2006年的世界杯中，耐克赞助了8支球队（澳大利亚、巴西、韩国、美国、克罗地亚、墨西哥、荷兰、葡萄牙），而阿迪达斯仅赞助了6支球队（德国、法国、西班牙、日本、特立尼达和多巴哥、阿根廷）。

同时，耐克设计了一个新的宣传广告，是由法国足球运动员埃里克·坎通纳带领他的队友们共同演绎的一个足球版本的"善良与邪恶"。这违背了该市场的规则，因为足球运动鞋的品牌一般不使用大量的营销沟通。耐克打破了所有的规范，雇用著名的剧作家 Terry Gilliam 和 John Woo，他们为耐克所赞助的球星设计了广告场景。许多企业效仿这一做法，例如一家企业展示了一位巴西球员在机场的形象，另外一家公司设计罗纳尔多、菲戈和亨利在一个货舱里踢足球的场景。每一次，人都是位于商业的核心位置，这反映了耐克企业对其使命的定义：为世界上的每一位运动者带来灵感和创新。

这些企业采取的特殊手段成本都很高，据说这些企业为2002年的世界杯和2004年的欧洲杯分别斥资了100万英镑、150万英镑。但所有的这些支出都得到了应有的回报：耐克的增长以及阿迪达斯1994年以来的扭亏转盈，很大程度上可以由这些巨额广告预算和广告效用来解释（参见图9—1）。

面对来自耐克的挑战，阿迪达斯必须进行有力的回击。它采取了多管齐下的策略。首先，公司进行研发来刺激创新并创造尖端的新产品，如 One 系列———一个在2004年年底推出的智能模型，它内置了一个芯片，售价为250英镑。其次，营销支出也显著增加。阿迪达斯开始与一些超级球星合作，如齐达尔、贝克汉姆及德尔·皮耶罗。它成为2006年世界杯官方设备的唯一指定生产商（由 FIFA 授权）。

"+10" 对战 "Joga Bonito"

阿迪达斯和耐克在2006年德国世界杯上展开了广告大战。其中，阿迪达斯宣扬两年前就开始的运动口号"Impossible is Nothing"，这也是这家公司历来的传统。在一些广告中，阿迪达斯邀请了一些经典球星和一些新秀球星。例如，球星贝肯鲍尔或普拉蒂尼的一些旧影像资料被剪辑到新的"+10"广告中，这是围绕"1 加 10 刚好组成一支球队"这一想法提出的。分享情感、友谊、纯真等这些集体维度的东西是阿迪达斯交流战略的基调，同时它把这些当作是理应与足球联系在一起的价值。除了电视广告，"+10"还依托了其他媒体。在网上，这家德国品牌和谷歌地球及法国 Go Sport 共同组织了一个游戏，要求顾客回答10个与足球相关的问题并用谷歌地球搜索全球所有的足球场馆。获胜者可以获得 11 张世界杯门票，和他的 10 个朋友一起观看世界杯。

而耐克在由德国世界杯上发起"Jogame Bonito（葡萄牙语意为'美丽足球'）"计划——一期价值 1 000 万美元的多渠道投放的广告。这期广告以电视广告、SMS、快递、杂志为基础投放渠道，但主要是投放在 www. joja. com 网站上。这是一个和谷歌合作开发的主要面向球迷的网站。全球来自 140 多个国家的球迷可以在上面写博客、创建与自己喜欢的球队或球员相关的小组、上传和下载视频，并且在 iPod 和 PSP 上面也可以观看。同时，耐克还推出了 Joga 电视，主持人是法国球星埃里克·坎通纳。这个网站促进了耐克对局势的扭转，因为和之前传统的自上而下的大众传媒信息相比，这是一个截然不同的吸引顾客的方式。据耐克负责国际品牌管理的副总裁 Trevor Edwards 所说，这次的广告发挥了很大的效应，之前那些大型广告、超级球星或我们希望把二者结合起来的日子一去不复返了。

这项战略的实施结果很难衡量，尽管耐克声称自己的足球装备销量大增，但必须承认现在在评价这项战略的实际市场效应还为时尚早。无论如何，巴兹曼·翠斯（Nielsen BuzzMetrics）的营销总监 Pete Blackshaw 指出："通过顾客会员注册形成营销市场，耐克能够挖掘出微观个体的需求，并在更深层次上培养广告倡导和顾客忠诚之间的联系。"而且，耐克公司因其"Joga Bonito"网站，获得了"Gold Cyber Lion"的称号，这是戛纳国际广告节对网络广告最高的奖项。

齐达内和耐克的广告创新

为了实现与阿迪达斯的不同，耐克继续推进广告传播的创新。在 2006 年世界杯上，法国球星齐达内用头顶撞马特拉齐被罚下场。耐克就因此推出了一期面向意大利市场的新广告，并且在网络上迅速传播开来。广告中，马特拉齐一直在躲避各种投掷物（如保龄球等）。几周之后，耐克为支持在意大利推出的新款球鞋，设计了一款类似的广告。在快递、电视广告、网络上都可以看到意大利球员在宣传产品的高质量和持久性，并配用一句法语广告词"Produit en Italie（意为'意大利制造'）"。马特拉齐的形象甚至出现在了一个特制的碗橱上，并附有标志性的口号"持久耐用，经头撞测试"。但在法国，这期广告的效果不是很好。

运动员到时尚先锋

阿迪达斯和耐克在最初都专注于运动品牌。但随着越来越多的年轻人把它们的产品当作日常服饰，情况发生了变化。以足球为例，耐克在 2001 年推出的 Total 90 的目标顾客就是"街头足球"。最初被认为是运动服饰的耐克产品，现在已成为那些永远只待在观众席上的年轻人的配饰。在法国，耐克共售出了 500 000 双球鞋，占足球市场的 20%。打破运动服饰和时尚服饰之间的界限显著地改变了耐克潜在顾客的市场：耐克已经成为欧洲足球鞋市场的领袖，占到市场份额的 34%，相比，阿迪达斯的市场份额为 32%。这使得阿迪达斯的 CEO 抗议称："耐克销售了大量的 Total 90 足球鞋，并把这包括在足球市场份额中。它试图把商业模式向生活休闲主导型转变。"尽管如此，耐克的战略获利颇丰，它的竞争对手阿迪达斯和彪马只能跟着效仿。

问题：

1. 讨论阿迪达斯和耐克的定位战略，它们是否不同？

案例 9　Nike 的 T90 足球系列

2. 这两家公司是如何重新定义运动产品业务的?

3. 比较两家公司在利益巨大的足球市场上的广告宣传。评价二者的促销目标、预算、创新和媒体。

4. 评价两家公司促销活动的优势和不足。

第10章　整合营销传播2：
直接传播技术

本章框架

● 数据库营销
● 客户关系管理
● 直复营销
● 网络营销
● 蜂鸣营销
● 人员推销
● 销售管理

学习目标

在学习本章之后，你应该理解：

1. 作为直复营销的基础，数据库管理的重要性。

2. 客户关系管理发展的原因有哪些？

3. 直复营销的概念及如何管理直复营销活动。

4. 互联网技术的发展所带来的市场营销机会有哪些？作为直复营销的媒介，互联网的作用有哪些？

5. 蜂鸣营销作为一种创新的促销技术已经普及。

6. 在促销组合中，人员推销的作用及推销和销售管理所涉及的主要问题。

营销聚光灯

曼联向它的球迷伸出手

足球俱乐部和它们的支持者们之间的关系是独一无二的。它不像其他企业和品牌，如果它们忽略了顾客的需求，就会很快失去它们的顾客。很多足球支持者的一个共同特点在于他们对球队的高度忠诚，即便是球队在场上的表现连续几年都很差。现在足球俱乐部越来越认识到在与它们的支持者们打交道时所得到的回报，直复营销技术变成了一种受欢迎的方法。对于像曼联这样大的俱乐部来说，它们在世界各地有超过5亿粉丝的支持，直复营销是与粉丝们保持联系的一种非常有效的方式。

曼联出身卑微。俱乐部在1878年由兰开夏和约克郡铁路公司的工人组建。但是如今，它已经是世界上最大、最受认可的运动品牌。这是一个强有力的品牌，代表资质、激情、友情和合作，这些品牌价值反映在在运动员身上和他们每周的运动方式中。赞助商们迅速认识到这种结合的价值，曼联同意接受赞助，与之有商业关系的大型企业有耐克、美国国际集团、奥迪、博发和安海斯-布希。其营销和品牌建设的成功使得曼联变成世界上最大、最赚钱的俱乐部，2006 年盈利 5 000 万英镑。现在，它的收入中有超过 3/4 的部分来自它的推销和商业活动。

推动这种增长的是它的零售和直复营销活动。推销是主要的收入来源，像球衣及其他产品就是通过曼联和曼联超市在世界各地的主要城市的连锁专卖店进行零售的。一种新的零售公司是亚太地区的红酒咖啡餐馆。第一批咖啡馆在获得特许经营权后于 2002 年在北京和新加坡开业了，并计划到 2012 年把在这些地区的红酒咖啡馆的数量增加到 90 个。曼联卫士（MUTV）在 1998 年开办。它开通了五个频道，为签署者提供了观看所有联赛、存档胶片、访谈和赛事集锦的机会。同样的，它的网站允许粉丝拥有使用商品、信息、新闻和进行更新的权限，最近一个同 Viatel 的链接意味着粉丝可以有一个曼联的电子邮箱。它与沃达丰的关系也使它能够去探索通过移动营销来提供服务的可能性。例如，粉丝可以通过他们的手机获得比赛的信息和活动过程。2003 年，曼联互动获得的全部收入为 150 万英镑。

直复营销的作用可以从"一个曼联"的方法中看出。尽管曼联只有 76 000 个粉丝，"一个曼联"的目标是把其所有的无实际经验的粉丝转变成为对商品、电视和其他产品付费的客户，以此为俱乐部带来更多的收入。例如，曼联金融已经有了 57 000 个签署者，利用他们的一切——从抵押贷款到信用卡，为俱乐部带来了 120 万英镑的销售额。

俱乐部发展的下一个阶段将是增强它的客户关系管理（CRM）能力。它的粉丝群可以按照不同的方法来划分：按年龄、性别、地区、民族背景、忠诚度等等。公司利用数据控掘技术来分析它的客户以及根据特殊偏好调整产品供给。公司现有数据库中有 100 万个粉丝，包括来自中国的 100 000 个支持者，他们在 2002 年俱乐部发行汉语版本的网站时就进行了注册。俱乐部尤其想把儿童作为目标，这样团队的忠诚度从很年轻的时候就确定了，且在整个成年生活中会保持坚定不移。

过去几十年间，大量的传播技术受到市场营销人员的青睐，促销组合的重点放在了类似广告和推销这样的工具上。然而在当代，直接传播技术变得很流行，原因有很多。正如我们前几章看到的，例如观众和媒体都开始显著地分散，这使得公司很难通过传统的 30 秒的电视广告打开大众市场。在这里，许多新的基于技术的解决方案的出现，如客户关系管理（CRM）和在线营销，提供了更多直接和客户开展互动关系的机会。并且，对市场营销人员来说一个长期存在的挑战是调整促销预算，论证支出在知名度和销售上的影响。直接传播技术（如直接反应广告）允许市场营销人员更精确地论证营销投资的影响。

本章将检查日益增长的直复营销传播的面积。很多直复营销传播技术依赖于顾客数据库的有效性，这是构建活动的基础。首先，我们将考察数据库营销，它已经演变为营销中增长最大的领域之一，也就是客户关系管理（CRM）。其次，我们将继续观注直复营销这个领域自身，它产生于古老的邮购业务。再次，我们将考察网络营销。在世纪之交，互联网彻底改革了营销，这里有一些巨大的成功，也有很多失败。然而，尽管这是个不稳定的开始，但电子商务已成为经商的主流手法。最后，我们将考察营销的核心因素之一，即个人推销与销售管理。

10.1 数据库营销

一个营销数据库是一个"电子文件柜"，它包含一系列的名字、地址、电话号码、生活方式、顾客的交易数据和潜在客户（参见插图10—1）。购买类型、购买频率、购买额和对促销产品的回应情况都可以被包含。

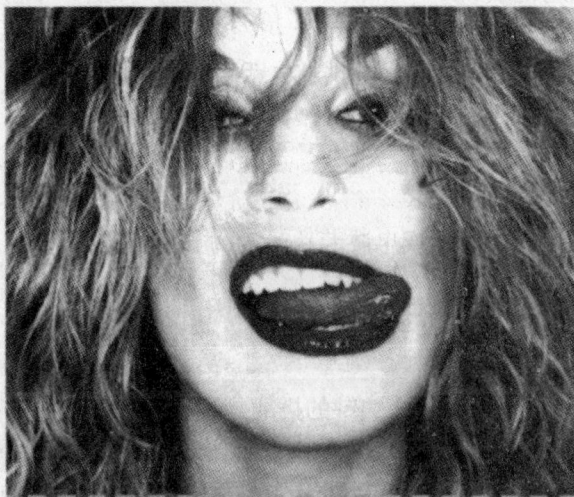

We'll help your clients lick their competitors

Data Ireland, a subsidiary of An Post is the market leader in consumer and business data.

Providing Direct Marketing mailing lists for over 80 business sectors from a pool of over 200,000 updated Irish business contacts, we output mailing lists to your specifications (based on location, size, sector and named contact).

With over 2 million consumer records and our Ogham geodemographic analysis model, mapping tools, software solutions, online applications and more, we'll help you target your customers.

Data Ireland offers a full range of database management services, including data profiling, data hygiene, data capture and address validation and correction. We also design bespoke data software solutions and offer a consultancy service on maximising profit from your database.

Call Data Ireland now at 01 8584800
www.dataireland.ie

Data Ireland

插图10—1　很多组织把它们的顾客数据管理外包给像康帕斯这样专业的公司，
它有处理大量数据的专业知识

数据库营销被定义为：一种交互作用的营销方式，它采用个人可寻址的营销媒介和渠道（如邮件，电话和销售人员）：

- 提供信息给目标消费者
- 刺激需求
- 通过记录和储存顾客的电子数据、前景和所有通信、事务性数据来与消费者保持密切联系

数据库营销有一些重要特点。第一，它允许通过各种各样的媒介包括**直接邮寄**（direct mail）、**电话营销**（telemarketing）和**直接反应广告**（direct response advertising）直接将信息传播给消费者。第二，企业可根据消费者的回应采取措施（如通过电话联系，发送单据或安排上门服务）做出反应。第三，它必须能够追溯到原始的

联系内容。数据库营销的潜力非常巨大。例如，一个超级市场分析它的销售额，发现某一品牌的奶酪整体亏损。在完全切断这条线之前，它分析了那些购买这个产品的人的信息，发现他们购买了其他的高价商品，在奢侈品上平均花费得更多。因此，超市总结出：继续出售这种奶酪以便满足这些消费者是有意义的。

计算机提供了存储和分析大量当前信息的可能，用方便、易理解和有用的格式呈现信息。一个数据库的创造依赖于对顾客信息的收集，信息来源如下：

- 公司记录
- 对促销的回应记录
- 保修和质保卡
- 提供需要消费者给出姓名、地址、电话号码等的样品。
- 询问

同其他公司交换数据

- 促销人员的记录
- 申请表（如申请信誉卡或忠诚卡）
- 投诉
- 对以前直复营销活动的反应
- 组织活动（如品尝葡萄酒）

然而，现在对于公司来说一个关键的挑战是：如何处理海量数据。冬季公司有关数据库的调查发现，与 2001 年仅 25% 的占比相比，它研究的数据中超过 90% 都包含超过 1T 字节的（1 000 千兆字节）数据。凯马特有 12.6T 字节的数据，覆盖股票、销售额、消费者和供应商，但是这并不足以使它免于破产。

收集信息对那些直接接触消费者的公司来说是最容易的，如那些金融服务业和零售业的公司。然而，即使那些销售合同不是直接的，建立一个数据库通常也是可能的。

图 10—1 显示数据库中记录的信息类型。顾客和客户信息通常包括姓名、地址、电话号码、DMUs 中关键决策者的名字。交易信息涉及合同中与公司有关的以往的事务。交易数据必须充分详细，允许 FRAC（频率、时效、数量和范畴）为每个顾客提取信息。频率指的是消费者多长时间购买一次产品。时效是测量消费者上一次购买产品的时间，如果消费者再次购买之前等待的时间长的话（即时效是渐减的），其原因（例如缺乏具有吸引力的优惠或服务问题）需要探索。数量衡量的是一个消费者购买多少，通常按价值记录。最后范畴定义的是购买产品的类型。

促销信息包括开展什么样的促销活动，谁来响应它们，以及合同，销量和利润。产品信息包括将促销哪种产品，谁会在什么时间和从哪响应。最后，地理人口信息包括有关消费者和预期地理位置的信息。用交叉制表来表示这些事务信息的细节可以揭示客户最可能购买的一种特定产品的概况。由于拥有有关消费者的信息，数据保密成为主要的问题，技术聚焦 10.1 中将讨论这一问题。

数据库营销的主要应用如下所示：

- 直接邮寄：可以在一个数据库中选择邮件的收件人。
- 电话营销：一个数据库可以存储电话号码，以便消费者和预期可以被联系

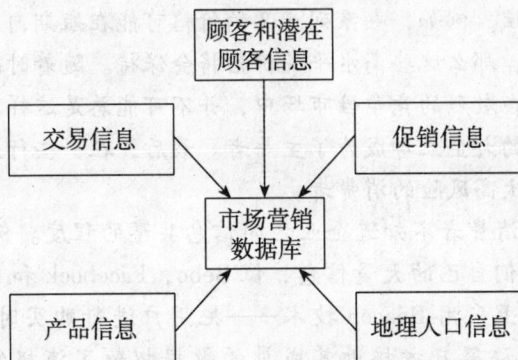

图10—1　市场营销数据库

起来。

- 经销商管理系统：一个可以为经销商提供基础信息的数据库。
- 忠诚市场营销：可以从数据库中挑选出忠实的顾客来给予特别对待，以作为对他们忠诚的回报。
- 目标市场营销：个人或企业团体可以作为分析数据库结果的目标。

技术聚焦 10.1：数据保密

　　数据追踪和存储技术的进步意味着公司和国家掌握着大量个人的信息量。当我们更多地使用信息技术时，我们会在身后留下越来越多的信息踪迹。我们拨打的每一个移动电话、我们发的短信和邮件都会被记录下来。现在某些政府出于安全目的，要求经营者对所有信息都存储 3 年的时间。当我们在网上冲浪时，点击流会分析并保存我们去了哪儿和浏览了什么。一些软件正在被开发用来拦截网页请求，以建立对用户兴趣的描述。每当我们使用一个商店的会员卡时，我们就促使商店建立起一幅我们所属类别顾客的图片。出现的关键问题是组织如何知道我们，它们将如何处理这个信息以及它有多安全。

　　在回答完第一个问题后，他们对我们的了解就增加了很多。数据库信息允许组织者建立对顾客的描述。当组织者分享信息时，消费者的概况就能变得更精细，因为食品杂货店购物（英国塞恩斯伯里超市）、在线购物（亚马逊网站）和银行业（巴克莱信用卡）的细节都能够进行交叉制表和比较。加入忠诚卡计划通常需要提交非常有价值的信息，像就业状况、孩子的数目、拥有的汽车数目等等。当所有这些数据被开发时，非常精细的资料便出现了。2008 年谷歌接管 DoubleClick 后也提高了对隐私问题的重视。DoubleClick，是谷歌最大的使用者之一，它在计算机上安装了一个小的数字化文件以追踪用户访问的网站。当这个信息与谷歌的搜索记录相结合时，它能够呈现一个非常精细的有关冲浪兴趣的图片。

　　为使企业利润最大化，这种类型的信息可以用不同的方式加以利用。第一，可以给消费者提供消费积分，这样消费者就可以兑换消费积分来购买高价商品。第二，当消费者被认为对特定类型的产品有偏爱时——如有机的民族食品，这个偏爱范围可以被扩展，这些特定消费者就成为直接的目标。第三，提供低利润的产品并不是可持续的，这有时意味着注重成本节省的顾客会发现他们喜爱的品牌没有货了，他们可能不得不去其他地方购物，这实际上是差别定价的一种形式。第四，价格变化可以通过观察消费者的反应来测试。例如，一系列产品的价格可能在短期内上涨，如果消费者对此没有产生不良反应，那么这些高水平的价格将会保持。随着时间推移，商店会增加其高价商品的份额。在激烈的竞争性市场中，并不可能总是这样。但是，在食品杂货的零售市场中，少量的大企业却成为了主导者。最后，在一些行业，像保险业，数据会被用来去识别和淘汰高风险的消费者。

在很多情况下，消费者不知道企业之间信息共享的程度。例如，很多用户愿意在社交网站上提供他们自己的大量信息，像 Bebo，Facebook 和 MySpace。Facebook，由于它们决定在网站上采用 Beacon 技术——把用户进行购买时的细节传播给用户所有的朋友，并且允许第三方接近其成员的数据招致了消极的反应。作为回应，Facebook 引进了一套新的控制隐私的管理方法。

一旦消费者的资料变得很精细，那么对这种信息的安全管理就变得极为重要。例如，在美国，忠诚卡数据会在公案中呈现，比如离婚显示了一方有责任支付更多的赡养费。HSBC，英国最大的银行，在过去丢失了 370 000 个顾客的个人信息，然而，在 2008 年 2 月，在易趣上出售的一台笔记本电脑上却发现了一个有编码信息的英国内政部的磁盘。

以上所述概括为一种情况就是：消费者需要知道他们提供给了企业什么信息和关于这些信息他们提供给了这些企业什么许可。消费者的权益通过数据立法得到保护。消费者有权知道企业拥有了他们的什么信息，这些信息会被传递给谁。他们也有权利决定退出营销数据库。但是，在一个信息社会，拥有真正的私人生活实际上是不可能的！

推荐阅读：Turow（2008）

数据库也能用来设法建立或者加强企业同消费者的关系。例如，Highland Distillers 把其所有的促销预算从广告到直复营销都转给了它的麦卡伦威士忌品牌。它建立了一个由其 100 000 个最频繁饮酒者（那些一年至少消费 5 瓶酒的人）组成的数据库，每隔几个月给他们发邮件，内容是关于这个品牌的威士忌大事记和与供给有关的有趣事实。正是这些改善顾客关系的努力，使得数据库营销演变成了现在的客户关系管理（CRM）。

10.2　客户关系管理

客户关系管理（CRM）是一个有关方法论、科技和公司管理客户关系的商业能力的术语。CRM 提供给企业一系列的信息技术服务，如客户服务中心、数据分析和网站管理。CRM 背后的基本原则是公司员工以单一客户的观点来看待客户。客户现在更加频繁地运用多种渠道来购买产品，他们可能从一个售货员那里购买一个产品，然后从公司网站购买另外的产品。客户和企业间的相互作用可以通过多种方式——如通过推销人员、客户服务中心、邮件、分销商、网站等来体现（见图 10—2）。例如，爱尔兰喜力在爱尔兰通过 8 000 个酒吧/饭店和超过 1 300 个商店来分销它的产品。向所有营销组织的员工呈现一个单一的、最新的有关所有顾客的视图是一个好的 CRM 系统应该做到的。

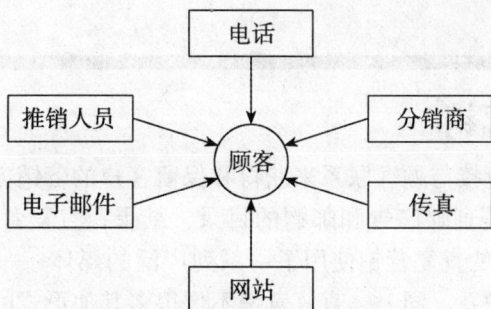

图10—2 客户与企业间的联系方法

因此，不管一个客户如何联系这个公司，一线员工都可立即获得与该客户相关的最新数据信息，如他/她的详细信息和过去的购买情况，这是至关重要的。这通常意味着在一个公司中，单个部门的很多数据库必须整合成一个在所有相关员工的计算机屏幕上都可以使用的集中的数据库。然而CRM不仅仅是技术，为了CRM能够更有效，它必须与公司的所有营销策略相结合。必须训练员工学会如何去使用这个系统，并不断地鼓励和监测他们准确地使用这一系统。主要的客户管理活动包括以下内容：

- 明确定义目标客户和有前途的团体
- 咨询管理——从个人表达兴趣开始，一直持续到资格审查、客户责任和结果报告
- 欢迎——包括新客户和那些有关系的老客户；它采用简单的"谢谢你"这类信息覆盖复杂的接触策略
- 认识——客户必须提供他们的信息；这些信息必须被存储、更新和使用；有用的信息包含态度和满意度
- 客户发展——通过高水平的关系管理活动，决定哪类客户应该得到发展，并决定保持什么或者终止什么
- 管理问题——这包括早期的问题识别、投诉处理和对能够给客户带来困扰的基本问题的"根本原因"的准确分析
- 赢回活动——包括明白亏损的原因、决定赢回哪种客户、优化能够给消费者提供一个回来的机会和一个好的回来的理由的赢回方案。

对一个计划做绩效衡量能够细化未来，计划能持续改进CRM方案；衡量的内容包括参与人、过程、活动、传达主题和渠道绩效。

迄今为止，CRM有一个非常固定的成功比率。与成功相关的一些因素是：

- 以顾客为中心，在顾客周围组织CRM系统
- 各部门都采用一个单一的视角看待客户，设计一个综合的系统，以便所有面向顾客的员工都能够从普通的数据库中提取信息
- 有能力管理文化变化的问题
- 在CRM设计过程中涉及用户
- 以这样的方式设计系统，以便它可以很容易改变以满足未来的需求
- CRM项目在董事会层面有一个冠军，每个受影响的部门都承诺采用单一的视角来看待客户的利益
- 创造"速效方案"，给项目方案提供积极的反馈

10.3 直复营销

直复营销是通过直接与顾客联系来获得和保留客户的营销方式，而不是通过中间商。直复营销的起源是直邮广告和邮购的目录，结果，直复营销有时被看作了"垃圾邮件"。然而，今天的直复营销使用了一系列广泛的媒体——如电话营销、直接反应广告和邮件与人们联系。同时，直复营销不像很多其他形式的传播，它通常会收到及时的反应，很多直复营销冠军的效力可以被定量地评定。

直复营销的定义是：产品的分配、信息和通过交互式传播对目标客户产生的影响，在某种程度上允许被测量。

一个直复营销活动不必是一个短期驱动反应的活动。越来越多的企业使用直复营销来发展正在进行的同顾客间的直接关系（参见营销实例 10.1）。一些营销人员认为吸引新客户的成本是维持现有客户所需要的成本的 5 倍。直复营销活动可以是市场营销人员保持现有客户满意和让他们消费的手段。一旦获得一个客户，他们便有机会将公司其他产品出售给这个客户。Direct Line——一个英国的保险公司，在国内机动车保险行业成为市场的领导者，它通过绕开保险经纪人直接接触客户，用免费的电话号码和金融服务吸引对电视广告给予直接回应的汽车驾驶员，以鼓励汽车驾驶员联系它们。一旦它们将车险出售给消费者，训练过的电话销售人员就会在其他保险产品，如房子和内容保险上给他们提供实质的折扣。Direct Line 用这种方法，并且通过结合使用直复营销的方法扩大了自己的经营规模。

直复营销包括大量的方法，有：

- 直接邮寄
- 电话营销（既有拨入也有拨出）
- 直接反应广告（赠券反应或者"立即电话"）
- 目录营销
- 电子媒体（网络、邮件、交互式有线电视）
- 插页（杂志里的广告单）
- 送货上门的传单

通过国际直复营销网络，对整个欧洲的大型消费品公司进行的一个调查估量了这些技术的使用（包括目录营销和在线渠道）。调查发现 84% 的公司使用某一形式的直复营销，但是国家间存在巨大的差异。例如，在德国，40% 使用的公司电话营销，然而在法国却没有使用。总体上说，直接邮寄是最常用的方式（52%），接下来便是正在出版的赠券广告（41%）。电话营销没有被广泛采用，尽管它经常与企业间的电子商务营销联系在一起。在英国，投入到直复营销中的促销预算的比例已经稳定增加，一项研究发现企业打算以超过 20% 的比例来不断增加这项预算。该领域的增长潜力可以通过用在直复营销上的人均花费这一事实来反映，在英国是 71 美元，而荷兰是152 美元，美国则为 428 美元。

在过去 10 年里，直复营销活动的显著增长已经在 5 个方面得以证明。第一，媒介和市场的细分。专业的杂志和电视频道的发展意味着传统的大量广告已不太有效。类似地，大众市场正在消失，越来越多的企业按客户的要求给目标群体提供产品（见第 5 章）。第二，科技的发展，如数据库和软件产生的个性化的信件，减轻了直销人员的任务。最新发展如可变数据印刷（VDP）使得直接邮寄的文件包括文本、定价、供应、图像和制图法在内的不同元素能够具有独特的个性。第三，名录的供应显著增加。因此名录经纪人有助于为特定的目标找到适合的名录。第四，精细的分析法，如区域人口统计特征分析（见第 5 章）可以用来为邮寄目的查明目标。第五，其他技术如人员推销的高成本，导致越来越多的企业利用直复营销技术，比如电话营销，使得销售人员成本效益更好。当一个企业只有有限的促销预算时，这尤为重要，如同营销实例 10.1 所示。

直复营销活动，包括直接邮寄、电话营销和电话银行业务，是由欧洲委员会指令规定的，于 1994 年底开始生效。它主要的条款有：

- 供应商不能坚持要求预付费。
- 必须告诉客户供应商的身份、价格和产品质量以及任何形式的运费、付款和配送方式。
- 除非另外指明，必须在 30 天之内备货。
- 30 天的冷静期是强制的，除非接受者事先同意，通过电话、传真或者电子邮件的无准备访问是受限制的。

10.3.1　管理直接市场营销活动

同其他促销活动一样，直复营销应该同所有的营销组合中的各因素结合，提供一个一致的营销策略。直复营销人员需要明白产品是如何在市场中定位的，信息作为直复营销活动的一部分被发出，与那些由其他渠道发出的信息（如广告和销售人员）并不冲突。

这个阶段包含对直接邮寄活动的管理，与前一章（见图 10—3）描述的那些大量的传播技术相类似。第一步是识别目标群体，直接邮寄的一大优势是目标群体可以非常精确。

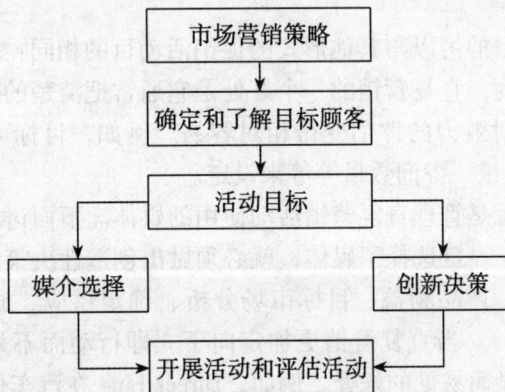

```
        市场营销策略
            ↓
      确定和了解目标顾客
            ↓
         活动目标
        ↙        ↘
   媒介选择      创新决策
        ↘        ↙
      开展活动和评估活动
```

图 10—3　管理直接市场营销活动

学习指南：以下是对远程通信企业的一个直复营销活动的回顾。读一下，考虑你所熟悉的直复营销活动的其他例子。

由于撤销了管制规定和新技术的出现，远程通信行业经历着迅速的变化，被像沃达丰、西班牙电信公司和英国电信这样非常大的全球玩家所控制。因此，这个行业的新进入者在创造顾客意识、建立品牌和获得收入方面面临重大的挑战。由于这些新进入者只有有限的促销预算，因此为了发展他们的客户基础，其中很多都采用了直复营销技术。爱尔兰的 Perlico 就是这样的一个企业。

Perlico 成立于 2002 年，Perlico 这个单词在拉丁文中有一个不太准确的意思是"力量和长寿"。在爱尔兰市场，它专门成立提供固定线路的远程通信和宽带通信，与爱尔兰传统供应商 Eircom 进行竞争。从一开始，它就寻求建立一个比现存的经营者更加个性化的品牌，以代表高质量的服务。然而，它发现它早期为建立品牌做出的一些努力——使用传统的广告方法和媒体，在生成新业务上相对不成功。观察到像 Dell 这样通过开展直接销售业务取得成功后，企业转换了它的营销策略，改为进行直复营销，甚至招募一些 Dell 在爱尔兰的营销队伍。

在 Perlico 的新的营销方法上的一个关键不同是它转换到直接反应广告上，使用免费电话号码。这使得它能够精确衡量不同媒体广告的作用。多年来公司一直贯彻这一策略，并且声称它能够在 5% 的水平内预测由一个活动产生的新业务。这种对有效性的关注也导致了它对媒体的挑战——要求免费携带其广告。通过过滤性的活动，它也把幽默元素加入到它的营销中。例如，在 2007 年，它戏仿广泛使用呼叫筛选的企业，提供一个呼叫者只能听到鸭子嘎嘎叫的菜单选择。在短短三天，它收到了 70 000 个呼叫，活动在大量媒体上产生了额外的宣传效果。建立了一个超过 62 000 个消费者在内的用户基础，在 2007 年 11 月，沃达丰以 8 000 万欧元收购了 Perlico。这个转变使沃达丰在爱尔兰有权使用固定线路和宽带通信，同时 Perlico 变成了沃达丰手机在爱尔兰的一个额外的营销渠道。

基于：Brown（2006）；Hancock（2007）

例如，有可能把仅存的消费者作为目标或者分散提供给这些消费者群体的邮寄列表是有效的。

直复营销活动的目的可以与其他形式的促销活动目的相同：改善销量和利润，获得保留顾客或者。然而，直复营销的一个好处是它通常把清楚的绩效作为可以被衡量的短期目标，这使得对效力的评估变得相对容易。例如，目标可以依据响应率（接触反应的比例）、总销量、咨询数量等等来设定。

下一个重要的决策是管理直复营销活动使用的媒体。下面讨论每一个对市场营销人员有效的重要选项。一旦选择了媒体，就必须做出创造性决策。创造性的概要通常包含传播目的的细节、产品利益、目标市场分析、确定供应、通信消息和行动计划（例如活动将如何运行）。当直复营销更加定向于立即行动而不是广告时，接受者在反应之前就可以看到显而易见的好处。例如，Direct Line 在汽车保险行业的成功就建立在它提供给消费者的显而易见的好处上，也就是实质性的成本节约。

最后，活动需要执行和评估。执行可以由自身或者通过使用专业的代理来进行。

正如我们前面所提到的，直复营销适用于定量测定。一些最常使用的测量方法有响应率（接触反应的比例）、总销量、销售率（接触购买的百分比）、咨询率、单呼成本或者咨询或者销售和重复购买率。

10.3.2 直接邮寄

材料通过邮政服务邮寄到接收者的家中或者办公地点，目的是促销一种产品或者保持现有的购销关系，这被称为直接邮寄（参见插图10—2）。例如，亨氏食品公司采用直接邮寄的方式将物资邮寄给其目标客户和潜在客户。通过促销、生活方式的调查问卷和出租列表反馈回来的信息，亨氏食品公司建立了一个包含460万户家庭的数据库。现在，每一户家庭都收到一个季度的"接待来访"的邮包，这进一步分段性地反映了忠诚度和购买频率。产品和营销信息与优惠券相结合以促使顾客试用此商品。直接邮寄的一个主要优点是它的成本较低。例如，在企业针对企业的电子商务营销中，它可能需要花费50英镑来访问潜在客户，5英镑给他们打电话，但是发送一个邮件的花费却不到1英镑。

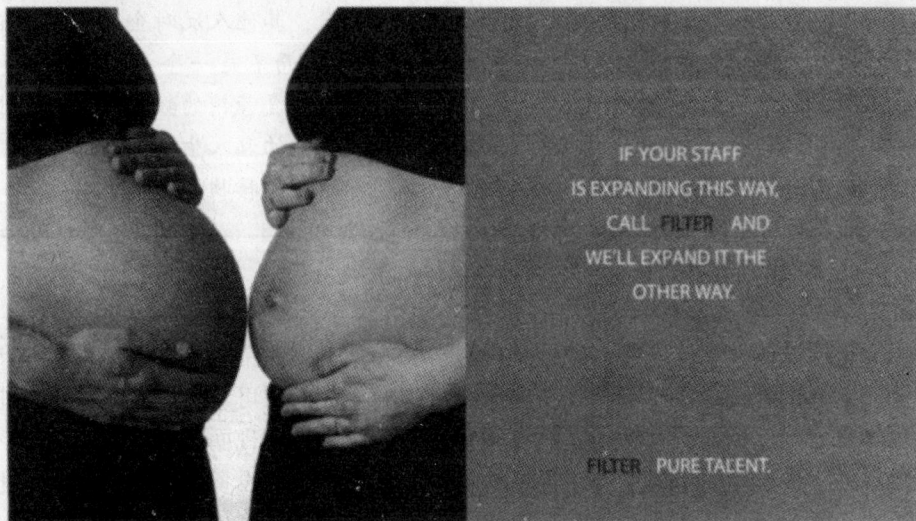

IF YOUR STAFF
IS EXPANDING THIS WAY,
CALL FILTER AND
WE'LL EXPAND IT THE
OTHER WAY.

FILTER PURE TALENT.

插图10—2 因为有如此多的直接邮寄，而它仅有有限的机会来吸引潜在观众的注意，所以其使用的图形部分必须非常强大；Filter是一个具有创造性天赋的采购公司

影响直接邮寄活动效力的一个关键因素是邮寄名单的质量。邮寄名单在质量上大相径庭。例如在英国，一年的时间内就有1亿邮件被退还，标记为"退还寄件人"。所以，直接邮寄的效力严重依赖于用来瞄准潜在客户的名单的质量。贫乏的名单增加成本，是增加消极看法的"垃圾邮件"，因为接收者对邮寄的内容不感兴趣（见伦理之争10.1）。因此，从主要名单中租用名录比购买名录效果更好。

直接邮寄促使企业把指定的个体作为特定目标。例如，通过使用园艺目录订阅者的名单邮寄宣传材料，能够把一个特定的人群作为目标，而不是把所有人都作为目标，因为他们更可能对推广的优惠价感兴趣。这种细致的个性化的直接邮寄方式是可能实现的，并且其结果可以被直接测量。由于直接邮寄的目的是直接的——通常是销售额或者询价——其成效就能被容易地测量。一些组织，像读者文摘，在着手进行大规模邮寄之前，常常花钱调查可供选择的创造性方法。像推广优惠价的类型、大标题、图形部分和副本等要素都能够以系统的方式多样化呈现。

直复营销因为打扰和侵犯了人们的隐私而被批评。收到营销企业未经请求的电话是很令人讨厌的，每当消费者订阅俱乐部、社交或者杂志时，很多消费者担心他们的名字、地址或者其他信息会进入数据库而且保证会有一大批来自供应商的邮件（见技术聚焦 11.1）。很多消费者在向保密文件登记的时候表明他们不想成为直复营销活动的接收者。

另外一种侵犯隐私的形式是发送未经请求的电子信函（垃圾邮件）。许多接收者认为垃圾邮件会打扰他们，且令人讨厌。一项补救措施是消费者要求互联网服务的提供者实施一些阻止垃圾邮件的保护措施。欧盟的电子数据保护指令规定市场营销人员不得发送电子邮件给那些没有清楚地表明他们希望收到电子邮件的消费者。

从市场营销人员的观点看，cookies 允许按网上购物客户的要求定做个性化的内容。然而，很多互联网用户可能不知道这个信息会被收集，并且如果他们知道了一定会反对。很多人担心企业会使用这个信息建立心理档案；其他人反对企业不经他们许可就持有他们的相关信息。由于用户身份只是一个编码而不是一个名字和地址，因此，这没有侵犯欧盟的数据保护条例。但令人担忧的是直复营销的数据库将与网上购物行为的信息相结合，创造一个重要的新途径来窥视人们的私人生活。

虽然直复营销为企业提供了便利，但它的出现却给它的接收者带来了不便。

10.3.3　电话营销

训练过的专业人员使用远程通信和信息技术管理营销和销售活动，这种营销传播系统被称作电话营销。电话营销是一种最合算的、灵活的和可计算的营销方式。电话允许双向对话，那是即时的、个人的和灵活的，虽然没有实现面对面的交流。

技术的进步显著地促进了电话营销的发展。例如，园艺设备的制造商整合的电话系统考虑到呼叫者会被识别。呼叫者的电话号码被传送到计算机数据库且他/她的详细信息和账户信息会出现在屏幕上。技术也极大地提高了电话营销的效力和效率。例如，预测性拨号使得多重拨出电话能够从一个呼叫中心形成。当消费者回答时，电话只能传送给代理商，切断了在调用电话应答机、占线信号、传真机和未接电话上的浪费。另外，原稿可以被创造和保存在计算机上以便话务员迅速和便利地访问屏幕上的他们。

电话营销可以被用在许多场合中，而且这种多功能也促进了它的发展。第一，它可以被用来直接销售。第二，它可以用于支持该领域的销售力量。第三，电话营销可获取销售线索，通过与潜在客户建立联系并且安排销售走访。最后，电话营销之外的角色是维持和更新公司的营销数据库。

电话营销有许多优点。首先，它比面对面的销售人员的拜访成本更低。这就是电话营销的成功之处，来电洽谈业务显著增加，很多企业将客服中心的运作转移到低成本国家。为了进一步节约成本，澳大利亚沃达丰创造了一个新的"特性"，称为 Lara，它是由一个计算机产生的响应系统，听起来栩栩如生并且使用了像"伟大的"和"让我们开始吧"的日常表达。第二，与个人拜访相比，它花费时间较少。第三，手机拥有者越来越容易，免费热线（800 或 0800 号码）的使用减少了电话响应的成本。接下来，新的远程通信技术渐增的复杂性鼓励企业采用电话营销技术。例如，数字化网络允许电话在组织间的无缝传递。软件公司微软和它的电话营销代理能够顺利地切换其各自办公室之间的电话信息。如果呼叫者询问的是复杂的技术信息，这一要求能够被传回微软的相关部门。最后，不仅成本降低了，而且比起个人访问，电话访问保持了双向交流的优势。另一方面，电话销售经常被认为是骚扰，导致消费者反感未经请求的电话呼叫。例如，在 2004 年英国引入立法禁止营销公司的无准备电话业务，违反法律则被处以高达 5 000 英镑的罚款，尽管这只适用于英国的呼叫中心。另外，尽管单呼成本比一个个人销售电话便宜，但是它比直接邮寄或媒体广告贵。

10.3.4　手机营销

手机营销（mobile marketing）是直接向手机发送短文本信息。随着社会上手机的快速渗透，手机营销正变得极受欢迎。在英国，每个月有超过 10 亿条应付费的文本信息被发出，据估计，到 2013 年全球手机营销市场的价值将在 100 亿美元到 200 亿美元之间。市场营销人员已经找出利用这种交流媒介的快速交流机会，尤其是对年轻观众。市场营销人员通过自己的手机发送信息给潜在消费者来推销快餐、电影、银行卡、酒精饮料、杂志和书籍之类的产品。缩写的 SMS（短消息服务）就是用来描述这种媒介的，然而 MMS（多媒体信息服务）用来描述类似于信息的组合。

手机营销有几个优点。第一，它成本效益非常高。每条信息的成本在 15 便士到 25 便士之间，与直接邮寄每单位成本在 50 便士到 75 便士之间（包括印刷制作费和邮费）相比较是很低的。第二，它可以做到有的放矢和个性化。例如，像沃达丰、维珍移动和 Blyk 之类的经营者给消费者提供免费的文本和语音呼叫，如果他们签约接受一些广告。在签约时，消费者必须填写有关他们爱好和兴趣的调查问卷。第三，它可以与接收者互动。接收者可以响应文本信息，建立双向对话和人际关系发展的机会。第四，它是一个有时间弹性的媒介。文本信息可以在任何时间发送，具有更大的灵活性。第五，它允许市场营销人员从事临时营销。信息能够从夜总会、购物中心和大学等地发送至手机用户。最后，像其他直复营销技术一样，它是直接的、可测量的和能够帮助数据库发展的。例如，爱尔兰吉百利发起一场关于 O2i 模式在线服务的广告运动，提供给参与者一个赢得 10 000 欧元的机会以便诱惑他们去点击旗帜广告。

然而，手机营销有一些限制。首先，文本信息中的字数限定在 160 个字符内，虽然技术进步似乎正在移除了这个限制。其次，文本信息在视觉上是单调乏味的，尽管多媒体信息的又一次进步似乎克服了这个限制。最后，正如直接邮寄的其他方面一样，滞销，产生"垃圾邮件"，导致消费者的厌烦和低响应率。

10.3.5 直接反应广告

尽管直接反应广告出现在主要的媒体上，诸如电视、报纸和杂志，但是它不同于标准的广告，它被设计用于引起直接反应，如一个订单、询问或者一个拜访请求。

直接反应电视（DRTV）经历了快速发展。它是一个全球价值达30亿英镑的产业并且有多种形式，但是也并非没有争议，见营销实例10.2所示。最基本的是有电话号码的标准广告；60秒、90秒或者120秒的广告有时用来提供必要的信息来说服电视观众使用免费号码进行订货。其他不同的版本是25分钟的产品示范（这些通常称为"信息商业"）和企业的居家购物程序员广播，如QVC。居家购物非常重视消费者基础。例如，Shoppingtelly.com，一个提供关于居家购物产品的居家购物新闻和信息的网站，一天收到20 000到35 000的点击量，而且有一些领头的居家购物推荐者，比如Paul Lavers和Julia Roberts，有他们自己非常喜欢的网站。关于直接反应电视的一个普遍误解是它只适用于像音乐编译和廉价珠宝这类的产品。在欧洲，许多不同类型的产品，诸如休闲健身产品、驾驶汽车、书籍和美容护理产品，通过泛欧渠道如欧洲体育台、超级频道和NBC，也使用这种方式销售。

营销实例10.2：昂贵的电话

学习指南： 以下是关于电视真人秀竞争问题的一些例子。读一下并且调查一下你喜欢的一些互动表演的竞争成本。

为了提高消费者的记忆水平，电视已经变得互动性越来越高并且总是寻找新奇的方式与潜在观众接触。在当代一种最流行的技术是对受邀请的参与竞争计划的观众进行筛选，或者是对比赛的参加者进行投票，正如现实中的电视真人秀。参与这样的比赛或者投票通常要打电话。观众经常不关心呼叫费的多少，尽管法规越来越多地要求把这写清楚。

GMTV的观众热线电话直播节目比赛是由一个远程通信企业组织的歌剧互动节目。然而，一个全景调查发现，这个企业在热线电话结束之前频繁地选择比赛胜利者，并且向继续进入比赛的呼叫者索要保险费。据估计，在2003年至2007年，1 800万呼叫者支付了2 000万英镑进入比赛，但他们没有机会取胜。尽管GMTV争论说那是不了解惯例，但是它依然被处以200万英镑的罚款，因为被监管者描述为广泛并系统地欺骗观众。两个GMTV主管被迫辞职，终止了与歌剧的联系并且给被剥夺进入权的人退款。

基于： Anonymous（2007）；Martin（2007）

直接反应广告的一个发展形式是交互式电视（iTV）。iTV邀请观众对广告、比赛和使用它们远程控制的调查做出响应。从消费者的角度观察这种方法的优势是方便。消费者可以通过按一个按钮做简单的反应，而不是必须得登录到网站上或者打电话。正如很多其他形式的直复营销一样，活动的效力是高度可测量的，这对广告客户来说是有吸引力的。为了更仔细地瞄准目标，他们也能够利用数字频道的多样性。

10.3.6 目录营销

　　产品的出售通过目录分配给代理商和消费者，通常是通过邮件或商店，如果目录市场营销人员是一个店主，就被称作是**目录营销**（catalogue marketing，参见插图10—3）。对于德国的 Otto-Versand，英国的 the Next Directory，法国的 La Redoute 和瑞典的 IKEA 之类的组织，这种方法在欧洲很流行。这些企业中的很多在其他国家都有经营；例如 La Redoute，在法国、比利时、挪威、西班牙和葡萄牙都有业务。目录营销在一些国家很受欢迎，例如，在那些立法限制零售开放时间的国家。目录营销的一个普通形式是邮购订单，目录是配送的，并且传统上订单通过邮寄方式收到。一些有进取心的企业，尤其是 Next，把目录营销看成是一个创建新的目标市场的机会，忙碌的、富裕的、中产阶级的人们，重视在家选择产品的方便性。

插图 10—3 法国企业 La Redoute 是世界上最大的目录市场经营者之一

　　有效地使用目录营销能给消费者提供选择产品的一种方便的方法，在一个轻松的气氛下远离拥挤的商店和主要街道，允许家庭成员间的讨论。通常，信贷措施也是有效的。对于偏远的农村地区，这种方法提供了有价值的服务，避免了长途跋涉到城镇的购物中心。分配可以是集中的，以降低成本。然而，目录生产是昂贵的，并且它们要求有规律的更新，尤其是当销售时装时。在购买之前，它们不允许商品被试用（例如真空吸尘器）或者试穿（例如服饰）。尽管产品可以从目录中看到，但是彩色打印的变化意味着窗帘或者家具能够被递送，在打印页面上的色调不一定完全一致。

　　目录营销是大生意。宜家在 36 个国家采用 28 种语言，把它的目录分成 46 个版本，其花费占它总促销预算的 50%。目录越来越多地被公布于网上，这减少了生产和分配的成本，也意味着它们可以很容易地被更新；现在 Next Directory 业务的 45% 在网上管理。

10.4　网络营销

网络营销在这本书里进行了讨论，但是这里我们将从一些细节入手。互联网对社会的影响与历史上的一些最伟大的技术创新一样重要，如电话和汽车。互联网是一个全球的网，有超过 50 000 个计算机网络包含数百万的网页，一旦用户连接上服务器，他们便可进入。

电子商务或者说"e-commerce"已经被定义为"许多各种不同的技术应用于促进业务交互，比如互联网、电子数据交换（EDI）、电子邮件、电子支付系统、先进的电话系统、掌上数码设备、交互式电视、自助机和智能卡"。

因此，e-commerce 或者 e-business，也可以被描述为是一个广义的术语且表示一个演变的过程。例如，先于互联网的出现，很多企业有电子数据交换（electronic data interchange，简称 EDI）系统，它连接计算机并且在组织者之间能够快速地交换信息，诸如在供应商和消费者之间。

网络营销被定义为：通过利用互联网和基于网络的技术达到营销目的方式。

尽管有时这些术语交互使用，e-marketing 比网络营销更宽泛，尤其在那些它涉及通过许多不同传播技术（如手机和数字电视）达成营销目的的地方。Pepper 和 Rodgers 确定了 e-marketing 的主要特点如"5-Is"所示。

1. 识别：客户细节。
2. 个性化：适合终身购买。
3. 相互作用：对话了解消费者的需求。
4. 整合：全公司的消费者知识。
5. 完整：通过非侵入式的营销建立信任，比如许可营销。

10.4.1　网络营销机会

电子商务的范围包括由消费者和企业组织之间发生交换的所有可能的组合形成（见图 10—4）。企业电子商务交换可以采取多种形式。正如我们第 3 章看到的一样，企业和政府代理人通过垂直的和水平的交换来系统地管理他们的采购，就像 covisint. com 对各种行业来说就是水平市场。他们也通过内部专用站点来管理销售。电子商务的形式如图 10—4 所示。

从消费者到企业（C2B）的电子商务不太常见，但是它说明了互联网功能的多样性。一个例子是 Priceline. com 提供的便利服务，通过它，旅行者可以对机票、旅馆和汽车租赁竞价，让卖方决定是否接受这些出价。互联网也允许消费者通过拍卖的方式同其他消费者进行商业活动：消费者对消费者（C2C）。想要成为卖家就可以通过类似的网站，如易趣、Portero 和 QXL 给潜在客户提供产品。C2C 已经成为近年来网上最大发展领域之一（参见营销实例 10.3）。尽管不是专门为交换商品这一目的而创造的，但是在线社区和社交网站如 MySpace，Facebook，Flickr 和 Bebo 已经成为全球

	从企业	从消费者
到企业	B2B covisint.com	C2B Priceline
到消费者	B2C Amazon ITunes Google	C2C eBay Facebook MySpace

图10—4　电子商务形式

知名的品牌，提供论坛给人们相互交流和分享兴趣（参见插图10—4）。由于它们的规模大，例如，MySpace每月就有8 000万人的点击量，市场营销人员对此非常感兴趣。

一旦一个企业决定采用电子商务作为一种方式开发新的创业机会，一个直接后果就是组织者的知识平台变得更加密切联系其他知识来源，如供应商和消费者，以及市场体系内的其他地方。原因是一旦购买者和销售者利用电子商务平台交易，随着贸易活动开始出现在现实生活中，数据交换的数量会显著增加。结果是市场环境体系改变，消费者和供应商出现动态的、快速的反应。例如，当消费者向Dell订购，这个订单也自动地转到Dell的供货商，所以产品的组件立刻开始了它们的Dell装配工厂之旅。

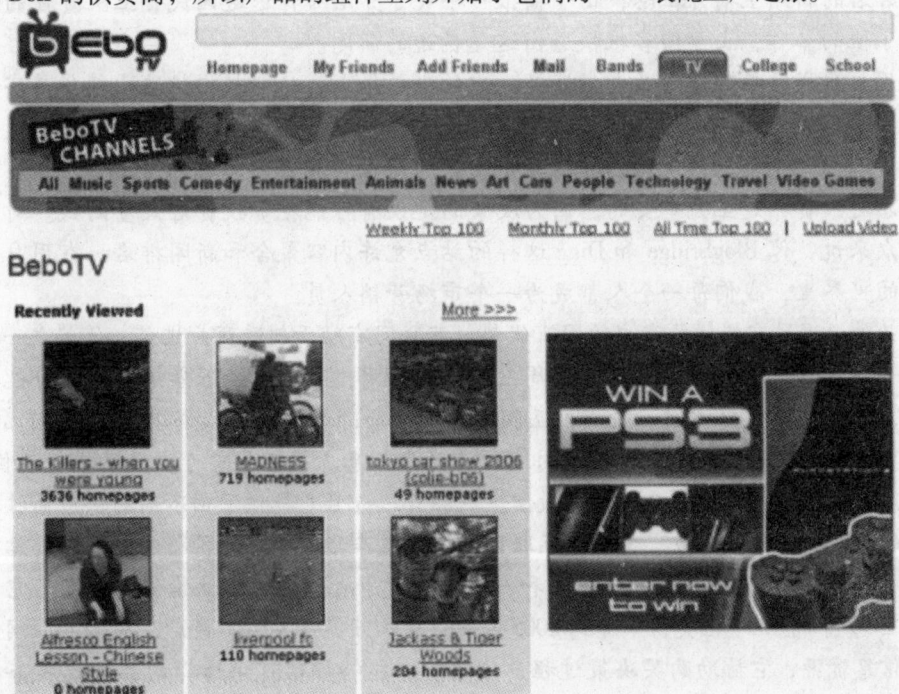

插图10—4　社交网站，如 Bebo，MySpace 和 Facebook，
近年来已经成为最大的互联网营销的成功案例

营销实例 10.3：互联网营销——现在我们都是市场营销者！

学习指南： 以下是对一些由于互联网技术发展产生的新的娱乐和业务形成的回顾。读一下，考察一下你最喜爱的三大网站的营销策略。

互联网最吸引人的特征之一是它连接来自全世界消费者的能力。一些对某事有兴趣的人倾向于能够找到有相似兴趣的一些人，一些个地方。互联网成为一个平台，通过它这些共享的兴趣能够得到发展，且技术的发展使得用户下载文本、图片、视频等都很容易。结果用户生成目录在互联网上高涨。维基百科是一个在线储存库，任何人都能够对它起到一定作用，它代替了像大不列颠百科全书之类的业务。视频共享网站如 YouTube 和照片共享网站像 Flickr 均严重依赖用户生成目录。社交网站像 Facebook 和 MySpace 则由主要的用户生成的材料组成。人们在 eBay 上开展彼此间的贸易，并且有些人还通过全职交易产生了一个生计。其他人在网上以打扑克谋生。互联网已经成为一个伟大的民主性工具。消费者不再只是企业所提供物品的接受者。创新不局限于组织者对投资新产品的选择和服务的发展。有一个商业观点是，只要一个消遣有利可图或者只要有人在一个论坛说话，那么就有人去做这个。

这方面的发展最明显的表现之一是博客，这彻底改变了世界的公共关系。博客是网络日志，人们可以在上面发表任何学科领域的评论、意见和未经过滤的、未经审查的信息。它们还方便互动，因为它们使人们能够发表回复和评论或链接到其他的博客上。个人使用博客作为一种与家人和朋友保持联系的方式，尤其当他们在国外工作或旅游时。他们可以使用博客所提供的关于商业或政治问题的信息和评论。新闻界更是受到博客的挑战，任何一个记者都不可能随时知晓观众们所共有的专业知识。例如，CBS 著名的新闻主播丹拉瑟，由于播报一个关于乔治布什逃避国民警卫队责任的故事而丢了他的工作，由于博客很快爆出这是伪造的新闻。

用户生成目录的一个最大挑战是：它的数量很大，从糟粕中挑选出精华着实成为了一个真正的挑战。这就创造了一个内容聚合的商业机会。例如，显示器 110 是金融服务行业的一个信息聚合器。它从成千上万的博客和其他方面过滤信息。快速、准确的信息对投资界是至关重要的，因为决策的延误有可能花费投资者大量的钱。对于普通大众来说，像 Blogbridge 和 Digg 这样的站点允许内容聚合和新闻排名。在用户生成目录的世界里，我们每一个人都成为一个市场营销人员。

此外，通过它提供给客户的固有优势，互联网有助于创造商业机会。优势之一是便利。一个网站允许每天 24 小时、每周七天随时访问，而且比线下分销渠道（可能涉及驾驶，排队等等）更方便。第二，互联网是一个全球性的媒体。与其他渠道相比，消费者可以更轻松地访问来自世界不同地区的产品信息。第三，它可以提供卓越的价值。价格比技术更容易让消费者寻找到最便宜的品牌，并且它提供了由不同的供应商收取的即时的、实时的价格比较。例如，互联网带来了汽车租赁市场的价格透明度，其结果是安飞士（Avis）（市场领导者之一）和一个高价竞争者，被迫降低价格，眼看着它的利润从 1999 年的 1.11 亿英镑下降到 2005 年的 2 000 万英镑左右。最后，随着互联网成为一种信息资源，它协助购买决策过程，使消费者能够评估可供选择的品牌或服务提供商。交易信息是互联网上最大的商机之一。互联网为消费者带来的潜在好处与局限性总结在表 10—1 中。

表10—1 互联网为消费者带来的潜在好处与局限

好 处	局 限
方便：可1天24小时，1年365天提供服务，而且现在，通过移动网络，消费者可以随时随地上网	交货时间：交货时间并不确定，选用物流将你购买的物品送到你家是件非常麻烦的事儿，因为在派送实物的物流公司距你家1英里时，你就必须一直待在家里直到物品送到
信息：互联网用户可以得到详细的、即时的关于产品、价格和可得性的详细信息	信息过载：终端用户通过互联网得到的信息实在是太多了
多媒体：通过使用最新的技术，顾客可以对他们需要的东西有更好的理解，例如，消费者通过看汽车内部的三维展示，或者是一个酒店的内部设施来了解自己所需要的东西	可获得技术：电子商务业务中包含的多媒体内容越多，对电脑下载这些多媒体内容的性能要求越高。许多消费者甚至没有一些最基本的上网工具
新产品和服务：例如可以及时地从网上下载数字产品，并且在线零售商提供产品的种类繁多，我们几乎能从网上买到所有的商品	安全性：许多消费者在用信用卡/借记卡进行网上付款时，非常担心他们的详细信息会泄露
价格更低：通过网络可以找到某品牌的最低价格。某些网站（如，Kelkoo及shopping.yahoo.com）可以让顾客找到最合适的价格	成本影响：消费者为了得到一些合适的设备，必须进行初始投资

互联网给企业带来的潜在好处和局限性总结在表10—2中。其中的一些在下文更详细的描述。

表10—2 互联网为生产商带来的潜在利益与局限

好 处	局 限
减少投资：通过将零售商换成互联网购物中心和通过将销售目录以电子形式编辑而节省销售成本。	操作成本：实现跨网络和数字平台的互通性需要巨大的投资与专门的技术支撑
低成本：电子购买系统显著降低了购买的成本。	生产准备成本：用一个整合的电子购买系统取代一个纸化的系统会产生高昂的成本代价
建立关系：通过互联网，企业可以获得顾客购买情况的数据，这些数据可用来进一步提高客户服务的水平。	高成本目录：终端用户对最新的在线目录有非常高的期待。厂商不仅要定期更新目录，还要为创新的目录付出高昂的成本代价
顾客化促销：与电视或印刷品广告这些传统广告媒介不同，网站上的促销可用来满足小范围、特定顾客群的需求。	过度的专业化：虽然运用网络瞄准一个细分市场在技术上是可行的，但是企业需要经常质疑这样一个战略的获利能力
市场调查的机会：互联网有丰富的二手信息资源，并且电子邮件问卷调查和互联网调查的成本相对较低。	真实性：并不是所有的互联网用户在做调查时都填写真实的数据，这样得到的结果就会具有误导性

（1）较低的成本和价格

与客户在线交流显然要比通过电话或者面对面为他们服务更便宜。因此，像银行之类的组织鼓励他们的客户进行基本的在线金融交易，如账户查询和支付账单，而不是在银行分行办理此类业务。网上银行通常会比他们线下同行提供更高的储蓄利率和更便宜的贷款服务。互联网还允许供应商与客户接触，不使用中介的情况下，进一步减少他们的成本。从交易中移除中间商所产生的节约可以通过较低价格的形式传递给客户。这种形式的竞争优势的一个例子是像易捷航空这样提供低票价的航空公司。互联网的出现使这些企业创造自动化的在线航班查询和预订服务的票务保证系统。绕过传统的中介机构（如旅行社）的过程被称为"脱媒"。同样，消费者现在可以直接预订假期票，往往在价格低于旅游经营者发布的价格时可以这么做。

（2）提高服务质量

在大多数服务市场，提供一种与竞争对手完全不同产品的提议与竞争的提议非常不同。因此，获取竞争优势的方式之一是通过提供卓越的客户服务水平。一个影响服务质量的关键因素是供应商和客户之间的信息交换的速度。因此，互联网的信息交换能力显然提供了一些有趣的机会，被视为优于同一市场的其他公司。许多年来，联邦快递已经成为 IT 应用方面的全球领导者，提供高水平的个性化客户投递服务。该公司已加强了其原有的客户服务软件系统（COSMOS），提供给大客户终端软件，利用互联网把它们带入联邦物流管理系统。实际上，联邦快递公司（Federal Express）现在提供给客户在他们自己的公司能够创建先进的分销系统并且无需在自己的企业内投资发展航运专业知识的能力。

（3）更多的产品种类

依据摆放物品的可用空间量，平价零售店在实质上是被限制的。因此，它的客户，那些已经面临有不便前往零售商的位置，在找到他们希望购买的不携带条款的商店可能会遇到挫折。网上零售商不用面对他们实体竞争对手做的同样空间的限制。因此，他们可以用他们的网站提供一个更大的各种商品的空间给潜在客户。可能最著名的例子之一，利用这一竞争优势来源的一家企业是网上书店亚马逊网站。这种现象有时被描述为"长尾电子商务"。亚马逊销量的大约三分之一来自外部的130 000个最畅销的图书，而狂想曲（Rhapsody），一个音乐流媒体服务，它的最高10 000首金曲，从外部比从内部流入更多轨迹（见技术聚焦11.1）。

（4）产品定制

戴尔计算机公司在电脑直复营销上的丰富经验允许其通过运用互联网在提供定制产品方面成为"第一推动者"。客户访问戴尔（Dell）网站，在选择最适合他们需要的技术类型上得到援助。这些数据为在线帮助系统提供投入，引导顾客，从一系列的选择中挑选出最合适的规格。一旦做出了最终选择，客户收到即时的价格报价和将要交付的日期。几个网上营销人员试图通过大规模定制产品和服务顾客的思想获得竞争优势（见第5章）。

10.4.2 作为直复营销媒介的互联网

由于它赋予的利益和优势，如上所述，互联网是一个强大的营销媒介。它提出了新的方式来配置营销组合，如图10—5所示。

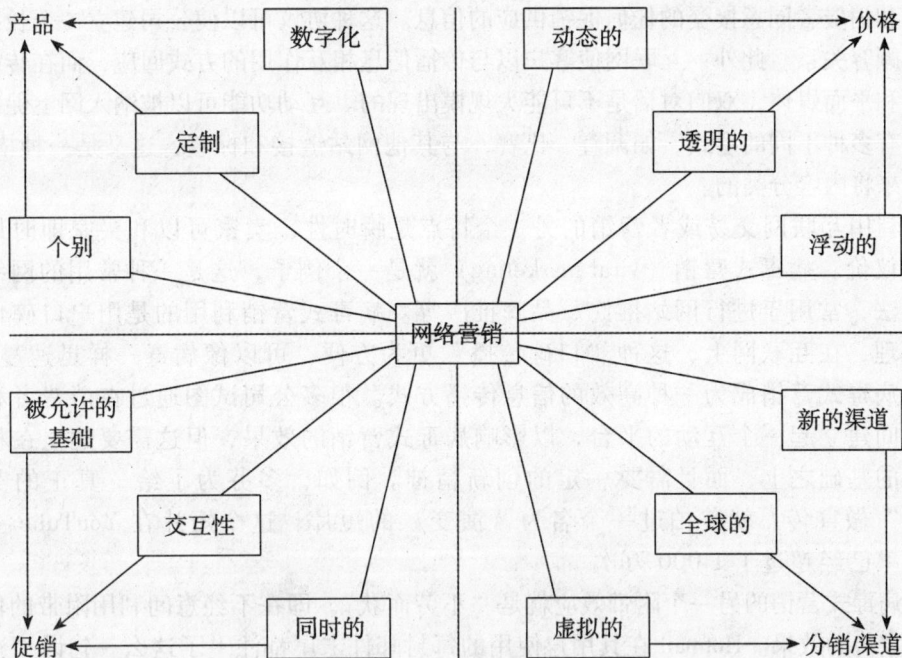

图 10—5　网络营销及营销组合

（1）产品

互联网通过下面几种方法提供了一个加强产品的机会，如下所示。

• 个别：个人详述可导致高度的个别产品被创造。

• 定制：乐购在线购物网站捕捉消费者经常购买选择的细节，然后提供了一个定制的最喜爱的名单；客户的主要收益是快捷的网上购物。聚友网针对用户提供的自身信息提供广告。

• 数字：互联网的出现有利于基于位产品的增长和分配；基于位产品是数字商品和服务，可以通过互联网直接送到网上客户的桌面，例如，信息，音乐，软件升级，电脑游戏，航班预订和酒店预订。维基百科是一个典型的基于位产品的例子，已经发展到包括用 250 种语言超过 9 000 000 篇的文章。英国广播公司（BBC）现在拥有 525 个网站，提供从时事到文化到科学和自然的一切信息和娱乐。这样做显著地扩大了其业务范围。Gorillaz 是一个虚拟品牌，只存在于网上和动画里。一个新兴的在线产品类别是音频和视频博客，可用于分配电视和电台节目以及公司信息；例如，思科采用高新技术使得音频和视频博客得以传播。

（2）价格

对经济有重大影响的互联网技术使他们可能减少在寻找新产品和服务的信息时买家承担的搜寻成本。净效果是随着供应商控制和因此收取较高的价格能力的下降。此外价格变得更有富有动态性，如图所示，拍卖网站易趣网的流行。

（3）促销

作为一种营销传播工具，互联网正变得越来越重要。当使用互联网作为一个营销传播策略的一部分时，一个公司可以发送基于许可的邮件，定期公告，关于最新产品特征和消费者同意接受的任何促销供应的信息。这种协议可以使公司建立一个长期的在线顾客关系。此外，互联网使客户以与传播信息相互作用的方式回应，而在传统的广播和平面媒体，双向对话是不可能大规模出现的。互动功能可以被纳入网上促销活动，有多种不同的形式，如调查，比赛，与其他网站链接和标签，这又是一种描述，是用来将内容分类的。

利用互联网交易或者营销的另一个特点是瞬时性，卖家可以和买家即时地沟通或议价。病毒式营销（viral marketing）就是一个例子，这是一种常用的网络营销方法，常用于进行网站推广、品牌推广等。病毒式营销利用的是用户口碑传播的原理，在互联网上，这种"口碑传播"更为方便，可以像病毒一样迅速蔓延，因此病毒式营销成为一种高效的信息传播方式。很多公司试图通过在消费者和公司之间建立起一个互动的平台，以影响病毒式营销的效果，但这需要建立在相互理解的基础之上，而且需要一定的创新精神。例如，多芬为了给"真正的美丽活动"做宣传，就曾拍过一个名为《演变》的短片，这个短片在 YouTube 上的点击率已经超过了 1 000 万次。

病毒式营销的另一个附带效应就是"不劳而获"，即在不经意间利用附带的信息达到宣传的效果。Hotmail 在其用户使用的每封邮件末尾都注上了这么一句话"点击 www. hotmail. com，您可以注册免费的邮箱账户"，通过此法，它的用户在短短的 12 个月内就从 0 个增加到 1 800 万个。而 Hotmail 的用户在使用免费邮件的过程中，不经意间，实际上充当了 Hotmail 公司的市场营销员，为其做了宣传。类似的例子还有 Skype，自 2003 年成立以来，其免费的全球语音软件已经被下载过数百万次。

最后，公司其实最关注的是如何通过搜索引擎来快速搜索到其网站。这就需要对搜索引擎公司来营销它们的网站，以便使用者能快速查找到其网站（参见营销实例 10.4）。其次，公司还很关注它们在搜索页面的排名，这个排名越高，网民就能容易搜到它们的网站。

营销实例 10.4：搜索引擎广告

学习指南： 以下是搜索引擎广告发展的回顾。阅读文章并考虑搜索引擎广告作为一种促销工具的优点和缺点。

吸引大多数互联网用户的第一站是搜索引擎或者入口，在领先的公司像谷歌（Google），雅虎（Yahoo!）和 MSN 帮助浏览器找到他们正在寻找的网站。这些公司的一个增长最快的收入来源是关键词赞助。这是凭借搜索引擎出售关键词，如"假期"或者"酒店"在网上拍卖给高价广告客户。买方则"拥有"这个关键词，所以当一个互联网用户搜索这个词时，广告客户的网站出现在搜索出现的网站列表的顶部。谷歌等网站上，经过赞助的搜索结果明显不同于普通的搜索结果，虽然这并不总是其他搜索网站的情况。

"付费搜索"广告是笔大生意。总的网络广告市场估计价值 400 亿美元，搜索约占其中的 40%，其余的用于在线显示广告，如横幅广告以及弹出广告、分类广告和其他。到 2010 年，仅搜索业务一项将价值 650 亿美元。因此，虽然网络用户通常只会花费 5% 的上网时间从事搜索活动，这个部门却已经 40% 的广告收入。人们使用搜索引擎通常是寻找某些具体的网站，在赞助搜索上比普通的横幅广告的点击率高很多。这也是一种比较有效的促销形式，广告客户依据"每个点击的价格"进行支付。每当用户通过赞助搜索链接点击时，广告商支付一小笔，可以是几便士，它的大小取决于被出售产品的价值。

然而，为了你的网站返回到搜索领域，也可以不必购买关键词。在你的网站上突出使用关键词也能够确保它被搜索到，然而使用大量 Flash 动画的网页在搜索列表中得分很低。像 Hitwise 这样的公司显示所有的网站都能返回，尤其是当关键词是用来帮助企业有效地设计他们的网站的时候。目前，谷歌（Google）在搜索广告领域是市场领导者，占市场份额的 70%，而微软（Microsoft）和雅虎（Yahoo!）主要在网络显示广告方面占优势。谷歌一直试图通过增加它的广告质量以保持它的领导地位。通过在它的搜索结果页面上提供少量的广告来达到目的，有时一点也不提供。这减少视听混乱并且应当使用户和广告商高兴。这对谷歌也是有好处的，有较少的广告意味着广告商要出高价得到这些插槽。反过来，如果有较少的广告带来更多的点击和销量，这又增加了谷歌的收入，作为搜索广告的价值变得明显。收入/点击将最终成为一个比总点击率更重要的度量标准。

基于：Anonymous（2008）；Gapper（2006）；Smith（2007）；Thompson（2004）；Waters（2004）

（4）分销

互联网为公司利用新渠道做买卖创造了机会。它在减少进入壁垒上具有明显优于传统渠道的优势。位置问题，从物理意义上说，是零售光顾的一个关键问题，随着巨大的资金投资在网上商店上，位置是减少的。交易发生在一个虚拟的市场空间，而这些网络是全球性的。

最常见的分布模型在大多数线下消费品市场中是业务和物流都实行委托管理（像可口可乐（Coca-Cola）这样的主要品牌通过连锁超市销售）。这可以与在线市场对比，在那里所有的过程都实行绝对委托管理是一个比较少见的事情。造成这种情况的主要原因是，很多公司，电子商务为改变分销管理活动提供了一个机会，认为网络空间通过切断中介并直接销售给他们的最终用户，从而恢复对交易的管理权。在这一过程中，传统中介可能被挤出分销渠道，正如我们已经看到的，通常称为脱媒。因此，那些从事于使用电子商务配送方面的营销组合的公司，需要认识到的是这项技术有以下影响。

- 距离不再受成本影响，由于无论距离远近，网上信息传递基本上是相同的。
- 经营定位变得无关紧要，因为电子商务公司可以建立在世界任何地方。
- 该技术允许连续交易，每天 24 小时，一年 365 天。

最后，线下分销渠道的一个特征是小公司面对说服中介机构（如连锁超市）储存他们商品是困难的，这种情况不适用于电子商务界。任何规模的公司面临一个相对容易的任务，即建立一个在线分销。市场覆盖可以推广到发展中国家贸易联盟，他们基于提供支付佣金给其他在线交易者吸引顾客到公司的网站。这种易于进入性减少了企业营销努力受挫的发生，因为他们无法获得分销商在传统分销渠道上的支持。最终电子商务可能导致越来越多的企业在全球市场提供商品和服务总量的一个巨大增加。

10.5 蜂鸣营销

最新形式的直复营销的出现是已经众所周知的**蜂鸣营销**(buzz marketing)，这是通过产品信息以一种非正式的，人对人方式的口头或电子手段的服务来定义的（参见插图10—5）。例如，在美国，任天堂（Nintendo）招募郊区母亲在他们朋友间传播这个词，游戏是一个游戏控制台，全家可以一起享受。蜂鸣营销类似于口碑营销，被公认为是最强大营销形式之一，但是由于技术的进步，如电子邮件，网站和移动电话，它正在经历复兴。

插图 10—5　功能饮料品牌红牛是蜂鸣营销的前端用户

蜂鸣营销活动的第一步包括确定和瞄准'alphas'——也就是，采取新思想和技术的早期潮流——'bees'，是早期采用者。品牌意识于是从这些客户传递到其他人，他们是效仿潮流者。在许多情况下，alphas 是名人，他们直接或者间接地推动某些品牌。例如，当像西耶娜米勒和卡梅隆迪亚兹这些女演员穿着这些产品的照片出现在媒体上时，澳大利亚鞋类及配件品牌 UGG 雪地靴在美国和欧洲市场已经流行。名人可能会通过他们自己选择直接支持产品的支付或简单的推广产品。

蜂鸣营销成功的关键是每一个社会团体，不论是线上还是线下都有潮流。环球唱片公司通过针对这些潮流，成功地改善它的男孩品牌 Busted 和 McFly。它招募了'校园领导'，任务是在他们学校传播一个特别的乐队。这涉及发传单，在学校布告栏上张贴标语，然后发送回的证据表明这已经做到了。作为回报，"主席"——通常是 12 到 15 岁的女学生——得到免费商品和见到乐队成员的机会。

技术的发展允许'言论'非常迅速的传播。正如我们前面看到的，病毒式营销很受欢迎是由于广告通过电子邮件被迅速传递。苹果手机的推出是一个典型的蜂鸣营销成功的例子。据尼尔森的流行指标显示，追踪英文博客，产品被更多的提及，甚至多于在 2007 年 1 月选举出的美国总统，并且进入维基百科。

一旦目标观众已经确定，下一个关键决定，是信息和媒体类似于所有。信息可以采取多种形式，如一个欢快的视频剪辑或者电子邮件附件，一个博客或者故事，一个事件如一个一次性的音乐会等等。例如，帝亚吉欧（Diageo）在美国推出皇冠原茶，以一种视频恶搞嘻哈歌曲的形式作宣传。这个剪辑，题为"皇冠茶大餐"，已经成为视频网站上最流行的一个，有超过 350 万的观众。用于携带信息的媒介通常是在线的，但是也可通过脱机的方式，如海报或传单。但是，正如蜂鸣营销的其他方面，它的唯一限制就是想象。例如，许多个体都用自己的服饰或者他们的私家车来携带商业信息。

最后，鉴于其新颖性，评估蜂鸣营销的效能是困难的。关于一个视频剪辑被观看多少次的数字是可得到的，但是营销商却不能够确定是由谁观看的。

10.6　人员推销

促销组合的最后一个主要组成部分是人员推销。这包括面对面联系客户，不像广告、促销和其他形式的非个人通信，人员推销允许买家和卖家直接的相互作用（参见插图 10—6）。这种双向通信意味着，根据这种知识，卖方可以确定具体的需要和买方的问题并定制销售模式。在一对一的基础上处理买方的特别关注。

插图 10—6　一些行业，比如药物，是人员推销的广泛用户

然而，这种灵活性是有代价的。汽车的成本，旅行费用和销售办公室开销意味着一个实地销售人员每年的总账单通常是两倍的工资水平。工业营销中，超过 70% 的营销预算通常被用在销售人员身上。这是因为产品被出售的技术性，并要在销售和购买组织中保持密切的人际关系。

然而，个人销售功能的构造正在改变。在面临更大的集中买家走向集中采购，组织正在减少他们销售人员的规模，以及维持销售团队的高成本。例如，辉瑞公司（Pfizer）正在削减其38 000个强大的全球销售力量，由于利润率下降和非专利药物的更大竞争。购买力集中到少量人手中也助长了走向关系管理，这往往通过重点客户销售。这涉及一小部分专业销售人员的使用，他们服务于主要买家，与采用大量销售人员截然相反。很多公司现在通过直复营销技术，如电话或互联网收集大部分销量，而不是把销售人员发配到路上。

三个主要类型的销售人员是命令接受型、命令创造型和命令获得型。命令接受型回应已经是忠诚客户（如在便利店的销售助理或者递送）的销售人员。命令创造型历来是被发现在如医疗保健之类的行业里，那里的销售任务并不封闭在销量里，而是他们要说服医药代表开处方或者指定卖方的产品。命令获得型是那些从事销售工作，其主要目的是说服客户做出直接购买。他们包括消费者的销售人员如双层玻璃或保险的销售人员，通过组织销售人员，那些销售人员经常在团队中工作，产品可能是高技术和谈判复杂的。

10.6.1 人员推销技巧

尽管一个销售人员的主要责任是增加销售，很多销售人员开展了一些额外的启用活动，包括勘探、维护客户记录、提供服务、处理投诉、关系管理和自我管理。勘探包括寻找并拜访潜在客户。前景可以从几个来源来确定，包括与现有客户谈话，并寻找贸易目录和商业新闻。对所有的重复拜访的销售人员来说，客户记录是一项重要活动，因为客户信息是提高服务和产生忠诚度的关键之一。对于那些发送消费者和市场信息给总部的销售人员应当受到鼓励和奖励。提供服务给客户——包括建议提高生产力的方式和处理客户投诉——也可以是一个关键的销售活动。这是特别真实的情况，销售不是一次性的活动。一般来说，参与大型组织客户的关系管理角色的销售人员的数量一直在上升。信任是关系发展的一个重要部分，是通过高频率的接触获得的，确保保持承诺，并能够反应迅速和有效解决问题。最后，考虑到销售人员工作的灵活性，销售人员必须实行自我管理，例如包括决定呼叫频率和旅行路径。

很多人认为销售人员是圆滑的、口齿伶俐的骗子，专门强迫易受骗的客户购买多余的产品。事实上，成功的销售来自于当跟客户面对面时，实施营销的观念，买方和卖方接触时在每一个点上都不能否认。销售面试提供了无与伦比的机会来确定个别客户的需求并匹配遇到的特定客户的行为。为了发展个人销售技巧，区分6个阶段的销售技巧的过程是有用的（见图10—6）。现在我们将讨论这些。

（1）准备

销售访问前的准备能够通过增强销售人员与顾客面对面时的信心，更好地表现，获得回报。某些情况下未能充分准备：如意料外的问题或不寻常的反对。但是很多客户面对类似的情况，某些问题和反对将一再地提出。准备可以帮助销售人员应对这些状况。销售人员将受益于获得他们自己的知识和竞争对手的产品，以了解消费者行为，有明确的销售目标和计划他们的销售演示。这是因为成功的销售面谈是依赖于消费者的。其目的是说服顾客，销售人员所做的只是最后的一个手段。

```
┌─────────────┐
│    准备      │
└──────┬──────┘
       │
       ▼
┌─────────────┐
│    开始      │
└──────┬──────┘
       │
       ▼
┌─────────────┐
│  确定需求和问题 │
└──────┬──────┘
       │
       ▼
┌─────────────┐
│  展示和演示   │
└──────┬──────┘
       │
       ▼
┌─────────────┐
│  处理反对意见  │
└──────┬──────┘
       │
       ▼
┌─────────────┐
│   完成销售    │
└──────┬──────┘
       │
       ▼
┌─────────────┐
│   后续措施    │
└─────────────┘
```

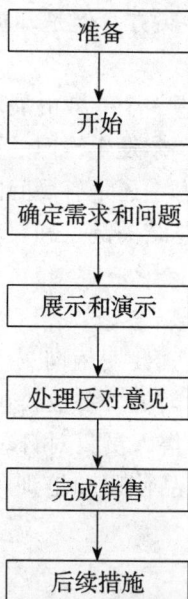

图10—6　销售过程

（2）开端

考虑如何给顾客创造一个有利的初步印象对销售人员来说是重要的，这往往会影响以后的看法。好的闪光的印象可以通过采用务实的方法得到，友善但不过度客套，注意细节，观察常见的礼貌，像等待被邀请坐下和客户花时间见你以显示客户对称的欣赏。

（3）需求和问题识别

消费者将购买一个产品，因为他们有一个"问题"引发了一个"需求"。因此，首要任务是确定每一个消费者的需求和问题。只有这样做，销售人员才能连接每一个客户的情况。有效的需求和问题识别需要提问的发展和倾听技巧。无经验的销售人员的标志是他们一直在讲；成功的销售人员知道如何让客户在大多数时间讲。

（4）陈述以及示范

陈述以及示范给销售人员说服顾客提供了机会，他们可以提供解决问题的方法。它应该关注顾客利益而不是产品特征。销售人员应当继续在示范中问问题，在陈述以确保顾客明白他/她所说的和检查销售人员所谈论的内容是否真的对客户来说是重要的。这可以通过问问题，如"那就是你正在寻找的吗？"来实现。

（5）处理反对意见

销售人员为了接近顾客，首先必须克服顾客异议。虽然异议可能会造成问题，但是他们不应该被视为负面影响，因为产品突出的问题对顾客是很重要的。处理异议的秘诀是控制实际情况和感情。实质性的部分是处理异议本身。如果客户反对产品的价格，销售人员需要使用有说服力的证据来表明价格不是太高。但是人类的本性是个事实，论点是由大量的证据支持的，它不总能见效，因为人们厌恶被证明是错误的。因此，销售人员需要认识到异议处理的情感方面。在这个过程中，可能引起买方丢面子或者被反抗。减少这种风险的两种方法是不中断地听取异议和采用

"同意和反对"，那里销售人员同意买方，但是却提出了另一种观点。

（6）达成交易

没有经验的销售人员有时会幻想一个有效的展示，接着是有保证的承诺，卖方不需要太努力就能完成销售任务。这偶尔发生，但是更经常的是，销售人员应主动采取行动。这是因为很多买家在他们脑海中还是有疑问的，这可能导致他们希望推迟购买决定。达成技术包括简单的要求，总结关键点和要求的顺序，或提供了一个特殊的处理达成订单的方法（妥协达成）。

（7）后续工作

一旦拿到订单，对于销售人员就会期望向另一个顾客推销，忽视后续的访问。然后，这可能是一个巨大的错误，因为大多数公司依靠重复业务发展壮大。如果出现问题，顾客有充分的理由相信销售人员只对订单感兴趣，而不是对他们的满意度感兴趣。通过检查交付、安装、产品使用和培训（如适用），如果没有问题，随访表明销售人员真正关心客户。

10.7 销售管理

由于销售工作的独特性质，销售管理是一个具有挑战性的工作。例如，许多销售人员花费他们大量的时间在这个领域，脱离他们的管理者，而其他在试图达成销量时可能遭受多次拒绝，使他们失去信心。因此，销售经理工作的两大主要方面是设计和管理销售人员。

10.7.1 设计销售人员

设计的关键是确定销售人员的规模和组织销售人员。决定所需销售人员数量的最实用的方法被称为是"工作负荷方法"。它是基于计算年度要求拜访的总次数除以每年一个销售人员平均拜访的次数。

这里有三种可供选择的方法来组织销售人员。一种地理上的结构是基于工作量和潜力，销售区域被分解成地区，一个销售人员被分配到特定地区去销售所有的产品种类。这对每个销售人员的销售区域提供了一个简单的，明确的定义，并且接近客户有利于个人关系的发展。产品结构可能是有效的，当公司拥有一个多样化的产品种类销售给不同的客户（或至少是一个特定组织中的不同人）。以客户为基础的结构是在市场细分，客户规模或者与现有客户生产线相对的新的基础上组织销售人员。这种结构使销售人员深入了解特定客户群体。

越来越多的基于客户销售的组织形式是**重点客户管理**（key account management），这反映了购买力越来越多地集中到少数但是规模较大的客户。这些客户是由重点客户销售人员，包括那些与客户个人关系发展密切的高级销售人员，可以处理复杂的销售争议和熟练的谈判艺术。重点客户结构的一些优势包括它能够与客户保持密切的工作关系，改善交流和协调更好的后续销售与服务，对 DMU 有更深入的渗透性，较高的销量和为职业销售人员提供发展机会。有效的销售管理的重要性在营销实例10.5中得以说明。

营销实例10.5：惠普的转变

学习指南：以下是对惠普（Hewlett-Packard）销售结构变化的一个回顾。读一下并识别新结构成功的原因。

在2005年，当马克·赫德被任命为惠普的首席执行官时，巨大的技术公司正在面临其收购康柏电脑公司（Compaq Computer Corporation）后造成的问题。它的股价一直停滞在20美元，它面临着与类似率先低价出售个人电脑的戴尔公司（Dell）的激烈竞争。由于他的销售背景，赫德相信公司的未来将取决于销售人员如何保持有效性，并且他着手改变惠普的销售业务。他的前任，卡莉·菲奥莉娜，建立了一个集中的销售结构，目标是一个销售人员或者团队处理每个关键客户，这是一种一站式的购物。但是在信息技术企业，惠普面向最广泛的客户、最广泛的产品范围，因此对一个个体来说很难代表整个展品目录。并且，因为销售人员是集中的，每个产品的决定相对较少地控制整个销售过程或预算参与。

惠普有一个拥有17 000名员工的销售团队。赫德打破了这种集中化的销售方式，把它分散在惠普的3个主要部门中：个人电脑，笔记本电脑和掌上设备；打印机和打印；大型企业的IT解决方案。分散前，在命令和实现之间有11个行政层，意味着响应客户查询是非常缓慢的。分散后，行政层被减少到6。销售培训的资源通过一个名为卓越销售的项目增加了，新的销售支持包被引入，旨在减少每个销售人员的文书工作。赫德一直相信销售人员的工作是销售，但是不承担行政职责。惠普推出了一种新的全面的客户体验计划，以衡量承诺的实现情况，进行适当的后续行动和客户支持。新的销售结构也允许更明确的责任界限，部门领导充分自治但是也直接负责销售业绩。

赫德任命的一年内，惠普公司的利润增加了几乎30%，其股价上升至33美元。快速转变的公司命运在很大程度上归因于销售结构上的这些变化。

基于：Hosford（2006）；Lashinsky（2006）

10.7.2 管理销售人员

销售管理包括以下因素：制定具体的销售目标，招聘和选拔，培训，**销售人员激励**（salesforce motivation）和补偿，**销售人员评估**（salesforce evaluation）。这些活动已经显示出能够改善销售人员业绩，表明了销售经理作为协调人发挥出的关键作用，他们协助销售人员更好的完成目标。销售目标通常被设置在销售条款中（销售配额），但是，利润目标越来越多地被使用，这反映了消费者需要防范由于廉价而购买过度。招聘高级销售人员的重要性不能被低估。一项针对销售人员实践的研究询问销售经理以下问题："如果你把你的最成功的销售人员放到你的一般的销售人员的领域里，并且不做其他改变，然后你期望销量发生何种增加，比如说，两年后？"最常见的通常是增加16~20%，并且1/5的销售经理说，他们希望增加超过30%。基于广泛研究，迈尔和格林伯格减少品质，认为有效的销售怜悯和自我激励是重要的。这些品质需要在新的销售人员中发现。

很多销售经理相信只做销售工作，销售人员可以很好的训练自己。这种方法忽略了培训方案的利益，它可以提供一个进行学习的参考框架。培训应该不仅包括产品知识，还应包括技能发展。当技能自动完成时，成功的销售便出现了，不自觉地思考他们，就像一个网球运动员和足球运动员成功一样。

深入了解作为个体的销售人员，他们的个性和价值体系是有效激励的基础。管理人员可以激励他们的销售人员，通过了解每个销售人员的价值观和他们的追求，给销售人员平凡的工作上赋予越来越多的责任，提供可以实现的并且有挑战性的目标，并且认识到奖励可以是资金上的和非资金上的（例如赞扬）。在资金奖励方面，销售人员要么可以得到一个固定工资，仅仅是佣金，要么是在一个薪水基础上加佣金。工资带来安全性，然而佣金激励销售人员销售更多产品，因为他们直接与销售水平联系在一起。在设计佣金和奖金结构时必须非常小心。例如，在美国，克莱斯勒汽车经销商发现，四月的月销售额显著下降，因为销售人员知道他们不能完成这个月的目标，因此他们鼓励客户将购买计划推迟到五月，希望得到五月的奖金。

销售人员收集评估所需要的信息来检查目标是否正在达成和提供原始信息来帮助指导培训和激励。通过确定个体销售人员的优势和弱势，培训可以集中到发展需要的地方，并且激励可以针对薄弱点，如不良的探测性能。通常，绩效可以在定量标准的基础上被测量，如销售收入，产生的利润或者电话数量。然而，同样重要的是使用定性标准，如已获得的销售技巧、客户关系、产品知识和自我管理。

总　结

本章提供了一个提供给销售商的直接传播技术的概述，解决了以下几个关键问题：

1. 营销数据库是基础，在这个基础上直复营销活动建立起来了。数据库可以包含客户和前景信息、交易信息、产品信息、促销信息和人口统计信息。技术发展已经极大地协助了数据库的进步。

2. 客户关系管理（CRM）是数据库营销的副产物，介绍了如何使用技术以建立和促进客户关系。CRM 旨在为每个客户的观点提供一个最新的单点。

3. 直复营销是一个发展的领域，通过各种不同的技术精确瞄准消费者，包括直接邮寄、电话营销、手机营销、直接反应广告和目录营销。直复营销给企业带来很多优势，如直接瞄准目标消费者的能力，运行具有成本效益的活动，且使活动的有效性可以容易的衡量。

4. 互联网的发展有利于增加新企业增长的可能性，如 C2C 企业。基于互联网的企业有超过他们线下对手的四大潜在的优势，即低成本和价格，优质的客户服务，较大的产品多样性和产品定制。

5. 互联网技术使营销组合适应企业营销的一些创新的方式，如定制产品，许可和病毒式营销，以及用户生成目录。

6. 蜂鸣营销是一种新兴的营销工具，利用口碑宣传促销的重要性。更大的全球电子连接促进了蜂鸣营销的兴起。

7. 人员推销在促销组合中起重要作用，销售人员被要求掌握一系列的销售技巧，包括准备销售，开展销售，确定客户需求和问题，提出和证明，处理异议，关闭销售和继续跟进。销售管理涉及设计和管理一个销售团队。

关键术语

直接邮寄（direct mail）：通过邮寄的方式，将材料送达受众的家庭或商业地址，以推销产品或维持已有关系。

电话营销（telemarketing）：经过训练的专业人员使用电话沟通和信息技术来管理营销和销售活动的一种营销方式。

直接反应广告（direct response advertising）：采用主要的广告媒体，如电视、报纸和杂志，以诱发一个订单、一次询问或参观的请求。

数据库营销（database marketing）：通过一些可以获得消费者信息的营销媒介和渠道向目标消费者提供信息，刺激需求，并与消费者保持密切联系。

客户关系管理（CRM）：企业用于管理客户关系的方法、技术和电子商务能力。

网站（website）：组织和个人创建的各种网页的集合，包括文字、图形、视频和音频内容。

人员推销（personal selling）：为了达成销售，销售人员与潜在购买者进行口头沟通。

临近营销（proximity marketing）：通过无线通讯方式向一个特定区域发布广告内容。

手机营销（mobile marketing）：向手机发送信息来推销产品和与客户建立关系。

目录营销（catalogue marketing）：通过目录传播产品销售的信息给代理商和消费者，通常是通过邮件或在商店。

互联网（internet）：一个庞大的全球计算机网络，允许即时通讯，如信息的收集与共享，并且为用户的相互沟通提供便利。

电子商务（e-commerce）：运用互联网、电子数据交换（EDI）、电子邮件和电子支付系统等技术使商业活动流程化。

电子数据交换（EDI）：一种在互联网之前的电子信息技术，允许组织使用相连的电脑进行数据的快速交换。

网络营销（internet marketing）：通过使用互联网和基于网络的技术，达到一定的营销目的。

许可营销（permission marketing）：在邮寄广告或促销材料给潜在客户之前，市场营销人员要先征得许可；通过这种方式，让顾客参与促销而不是退出。

病毒式营销（viral marketing）：电子口碑，即使用邮件在人与人之间传播促销信息。

蜂鸣营销(buzz marketing)：一种非正式的人与人之间的沟通方式，通过口头或电子手段传递关于产品或服务的信息。

勘探(prospecting)：寻找并拜访潜在顾客。

顾客利益(customer benefits)：顾客从产品中得到的价值，顾客利益来自产品特征。

产品特征(product feature)：产品的特色不一定会传递给顾客利益。

重点/大客户管理：将资源集中在对企业有重要意义的客户身上，并使用团队销售的一种销售方法。

销售人员激励(salesforce motivation)：通过衡量销售人员的业绩，识别其优劣势。

销售人员评估(salesforce evaluation)：通过满足销售人员的一些需要，驱使销售人员采取行动，以实现目标。

练习题

1. 客户关系管理（CRM）近来在营销中是一个"热门话题"。CRM 意思是什么，它在组织中扮演什么角色？

2. 公司现在有各种各样的直复营销媒体，他们可以考虑何时规划一个直复营销活动。比较和对比任何两种直复营销媒介。在你的答案中，给出每个市场的例子，其中你选择这种媒介可能是有用的。

3. 谈论基于互联网业务的各种优势，可能不止一个。

4. 讨论互联网在营销组合中对各个方面的影响。

5. 销售人员是应时而生的，而不是刻意制造的。谈论一下。

6. 登录 www.amazon.com 和 www.iTunes.com 。回顾这些网站，对比被这些世界互联网领导者采用的营销策略。

在线学习中心：

当你阅读这一章时，登录到在线学习中心 www.mcgraw-hill.co.uk/textbooks/jobber，学习市场营销基础，在这里你会找到多项选择的其余问题，链接和额外的在线营销学习工具。

案例 10　红牛的营销策略

红牛能量饮料品牌于 1987 年在奥地利推出。在短短的 20 年的时间里，它已经成为一个全球最畅销的饮料品牌，销售收入记录超过 20 亿美元。它在超过 100 个国家里销售，红牛总公司设在奥地利的萨尔茨堡，员工超过 1 800 人。红牛成功的原因是由于其独特的营销和促销策略。

背景

迪特里希马特希兹 1944 年出生于奥地利，毕业后获得了维也纳商业大学的学士学位，在成为国际公司 Blendax 的营销主管之前，他在联合利华和雅可布咖啡

（Jacobs Coffee）从事营销工作，Blendax 是一家德国公司，从事快速消费品的销售，像牙膏、护肤霜和洗发水。他的工作涉及周游世界，在他的一次泰国之旅的过程中，他发现一种"能量饮料"称之为 Krating Daeng，在这个国家的蓝领工人中非常受欢迎。在马特希兹品尝时，据说他发现这种饮料优势在于擅长对抗时差综合症。当他意识到能量饮料在亚洲有一个巨大的市场时，营销能量饮料的想法在西方市场中出现了，在欧洲没有这种可用的产品。

他接近 Chaleo Yoovidhyam，TC 药品的拥有者，他创造了 Krating Daeng，建议给马特希兹饮料的对外许可权，作为回报是他作为一个合伙创业者。在 1984 年马特希兹辞去工作追求他的新业务，改变饮料的名字为"红牛"，使其更适合西方市场。他还修改了饮料成分，但保留其核心的主要成分咖啡因、牛磺酸和葡萄糖醛酸内酯，包装采用一个纤细的、蓝色和银色罐装代替被用在泰国的瓶装。在欧洲发行之前，一个营销调研公司被雇用来测试能量饮料的市场。结果表明，消费者既不喜欢这个味道，又不喜欢这种作用，但是马特希兹选择了忽视结果，无论如何也要推出这个产品。他的一个朋友创造了这个口号"红牛给你翅膀"，这成为公司促销活动的主题。

推出红牛的一个主要障碍是监管机构的批准。红牛含有数种之前不被用于欧洲市场的成分。奥地利是第一个批准的国家，在 90 年代初，在联合王国（英国）、斯洛文尼亚、德国和瑞士得到批准。它主要的目标市场是年轻的具有专业知识的城市人士，他们往往是长时间工作，进行彻夜晚会的狂欢者。到 1990 年，在奥地利已经出售了几乎四百万罐红牛。

红牛营销策略的元素

红牛是被市场营销专家普遍承认的一个很好的例子，一个具有不确定性价值的产品，通过创新营销变成了一个强大的品牌。红牛把营销作为重点事实上是明显的，公司把年营业额的 30% 左右放在营销上——远远高于大多数其他饮料制造商，他们投入仅仅大约 10%。

红牛被定位为一种能量饮料，为"使思想和身体都精力充沛"和"改善耐力水平"。该饮料是针对那些寻求增加耐力、速度、注意力和警觉性的人们。然而，尽管公司声称，营养专家宣称产品除了消费后提供一种即时的"冲力"，没有任何可能影响实际长期效用的成分。这是因为红牛中有大量的咖啡因和糖，几乎是其他不含酒精饮料（如可口可乐）的两倍。

据科学家说，糖和咖啡因会立即被人体吸收，这就是突然增加能量的原因。类似的效果可以从饮用强力甜味咖啡中获得。根据美国饮食协会（ADA）表明，没有证据表明红牛或任何其他的能量饮料，能恢复疲惫的身心。

从一开始，红牛的市场营销策略就是非常规的。当这种饮料首次在奥地利推出时，马特希兹就明白，在欧洲它的目标市场必然不同于在亚洲的体力劳动的市场。在欧洲，咖啡是首选的兴奋剂，被所有阶层的人使用。然而，马特希兹确信他能够在夹缝中创造一个市场，城市年轻的专业人士和学生将首先获得一个新的"酷"咖啡的替代。红牛免除了传统的广告模式，有效地利用蜂鸣营销来向目标市场促销饮料。

当红牛刚进入一个新市场时，公司的销售人员提供免费饮料来引领学生，并鼓励他们举行一个同学和朋友的聚会。当时的想法是，一旦产品被目标群体尝试了，它会更容易在市场中立足。这种策略允许红牛在升学的人群中立即获得了接受。它还建立了自己的声誉，即作为一个聚会饮酒者们需要的通宵派对的能量源。

根据营销专家的说法，"Generation Y"（出生在 1981 年以后的人们）普遍对传统营销持怀疑态度，因此，传统的广告模式对他们没有影响力。红牛的草根营销帮助它有效的穿过了混乱。该公司对于能够得到它的目标市场的信息这一点，没有太明显。利用学生来将它的产品销售给其他的年轻人，在消费者年龄组中给了它即时的信誉。学院大学生成为红牛最好的大使，因为他们呈现出愤世嫉俗的消费者信誉。

公司还确保它选择的人是年轻、运动和时尚的作为其品牌大使，提高它的市场形象。除了主办同学聚会，红牛雇用"消费教育工作者"将它的信息传达给一般公众。消费教育工作者是公司的销售代表，他们还经常出入公共场所，如海滩、展览和会议，在这里年轻人聚集，销售代表免费赠送饮料的样品。此外，他们分发产品的宣传材料，并回答人们可能对红牛的任何问题。

红牛还开发了移动能源小组（MET）计划，让学生开着汽车和客货两用车，免费分发罐装饮料"能源是必要的"。这些车辆被粉刷成蓝色和银色（红牛的颜色），有一个特大型的红牛可以绑在背上或者顶部。这些"赛车手"，正如他们所声称的，为公司创造了巨大的知名度，并帮助强调了红牛作为一个年轻的和时尚的品牌形象。

红牛也被体育院校广泛使用，并积极销售给调酒师和酒吧业主。如果通过在选定区域的便利商店零售是不可能的，销售代表常常开亭销售饮料。公司还在 Wipeout 2（一个索尼游戏机的游戏）上刊登广告，把饮料名称虚拟成广告牌，作为一个球员在游戏中虚拟赛马。"我们不把产品带到人们中。我们把人们带到产品中。我们可以把那些爱我们风格的人带到我们这里来"，马特希兹的话使红牛的促销成为可能。

当红牛刚进入市场时，公司的销售代表和经销商一起被捆绑在关键地点（近学校、体育场馆等）。最初，公司支付经销商促销和广告费用，并承担样品分发的费用，为期约 3 个月。一旦红牛确定它在该地区的存在时，公司逐步淘汰这种支持。红牛通常试图在每个市场建立一个"独家"网络的经销商。之后，它掌握了一个新的市场，公司通常坚持经销商只有红牛，没有其他饮料，即使其他的饮料不是直接的竞争对手。

一旦红牛在市场中立足和分销网络建立起来，公司就进行了促销活动，以补充基层的营销努力。体育赞助形成了红牛营销策略的核心。赞助的体育活动主要是关联本身与具有极限替代的运动，并发起和组织体育活动如独木舟、攀岩、越野自行车和滑板、悬崖跳水。但是，它还赞助主流体育和拥有几个体育团队，如奥地利足球队、奥地利萨尔茨堡，其改名为萨尔茨堡红牛。

一项与这个品牌有密切联系的运动是赛车运动。这家公司赞助了几个赛车活动，以及世界各地的团队。一些由红牛赞助的赛车活动是世界冠军赛车系列和世界拉力锦标赛。红牛与 F1 赛车也有密切的联系。公司通过在 1995 年赞助索伯团队进入 F1 舞台，并购买了这个公司 64% 的股票，作为持股公司拥有了自己的车队。在 2004 年 11 月，经过重大重组之后，当福特宣布推出 F1 时，红牛收购了公司的捷豹赛车 F1 车队，数目不详。购买后不久，捷豹改名为红牛赛车。

至 2006 年初，红牛估计已经在全球能量饮料市场中占领约 70% 的市场份额。在 2006 年初它还在美国（它的主要市场之一）中控制了 47% 的市场份额，并且自从它在 1997 年在国内市场推出时，销量一直以每年 40% 的速度增长。尽管其使用额外费用定价策略，在某些便利店红牛的销量和苏打一直如此。红牛营销的一个特点是公司只在一个仅有的范围内销售饮料：250 毫升（8.3 盎司）每罐。罐的外部是银色和蓝色，带有两只充电红牛的图片。这个罐比普通罐小也增强了饮料是一个"集中的体验"的感觉。

只有当市场被认为是已经成熟的时候，红牛才使用传统的广告媒介，如平面广告和电视。传统的广告用来加强品牌而不是把它引入到目标市场。红牛创造的两个电视广告通常是动画，并且有古怪的主题。大部分广告是以人们长出翅膀为特色和饮用完红牛后飞起来的画面。

新的挑战

然而，尽管它拥有红牛的成功，但是公司无法成功地扩展它的产品线。红牛饮料仍然是主销产品，尽管无糖版本在 2003 年被有限成功地引进。它是一个品牌，也陷入了很多争议，因为缺乏其成分影响的研究，它在法国和丹麦被禁止销售，在挪威的药房销售。利用它与酒精的混合，在一些国家能否销售给儿童仍然是存在争议的。

此外，这里还有一些威胁品牌的长期前景的因素。它催生了一系列的模仿者，即所有想在蓬勃发展的能源饮料市场赚钱的人。一些仿制品甚至还有类似名字——丹虎和美国红牛是显著的例子。大的饮料公司像是可口可乐、百事和啤酒公司安海斯（Anheuser-Busch）也推出了新的能量饮料：可口可乐和百事分别推出了 KMX 和 AMP，而安海斯在 20 世纪初推出了 180。总体而言，据估计到 2005 年，在美国能源饮料市场有 125 个成员。

红牛的很多竞争对手引入了能量饮料，有多种味道，像蔓越莓、橙子、酸橙和可乐等等。原因是在他们提供的各种相似的味道中，能量饮料可以找到更多的买家。红牛味道不是很好，这对公司是一个重大的威胁。在红牛的长期成功中另一个限制因素是公司目标市场的本质。红牛的主要市场包括大学生和年轻的城市专业人士。目前还不清楚随着这些顾客长大，公司是否能够留住他们。

到 20 世纪早期，在便利店和其他零售门市部，红牛已经成为像可口可乐和百事一样无处不在了。这种无处不在，红牛也面临着失去顾客的危险。在消费者中越来越多的健康意识是另一种潜在的可能影响品牌命运的因素。

一种成功的蜂鸣营销策略精妙之处在于企业成功地管理执行这样一个策略。据说，红牛成功的一个主要原因是，作为一个私营公司，红牛公司灵活的冒险方式和采用很多上市公司不可能采用的方式营销它的产品。这有助于红牛在一个有可疑价值的产品中创造一个成功的品牌。然而，我们仍然能够看到，红牛的时尚性会很快消失。

问题：

1. 评价运用于成功推出红牛品牌的蜂鸣营销的要素。为什么他们是有效的？
2. 评价公司销售人员在建立品牌中的作用。
3. 比较和对比直接传播技术和大众传播技术在品牌营销策略中所扮演的角色。

4. 在公司所面对的市场中，它应当用什么促销策略来迎接新的竞争挑战。

这一案例是 Shirisha Regani 在 S. S. George 的指导下写出的，机构管理研究中心（ICMR）。这是汇编出版的来源，并且目的是用来作为课堂讨论的基础，而不是说明要么有效，要么无效的管理情况的管理方法。版权归该机构管理研究中心（2006）。

第11章 分销管理

本章框架

- 分销渠道的类型
- 渠道策略和管理
- 渠道整合
- 零售
- 主要的零售营销决策
- 物流

学习目标

在学习本章之后，你应该理解：

1. 针对消费品、工业品和服务，需采取不同类型的分销渠道。

2. 渠道策略的 3 个组成部分——渠道选择、渠道密度和渠道整合。

3. 对渠道进行管理的 5 个主要问题——渠道成员的选择、渠道成员的激励、渠道成员的培养、渠道成员的评价和渠道管理。

4. 主要的零售管理决策。

5. 物流系统的构成——客户服务、订单处理、库存控制、仓储管理、运输及物流运输。

营销聚光灯

多渠道营销系统

电子游戏在过去 20 多年间已经成为家用电子产品中主要的增长领域之一，并在索尼、微软和任天堂之间展开了硬件宣传战。但在电子游戏软件市场方面凸显出了一些有意思的挑战。首先是游戏开发费用很高，需要超过 1 500 万欧元。其次，一旦投入市场，它只能在被其他新游戏取代之前的相当短的几个月时间内去证明它的受欢迎程度。

游戏开发者面临的一个关键问题是如何寻求一种最好的方式来将他们的产品从大批的产品中区别开来，以取得最大收益来回馈投资人。迄今为止，大部分游戏在家用电子产品零售连锁店、音像店和游戏专卖店出售，但是这些销路受到货架的局限，他们要常常更新库存来最大化他们的个人利益。货架的空间非常宝贵，滞销商品会很快被撤掉。游戏光盘很可能在收回开发者的投资之前就消失了。然而，数字化的分销可以使出版者克服很多这样的问题。游戏可以被直接的有偿下载或类似于通过订阅服务进行分销。数字化分销的优点是出版商可以得到用户反馈并在 AO（仅限成人）这样的细分市场来迎合顾客。

当企业选择多渠道营销系统时，一些基本的挑战就出现了。它们可以在采用数字化渠道的同时保证不会和既存的实体零售店产生隔阂吗？由于电子游戏在网络上分销成本更低，商家在网上卖价也更低吗？电子游戏的短期寿命也是要出版商和零售商考虑的一个重要问题。线下的游戏零售商只需考虑如 HMV 音像店所面临的问题：消费者转向数字化消费后对实体店销售额产生的损害。

在短期里，游戏分销渠道和电影相类似。大部分游戏首先在实体店里销售，然后在数字渠道销售，同样，电影从影院转到实体店里的 DVD 销售再到数字化的网络下载。但是，一段时期以后，大部分的消费者为了方便而进行数字化消费，这种模式可能就不合适了。游戏购买者基本上是一些精通电子技术的年轻人。零售商必须要考虑如何抓住为顾客进行店内下载游戏的商机。它们也可以学习星巴克（Starbucks）连锁咖啡店的经验：被技术发展和顾客转变所驱动，将音乐下载作为"顾客体验"的一部分。满足消费者需求的必要而非充分条件是：生产消费者需要的商品，合理地定价，执行预先设定的促销计划。最后一个模块是分销，使市场占有率最大化。产品应该足量提供，让顾客随时随地方便购买。本章我们讨论分销渠道的作用和形式，确定分销策略的关键因素，如何管理分销渠道等相关问题。

厂商需要考虑渠道中间商（channel intermediaries）的需求——这些组织有助于将产品销售给消费者，同时考虑终端客户的需求。例如，穆勒酸奶在英国的成功依靠于可信服的强大零售团队（乐购）的注资。品牌效应导致的高利润是影响公司各种决策的一个关键因素。若没有零售商的支持，穆勒会发现为消费者仅仅提供品牌是没有丝毫经济利益的。显而易见的是，建立高效供应链并迎合顾客的需求是市场营销成功的关键。供应链专业术语称作**分销渠道**（channel of distribution），指的是将产品从生产商转移到最终消费者。但是获得分销点并非易事。例如，在食品消费领域，许多品牌在超市的货架上竞争有利位置。

营销战略的一个重要方面是选择最有效的分销渠道。超市通过取消批发商而大大地缩短了生产商和消费者之间的分销渠道。像食品、饮料、烟草和化妆品等产品最主要的分销渠道就是从生产商到批发商再到零售商。批发商会从生产商那里大批量地进货，然后卖给零售商一小部分（主要是一些小的杂货店）。为了建立购买力，超市会通过直接向生产商购买来缩短这个链条。这意味着超市获得更低的成本，消费者获得更低的价格。这样做的竞争优势是大大减少了市场上小杂货店和批发商的数量。超市通过更好地迎合消费者的需求获得了自身的竞争优势。同样，网络音乐分销公司给零售龙头唱片专卖店（Tower Records）和 HMV造成了巨大的挑战。

我们现在探讨生产商采用的将产品以不同形式供应给消费者的分销渠道，并考虑这些由中间商提供的不同形式的分销渠道的作用。

11.1　分销渠道的类型

无论是消费用品、商业用品还是服务，所有的产品都需要分销渠道。工业产品渠道比普通消费品渠道要短，因为它面对的终端消费者数量少，并且工业产品消费者的分布更集中，产品更复杂，这些都需要生产商和消费者之间的紧密联系。许多服务的生产和消费的不可分离性使服务渠道变得更短了。

11.1.1　消费品分销渠道

图 11—1 表示 4 种消费品分销渠道，我们按顺序进行简要的分析。

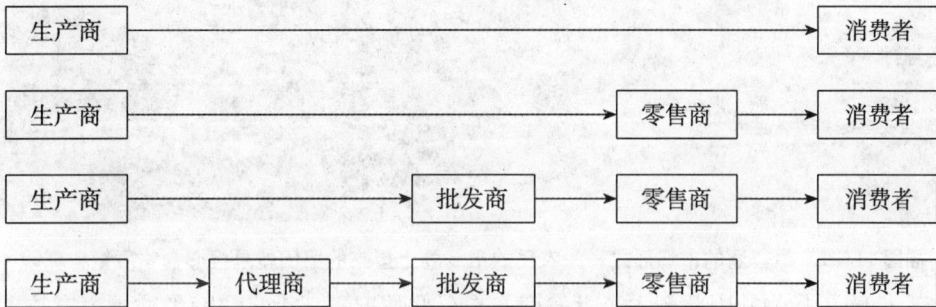

图 11—1　消费品的分销渠道

（1）生产商→消费者

生产商很喜欢这种选择，因为它降低了经销商的利润空间。从生产商直接销售给消费者，在很早以前就已经是许多商品的一个重要特征了，商品类别从当地市场的水果到雅芳和特百惠的产品。这种形式的分销最近又迅速发展起来。超市对食品质量的关注和有机食品市场的扩张使英国形成了农贸市场迅速发展的趋势（如插图 11—1 所示）。当然，在过去的十多年，因特网是最直接的分销中介，分销的商品从书籍到 DVD 再到提供航空旅行服务等等。这对传统的零售商，如书店、音像店、旅行社造成巨大的影响，它们的销售额急剧下降，甚至有的已经倒闭。

（2）生产商→零售商→消费者

由于各种原因，生产商可能会选择通过零售商再到消费者的分销渠道。零售商可以提供基本的服务，让消费者在一个地方就能看到各种商品；同时生产商还能继续在有数量限制的大部分商品中获得规模效益。对于很多人来说，零售是市场营销最大众化的形式，一些大型的户外购物中心成了消费者的聚集地，借此打发闲暇时光。在后面的章节中我们会看到零售商在这个领域愈加复杂的情形，它们控制了许多的分销渠道。例如，连锁超市由于自身的强大购买力拥有超过生产商的能力，它们将业务扩展到其他零售领域，如金融服务、音乐分销等等。

（3）生产商→批发商→零售商→消费者

批发商的作用是通过限制订货量使小零售商（如小杂货铺、家具店）达到经济效益。批发商可以从供应商处购买大批商品，但只卖给每个零售商一小部分（这被称作"整批零售"）。这样面临一个很大的危险是，市场中的大零售商有能力直接从

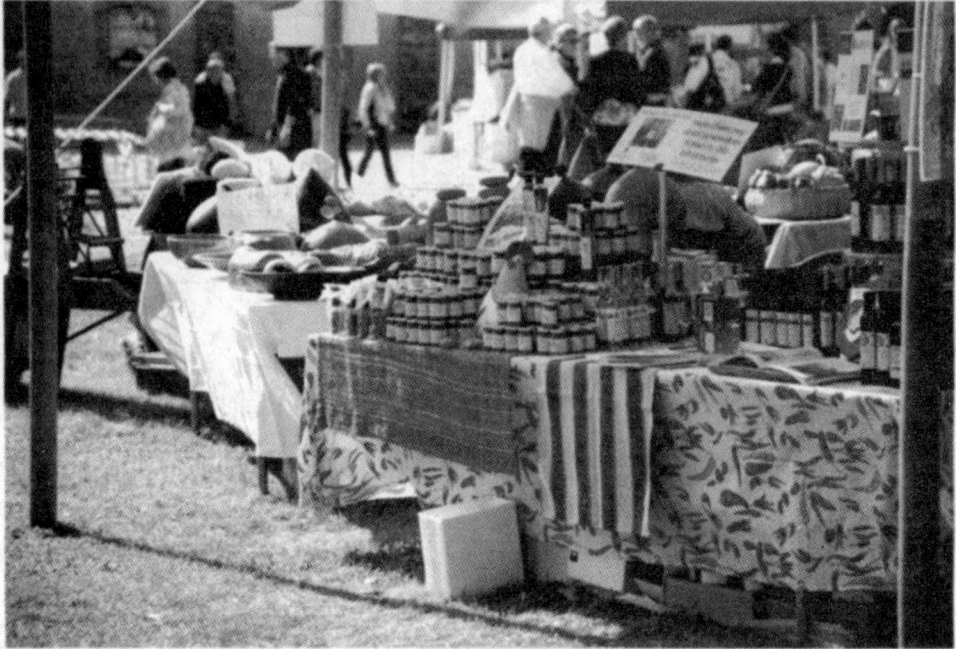

插图11—1　最普通的市场形式——农民的市场卷土重来的原因就是担心食物质量和环境

生产商处购买货物并因此删去了批发商。在一些情况下，大零售商的购买力意味着它们可以以低于通过批发商进货的小零售商的销售价格卖出商品。在零售寡头不能控制分销系统时，更长的销售渠道就会产生。在一些亚洲国家（如日本），分销渠道涉及两到三层的批发商，它们给无数的小商店提供商品来服务于日本的消费者。

（4）生产商→代理商→批发商→零售商→消费者

这是一个非常长的销售渠道，有时会用在一些打入国外市场的公司，它们会授权给一些代理商（它们没有商品的所有权）去销售产品。代理商联系当地的批发商（或零售商）获得佣金。刚刚进入新的国外市场的公司常常用这种方式组织它们的分销系统。

（5）企业→企业渠道

普通的B—B分销渠道在图11—2中阐释。它是在正常情况下使用最多的一种中间媒介方式。

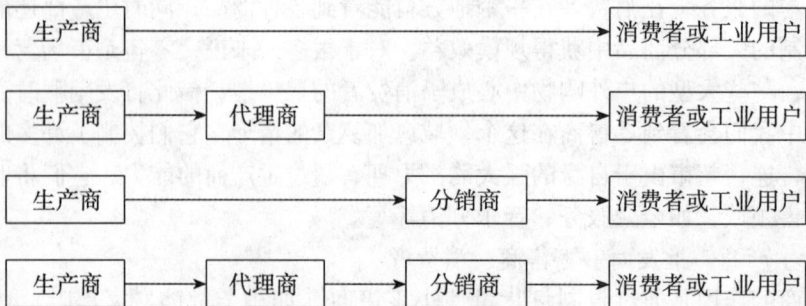

图11—2　工业产品的分销渠道

（6）生产商→消费者或工业用户

在昂贵的 B–B 产品如燃气轮机、柴油机车和航空发动机的销售中，"生产商——消费者或工业用户"是较为常用的方式。这需要在供应商和消费者之间建立紧密的联系以解决技术问题。

（7）生产商→代理商→消费者

B–B 公司雇用了一个为多家生产商服务、专门提供一系列产品的代理公司，取代了用本公司销售团队进行直接销售的做法。这样做分摊了销售费用，同时很可能对那些没有人员储备去建立自己的销售团队的公司有积极意义。缺点是对代理机构基本没有控制力，它们不像公司的销售团队那样卖力去完成相同的销售份额。

（8）生产商→分销商→消费者或工业用户

为了降低生产成本，人们越来越多地采用 B–B 方式，分销商应运而生；它们既可以是内部的员工，又可以是现场的销售人员。内部的员工处理消费者的询问、接收订货单、货到验收（常用电话）和检查库存水平。外围的销售人员更需前瞻性，他们的实际职责是寻找新的客户、细分产品、分发传单、收集市场信息。分销商的好处是他们可以在本地购买少量产品。

（9）生产商→代理商→分销商→消费者或工业用户

如果消费者更喜欢有分销商的存在，代理商的工作就需要将产品卖给这些中间商。生产商喜欢雇用代理商而不是建立专业的销售团队的原因常常是基于成本考虑（正如先前讨论过的）。

11.1.2 服务的分销渠道

服务的分销渠道往往比较短，常用的两种分销渠道是：直接性的分销和通过代理商进行分销（如图 11—3 所示）。由于服务不能被储存，所以批发商、零售商和分销商都不能提供服务。

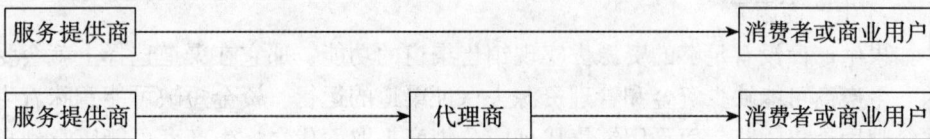

图 11—3　服务的分销渠道

（1）服务提供商→消费者或商业用户

服务提供商和消费者紧密的个人关系意味着服务要直接提供，比如医疗、公共卫生、会计工作、市场调查和法律服务。

（2）服务供应商→代理商→消费者或商业用户

服务公司的代理商常常由渠道中间商担任。当服务的供应商与消费者在地理位置上距离较远或者供应商在当地建立自己的销售团队不合算时常常会用到中间商。

11.2　渠道策略和管理

分销渠道的设计是需要融入其他市场组合策略的一项重要策略。比如说，产品被定位为高级产品，那么只能选择某些商店作为销售地点。**渠道策略**（channel strategy）选择包括选择最有效的分销渠道、最合适的分销密度、渠道集成程度。企业一旦作出关键的渠道策略决定，就要去有效地执行。渠道管理包括渠道数量、生产商和渠道成员之间的矛盾解决。

11.2.1　渠道选择

想想为什么宝洁公司在超市销售它的产品而不是进行直销？为什么通用公司直接向列车运营公司销售机车而非经过分销商？在了解了下面列出的有关影响渠道选择的因素后就会找到答案。这些影响因素可以分为市场因素、生产商因素、产品因素和竞争因素。

（1）市场因素

购买者行为是一项重要的市场因素，购买者的期望可能会决定产品的销售方式，购买者可能更愿意在当地专卖店购买。公司无法满足这些期望就可能带来灾难性的后果。音像零售商就是很好的例子，它们仍在努力进行销售音像制品，但是更多的消费者却转向了数字化下载。

地区上的集中性和消费者的地理位置都会影响到渠道的选择。当地消费者越多，分布越集中，公司进行直销的可能性就越大。在购买者数量少但购买量大的情况下，如许多工业品市场，直销更为普遍。大量的零散消费者意味着使用中间商是最经济的方式（因此超市应运而生）。购买者需要考虑产品信息、安装和技术服务。例如，像汽车这种需要本地服务的产品就需要中间商来执行任务。

（2）生产商因素

如果生产商没有足够的资源去实现销售渠道的功能，那它在渠道选择上就会受到制约。生产商可能缺少资金和管理资源去保证渠道的运行。资金短缺可能意味着生产商不会聘用销售团队，而是用销售代理或分销商来取而代之；生产商可能感觉到自身缺乏掌控客户群的基础技能，所以他们宁愿依赖中间商。

生产商对掌控渠道运行的期望度也会影响渠道数量的选择。独立的渠道中间商的使用减弱了生产商的控制能力。例如，如果通过超市来分销产品，生产商就会对价格完全失去控制能力。此外，生产商对新产品的库存量也将无法控制。但是直接销售就会增强生产商的这种控制能力，从而克服这些弊端。

最后，生产商的一个重要决策是它们想要通过分销渠道来"推出产品"，还是将产品直接销售给最终的消费者。前者需要对贸易伙伴大力投资来保证产品被接受并预留出理想的货架。后者则意味着市场以终端消费者为目标，通过终端消费者对产品的需求来保证产品被中间商接受。由于医药化学公司的产品广告铺天盖地，因此医疗行业道德问题的重要性大大提升。医药公司被指控不顾医疗实践中可能出现的副作用，一味地促使消费者购买一些非处方药品，从而将产品从销售渠道中拉出来建立著名的品牌（如万艾可、百忧解和万络）。比如说，美国药品公司——默克公司和先灵药业卷入了一场纷争。一项研究表明它们合作生产的胆固醇药物维多灵并不比仅是其价格1/3 的同类药物更有效。而这种药品已经被这两个公司垄断了市场。

（3）产品因素

大型或者复杂的产品常常直接供应给消费者。生产商和消费者之间的紧密联系，再加上昂贵的价格意味着直接销售既是必要的也是可行的。易腐坏的产品，比如冷冻食品、肉类、面包等必须通过短渠道去供应消费者。体积大或很难掌控的产品由于分销商因为储存和展示可能引起问题而拒绝支持，需要直接销售给消费者。最后，像在之前的章节中提到的，公司可以采用数字化渠道来帮助直接销售。

（4）竞争因素

如果竞争对手掌握了传统的分销渠道，则可能需要考虑分销的创新性了。比如，通过管辖权或交易管理这两个可用的选择，招募销售团队进行直销或建立生产商的分销网络。直复营销提供了供应产品的新方式，因此许多网络公司应运而生。例如，通过主干街道零售商进行个人电脑分销的传统分销渠道被像戴尔这种向购买者做广告的直销方式所包围。购买者变得更有经验，产品可靠性也在提高，这些使得本地货源（和建议）产生的突发事件显得不那么重要了。在打破传统模式后，戴尔在 2007 年宣布将商业模式扩展到像沃尔玛这种电脑经销商来扩大其在美国的消费市场。

11.2.2　分销密度

分销密度的选择是第二大分销策略选择。三大分销方式分别是密集型分销、选择性分销、专营性（独家）经销。现在我们看看每种分销方式。

（1）密集型分销

密集型分销（intensive distribution）是通过可利用的销售点达到完全覆盖市场的目的。针对一些大众化产品，如快餐、食品、化妆品、啤酒和报纸，销售人员直接深入到大量的销售点。这是因为消费者对于这些商品有一系列可接受的品牌，他们选择购买哪个品牌往往是带有冲动性的。如果某个销售点上该品牌没有进行销售，消费者就会购买另外的品牌。方便购买是最重要的因素。刚发展起来的新销售点可能至今还不能供应特殊产品，如加油站的杂货店里没有酒精饮料。

（2）选择性分销

选择性分销（selective distribution）也能达到一定的市场覆盖率。这种情形是生产商在一个区域内利用有限数量的销售点销售产品（详见专题营销实例11.1）。对于生产商的益处有：有机会集中能力选择最好的销售点去建立伙伴关系；和密集型分销相比，它需要更少的销售人员；如果销售和分配都是直接进行的，成本会降低。像一些高端品牌（蕾蒙威）往往是在精心选择的销售点销售（参见插图11—2）。当购物者更愿意在附近的商店购买产品时，生产商通常就会采用选择性分销，这意味着企业不必在所有的销售点上供应产品。像视频和声频设备、相机、服饰和化妆品就可以采用这种方式。

插图 11—2　像百达翡丽这种领导品牌进行选择性的分销

　　当零售商要求地区销售权而被生产商拒绝时就会引发一些问题。在英国的一个连锁药房里，零售商要求销售昂贵的香水但是被生产商拒绝了，生产商声称这个连锁店没有权利销售奢侈品。连锁药房认为它们被拒绝的原因是它们想要以低于推荐的价格出售，而垄断与兼并调查委员会的调查支持当前的价格。欧洲市场的规则是允许香水生产商控制符合装饰和员工培训要求的零售商的分销，但不允许生产商因为零售商以低于标价的价格出售而拒绝赋予其销售的权力。

营销实例 11.1：提尔以不同寻常的方式进入市场

　　学习指南： 回顾一下提尔薯片采用的分销策略。阅读文章并考虑分销选择在这个新品牌成功创立之初所扮演的角色。

　　提尔薯片是一个以分销选择帮助公司走向成功的例子之一。公司于 2002 年由 William Chase（威廉·蔡斯）创立，诞生之初是向大型的超市提供产品，产品的来源是威廉自家的农场，在此过程中遇到了一些挫折。在和超市负责人谈生意的过程中，他发现超市常常施加进一步合作的压力，并且他和其他供应者提供的产品没有本质上的差异。为了减少对这个渠道的依赖，他大力开发提尔薯片，并将其作为高端产品销售。产品来源是本地土豆，种类涉及不含麸质的薯片，还有适合伊斯兰教徒食用的薯片。

　　一开始公司就做了这样的决定：在可能的情况下将产品直接销售给专业零售商。像哈罗兹、福特纳姆梅森百货、哈威尼可士百货公司等高档商品专卖店是其最初目标，它们帮助品牌建立高档产品的形象。分销系统随后再像各连锁店一样，和当地的社区商店建立起关系。唯一的大超市维特罗斯控制着全国范围的经销权，塞恩斯伯里超市的经销权在全国范围内全部被禁止。提尔的大部分顾客是独立的餐饮企业，如熟食店、三明治店，以及一些例如悦达咖世家、普雷特公司这种连锁店。快运会在提尔工厂90公里范围内的销售点上采用；对于更远路途的运输，公司会雇用第三方。提尔薯片并非哪里都能买得到，但是这个品牌建立了高端产品形象并在该地区达到了35%的高利润率，这在同类商业商品中已经相当高了。

为了不依赖于大规模营销来帮助公司成长，提尔将目光投向国际市场。它有20%的销售份额是对法国的出口。提尔在法国的高端食品大厦，如巴黎的 La Grande Epicerie 销售产品。然而，国际扩张意味着提尔必须和经销商谈判，这会将额外的商家引入到分销渠道中，同时没办法像在英国那样和消费者直接建立良好的关系。虽然提尔是薯片行业的后来者，市场已存在像沃克斯这样的竞争者，但是由于产品差异和谨慎选择分销渠道使得它获得了成功。

基于：Clegg（2005）。

（3）专营性（独家）分销

专营性（独家）分销（exclusive distribution）是一种严格限制中间商数目的分销形式，在某一地域，仅适用于一个批发商、零售商或行业经销商销售特定供应商的产品。汽车常常以这种形式出售，在每个城市只有一个经销商运营。这降低了买家在提供相同型号的不同经销商上的议价能力，因为当出现必要的服务和维修时，在邻近城市购买就可能很不方便。它还让生产商和零售商在维修、定价和促销上有了更加密切的合作。分销商要求将专营性经销的权利作为制造商生产线进货的条件。同样，在经销商同意不从竞争生产线上进货时，生产者可能想要独家经营。

专营性分销的协议可以在某种程度上限制竞争，但可能会损害消费者的利益。欧洲法院驳回了关于联合利华在德国独家出口问题上的上诉。通过提供冷冻柜，联合利华（Unilever）拒绝让竞争者将其冰淇淋存放在它的冷冻柜，以维护其独家经销权。同时，欧洲法院也驳回了法国 Leclerc 超市集团的上诉，其上诉是关于 Yves Saint Laurent 香水所使用的选择性分销系统的问题。法官发现，对奢侈化妆品使用选择性分销会加剧竞争，它会出于消费者和生产商的利益来保护此类奢侈品的形象。

11.3　渠道整合

渠道整合（channel integration）的范围包括从传统的销售渠道（包括一个独立生产商和渠道中间商），到一个特许经营，再到生产商的渠道所有权。在选择渠道策略时，生产商需要考虑每个系统的优势和劣势。

11.3.1　传统营销渠道

因为渠道中间商的独立性，生产商对其很少或几乎没有控制。如独家经销的协议可能会提供一定程度的控制，但所有权的分离意味着每一方都会关注自己的利益。传统营销渠道具有一种强行讨价还价、偶尔还有冲突的特点。例如，零售商也许认为品牌的降价会影响股价但必须降价，然而生产者出于对品牌形象的考虑并不同意降价。

制造商通过它的巨大规模和强大的产品品牌占据了市场。这种权力可能会导致一个**管理式垂直营销系统**（administrical marketing system），在这个系统下，制造商可以得到从批发商到零售商的相当多的合作机会。例如，好莱坞大制片厂精心管理其电影的分销，通过一系列的影院、视频/ DVD 销售及出租到按次计费的电视播放，以及最终的免费电视来使收益最大化。辉瑞公司就在试图改变其药物在英国的分销安排时产生了一些争议，形成了所有产品都通过 UniChem 公司销售的模式。其他批发商寻求被视为反竞争的行动，而零售商也担心可能出现一个独一无二的、十分强大的批发商。零售商也可以控制一个管理式垂直营销系统。例如，当零售业企业家菲利普·格林（Philip Green）在 2002 年收购了阿卡迪亚（Arcadia）服装集团时，他给所有供应商制定了新的条款和条件，实施了一项 1.25% 的折扣并将支付供应商的天数从 28 天延长到 30 天。接着他重新调整了供应商数量，取消了部分供应商的上市资格，增加了一些工作机会给其他人。许多受益于经济增长的市场如印度和中国的亚洲分销商，现在正在收购它们以前分销的品牌。

11.3.2　特许经营

生产商和渠道中间商承认每个成员的权利、义务的法律合同被称为特许经营（franchise）。通常，中间商通过付费得到营销、管理、技术和金融方面的服务。比如麦当劳、贝纳通、赫兹、美体小铺、星巴克这样的特许经营组织，它们结合了庞大复杂的以市场为导向的组织优势和当地销售点的活力和动力，因此在全球市场中一直做得非常成功。尽管特许经销商给了生产商一定程度的控制，但部分领域仍存在潜在冲突。例如，生产商可能对销售点提供的服务不满，或者特许经销商可能认为特许经营组织提供宣传力度不足，目标冲突也可能出现。例如，一些麦当劳和星巴克的特许经营商不满公司的迅速扩张计划，因为这意味着将有新餐厅在一英里的范围内开业，这导致它们利润和特许转售价值下降。特许经营协议通过正式的合作和一体化的营销和分销活动，提供了一个合同垂直营销系统（contractual vertical marketing system）。

我们提出了 3 个经济解释以试图说明为什么一个生产商可能会选择特许经营作为一种分销方式。特许经营可能意味着凭着分销成本与特许经销商的共享来克服内部资源的限制。它也可能是一个克服生产商（经销商）管理问题的有效系统，因为生产商可能重视经理人的见解，这些经理人可从商业的成功中获取既得利益。最后，对于生产商来说，特许经营可能是一个进入到当地经销的方式。因此，当一个生产商在扩大其国际市场时，特许经营可能就有很大的魅力。表 11—1 给出了欧洲最大的特许经营商。

表 11—1 欧洲最大的特许经营商

排名	特许经营商	商业类型	国家
1	McDonald's	饭店	美国
2	Tecnocasa	房地产	意大利
3	Fornetti	食物分销	匈牙利
4	Burger King	饭店	美国
5	Jean Louis David	健康、美容	法国
6	Point S	汽车服务	法国
7	Photo Quelle	照片、相框、艺术	德国
8	Remax	房地产	美国
9	Pro et Cie	器械零售	法国
10	Glassinter	汽车服务	西班牙

特许经营可以发生在销售链的 4 个层面上：

1. 生产商和零售商：汽车工业就是这样的布局。生产商由于不用为其汽车的零售和维修支出费用而受益（参见营销实例 11.3）。

2. 生产商和批发商：这在软饮料行业中很常见。如史威士（Schweppes）、可口可乐和百事可乐这些生产商，授权批发商在符合其要求的条件下调和及装瓶浓缩液，并在已确定的地理区域内分销产品。

3. 批发商和零售商：这并不是常见的其他特许经营的方式，但却在汽车用品和五金商店中被发现。它使批发商可以保证其产品对消费者的分销。

4. 零售商和零售商：这是一种常用的成功方法。该方法通常来源于成功的零售运营，这种运营以特许经营的方式寻求地域的扩张，例如麦当劳、贝纳通、必胜客和肯德基（参见插图 11—3）。

插图 11—3 贝纳通是一个主要的时尚品特许经营零售店

11.3.3 渠道所有权

渠道所有权会给经销商带来完全的控制。这就建立起一个公司式垂直营销系统（corporate marketing system）。通过收购零售商，生产商控制了它们的采购、生产和营销活动。特别地，对采购的控制意味着零售商将成为制造商产品的一个专卖店。例如，百事可乐已经成为必胜客和肯德基这些公司捆绑销售的软饮料品牌。

想要完全控制必须得平衡高价收购和进军零售业造成的管理活动过于广泛的危险。然而，公司式垂直营销系统已经成功地在石油行业运作多年，如壳牌、德士古和挪威国家石油公司（Statoil）等公司，这些公司不仅拥有数量可观的加油站，而且掌握着生产资料。

11.3.4 渠道管理

一旦制定出关键的渠道策略，就需要对它进行有效的推广运用。这涉及选择、激励、培训和评估渠道成员，以及解决可能发生的任何渠道冲突。

（1）选择

分销商的选择包括两个主要方面：一是识别潜在的分销商；二是选择标准的制定与发展。

很多潜在的因素可以用来识别分销商，包括贸易货源，例如展会上的贸易组织和参与方，还包括与已存在客户和（或）区域分销商的会谈，同感兴趣的中间商询价等。

分销商通常的选择标准包括对市场、产品和客户的认知程度、市场占有率、产品质量、销售团队的规模（如果可能的话）、客户信誉、财务情况、竞争与替代产品的情况、管理方式和获得成功的欲望，以及处理生产线的投入程度。

在实际情况中，分销商的选择可能是复杂的。因为大型的、体制健全的分销商可能同时开展多个竞争，而缺少更多的激情。相反，小规模的分销商可能缺乏财务保障，并且只有小型的销售团队，但是它们可能拥有更多的热情，更渴望成功。

（2）激励

一旦选择好分销商，需要它们同意来扮演经销商，并且对生产商的承诺分配足够的精力和资源。有效激励的关键在于能够理解经销商的需求和问题，因为需求和激励是相互关联的。例如，面对高额佣金，看重财务的经销商可能比看重独家经销范围的经销商更乐于投入。

可取的激励方式包括财务奖励、赋予特殊代理权、提供资源支持（例如销售培训、区域销售支持、提供市场调研信息、广告和促销支持、财务支持和管理培训），以及培养强有力的工作关系（例如共同规划、长期投入的保障、绩效评价、经常性的交流和组织经销商会议）。

简言之，管理独立经销商最好的方式是积极非正式的合作形式。

（3）培训

显然，分销商的培训需求取决于它们的内在能力。例如，大型连锁超市可能把来自供应商的营销培训邀请看做是一种不信任的表现。但是，很多小型的经销商由于在销售管理、营销、财务管理、库存控制和员工管理上相对薄弱，它们乐于生产厂商提供相应的培训。

从生产角度来说，培训可以提供相应的技术支持，例如供应商及其产品，也能帮助经销商建立一种合作和投入的精神。

（4）评估

分销商的评估在分销商保留、培训和激励决策方面起着重要的作用。评估为决定哪些分销商需要保留而哪些需要裁撤提供了必要的信息。经销商在销售能力方面的不足可以通过评估来识别，并且由厂家来提供合适的培训项目。激励短缺是一个严重的问题，生产商可以实施相应的计划来应对反向激励（例如财务因素或建立一个商业合作机制）。

但是，我们需要理解的是评估的范围和频率会受到分销商权限的限制。如果生产商的权利相对较小，它们会更多地依赖于分销商来销售，那么深层次的评估和补救措施将会受到限制。但是如果生产商拥有很强的品牌保证，且有很大的权利，那么可供选择和评估的经销商可能会更普遍，范围也更广。评估标准包括销售量和价值、利润率、库存量、质量和陈列位置、新账户开设、市场信息反馈、保持投入的能力和意愿、态度和个人能力。

（5）冲突管理

最后，假如生产商和分销商是独立的，那么冲突就时时刻刻难以避免（见营销实例11.2）。首先，冲突可能由于不同的目标导致，例如，如果所获利润更多地分配给零售商，那么生产商的利润就会减少。举例来说，爱尔兰的一家旅游公司将其代理商在销售度假旅游时的佣金由10%削减到5%，之后的调研表明很多代理商选择了不向客户推荐该家旅游公司。这种反应直接影响最终客户，它们通过100万欧元的多媒体运动来说服消费者考虑巴基特（Budget）作为他们一个潜在的旅行选择。

营销实例11.2：软饮料渠道的烦恼

学习指南： 下面是对软饮料分销渠道的变化的回顾。阅读文章并考虑分销渠道对可口可乐、可口可乐灌装厂和沃尔玛的长期影响。

首先，一个完善的分销渠道可以给市场带来受欢迎的软饮料。领先的公司像可口可乐和百事可乐生产可乐浓缩液，然后这些浓缩液被卖给具有独立许可的瓶装公司，这些瓶装公司持有特定地区的独家合同。它们制造成品（瓶装或灌装），直接售给零售店如小商店、超市和自动售货机。随着时间的推移，瓶装厂商建立起对零售商的专业服务，以及令它们引以为豪的贸易关系。一些瓶装厂商是非常大的公司，其中最大的公司——可口可乐公司，是一家市值超过120亿美元的上市公司。

然而，这个供应链的结构受到了零售商力量增长的威胁，并且强大的零售商使用不同的系统来管理供应。出于经济原因，零售商更青睐于来自大型分销中心的分销管理，而不是由供应商直接送到商店。区域分销中心更高效（见本章后面的物流一节），并能使零售商向消费者提供更低的价格。因此，主要的全球零售商不需要（或者偏爱）由可口可乐灌装厂提供的本地供应。

因此，当沃尔玛要求可口可乐分发其劲力果汁（Powerade）到沃尔玛仓库而非独立商店时，美国瓶装生产商作出了愤怒的回应。60个独立瓶装生产商起诉可口可乐，担心此举将是直接交付模式的第一个转变，并且最终威胁到它们的未来。可口可乐最初接受了沃尔玛的提案，因为它担心不这样做就意味着巨大的零售商将开始销售自有品牌的饮料。经过一些供应链的中断，这些瓶装企业与可口可乐和解，并同意开发和测试新的分销和客户服务系统。

基于：Ward（2007）。

其次，很多分销商通过增加产品系列来达到扩张。例如，英国零售商WHSmith从只销售传统的书籍、杂志和报纸转变为销售新的产品系列，例如电脑光盘、硬件和软件。

这可能让主要供应商感到愤怒，因为分销商投入了过多精力在二线产品上。这个问题也可能导致相反的结果。位于爱尔兰的小型报刊经销商要求竞争管理部门重新考虑批发商同意共销售各种杂志的申请，结果重新销售导致了滞销，增加了零售商的成本。

然后，生产商为了其商业扩张，可能会使用不同的经销渠道，比如，对于关键客户和经销商的直销，可能会刺激其他已存在的商家。

艾拉妮斯·莫莉赛特（Alanis Morissette）的唱片公司——马弗利克唱片公司（Maverick Records），在北美地区开创了一种独家代理渠道来销售她的专辑 Fagged Little Pill，具体方案为在大约4 800家星巴克咖啡厅进行6周的预约销售。国际级的唱片连锁店音乐无限（HMV）则以删除在加拿大店铺所有艺术家的音乐活动来应对。

最后，冲突的一个明显根源在于供应链中的公司没能达到要求。例如，微电脑世界（PC World）和家电商柯瑞斯零售连锁店的所有者——迪斯捷国际（DSG International），都声称其在2007年财政表现不够良好，一部分是因为微软没有提供足够的促销支持，如给其新的Vista系统，最终导致了数千台电脑滞销，而不得不低价打折销售。

管理冲突的方式有很多种。发展合作关系使生产厂商和分销商之间建立了长期的交流，从而使它们更加相互理解和合作。第一，销售目标是各方均同意的，培训和促销支持也会即时提供。第二，员工需要有关冲突处理的培训，来确保他们可以稳定地应对突发状况，并提高双赢的可能性。第三，如果冲突出现在不同的分销渠道之间，生产商可能尝试分割市场。例如，Hallmark公司将其高档问候卡放在其百货公司的自有品牌下销售，而将标准卡交给Ambassador等打折零售商销售。[21]第四，对于表现不佳这个问题，最有效的方法是改善执行方式，减少冲突根源。最后，在某些情况下，冲突可以通过并购其他组织或者强制削减，或一方通过施压来获得另一方的顺从，例如大的零售商有能力剔除某个供应商。在很多人看来，宝洁公司与吉列公司最近的并购，让这两家生产商有能力与超级零售商沃尔玛相抗衡。

11.4 零 售

很多零售商选择经营实体商店，例如超级市场、专卖店和百货商店，但是非店铺零售，例如在线购物、邮购和自动贩卖机等，也在销售中占据了很大的份额。

因为很多大型零售商对商品的巨大需求量，使得它们在分销渠道上拥有很大的权利。这种权利反映在它们从厂家提取"利润保证"的能力上。它体现在合同的某个具体条款中，保证了零售商能够获得一个固定的利润率，而不考虑消费者所要支付的零售价格。一个生产商可能会与其他的生产商形成竞争，因此其自主品牌可以获得更多的利润。

11.4.1　实体店和无店铺销售类型

（1）超市

超市是一种大型的自助式商店，主要销售传统的食物、饮料和卫生用品，但是由于所售商品逐渐广泛，一些大型连锁超市也出售非处方药品、化妆品和衣服等。

虽然和小的杂货店相比，低价是超市吸引顾客的一个方面，但价格能否成为有力的竞争武器取决于超市的定位战略。举例来说，在英国，塞恩斯伯里、韦特罗斯（Waitrose）和乐购相比于 KwikSave、Aldi 或 Netto 超市更少地依赖于价格。乐购无疑是目前英国超市业的领军企业，其市场占有率达到 30%，相比之下，塞恩斯伯里和阿斯达的占有率仅为 16% ~ 17%。

据估计，约有 60% 的英国民众每月至少去一次乐购，并且相当于在英国每消费 8 镑，其中 1 镑就是消费在乐购的。乐购的品牌范围从普通到精品，甚至包括有机健康食品，这意味着它对不同的细分市场都具有吸引力。[23]

（2）百货商店

百货商店的命名是由于相关的产品系列在不同的部门销售，例如男装和女装、珠宝首饰、化妆品、玩具和家居用品。近年来，由于打折店、专卖店和城郊大型商场的兴起，百货公司受到了很大的冲击。尽管如此，很多百货商店依旧在激烈的市场竞争中表现良好，通过提供多种厂商和品牌的一站式购物体验，充分利用了商场的空间。

（3）专卖店

正如它们的名字一样，这类商店出售的产品范围相对较窄。例如，在很多城市中心地段，有些商店只出售糖果、香烟和报纸。很多的专卖店，例如 Tie Rack 和 Sock Shop，只出售一种产品系列。专卖店允许在有限的店铺空间内专门出售单一产品系列。有些专卖店，例如肉铺和蔬菜水果店，更注重于产品的质量和定制服务。

但是当消费者品位改变或者竞争增强的时候，专卖店存在弱点。例如运动专卖店——JJB运动品（JJB Sports）和约翰·大卫集团（John David Group）都由于运动与时尚的结合而带来一定损失，这是由大卫·贝克汉姆为代表的文化偶像导致的失败，结果为其他时尚店铺和超级市场打开了市场。

（4）折扣店

折扣店以低价出售商品来达到薄利多销和大宗购买的目的。例如，'1 英镑店'出售各种商品，包括饰品、玩具、文具和工具，所有商品只售 1 英镑，利润率仅有 2% ~3% 。好的地理位置和快速的商品周转率是成功的关键。有时低价可以持续全年。很多的廉价经销商经营着城郊的大型零售店，从而使它们有能力存储大量商品。

（5）品类杀手

这些零售商店有一个狭窄的产品焦点，但却在该产品的范围上有一个异常庞大的宽度和深度。品类杀手作为对折扣商店的一种挑战，出现在 80 年代早期的美国。它们有别于专卖店，因为它们都是大型的，且拥有已选定产品类别的更深更广的范围；它们又有别于折扣商店，因为它们只关注一个产品类别。品类杀手的例子有游戏反斗城（玩具类）、内华达鲍勃的折扣高尔夫仓库（高尔夫球具），以及伍迪仓库（自行车、汽车配件）。

（6）便利店

便利店，正如其名字，在附近的位置、每天长时间营业为客户提供便利产品。因为它们的规模不大，它们可能会为它们的商品支付比超市更高的价格，因此必须对其客户收取更高的价格。其中的一些商店，比如 Spar 超市，加入团购以获取购买力和更低的价格。一些客户希望它们提供充值业务——例如，当一个客户缺一盒牛奶或面包时。社会的变化，比如离婚率的提高、家庭规模的缩小、通勤时间的增加和缺少时间购物的消费群体的增加，都有助于振兴便利店行业。比起在超市的每周大规模购物，消费者再次支持了由便利店提供的便捷服务。因此，主要的零售商如乐购和塞恩斯伯里超市就一直在积极地引进这个部门。

（7）目录零售商

这种类型的零售商店是通过商品目录来推动其产品销售的，它将目录邮寄给客户，或是在店内向客户提供商品目录，或是在线为客户提供查看服务（见第 10 章）。采购是在市中心零售点进行的，客户在这里填写订购表格、付款，然后在指定地点取货。在英国，阿格斯就是一个成功的目录零售商，其销售打折商品的范围很广，如电子产品、珠宝、园艺用具、家具、玩具、汽车配件、体育用品、行李和餐具。

（8）邮购

这种形式的零售店铺也使用商品目录作为宣传工具，但是这次邮购交易是通过邮件实现的（见第 10 章）。另外，这种对外的宣传可能会通过直接邮件、电视、杂志或报纸广告。越来越多的客户正通过电话或互联网下订单，正是作为支付手段的信用卡促进了这一过程，然后通过邮件发送货物。奥托邮购（Otto-Versand）是一家德国邮购公司，有一个英国邮购零售商格拉特（Grattan），并已在奥地利、比利时、意大利、荷兰和西班牙等国处于领先地位。其法国竞争对手 La Redoute 已经扩展到了比利时、意大利和葡萄牙。邮购提供了泛欧目录、中央仓库和跨境订单处理的前景。

（9）自动售货机

自动售货机在一些国家比如日本尤其受欢迎。它 24 小时营业，有便利的地理位置，提供饮料、糖果、汤品、报纸等商品。尽管补充库存、服务和维修成本会很高，但却不需要销售人员。银行自动柜员机也改善了售后服务，提供全天候的金融服务。

然而，机器故障和库存耗尽的现象也会让客户烦恼。

（10）在线零售

在线零售业已经成为增长最快的销售形式，提供电子产品、食品、服装、鞋类和音乐/视频等非常受欢迎的产品。它主要可以采取3种形式。第一，在纯在线零售中，商品的交易完全是一个电子交易，在线下单、在线支付以及在线收货。任何可被数字化的产品都可以以这种方式零售，比如一首歌曲、计算机软件或是一本书。第二，产品可以在在线下单后，通过邮政系统或本地分销公司进行销售，比如食品和葡萄酒等。第三，处于领先地位的零售商都支持在线购买。例如，英国著名的零售商们就在线上和线下都有大量的业务，包括乐购、玛莎百货、阿格斯、Next和Comet。这些零售商努力连接两个渠道的销售。例如，阿格斯客户可以从阿格斯目录选择产品、在线订购，然后从当地销售点取货。玛莎百货正准备在其零售店建立互联网互助，由此消费者就可以在线订购某些缺货的产品。技术聚焦11.1将讨论在线零售商的一些优势。

技术聚焦11.1：互联网零售业的长尾效应

在线零售商与传统的零售商店有何不同？在线零售商确实让你在办公桌前或舒适的家里即可享受到便利的购物。因为很容易到处逛逛并货比三家，也确实可以让你获得一个自己认为更好的价格。但网上购物关键、独特之处就是零售业的"长尾效应"。

如果你是做书籍和音乐生意的，多年来焦点一直放在精选集的想法上——也就是说，畅销书或唱片。每周英国流行音乐节目"流行之巅"都会提供一个英国最畅销单曲的倒计时。在那一周，前30名的唱片将占到唱片销售的绝大多数，除了30名之外的其他唱片就会有一个"长尾效应"，这些唱片的销售量不断递减，直到销售量仅为一两个。如果你经营着一个音乐商店或图书零售店，要确保自己销售的是最畅销的产品，这对你盈利是至关重要的。事实上，因为你的货架空间有限，你的盈利能力与对空间的使用直接相关——换句话说，你必须有能力去识别和储备那些可能销售快且销量大的产品，而不是囤积销售状况疲软的利基商品。

而在线零售业的世界里就没有了这样的空间限制。因为在线零售商不必去维持昂贵的零售网点，它们可以把尽可能多的广告标题藏在一个仓库或通过访问一个附属标题。因为库存和分销的成本几乎为零，不管是大卖家或小卖方，它的盈利能力都比较类似。在线零售商很快发现，其销售的大部分都是畅销排行榜之外的商品。2004年，美国书籍中销售量超过250 000册的总共售出了5 300万册，但那些销售量低于1 000册的总共却销售了8 400万册。对成千上万的利基商品的集体需求开始超过对少数畅销书的大众需求。长尾效应打破了二八定律（该定律即为20%的产品贡献了80%的销售额）。反而提出了98%的规则，这意味着占所有提供商品的98%的产品在既定的一段时间内至少出售一次。

那么长尾效应的含义是什么呢？第一，它给在线零售商相对于实体零售商一个独特的竞争优势。世界上最大的实体书店邦诺书店（Barnes & Noble）平均经营约13万本书，而亚马逊总库存就有370万本书。据估计，亚马逊50%的销售额就来自这13万本书之外。这意味着，实体书店不出售的书籍市场与出售的书籍市场有一样大的规模。实体书店是无法达到这样一个庞大的市场的。同样的规则也适用于音乐、电影和视频游戏等行业。在美国，每年平均新增1.3万部电影，但平均每家连锁影院每年只供应约 100 部电影。

长尾理论对消费者和内容创作也有重大影响。现在，无论怎样模糊，消费者都有可能找到他们想要的任何物品。他们面临的最大挑战就是找到这些利基商品。像亚马逊这样的公司跟踪所购买的商品并提供推荐服务，以帮助消费者找到他们想要的东西。博客、标签和社交网络是用户资料来源的其他新兴方式。但是，这最终导致日益增长的利基用户追求他们的特殊利益。而从内容创作的角度来看，这意味着痴迷于寻找下一个市场热点（经常使用的营销调研来帮助完成）可能变得不那么重要。更重要的是对内容的创作和确保消费者在多样选择的世界中对它有无限热忱。

推荐阅读：安德森（2006）；詹宁斯（2007）。

11.5 主要的零售营销决策

一个零售商店应该作为一个品牌被认同，这涉及我们在第 6 章考虑品牌时讨论过的决策。零售商需要预见并适应不断变化的环境，比如日益发挥重要作用的信息技术和消费者口味的改变。然而，涉及零售业的一些特定问题值得单独讨论，比如零售定位、店面选址、产品组合以及服务、价格和店面气氛。

11.5.1 零售定位

零售定位（rail positioning）同所有的营销决策一样，涉及目标市场的选择和差异优势。目标市场的确定可以让零售商调整自己的营销组合（包括产品组合、服务水平、店面选址、价格、促销等），来满足所选择客户群的需求（参见营销实例11.3）。差异化提供了顾客去一家商店购物而不去其他家购物的一个理由。戴维斯已提出一个有用的框架来创建差异优势，他表明，零售业的创新只能来自过程或产品和产品组合。英国的目录商店阿格斯提供了购物过程中的创新，而 Next 是通过产品创新取得成功的 。像阿尔迪超市和利德尔这样的折扣商店主要销售自有品牌的产品，这些产品可以以有竞争力的价格出售（产品创新）。这在德国是占主导地位的零售形式，折扣商店拥有40%的市场份额，并开始在欧洲其他国家快速增长。玩具反斗城是兼具产品创新和过程创新的一个例子，其表现为在一个场地提供更多种类的玩具（产品创新）以及在一站式购物来提供便捷服务（过程创新）。

营销实例11.3：雷克萨斯的新标准

学习指南：以下的例子展示了豪华汽车展厅如何在市场中寻求差异化。阅读文章并思考这样的设计特性如何有助于如雷克萨斯等品牌的市场定位。

正如我们在本章前面部分所看到的，汽车是通过对经销商的特许安排出售的，这些经销商在特定地区享有销售的专有权。汽车营销的代言人是经销商展厅，并且这些零售店的质量和标准在近年来已经大幅上升。尤其是对于顶级品牌，例如雷克萨斯、奔驰和尼桑。

随着雷克萨斯在美国继续建立自己品牌，其特许经销商也继续推动着消费者对汽车经销商的预期。加州奥兰治县的一个经销商花费7 500万美元建造了一个类似豪华酒店的展厅。它有一个棕榈树人行道以及一个价值75 000美元的塞内加尔棕榈树的景观。进入展厅后，映入客户眼帘的是一个在寒冷的天气里充满火焰的别致壁炉。2005年，尼桑发起了一项为英菲尼迪汽车展厅的全球设计，展厅的特点是玻璃墙和由大理石、石头和板岩等天然材料装饰的通风空间。

虽然这些豪华展厅支持了品牌定位并且使购车过程更加愉悦，但这给特许经销商带来了高昂的成本。市场经营中各级经销商获得的非常小的利润率，也使得更加难以收回这种类型的投资成本。因此，尽管近些年主要经济体有很好的新车销售量，但很多汽车经销商却在苦苦挣扎。例如，在爱尔兰蓬勃发展的汽车市场中，最大的经销商汽车服务公司（Motor Services）在2005年销售额达2.21亿欧元的情况下还亏损了716 000欧元。这再次说明了在分销渠道中各分销商具备不同级别的能力。汽车经销商对于新车的定位、销售和服务的营销是非常关键的，但它们的经营条款却意味着它们将收回新创造价值的一个相对较小的份额。

基于：Reed（2007）；Suiter（2005）。

11.5.2　店面选址

传统观点认为零售商成功的一个至关重要的因素是位置。对于很多的购物者来说，便利是一个很重要的问题。所以店面的选址就会对销售业绩产生重大影响。零售商必须首先定位覆盖区域，且以区域内的城市为目标，在给定城市作出精确的位置选择。城市的选择取决于这样几个因素，分别是符合零售商选择条件的目标市场、顾客来源区的可支配收入水平、地点的可得性和竞争的程度。一个特定店面的选择可能依赖于店面前的现有流量水平（行人和车辆）、停车规定、有权使用出口物资运送车辆、存在的竞争、规划限制以及是否有与其他零售点形成新零售中心的机会。例如，星巴克试图定位它的咖啡店在一条街的一侧，这条街是通勤者上班途中最常选择的街道。基于这样一种理念，消费者就不用为了喝杯咖啡而穿越繁忙的街道。同样，两个或两个以上的非竞争零售商（例如塞恩斯伯里超市和博姿化妆品（Boots））可能同意将店面聚集在一个中心，以此产生比单独营业更多的牵引力。在作出这一决策后，合作伙伴将在他们选定的城市附近寻找合适的地点。

11.5.3　产品组合

零售商必须在其产品组合的广度和深度上作出决策（参见插图11—4）。比如，一个超市可以决定将产品组合从食品、饮料和化妆品扩大到服饰和玩具，这就被称为"跨行业销售"。举个例子，乐购就为消费者提供了书籍、视频游戏、音乐下载、保险、信用卡、储蓄账户、手机、旅行、法律服务以及食品杂货。目前在英国，超市销售了24%的CD、8%的书籍以及40%的所有新发布的DVD，这已经影响到了CD/DVD和书籍的专业零售商。[30]通过零售商对自身的差异化，争夺式推销成为了一个基础。因此，我们看到了麦当劳（McDonald's）提供DVD租赁，盖普出售CD混音，星巴克销售音乐以及乐购销售星巴克咖啡!

插图 11—4　眼镜连锁店 Specsavers 是一个以产品范围广泛及营销密集而占据主导地位的光学产品连锁店

在每个产品线上,零售商都可以选择或大或小的产品范围来进货。像 Tie Rack、Sock Shop 和玩具反斗城这些零售商,集中在一个产品线上进货。然而,百货商店提供了更广泛的产品,包括玩具、化妆品、珠宝、服饰、电器和家用配件。一些零售商以一个产品线开始,逐步扩大其产品组合使得收入最大化。例如,加油站扩大了它们的商品范围,包括了汽车配件,最近又涵盖了糖果、饮料、鲜花和报纸。同时,热食和洗车的服务提供了比销售汽油更大的利润率。这样做附带产生的结果就是为了降低客户对价格的敏感性。因为加油站的选择可能只是基于其他产品具有可用性,而不是它要提供最低价格的事实。

自有品牌产生了另一种产品决策方法。主要的零售商可能决定出售一系列的自有品牌产品,以补充大众品牌。通常,这些大型零售连锁店的购买力意味着价格可以更低,但利润率还是高于相竞争的大众品牌。对于许多零售商来说,这便使得这种行为成为一个有吸引力的议题。正如英国电器巨头狄克逊(Dixons)选取企诺作为照相机的品牌名,选取西庄作为如高保真音响和电视等棕色产品的品牌名,以及家卡瑞丝(Currys)也选取了松井这个品牌名一样,超市也进入了这一领域。在这两种情况下使用日语发音的名字(尽管有些产品在欧洲采购)被认为能提高产品对客户的吸引力。

11.5.4　价　格

对于某些细分市场来说，价格是商店选择的一个关键因素。因此一些零售商主要以价格作为它们的差别优势。但这需要警惕成本的控制和巨大的购买力。最近的一个趋势是零售商青睐"天天低价"，而不是生产商所支持的高价格上的促销活动。如零售商百安居（B&Q）的 DIY 折扣商店，它认为客户偏爱的是可预见低价，而不是偶尔的打折、买二赠一和免费礼品。连锁超市也受制于供应商而提供持续的低价，而不是选择暂时的促销活动。这种行为符合它们将自身定位于一个低价位平台的愿望。例如，法国家乐福（Carrefour）引入了一个体制，就是店铺经理的奖金与价格是否低于可比零售商挂钩。价格竞争力的重要性同样体现在欧盟食品零售商口中的关联营销服务中。如英国超级市场集团（WM Morrison，英国）、阿霍德集团（Ahold，荷兰）、瑞典食品零售商联合会（ICA）、米格罗零售公司（Migros，芬兰）、舒肯超市（Superquinn，爱尔兰）以及其他一些零售商已经在品牌采购和营销的领域联手促进合作。它们的营销活动范围包括自有品牌、联合购买、联合品牌的开发和服务，以及信息和技能的交换。它们的一个主要目标就是降低成本价，因为这占到了销售价格的 75%。

11.5.5　店铺氛围

店铺氛围是通过内外部设计、色彩以及布局而创建出来的。（参见插图 11—5）。店铺内部和外部的设计都影响氛围。外部的设计因素包括建筑设计、标志、橱窗陈列和色彩的使用，通过这些因素为一个零售商树立形象以及吸引顾客。例如，美体小铺通过店铺的绿色外观来塑造环境关怀的形象，并通过橱窗陈列表达对环境问题的关注。室内设计对氛围同样有很大的影响。商店照明、家具设备和布局都是需要考虑的重要事项。色彩、声音和气味也会影响情绪。百货商店通常会把香水柜台置于靠近门口的地方，超市则可以用烤面包的气味来吸引客户，如托马斯·品客（Thomas Pink）这样的高档衬衫公司甚至在其商店周围抽走刚洗过的亚麻布的气味。此外，超市经常使用音乐来创造一个轻松的购物氛围，而一些精品店则用流行音乐来吸引它们的目标客户。

体验式营销的出现就将重点放在了店铺氛围上，零售商努力为消费者创建一种购物体验。通常认为购物者有 3 个关注的区域。[32]第一个区域是距消费者 30 英尺的地方，它要求零售商综合使用声音、色彩、气味和动作来吸引潜在买家。第二个区域是在 10 英尺的地方放置一个货架，在制造商的配送流程上配售一个增值服务，以让自己能在竞争对手中脱颖而出。第三个区域是在 3 英尺的地方，消费者已经有了一个潜在的选择或者已经伸手获取，所以产品的外观和感觉或者包装都是很重要的。

插图 11—5　像耐克城这样的零售商店旨在创建一个客户体验

11.6　物　流

在本章前面的部分中，我们讲过了渠道策略和管理决策，这涉及选择正确的销售网点，以具有成本效益的方式向客户提供现货供应。物流决策关注商品从生产商到中间商以及消费者的有效流通。显然，渠道和物流决策是相关的，尽管渠道决策制定得更为早一些。物流被定义为涉及材料、部件和最终产品从生产商到中间商和消费者的一组流通活动。因为如沃尔玛、乐购以及其他的一些公司拓展了全球业务，使得物流这一业务变得越来越复杂。这促进了物流公司之间的并购，例如英国英运物流集团（Exel）和天美百达公司（Tibbett & Britten），因为企业致力于寻求为其客户提供从仓库管理到送货上门的完整解决方案。

配送旨在为中间商和顾客在正确的时间、地点提供正确数量的产品。配送会引起这样的问题，比如，经常性的搬迁仓库会影响公司的绩效。为了节省成本和提高售后服务水平，管理层已经关注物流活动有一段时间了。节约成本可以通过降低库存水平、使用更便宜的交通工具、批量运输来实现。例如，贝纳通重启财富的蓝图就是基于从工厂获得的衣服能更快地通过铁路运输到店铺，使其能与像 Zara 和 H&M 的快速时尚零售商竞争。通过快速和可靠的交付，售后服务水平也得以改善。这些交付包括即时（JIT）交付、持有高库存水平（以便客户有一个广泛的选择，并且缺货的可能性降低）、快速订单处理以及确保优质产品以正确数量送达。物流管理关注成本降低和满足售后服务需求之间的平衡，这种权衡通常是很必要的。例如，低库存和缓慢的、便宜的运输方法降低了成本，却也降低了售后服务水平和顾客满意度。

除去权衡物流成本和售后服务水平，物流系统本身的元素间也存在潜在的冲突。例如，低成本的集装箱可能会降低包装成本，但货物在运输途中受损成本却在增加。这些事实以及协调订单处理、库存管理和运输决策的需要，意味着物流需要被作为一个系统进行管理，由管理人员负责整个过程。以英国超市塞恩斯伯里为例，其在供应链上为 4 个区域配送中心投资了 30 亿英镑。但这种转变导致了几个问题：供应商没有包装订单以适应新的中心，交货在错误的时间到达，工人也经常送错地方以及库存经常在库房或交货处而不是在货架上。该系统的设计旨在每年可以节省 6 亿英镑，但在 2004 年，塞恩斯伯里的首席执行官贾斯汀·金已经承认了其失败。

物流系统的关键要素是售后服务、订单处理、库存管理、仓储、运输和物料搬运。

11.6.1　售后服务

有必要为售后服务设置一个标准。例如，一个售后服务标准可能单是在 48 小时内交付 90% 的订单和在 72 小时内交付 100% 的订单。因为更高的库存水平需要更高的成本。在某些情况下，客户看中的是交货时间的稳定性而非速度。例如，一个保证 5 个工作日内送达的售后服务标准有可能比在 2 天内交付超过 60% 的订单和在 7 天内交付 100% 的订单更受欢迎。售后服务标准应给予非常的关注，因为这可能是供应商之间的分化因素：可能被用作关键客户的选择标准。改进售后服务标准的方法包括提高产品的获取性、缩短订货周期、提高信息化水平和提高灵活性。提高信息化水平的一个例子就是联邦快递和联合包裹速递服务公司（UPS），它们在线向客户提供一种便利服务，顾客可以随时登录并及时查看交付状态（参见插图 11—6）。然而，在现代全球化的供应链中，外包业务意味着缺乏控制，它可以影响售后服务。例如，来自东南亚的一个影响力很小的材料供应链的断裂就影响到了 Zara 的服务水平和其在 2005 年的销售额。

插图 11—6　像 DHL 快递公司、联合包裹和联邦快递公司提供了一个关键的营销服务

11.6.2　订单处理

这涉及如何处理订单的问题。通过对订单处理时间组成要素的仔细分析可以减少客户下单和接收货物之间的时间。销售人员与订单部门之间的计算机连接也许是有效的。电子数据交换还可以加快订单处理时间，这是通过检查商品是否有货、向仓库发布命令、给客户开发票和更新库存记录来实现的。

11.6.3　库存管理

库存管理就是解决应该保持多少库存的问题。企业要在保持库存满足顾客的要求以及降低库存成本之间权衡取舍。对于一家公司来说，要想保持多种商品的库存得付出相对高的成本。同时，需要决定在何时预订新的库存。这个订货点的库存往往接近于零，这是因为订货与接收货物的交付周期的存在。由于 JIT 库存管理系统决定减少订货交付周期，致使订货点（重新订货的发生点）以及商品的总的库存水平是低的。预订与接受商品的交付周期的变动性越大，顾客需求波动的越大，订货点就越高。这是因为由多变性引起的不确定性导致对安全库存量（safety/buffer stocks）的需求，如一方前置时间过长超出预测，或者顾客的需求量异乎寻常的高。到底订购多少货物取决于库存需要的成本和处理订单需要的成本。订单可以是订购量小但频率很高，也可以是订购量大但订购频率很低。量小且频率高的订单会增加预订成本但是减少库存成本；相反，量大频率低的会增加库存成本减少预订成本。

11.6.4　仓　储

从产品生产出来到进入顾客手中，整个过程的储存都与仓储有关，这一活动化整为零，为向顾客交货而搭配商品、储存和装货。存储仓库是用来中长期储存商品，而分销中心是快速流通产品的中心场所。零售组织运用地区分销中心，在那里，产品供应商运来大量的商品，这些商品在运送到地方营销中心后，又快速以小批量运送到零售商处。分销中心通常是电脑控制的高度自动化的操作，以便产品高效流动。电脑浏览订单，然后再控制叉式升降卡车，把产品集中并运送到装运地点。一些更先进的技术对仓储与供应链的货物流动有更加重大的影响（参见营销实例 11.4）。仓储策略涉及选定仓库位置和确定所用仓库数量两个方面。趋势是建立商品量大的仓储中心。例如，英国电器零售商狄克逊的目标是将它的零售中心数目由 17 个减少到 2 个。英国美容及护肤品牌博姿正在关闭它的 17 个地区分销中心以支持诺丁汉的一个 7 000 万英镑的自动化仓储中心。2007年，家具连锁商 MFI 在约克郡建立了一个能容纳 6 000 万库存的全国分销中心。更极端的是，一些零售商正在建立整个欧洲的单一的分销中心，它位于法国 Moissy-Cramayel，约 350 个足球场那么大。

营销实例11.4：无线射频识别技术如何影响供应链

学习指南：下面是关于无线射频识别技术在分销中应用的评论。阅读文章并考虑这个技术对于物流系统管理的3个优势。

无线射频识别技术已经运用了13年，最普遍的应用是让货物"轻松通过系统"，该系统允许司机快速通过世界的高速收费站。但是，这项技术现在看来彻底改革了供应系统的货物传输。容器、控制板甚至产品都配有一个包含独特序列号和对各种商品都有广泛信息的微小硅晶片和天线，约针头大小。这些芯片通过"阅读器"阅读，并发送高频无线电以获得信息，将包含详细产品信息资料反馈到特定网页。这个附属的阅读器可以同时扫描数十个产品并且不需要直接的扫描。一旦它们进入接收机的射程，附属的阅读器可以自动读取20米范围内信息，甚至穿过墙壁。

无线射频识别技术通过降低错误率以及更少的时间与劳动力，实现了对仓库操作效率的改善。例如，内容的控制板不打开就可以被识别，需要更少的员工来跟踪和协调发货和库存。据估计，总的仓储劳动成本可能被缩减3%。在加州，这项技术已经被用于航海终端，从国际调度的货物运送到国内，交付到区域配送中心。从手工操作转换到无线射频技术，日本邮船会社（NYK）超过50%以上的卡车司机的物流周转时间减少到平均14分钟，在不增加空间的情况下，利用便利的处理能够将卡车的数量从70 000 提高到120 000 辆。同样，更快的库存信息可以使制造商在渠道上减少缺货成本。另一个潜在的应用就是随着传统的扫描设备替换为无线射频技术，等待扫描的长队消失了。

世界的各类大公司都在体验这种技术。例如，沃尔玛已经要求它的前100名供应商使用它。在2004年，达美航空公司宣称，它将投资2 500万美元来装置无线电装置以跟踪和定位丢失的行李，每年该项成本大约为1亿美元。IBM建议银行应该发给它们VIP客户包含装置的卡片，允许它们享受特殊待遇；吉列公司（Gillette）在2003年首次大规模测验这项技术时就预订了5亿个这种装置。

基于：Anonymous（2004）；Gilligan（2004）；Kelly（2003）；Niemeyer, Pat and Ramaswamy（2003）。

11.6.5　运　输

商品的运输手段，主要有五种类型：铁路运输、公路运输、航空运输、海洋运输和管道运输。第一种类型：铁路运输。它适用于运输体积大、数量大、路途长的货物。它经常应用于煤炭、化学制品、石油、聚合材料以及核火药桶的运输。与公路相比，铁路更环保，但缺乏灵活性。第二种类型：公路运输。它比机械化运输更具有灵活性的优势，因为它可以直接将货物运输到公司和仓库。运载卡车不必中途卸货就可以把商品从供应商运送到接收者那里。然而，欧洲公路运输的增加，尤其是英国，招致了很多的批评，因为它造成了交通严重阻塞、重型卡车对公路的破坏以及对环境的影响。第三种类型：航空运输。它的优势在于速度和长途的运输能力。由于速度优势，空运经常用于易腐产品和紧急货物的运输。它的主要劣势是成本较高以及需要通过公路将货物运送到飞机场。水运速度慢但便宜，内陆运输主要用于体积大、价格低和不易腐烂的产品，如煤炭、矿石、谷物、钢铁和石油等。第四种类型：海洋运输。它所经营的产品范围更广一些。当使用公海运输所带来的花费降低这一利益比空运带来的速度优势更大时，公海运输就更可行了。但是一些行业，例如时装零售业，我们可以看到产品是从像中国这样的低成本国家运输到东欧和土耳其。因为从中国水运到英国需要 22 天，而从土耳其运到英国只要 5 天。所以，尽管在中国的生产成本较低，但快速周转的时尚产品使海洋运输变得毫无吸引力。第五种类型：管道运输。它是适用于气体和液体等产品的一种可靠、经济的运输方式，主要用于原油、水、天然气的运输。

11.6.6 物料搬运

物料搬运是指货物从生产商工厂到库房、到运输站过程中的活动。现代的存储设施通常放于一个楼层，可以实行高度自动化。在一些情况下，相关人员甚至采用机器人来执行物料搬运任务。在决定库存地点和收集订单的过程中，减少人为因素有利于减少失误，提高操作速度。例如，医药分销商 Cahill May Roberts 已经用 Vocollect 语音技术取代了纸质系统，材料搬运者通过电脑语音来确认产品而不是做纸质记录。在爱尔兰，它每天分配该地区的 180 000 产品到药房，准确的记录是至关重要的，特别是有特殊性质的产品。材料搬运的两个重要的发展是单位搬运和货柜运输。单位搬运是把大量的货物包裹集中到托盘上，以便它们能用叉式卡车搬运，这样可以提高运输效率。货柜运输是把大量的货物（如汽车原件）集中到一个大的货柜中，一旦密封，它们便很容易以不同的方式运输。

总 结

本章介绍了营销组合的最后一个关键要素，即交付产品和售后服务，解决了以下几个关键问题：

1. 消费者、工业和服务渠道在结构上有一些重要的不同。消费者渠道往往更长，涉及更多的渠道合作伙伴，而许多工业和服务渠道是直接与客户接触。

2. 渠道策略涉及 3 个关键决策，即渠道选择、分销密度和渠道集成。这些决策必须符合该公司的整体营销策略。例如，定位决策可能推动已选渠道成员的数量和类型，以此来分销其产品和判断在多大程度上控制它们。

3. 渠道管理的关键问题是中间商的选择和激励，包括为它们提供培训、评估它们的绩效和解决渠道中可能出现的任何冲突问题。为实现营销目标，对渠道成员的有效支持常常是必要的。

4. 零售类型有很多种，包括超市、百货商店、专卖店、折扣商店、品类杀手、便利店、商场、邮购目录、自动售货机和在线零售。

5. 关键的零售营销决策包括零售定位、店铺选址、产品组合、价格和店铺氛围。

许多零售商有强大的自有品牌，需要系统化的管理等。先进技术使一些网上零售商在市场中实现了主要竞争优势。

6. 物流涉及的相关决策有售后服务、订单处理、库存管理、仓储、运输和物料搬运，这些对供应链的效率和有效性有很大的影响。成本和售后服务是来自两个方面的相互矛盾的压力，其影响了物流系统的结构和管理。

关键术语

多渠道营销（multichannel marketing）：产品通过不同渠道的分销到达顾客手中。

渠道中间商（channel intermediaries）：帮助将商品分布给顾客的组织。

分销渠道（channel of distribution）：产品从生产者到最终消费者的方法。

渠道策略（channel strategy）：选择最有效的分销渠道、最适当的分布强度和渠道整合程度。

密集型分销（intensive distribution）：密集分销的目的是通过所有可能的销售点实行密集覆盖。

选择性分销（selective distribution）：在一个地理区域内使用有限数量的销售点销售产品给一个特定的供应商。

专营式分销（exclusive distribution）：这是一种严格限制中间商数目的分销形式，在某一地域，仅适用于一个批发商、零售商或行业经销商销售特定供应商的产品。

渠道整合（channel integration）：销售过程中的任务与渠道的连接方式。

管理式垂直营销系统（administered vertical marketing system）：在这种营销系统中，某一规模强大、实力强的制造商控制着市场，并且对不同所有权下的中间商也可以行使相当大的权力。

合同式垂直营销系统（contractual vertical marketing system）：一个特许代理（例如特许经营）将生产者与经销商捆绑在一起。

公司式垂直营销系统（corporate vertical marketing system）：公司通过所有权来控制分销的营销系统。

特许经营（franchise）：特许经营权以合同约定的形式，允许被授权者有偿使用其名称、商标等，并从事经营活动的商业模式。

零售定位（retail positioning）：零售商对目标市场和差异化优势的选择。

安全库存（safety/buffer stocks）：为应对市场的不确定性，企业提前采购、安排的库存。

练习题

1. 一个旅行社刚刚在英国设立了一个业务，出售遍及欧洲的短期度假套餐。建议创始人在其选择下分销公司产品。

2. 讨论：分销密度决策应综合其他所有的营销组合决策。

3. 描述可导致渠道成员之间有冲突的情况。如何避免和解决冲突？

4. 讨论影响网上零售业增长的其他零售模式。

5. 讨论为什么越来越多的分销渠道的特点是少数的大型中央分销中心，而不是大量的相对较小的网点。

6. 访问网址 www. starbucks. com 和 www. costa. co. uk。根据主要的零售营销决策，如零售定位、产品分类、店面选址和店铺氛围等，比较这两个咖啡连锁店。

课后阅读（略）

参考资料（略）

在线学习中心：

阅读本章后，登录市场营销学的在线学习中心 www. mcgraw-hill. co. uk/textbooks/jobber，你会发现多项选择题、链接和额外的在线营销研究工具。

案例 11　宜家家居

瑞典宜家家居有限公司（IKEA），在 2005 年被《商业周刊》评为全球"100 强"品牌中的第 42 位。根据品牌渠道排名，宜家家居是欧洲和非洲排名第一的品牌。宜家家居是世界上最大的家具零售商，有专业化的设计团队，设计出了别致的斯堪的纳维亚风格，而且价格又不昂贵。这一切都归功于这家公司在家具零售市场上的丰富经验、产品多样性和成本控制力。公司的家具成套售卖，并由消费者自己在家组装。另外，公司还出售一些实用物品，如餐具、挂钩、夹子和架子。宜家家居的创始人坎普拉德（Ingvor Kamprad）已经在欧洲、非洲、亚洲和美国建立全球家具连锁店 226 家。在 2004—2005 财年，公司缴纳税款 179 亿美元，比上一个财年增加了 15%。

宜家家居在其领域占据的市场份额不足 10%，尽管如此，它还是由于人们对宜家家居品牌的认知在许多国家取得了成功。根据宜家家居的 CEO 达尔维格（Anders Dahlvig）所说："对我们品牌的认知比公司的规模更重要。这是因为宜家家居并非只是家具商户，它销售的是一种生活方式，全球的消费者在所到之处都能看到这个标志，他们有高尚的品位并且能认清价值"。英国的设计杂志 Icon 评论道："如果没有宜家家居，大多数人就没有机会负担得起当代家具。"这个杂志还将坎普拉德评为世界上最有影响力的创造时尚的人。

关于宜家家居

坎普拉德在 1943 年创立了宜家家居，当时他仅 17 岁。IKEA 是由他的名字的首字母（Ingvar Kamprad）和他成长的农场（Elmtaryd）和乡村（Agunnaryd）的首字母组成的。坎普拉德从批发钢笔、圣诞节贺卡、表、打火机、尼龙袜和其他一些小商品开始他的生意。在 1947 年，家具才进入到他的产品组合中，直到 1951 年，家具销售额才实现了较大的增长，坎普拉德于是决定仅销售质好价廉的家具，不再继续销售其他产品。同年，宜家家居发布了第一份家具目录，1953 年第一家店在瑞士的阿姆霍特开张。

1956 年，宜家家居开发了它最成功的产品：平板家具。它是被一个宜家家居的员工隆格林（Gillis Lundgren）偶然发明的。他发现大的木质桌子只有桌腿能够活动时才能搬到汽车里。这项技术给宜家家居带来了两项明显的好处：一是它让家具更容易搬运（对购买者和公司都是如此），二是它也省去了顾客在购买产品后拿回家按照公司提供的指南进行组装的全部费用。这些节省下来的费用转移给消费者。许多年后，很多创新性产品来自宜家家居。这里面最突出的是"奥尔加"椅，"分离式"家庭储蓄系统，"单人"沙发。宜家家居一直保留着给每件产品命名的传统，它以北欧的城市、河流、岛屿和国家的名字来命名。

1997 年，宜家家居引进了"孩子的宜家家居"。公司意识到公司展区中的娱乐区、儿童房间布置、婴儿区和宜家家居餐厅的特别点餐区很受孩子欢迎。这激发了两组工作专家合作开发儿童产品，其中包括儿童心理专家和教授，他们帮助公司开发有利于开启儿童运动技能、社交技能和创造力的产品。宜家家居为了了解儿童的兴趣所在，尝试与儿童合作。基于研究结果，宜家家居开发了一系列产品。到 2005 年，宜家家居已经成为了资产 179 亿美元，员工数量超过 84 000 名，门店遍布四大洲 44 个国家的公司。

完整的购物体验

宜家家居商店常常坐落在城市以外，远离其他店。这是为了给顾客创造一个完整的购物体验。宜家家居的产品是非常精致并且很有吸引力的，甚至店面也通过装饰以吸引顾客。店面的外观在世界各地都是一样的：蓝黄相间的建筑，一般 300 000 平方英尺，每个店有大约 7 000 件产品，从厨房的橱柜到烛台一应俱全。宜家家居的目标群体是全球的中产阶级的消费者，它让顾客轻松购物。比如说，在商店的入口处，顾客可以将孩子留在娱乐室，那里布置有安全类型的游戏设施，然后再慢悠悠地独自购物。

商店为了顾客能够看到店内的全景从而建造成环形形状。店里有很宽的通道来让顾客检查家具，这些家具被装点成家里的样子，灯和床单都成了点缀物。漂亮的装饰让顾客看到该如何在家里使用这些物品，以此来吸引他们购买。

大部分宜家家居产品都有优惠价格。坎普拉德相信"对于设计者来说设计一个 1 000 美元的桌子是很容易的，但是如果设计一个实用又美观的并且只花费 50 美元的桌子才是最好的。对所有问题采用价格高昂的解决办法意味着平庸"。坎普拉德保证宜家家居不仅仅生产最好的产品，而且要很多人有能力购买。购物者可能从不写下购物清单，那么在宜家家居商店里展示的标价低于 2 美元的产品就非常值得购买。因此宜家家居总是有诀窍为所有新产品创造需求。一个相关的例子就是名为"Mallen"的夹子，一般用于在浴室里将杂志悬挂起来。这是宜家家居里最热销的配件之一。研究者称人们永远不会想到将杂志悬挂在浴室里。一旦人们在宜家家居浴室部分的展览室看到使用"Mallen"夹子整洁悬挂起的一排杂志，大部分人就会明白了这个产品的用途并抢购下来。3 个"Mallen"夹子只需要 90 便士，非常值得购买，顾客绝对不会考虑第二遍。宜家家居内部员工称这样的物品为"热狗"，宜家家居同样明白饥饿会让顾客远离它的店，因此，在大楼的中心有一个咖啡店来让顾客喘口气，恢复体力，而不是让他们在饥饿中紧张购物。顾客最终的目的地是仓库，所有的大件都已包装好以方便顾客带回家。

宜家家居供应链

为了达到减缩成本的目的，宜家家居保证供应商坐落于低消费地区，采用邻近地区的原料，可靠的分销渠道。宜家家居不仅实行了全球一体化，并找到了有效的低成本组合——高水平的产品、技术和质量。比如，为了在多国建立商店，宜家家居有全球性的网站，上面汇集了 55 个国家的 2 000 个供应商，这使得公司可以在原料和劳动力价格低廉的地区设计和生产产品。宜家家居的原材料大多来自中国和波兰，这两个市场正好迎合了亚洲和欧洲市场的需求，同时这两个国家的劳动力成本也很低。家具设计是从瑞士输入的，但成品是在这些国家生产的。供应商和设计者不得不定做一些产品以望在当地能够销售得更好。

宜家家居的宣传

宜家家居的宣传对其公司的知名度产生了有利的影响，一开始在全球范围内就让其店铺迎来了开门红。2000 年 4 月，宜家家居在加利福尼亚州伯克利市的埃默里维尔开店时，门口聚集了想收集代金券和排队争取前 100 名限额购买价值 149 美元椅子的人群。人们已经在开店前排队一天了。宜家家居享誉全球以至于一个消费者贝瑟尼（Bethany Cue）专程从纽约的奥尔巴尼赶来认领代金券。

类似地，在 2005 年上半年，宜家家居声明要将"Boklok"房屋引进到英国。Boklok 是平板住宅，它给英国成千上万的无力购房者带来了希望。它是由木构架搭造的一居室或两居室的房子。这些房屋的目标群体是低收入家庭。提供廉价房屋已经成了英国政府多年来关心的问题之一。因此，它非常欢迎宜家家居的 Boklok 投资活动。这种房子在丹麦、挪威、芬兰和瑞士都很受欢迎，在这些地方的 45 个地点有超过 2 000 个 Boklok 房。宜家家居在英国有 13 个店铺销售 Boklok 房。Boklok 房一上市，英国就表现出了对它的极度热情。英国北部的一家宜家家居商店一开业就有 6 000 多名顾客光顾。

挑战

宜家家居除了在全球获得成功之外，它也受到了一系列指责：交通堵塞，销售店过分拥挤（尤其是新开业的商店），常常吸引疯狂的人群等。2004 年 9 月，在沙特阿拉伯的吉达市，一家宜家家居商店开业时，由于过分拥挤导致 3 人死亡和 16 人严重受伤。有超过 8 000 人曾聚集在商店周围抢购 150 美元的代金券，他们中有些人通宵露营。在事故发生之后，宜家家居发表了如下声明："宜家家居沙特阿拉伯总经理表达了对在吉达新开业商店样品间发生的悲剧事故沉痛的哀悼，并慰问了每一位死者家属。"

另外，2005 年 2 月，在位于伦敦埃德蒙顿的英国最大的宜家家居店，数百人冲进了刚开业的店，造成了 5 人住院治疗。6 000 多人成群结队地走进该店，他们被店内的促销广告所打动。广告中称在凌晨 3 点之前顾客有机会购买 45 英镑的沙发和 30 英镑的基架。因此当正门打开时，拥挤的人群推倒了 40 多名保安，还把一些人紧推到了墙边。类似的事故在其他一些店开业时也发生过。人们开始意识到宜家家居似乎没有对这种由于它引起的混乱进行有效控制。

宜家家居还由于其商店的服务质量受到批评，尤其是在结账处排长队的时候。消费者称一些顾客由于长时间的等待已经放弃了他们的货车。等待时间包括"人们只能走出去，如果你有1个小时或两个小时在'旅途中'，并花费了你45分钟才能到收银台，一些人就会说，'见鬼了，根本就不值得这样'。"贾丝廷·福赛思（Justine Forsythe），一个美国明尼苏达州法律专业的学生，花了两个小时才结了账。她说："我不明白他们为何没有雇用足够多的人，可能是没有考虑到这么多的明尼苏达州的人是要回家的。在她第二次返回商店退回一个残破的梳妆台时，没能获得宜家家居员工的帮助。"她还有一次和粗鲁的雇员吵架的痛苦经历。她补充道："我没能找到一个员工去帮我从车里卸下家具，他们好像认为'那不是我的工作'。最终，另一个顾客帮我把家具搬到了店里。"

忽略这些问题，分析家认为宜家家居试图建立一种品牌意识，即"提供低价的优秀设计"。坎普拉德在创造宜家家居形象中明显扮演着主要角色。然而，在全球零售商规模不断增加的情况下，保持住这种形象并取得成功越来越难了。

问题：

1. 分析宜家家居在市场中的地位。它为何能成功获得全球的关注？

2. 宜家家居商店环境的关键特征有哪些？环境在公司获得竞争优势中扮演的角色是什么？

3. 物流分销系统在宜家家居取得全球化成功中的角色是什么？

4. 宜家家居成功的背后有哪些问题有待解决？该如何解决？

这个案例是印度金融分析师协会的科莫·查理（Komal Chary）在古普塔（Vivek Gupta）的指导下整理的。资料主要来源于各种出版物。本案例仅用于班级讨论而非对管理有效与否的举例（版权归印度金融分析师协会管理研究（2006））。

第12章 营销计划和战略

本章框架

- 营销计划的制订过程
- 营销审计
- 营销目标
- 核心战略
- 竞争战略
- 营销组合决策
- 组织和实施
- 控制
- 营销计划的益处
- 计划制订过程中出现的问题

学习目标

1. 营销计划在企业内部的作用。
2. 营销计划的制订过程。
3. 营销计划的益处以及与营销计划有关的问题。
4. 在营销计划和营销策略中，行业分析与内部分析的作用。
5. 竞争战略的类型与竞争优势的来源。

营销聚光灯

谷歌：计划是好是坏?

谷歌可以说是过去 10 年里最成功的大型商业案例。这家公司是由斯坦福大学的两位学生 Larry Page 和 Sergey Brin 在 1998 年创立的。自建立以来，它实现了惊人的增长，成为全球认可的品牌，而且"to google"已经成为司空见惯的日常用语。公司的总部位于美国加利福尼亚州山景城。2007 财政年度，谷歌收入高达 165 亿美元，利润达到 40 亿美元。谷歌市值近 1 800 亿，在很短的时间内它已经实现了巨大的成功。

谷歌以它的搜索技术著称，是市场上的领头羊，也是许多学生完成市场营销课程作业的第一选择。但它的产品范围远不止是搜索。谷歌网站提供搜索解决方案、个性服务（包括网页搜索、图片搜索、学术搜索、谷歌新闻、谷歌财经、个性化主页），以及 Google Video 和 YouTube。它也提供如谷歌日历、Gmail、谷歌阅读器和 Blogger 等服务。而且，它还提供一些可以下载的应用，如谷歌桌面、谷歌工具条、谷歌地理产品系列（包括谷歌地球、谷歌地图、草图大师）。谷歌支付平台面向用户、广告商，与商家一同提供服务。谷歌移动系列产品可以使用户能够搜索和查看移动网页，谷歌实验室是专门为工程师设计的演练场，而谷歌企业服务是为中小型企业提供解决方案的。

在线广告收入是谷歌主要的收入来源。互联网广告是广告业中增长最快的行业。如我们在第 10 章所述，谷歌声称它在其中占有很大的份额。它主要的竞争对手是雅虎，但雅虎与微软在 2008 年的谈判失败意味着它未能获得所需要的资源访问权限，这使其难以在全球范围内真正地挑战谷歌。其他主要竞争者还有微软的 MSN、AOL 和一些其他服务商。

谷歌的快速发展引发了关于市场计划和战略的问题。它已经在很大程度上打破了传统模式，即计划是由高级管理层精心设计，并通过组织自上而下推行的。可以这么说，如果公司采取这种指挥控制模式，就不会有现在的迅速成长。实际上，员工可以花费 20% 的精力在自己的项目上。这一切都得益于谷歌民主灵活的、鼓励创新的组织文化。它试图利用所有员工的想象力和创造力，这也是为什么它开发上述一系列产品的速度如此之快。它没有具体的宗旨，但有两个有待进一步解释的口号："完美的搜索引擎"和"不作恶"。它已经跑在竞争者的前面，而且 YouTube 和 Doubleclick 也说明了它没有"慢下来"的迹象。

在第 1 章，我们介绍了营销计划的概念。在整本书中，我们研究了消费者和市场的属性，以及公司运行的环境因素。我们还研究了市场营销人员需要作出的各种决策。考虑到公司运行的竞争者，这些决策并不是采取特定的方式，而是采取系统、理性的方式。企业分析环境因素和自身能力，并在此基础上制订实施方案并执行这些决策的过程称为营销计划（market planning）。这是本章所要介绍的重点。同样，记住营销计划必须有战略元素，即必须为公司的中长期发展作出一个指引性方向。本章我们还将研究一些公司常用的帮助它们解决关键战略问题的框架，如如何竞争、如何增长等。这些问题都是任何一个营销方案的核心。

营销计划是广义战略计划概念的一部分，它不仅包括营销，还包括产品、财务、人才战略、环境因素之间的匹配。制订战略计划的目的是使企业的业务和产品能够持续完成企业目标（如利润、销售量、增长率等）。由于营销管理主要是负责管理公司及其环境之间的接口，所以它在战略计划中具有重要的作用。

营销计划在战略发展中的作用在一定程度上受到公司性质的制约。最简单的就是一个公司在一个市场上仅推出一种商品。营销计划的作用就是确保产品营销组合和顾客需求相匹配，同时发挥自身优势寻求机会再在新市场上推出新产品。结果是，大多数公司都是在很多市场上销售很多种类的商品。在这种情况下，营销计划的作用和第一种情况类似；但有一个特殊功能就是决定每个产品的资源分配。因为资源分配应该部分依赖于每个产品的市场吸引力，所以营销不可避免地与这一决策相关。

一个公司有许多业务部门，每个业务部门服务于不同种类的客户，也有不同的竞争对手。并且每个业务部门都可能是战略自主的，其各自成为战略业务单位（strategic business unit，SBU）。一个公司计划的主要部分就是将资源分配给各个战略业务单位。公司层面的战略决策主要与收购、撤资和差异化有关。市场营销同样能够通过识别与公司当前和未来业务相关的外部环境的机遇和危机来发挥重要作用。

除了这些问题，企业在任何情况下都需要考虑以下基本问题：

- 我们处于什么位置？
- 我们是如何实现这一目标的？
- 我们将走向何方？
- 我们想要达到什么样的水平？
- 我们如何达到这样的水平？
- 我们是否在正确的轨道上？

尽管这些问题看起来简单，但实际上它们却很难回答。企业由许多员工组成，这些员工对这些问题持有不同的见解。而且，计划工程的结果可能会对他们的工作产生深远的影响。因此，计划是一项政治性的活动，那些拥有既得利益的人会从狭隘的部门角度考虑问题，而不是从整个公司全局出发。促使计划付诸实施的一个关键问题是如何处理这些问题。然而，在这一点上，本章中理解营销计划过程是非常重要的。分析营销计划过程的一个普遍方法是基于业务单位层面，我们这里的分析也是基于这一层面。

12.1 营销计划的制订过程

营销计划的制订过程如图 12—1 所示。这一过程提供了一个明确的从产生企业使命（business mission）到执行和控制合成计划的路径。它提供了一个框架，反映了我们之前讨论的市场营销中的关键元素是如何相互联系的。在现实生活中，计划并不是这么简单并富有逻辑的；不同的人参与计划的不同阶段，他们受之前计划的影响也不尽相同。

企业使命

Ackoff 将企业使命定义为：

"广义地，将一个业务与其他不同类别的业务区分开来的一种持久的声明。"

这个定义抓住了企业使命的两个基本要素：持久性和针对性。这里需要提出两个根本问题：一是我们从事的业务是什么；二是我们想要从事的业务是什么。这两个问题的答案明确了公司的业务范围与活动，这取决于企业对市场需求的预测、自身能力的评估以及高级管理层的决策。

将市场和需求因素考虑进来以确保企业是市场导向而不是产品导向的（参见插图 12—1）。因此，诸如诺基亚等公司的目标不是生产手机，而是让人们像它的广告语"沟通你我"中宣扬的那样去交流。确保企业是市场导向的原因是产品是不断变化的，而人的基本需求如交通、娱乐、饮食是持久存在的。因此，Levitt 说，商业应该被看做是一个满足客户的过程，而不是一个生产产品的过程。企业如果能从顾客的角度出发，可能会发现更多机遇。

企业任务

重定义

营销审计

SWOT 分析

业务层的营销策划

营销目标

战略推力　　　　　　　　战略目标

核心战略

目标市场　　　　竞争优势　　　　竞争目标

产品层的营销策划

营销组合决策

组织和实施

控制

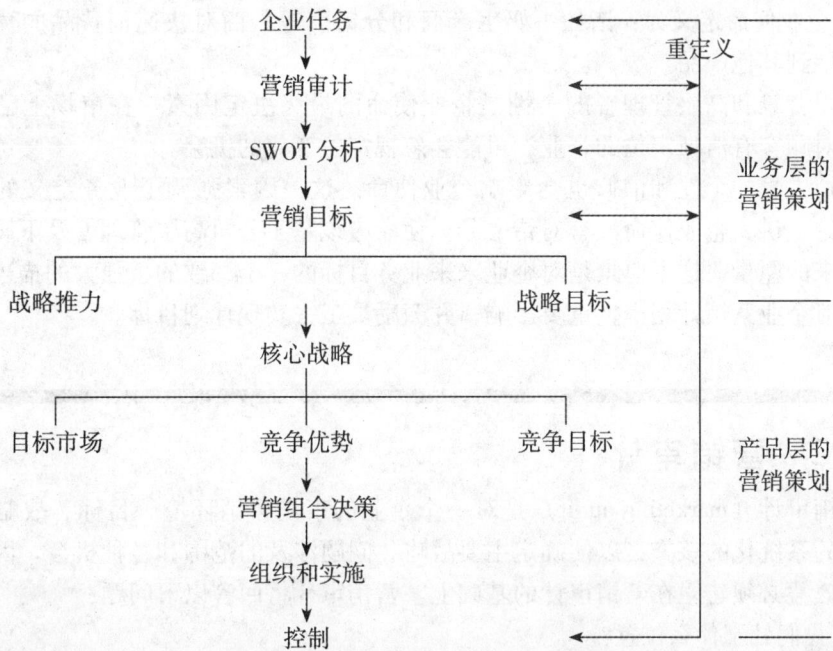

图 12—1　营销计划的制订过程

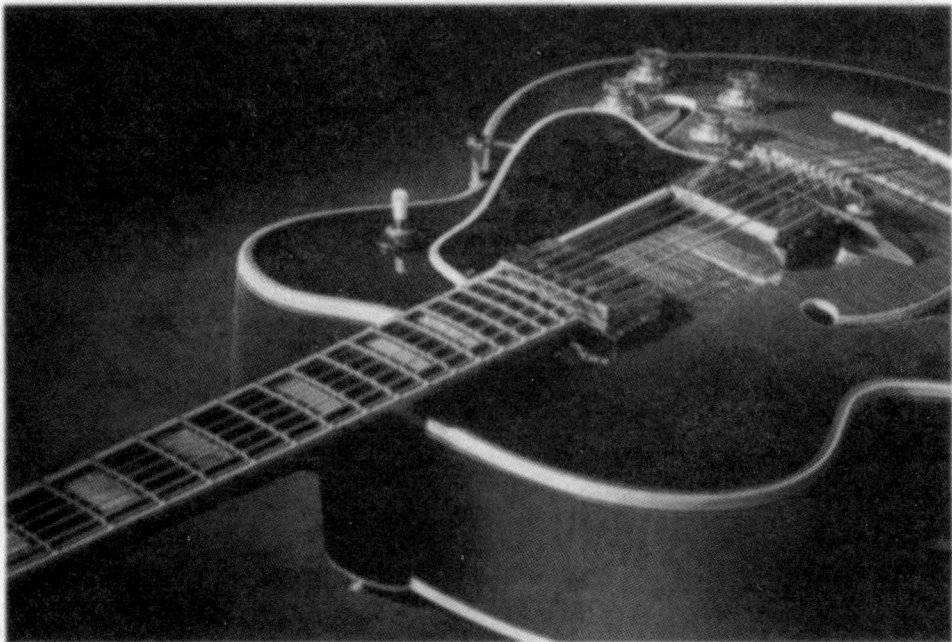

插图 12—1　著名的吉他制造商 Gibson 的目标是反映吉他弹奏者的精神和情感

　　给管理下定义时我们必须谨慎，尽管这个建议只是在提倡避免给公司业务下一个过于狭窄的定义时有意义。Levitt 指出，铁路公司如果将它们的业务定义为运输并进军航空业务，就会存活下来。但这忽略了铁路公司自身能力的限制。它们拥有开发航线必需的资源和技术吗？显然，业务定义的限制条件是管理能力（包括实际能力和潜在能力）和可支配的资源。反过来，管理能力可以作为拓宽企业使命的动力。

Asda 将企业使命定义为：诸如牛奶生产商和分销商等厂商对快速消费品的营销技巧可以扩展到其他产品。

公司背景和高层管理者的个性是企业使命的最终决定因素。在市场上已建立多年，且对顾客有清晰定位的企业，可能会忽视定位变化的机会。

公司人员的个性和信仰也会影响企业使命。这一因素强调了业务定义的辩证属性。理论上讲，企业使命没有对错之分。使命应该基于公司高层管理者及下属对企业业务未来的愿景。这个愿景是对企业未来业务目标的一个一致的、强大的描述。企业使命将对企业营销计划产生重要影响，并激励员工去实现计划目标。

12.2 营销审计

营销审计（marketing audit）是对一个企业的市场营销环境、目标、战略和活动等所做的系统化的核查，以便确定主要战略、问题涉及的范围和各种机会。因此，提高市场效益必须建立在营销审计的基础上。营销审计将回答以下问题：

- 我们处于什么位置？
- 我们是如何实现这一目标的？
- 我们向何处发展？

回答这些问题，需要对企业内外环境进行分析。这个分析得益于明确的公司使命，因为公司使命确定了环境扫描的界限，并且有助于决定哪些战略问题和机遇比较重要。

内部审计主要集中于市场管理控制的区域，而外部审计则是市场管理不能控制的区域。营销审计的结果是指明企业未来发展方向的决定性因素，并引起对企业使命的重新定义。除营销审计外，企业还可能对其他功能区域进行审计，如产品、财务，人力资源等。这些审计项目的协调与整合能产生一个复合的商业计划。在这个商业计划中，营销问题由于关乎企业在何种市场上生产何种产品的决策而具有核心作用。这些决策包括产量、财务、人力资源，而决策的成功实施有赖于各个职能部门的协调一致的行动。在营销审计中最可能检查的区域的清单如表 12—1 和表 12—2 所示。

表 12—1   **外部营销审计一览表**

宏观环境（见第 2 章）

经济：通货膨胀、利率、失业

社会/文化：年龄分布、生活方式变化、价值、态度

技术：新产品和处理工艺、材料

政治/法律：垄断控制、新法律、法规

生态：水土保持、污染、能源

市场

市场规模：增长速度、趋势和发展

消费者：由谁购买、选择标准、如何购买、何时购买、何地购买、他们如何对比我们和竞争对手的产品、促销、价格和分销

市场细分：如何划分顾客群、每个顾客寻求什么利益

分销：权力变化、渠道吸引力、增长潜力、物流方式、决策者及其影响

竞争者

主要竞争者是谁：现实的和潜在的

他们的目标和战略

他们的优势（特有能力）和劣势（弱点分析）

竞争对手的市场占有率和规模

利润率分析

准入分析识别（进入障碍）

表12—2	内部营销审计一览表
运营结果（根据产品、顾客、地理环境）	营销组合效力
销售额	产品
市场占有率	价格
利润率	促销
成本	渠道
战略问题分析	市场营销结构
市场营销目标	营销组织
市场细分	营销培训
竞争优势	部门内和部门间交流
核心竞争力	营销体系
定位	营销信息系统
产品组合分析	营销策划系统
	营销控制系统

12.2.1 外部分析

外部分析包括对宏观环境、市场和竞争者的分析。宏观环境又包括影响企业的一系列广泛的环境问题，包括经济、社会/文化问题、技术变化、政治/法律因素以及生态环境等。

市场分析包括对市场规模、增长率和增长趋势的统计分析，以及**消费者分析**（customer analysis）（包括消费者对象群体、选择标准、他们如何评价竞争产品、市场细分基础等）。**分销渠道分析**（distribution analysis）包括能力基础的显著变化、渠道吸引力、物流分销的识别、分销决策者的任务和兴趣点以及他们在分销商中的影响力。

竞争者分析（competitor analysis）需要检查实际竞争者与潜在竞争者的属性、目标和战略，同时也要识别他们的独到的优势和致命的弱势、市场份额及规模。例如，电影的网上下载量代表了一个DVD销售量的危机——电影制片厂的主要收益来源。利润率分析是查看行业（industry）利润率及竞争对手的相对效益。最后，准入分析是识别主要的资金壁垒和非资金壁垒，保护企业免受竞争者的攻击。

最普遍的外部分析是波特的"五力模型"。波特致力于研究为什么有的行业与生俱来就比别的行业具有更高的利润率，并最终得出结论：行业吸引力主要是五个力量的函数（新进入者的威胁、替代品威胁、供货商的议价能力、购买者的议价能力、现有竞争者之间的竞争）。"五力模型"中的每一种力量又包括许多因素，它们结合起来决定了这一力量的强度（见图12—2）。所以，如果一个行业具有较大准入壁垒，供应商具有较低的议价能力或消费者具有较高的议价能力，同时又有着较低的替代品威胁和相对良性的竞争环境，那么这一行业就具有较大的吸引力。这些力量是如何影响行业利润率的，参见营销实例12.1。我们先对这五种力量进行简要的分析，来看这一框架是如何帮助企业回答前面提出的营销计划中的基本问题的。

- 我们处于什么位置？
- 我们如何实现这一目标？
- 我们向何处发展？

（1）新进入者的威胁。

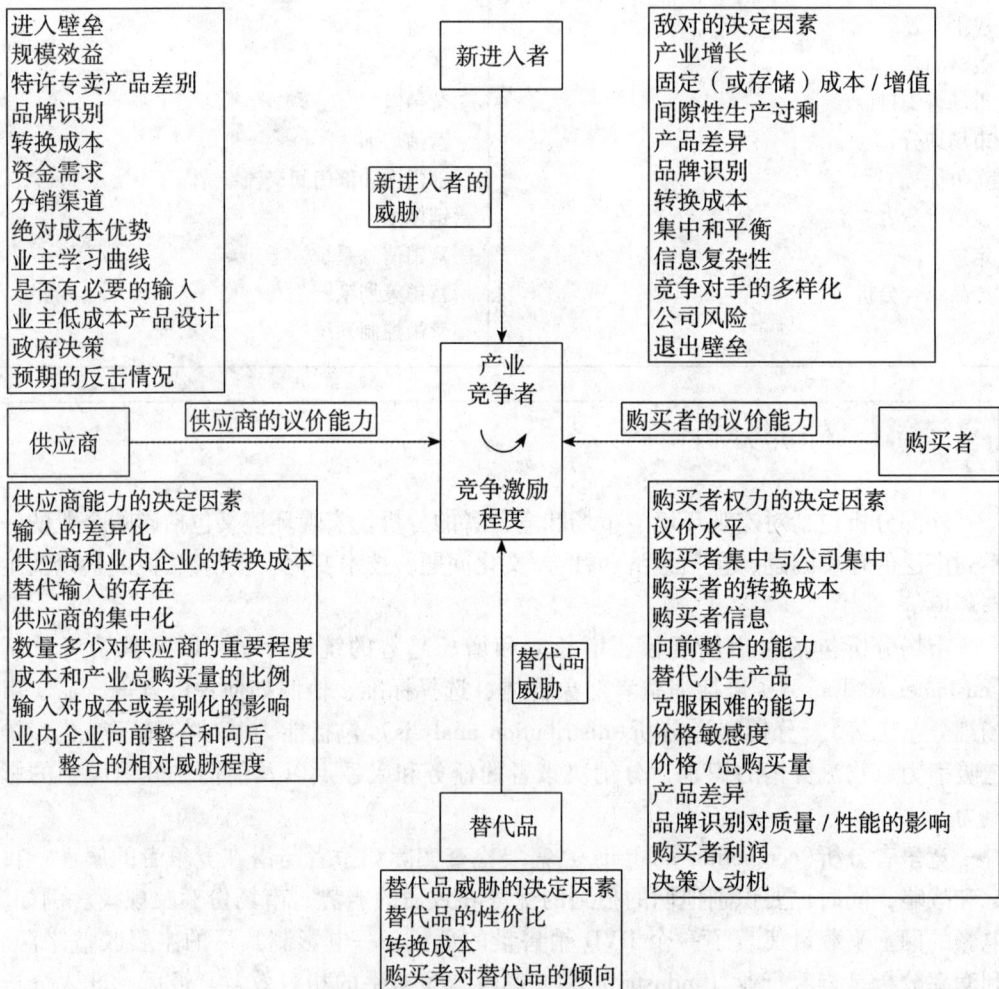

进入壁垒
进入壁垒
规模效益
特许专卖产品差别
品牌识别
转换成本
资金需求
分销渠道
绝对成本优势
业主学习曲线
是否有必要的输入
业主低成本产品设计
政府决策
预期的反击情况

新进入者

新进入者的威胁

敌对的决定因素
敌对的决定因素
产业增长
固定（或存储）成本/增值
间隙性生产过剩
产品差异
品牌识别
转换成本
集中和平衡
信息复杂性
竞争对手的多样化
公司风险
退出壁垒

供应商

供应商的议价能力

产业竞争者

竞争激励程度

购买者的议价能力

购买者

供应商能力的决定因素
供应商能力的决定因素
输入的差异化
供应商和业内企业的转换成本
替代输入的存在
供应商的集中化
数量多少对供应商的重要程度
成本和产业总购买量的比例
输入对成本或差别化的影响
业内企业向前整合和向后
　　整合的相对威胁程度

替代品威胁

购买者权力的决定因素
购买者权力的决定因素
议价水平
购买者集中与公司集中
购买者的转换成本
购买者信息
向前整合的能力
替代小生产品
克服困难的能力
价格敏感度
价格/总购买量
产品差异
品牌识别对质量/性能的影响
购买者利润
决策人动机

替代品

替代品威胁的决定因素
替代品威胁的决定因素
替代品的性价比
转换成本
购买者对替代品的倾向

图12—2　产业竞争结构的波特模型

营销实例 12.1：空客 VS 波音

学习指南：下面是对空客和波音之间竞争的回顾。阅读文章并找出飞行器制造业利润的影响因素。它是一个盈利性行业吗？为什么？

很少有行业像飞行器制造业那样集中化。行业两大巨头——欧洲的空客和美国的波音公司每年都为价值超过 400 亿的市场决一雌雄。为什么在这么大的一个行业内只有两家竞争者呢？

首先，这是一个有显著进入壁垒的行业。飞机制造涉及很大的技术风险，特别是安全性方面。所以一个新的飞行器模型在第一次试飞之前的前期费用就要 100 亿美元（相比较而言，经过英法之间的英吉利海峡需要 110 亿美元）。一旦生产开始，学习曲线是陡峭和艰难的。产量每增加 1 倍，每架飞机的单位成本会下降 20%。所以，一个模型在产量达到 500～600 时才开始盈利。这相当于业内任意一家公司 10 年的产量，因为整个行业的市场容量介于 700～800 架之间，且包括所有类型的飞机，如短距、单过道、远程和喷气式飞机等。另外，这两个大型航空公司享受很大份额的国家补贴，获得这样的财政支持也意味着该行业的进入壁垒很高。

现代飞机售价介于 5 000 万～2.5 亿美元之间，这主要取决于其是 120 座式的，还是喷气式的。一般情况下，购买者的议价能力是相当有限的，因为相对于购买者来说，这一市场更加集中化、容量更小、转换成本很大，购买者向后整合的可能性很低。偶尔在行业需求不足的时候，购买者可以和生产商达成很好的协议。同样，原料供应商的议价能力也是很有限的，替代品威胁在这一行业是不存在的。

波音和空客之间的核心竞争主要是产品开发。空客在 2005 年研发了超级巨无霸 A380，但技术和生产问题使第一架飞机的推出时间拖延了 2 年。尽管它已经有 200 个订单，但在 2010 年之前，它每年只能生产 45 架飞机。延期造成的附加成本和额外工作使 A380 的研发费用从原始的 100 亿美元增加到 170 亿美元。它的收支平衡点在 2000 年的时候从 250 架上升到 420 架。

基于：Anonymous（2005）；Done（2007）；Marlowe（2005）。

由于新进入者会提高行业的竞争水平，所以它们具有减少行业吸引力的潜力。新进入者的威胁取决于行业的准入壁垒。一些行业（如制药业）具有较高的准入壁垒，而另外一些行业（如饭店）则相对容易进入。关键的进入壁垒包括：

- 规模经济。
- 资金需求。
- 转换成本。
- 预期的反击情况。

（2）供应商的议价能力

原材料成本会对公司的利润率产生重大的影响。供应商的议价能力越强，原材料成本越高。在如下几种情况下，供应商有较高的议价能力：

- 有许多购买者但供货商的数量不多。
- 产品具有差异化，价值较高。
- 供应商有向前整合到这一行业的威胁。
- 购买者没有整合成供应商的威胁。

- 对于原料供应商而言，该行业并不是唯一的消费者。

企业可以通过寻求新的供货来源、受到威胁整合为供应商、设计标准的零部件来降低供货商的议价能力。

（3）购买者的议价能力

如我们在第 11 章中所见，欧洲零售业的整合相对于制造业来说，已经提高了购买者的议价能力。在如下情况时，购买者具有较高的议价能力：

- 较少的购买者但较多的供应商。
- 产品是标准化的。
- 购买者有向后整合成供应商的威胁。
- 原料供应商没有向前整合到此行业的威胁。
- 对于购买者来说，该行业并不是唯一的供应商。

购买者对行业的影响如营销实例 12.2 所示。

营销实例 12.2：食品的速冻时代

学习指南：下面是对速冻食品行业的竞争环境的回顾。这里我们用波特的五力模型来解释为什么生产速冻食品是低利润的。

如我们在第 3 章中所看到的，从消费者行为看，人们的生活方式发生了巨大的变化。他们的工作时间变长、上班距离变远，并且由于离婚率的上升和延迟生育，家庭单元变小。所有的这些因素综合起来就是速冻食品生产的初衷，满足人们生活方便的需求。速冻食品如熟饭、甜点、调拌好的沙拉等被认为比之前的冷冻食品新鲜、健康。在 10 年之内，英国的速冻食品市场已经翻了一番，达到 20 亿美元，而且预期仍在增长。尽管这一行业有良好的市场前景，它的盈利能力并不像想象中的那样强。

这其中主要的原因是购买者的议价能力。速冻食品是自有品牌或零售品牌最活跃的区域之一，它们主导行业市场。有很多生产厂商，如 North Food、Hazlewood 以及 Uniq，都试图在市场上建立自己的品牌。结果是，消费者集中在玛莎百货（Marks and Spencer）和乐购（Tesco），这反过来意味着他们可以对速冻食品供应商更加苛刻。他们要求服务迅速、产品创新、经常和供货商更换合约，将这些作为迫使降价的手段。一些商品的价格实际上正在下降，这又对速冻产品生产商形成了挑战，因为速冻食品是一种资本集约型行业。每 2 到 3 镑销售额需要 1 镑的投入。

所有的这些都减少了速冻食品生产商的利润。它们通过降低价格来保持自主品牌的市场份额，结果使得自主品牌和厂商品牌之间的产品价格差异非常小。因此，尽管这一行业的增加劲头十足，竞争却侵蚀了行业的许多利润。

（4）替代品威胁

替代品的存在会对价格水平造成限制，因此降低了行业吸引力和利润率。如，在欧洲很多国家，咖啡和茶是一对非常相近的替代品。如果提高咖啡的价格，就会使茶受到更多的偏好。替代品威胁取决于以下因素：

- 消费者对替代品的偏好。
- 替代品的相对价格和效用。
- 购买替代品的转换成本。

从心理学上讲，通过提高转换成本可以降低替代品威胁，如塑造独特的产品性能，并保持一个客户感知价值的价格差。

（5）行业竞争者

行业内企业间竞争强度主要取决于以下几方面的因素：

● 竞争结构：当有众多的小竞争者或力量均衡的竞争者时，竞争强度较大；当存在一个明显的市场领袖（比第二的企业规模大50%）和较大的成本优势时，竞争压力强度相对小。

● 成本结构：较高的固定成本迫使通过降低价格来满足产能要求。

● 差异化水平：高度差异化的产品，难以模仿和复制，竞争压力较小。

● 转换成本：如果一个产品是独一无二的，或客户需要投入很多的资源学习如何使用这个产品，那么它的转换成本就很高。

● 退出壁垒：如果缺少其他的投资机会，或具有较高的垂直一体化程度，或存在情绪障碍，或存在是关闭工厂的成本较高，则企业退出行业的壁垒较高。

12.2.2 内部分析

内部分析是根据外部环境发展来评估企业自身的效益和业务活动。通过分析销售量、市场份额、利润率、成本得出的经营业绩是评估的基础。**战略问题分析**（strategic issues analysis）是根据市场变化检查市场目标和市场细分基础的合理性。企业赖以生存的竞争优势和核心能力需要重新评估，同时对产品的市场定位也应严格复查。最后，还需要对产品组合进行分析以便制定新的战略目标。

营销组合的各个方面都是根据消费者需求和竞争者行为变化进行复核的。营销活动所依赖的营销框架也需要进行分析。**营销框架**（marketing struction）包括组织、培训、部门内部沟通和组织内各部门间的沟通。营销组织需要与战略和市场相匹配，同时需要查明培训要求。最后，营销部门以及营销和其他职能（如研发、制造、产品）部门之间的关系也需要进行评估。

营销系统（marketing system）审计是为了检查其有效性。营销系统是支撑营销功能的相关部分的组合，包括信息、计划和**控制**（control）等。信息提供的缺口需要分析；营销计划系统评估是检验成本的有效性；营销控制系统是根据准确性、时效性、全面性来评估的。

表12—1和表12—2提供了营销审计应该包括的项目的决策依据。但如果对每个项目都给予相同的注意力，那么审计会由于众多的数据和问题被迫停止。实际上，判断审计的重点是非常重要的。那些对企业效益至关重要的因素应该受到最大的重视。营销审计的一个"副产品"就是意识到市场环境信息的匮乏。

营销审计中所有假定都应该作为组织的一部分进行明确定义。例如，一些可能的关键假定如下：

● 计划期内的通胀率为5%。

● 增值税税率水平保持不变。

● 全球产能过剩保持在150%。

- 市场不会有新进入者。

营销审计并不是为扭转企业不良境遇而做的最后一搏，而是一个持续不断的过程。一些企业把营销年度审计作为年度计划体系的一部分；另外一些企业则认为营销审计合宜的间隔年为 2～3 年。有的企业认为它们自己的经理更擅长营销审计，而有的企业则更偏向于雇用外部顾问来协调业务活动，并设定一个目标。显然，并没有固定的模式决定何时及由谁来进行审计，这最终还取决于管理团队的偏好和面临的实际情况。

12.2.3 SWOT 分析

识别企业的优势、劣势、竞争市场上的机会和威胁，来定位企业的战略地位的结构化方法为 SWOT 分析（SWOT analysis），如图 12—3 所示。这一方法提供了一个整合营销审计结果的一个简单办法。

进行有效的 SWOT 分析必须遵循以下步骤。首先，识别绝对和相对的优势和劣势。相对优势和劣势是与竞争对手相比较而言的。因此，如果所有企业都生产优质产品，这就不能称为相对优势。根据绝对和相对优势需要列出两个清单。企业可以利用的优势既可以是绝对优势，也可以是相对优势（参见插图 12—3），但如何利用及在何种程度上利用取决于竞争者的优势如何。相对优势提供了企业核心竞争力，但优势需要被客观对待，因为有时优势也会转化为劣势。一个典型的案例是索尼，它的核心竞争力之一是产品创新。它的产品获得了巨大的成功，如 walkman。但是，在便携音频设备上，walkman 被苹果的 iPod 代替。同样，它在阴极射线管电视市场的主导地位使其错过了平面电视的技术潮流。

		来源
优势	劣势	内部（可控）
机遇	威胁	外部（不可控）

图 12—3　优势、劣势、机遇和威胁（SWOT）分析

企业还需要识别竞争对手拥有的绝对劣势，因为企业如果能够克服的话，其将转变成自身相对优势。如果行业中所有企业的售后服务都很差，这就是一个劣势，但这提供了一个获得竞争优势的办法。同样，企业也需要列出相对劣势，因为这将是竞争劣势的来源，需要引起管理者足够的重视。例如，拥有 Dixons、PC world、Currys 的 DSG 集团，通过内部分析，发现售后服务、商店内部格局、产品摆放是其劣势。

其次，在进行评估时，只有被客户认为是有价值的资源和能力才能被包括在优势或劣势范围之内。因此，诸如"我们是老企业"、"我们是很大的供货商"、"我们技

插图 12—2   Jo Malone 充分利用与众不同的混搭优势在化妆品市场上建立了特殊的地位

术领先"都应该考虑它们对顾客满意度的影响。可以想象,这样平淡的概括会将更多的劣势当做是优势。

最后,机会和威胁应该被看做是对企业效益可能产生影响的外部预期事件或趋势。它们不能从战略方面表述。例如,"进入细分市场 X"不能当做是一个机会,而是一个战略目标。而这可能是出于觉察到了 X 市场有较大的增长潜力和较小的竞争压力。公司发现并充分利用机会的能力会带来超乎预期的巨大成功,如亚马逊、谷歌的快速增长就可以证明这一点。这还需要营销实例 12.3 中所讲述的前瞻力。

营销实例 12.3:Think 的时代

学习指南:下面是对 Think 电动车的发展和市场营销的回顾。电动车已经发展了很长时间。为什么直到现在才出现产品市场机会?

汽车是很值得庆贺的发明之一,但在一个石油储量不断较少、碳排放导致气候变化的时代,它会持续下去吗?不会的,一家叫做 Think Nordic ASA 的挪威企业,引领了小型电动车的发展。Think 在很长一段时间内一直在开发和改善它的原型,直到 2003 年成为福特集团的一部分。它预期在 2008 年推出它的第一款车,并计划在挪威、丹麦、瑞典和英国销售量超过 10 000。这款被称为"Think City"的车是一个小型的仅有两个坐席的车,车身比 Mini Copper 还短 2 英尺。它现在的电池限速 62 英里/时,一次充电可以行驶 112 英里。

除外形非常独特以外,这款车的生产过程也是别具一格。一般,它是由预制配件组装而成，这意味着生产快速、灵活、接近其市场，而不是采用目前生产商"组装和出口"的模式，而且还保留一个很明显的碳足迹。Think 还想要撤除汽车展厅，邀请客户通过网上购买汽车并在店里设计它们自己的 Think 车，就像 Apple 的运营模式那样。同国际商业巨头 Dell 公司一样，Think 是想在顾客购买汽车之后再进行生产。公司同样避免使用主流的广告模式，它们更倾向于一种"蜂鸣营销"策略。另外一个创新之处是，这款汽车是互联网接入型的，使得顾客可以通过发送短信的方式查看其充电状况。

Think 公司旨在建立一个环保汽车新兴市场。丰田普锐斯（Toyota Prius）很畅销，其他公司也在开发电动车原型。这些车已经开发了很多年，但关注环保意味着它们的时代终于来临。

基于：Reed（2007）；Woody（2007）。

12.3 营销目标

营销目标（marketing objectives）的定义可能来源于营销审计和 SWOT 分析的结果。企业需要考虑两类目标：战略推力和战略目标。

12.3.1 战略推力

战略推力（strategic thrust）就是决定各类商品应该分别投入哪个市场。它定义了公司的发展方向。图 12—4 用安索夫增长矩阵总结了基本方案：

- 现有市场的现有产品（市场渗透或扩张）
- 现有市场的新产品（产品开发）
- 现有产品进入新市场（市场开发）
- 新产品进入新市场（多样化）

	产品	
	现有的	新的
市场 现有的	市场渗透或扩张	产品开发
新的	市场开发	产品多样化

图 12—4　产品增长策略：安索夫矩阵

接下来，我们依次来分析上述几种情况。

- 市场渗透：这一战略涉及在现有市场上销售现有产品并尝试增加渗透。现有客户可能会增加忠诚度，这一市场的其他客户也会购买这一品牌的产品。其他增加渗透的策略包括使现有客户增加使用该品牌的频率或数量，后者还有扩大市场的效果。

市场渗透通常通过促销、分销，或降价会收到更好的效果。

- 产品开发：这一战略涉及优化现有产品以增加销量或在当前市场开发新产品。例如，许多企业为客户提供附加服务：面对利润压力，美国许多药店提供无需预约的诊所；患者可以让执业护士以低于医生的价格进行一些检查或治疗（如接种疫苗）；国际会计事务所如毕马威和德勤向客户提供管理咨询服务。

- 市场开发：当现有产品准备进入新市场销售时应该使用这一战略。这涉及进入新的国际市场或新的细分市场。例如，在美国，每隔 3 英里，就有一个必胜客、塔可钟或肯德基。因此，百胜集团专注于中国市场的未来增长趋势。它在中国已经建立了一个比竞争对手麦当劳更清晰的引导。

- 多样化战略：当针对新市场开发新产品时，需要采取这一战略，但这是具有一定风险的。但对于一个企业，如果现有产品和市场缺乏上升空间时，这又是非常必要的。当现有产品和新产品之间有协同作用时，这一战略的作用将更明显。例如，谷歌开发在线图书馆，意在成为一个内容提供者而不仅仅是一个搜索引擎。它和许多全球著名数据库签署了协议，在这里可以在线浏览成千上万种卷宗。

12.3.2　战略目标

针对每个产品的**战略目标**（strategic objectives）也需要像产品/市场方向战略目标一样进行约定。这开始了产品层面的计划过程，主要有 4 个要素：

1. 开发。
2. 巩固。
3. 收获。
4. 放弃。

对于新产品，战略目标必然是增加销售量和市场份额。对现有产品，恰当的战略目标取决于产品所处的特定情况。这要依据营销审计、SWOT 分析和前期战略进行选择。而产品组合计划工具（如 BCG 的成长分配矩阵）会有助于这个分析过程。

在这一阶段需要记住的一点是增加销售量和市场份额并不是唯一明智的产品战略。我们应该看到，保持销售量和市场份额在特定条件下也能创造商业利益；收获目标也应该建立，但在这时允许在利润最大化的条件下降低销售量和市场份额；产品继续销售与否，需要根据现状分析得出合理的结论。

战略推力和战略目标结合起来决定了企业及其产品的未来走向。

12.4　核心战略

当目标确立以后，需要决定实现这一目标的方式。**核心战略**（core strategy）主要分析如何实现目标，它包括 3 个关键要素：目标市场、目标竞争者和竞争优势。我们接下来依次讨论这 3 个要素及它们之间的关系。

12.4.1　目标市场

目标市场（target market）的选择是核心战略的主要任务。如我们在第 5 章中所看到的，市场营销并不是不惜一切代价只求扩大目标市场。必须确定对企业有吸引力并符合企业的供给能力的客户群体。目标市场的选择应该在 SWOT 分析和营销目标的制定过程中进行考虑。例如，当考虑企业的战略推力时，必须确定服务于什么市场。然而，这可能从不同方面进行定义（如进入个人商务笔记本市场）。在市场内部存在许多有不同偏好的细分市场（客户群体），必须对每个细分市场作出分析选择。

在第 5 章，我们识别了很多市场细分的基础。搜集一些关于市场规模、增长潜力、竞争水平、客户需求、成功的关键因素等方面的信息有助于评估每个细分市场的吸引力。这些工作应该在营销审计过程中根据企业在各个细分市场的竞争能力来完成。营销审计和 SWOT 分析将为评判企业能力提供依据。

12.4.2　目标竞争者

关于目标竞争者（competitor targets）的判断和市场决策是相配合的。有的公司被选择作为直接竞争对手，有时竞争是正面交锋。弱的竞争对手会被看做是容易夺取的猎物。例如，大的航空公司被指控总是通过大幅促销或打折攻击它的小竞争者。

12.4.3　竞争优势

取得效益的关键是获得或保持竞争优势。这种优势的获得可通过产品差异化，使产品提供给顾客更大的价值或实现最低交货成本。豪尔（Hall）证明了这一命题，他在 8 个增长率低、竞争压力大的成熟行业中分别选取 2 个居于领导地位的企业（根据投资收益）进行了调查。每个行业的两个企业都生产高度差异化的产品或有很低的交货成本。大多数情况下，行业投资收益率最高的企业选择其中一种战略，而处于第二位的企业则选择另外一种战略。

12.5　竞争战略

这两种竞争优势（竞争范围宽泛或集中）相结合就形成了 4 种相对的战略：差异化战略、成本领先战略、集中差异化战略和集中成本领先战略。差异化战略和成本领先战略都是寻求在整个市场或行业的大范围内取得竞争优势，而集中差异化和集中成本领先战略则是局限于一个狭窄的范围内取得优势（参见营销实例 12.4）。寻求这些竞争优势对于企业生存是非常关键的。例如，在时尚行业中唯一的玩家要么是销售额达到几十亿美元的主打品牌，如 Gucci、Louis Vuitton、Burberry、Parada 或其他品牌，要么是销售额处于 100 万 ~ 1 亿之间的小众品牌，如 Rochas 和 Balenciaga。

学习指南：下面是关于英特尔和超微（AMD）公司在半导体市场上相互竞争的概述。阅读文章并描述二者所采取的竞争战略。

尽管我们可能不知道半导体长什么样，但它们在我们的日常生活中扮演着重要的角色。它们是现代电子产品（如电脑、手机、音乐播放器等）操作系统的核心微型元件。这一行业主要有两大生产商且都在美国。英特尔很出名，因为它开创性地在电脑生产商的广告中的使用"Intel Inside"口号。它的竞争对手是超微（AMD）。这两家企业一直以来在一个行业中争夺主导地位。

英特尔和超微之间的争夺战诠释了不同的竞争战略。每售出5台电脑，它们就会售出4个芯片，竞争的主要武器就是基于半导体性能的差异。例如，超微一直以来被看做是生产个人电脑的廉价处理器。所以在2003年，它推出皓龙（Opteron）处理器来运行商业服务器，这建立了一个优质和可靠的声誉。它还引导了双核处理器的创新——一个双核处理器可以同时处理多个程序。这项创新使它的市场份额上升了接近25%，对英特尔的主导地位形成了挑战。

但它的巨大竞争者可以利用它的规模和资源进行有利的回击。2006年6月，英特尔推出了它的双核处理器，并进入了微型化的新水平，让芯片的电路宽度从90纳米减小到一米的65/19亿。这些新芯片缩小了30%，这意味着生产成本更低，运行需要的能量更少。价格竞争以及与大客户的关系也是这场争夺战的主要武器。当新产品上市时，英特尔频繁下调其芯片的价格处理旧的库存。超微对此提起诉讼，声称英特尔涉嫌与大客户独家交易或向它们提供不购买AMD芯片的理由。

基于：Anonumous（2006）；Nuttall（2006）；Nuttall（2006）。

12.5.1　差异化战略

差异化战略（differentiation strategy）涉及在一个行业中从广大购买者的选择标准中选取一个或多个。接下来，这个企业将满足顾客这个方面的要求。例如，企业可能尝试生产更高品质的产品，建立更快的客户反馈、更紧密的客户关系等。这种战略的目的就是使差别优势带来的价格回报高于由此增加的成本。产品差异化让顾客有理由认为一种产品比另一种更好，因此，对于战略营销的考虑是至关重要的。但这也可能是一个充满风险的战略，Volkswagen证明了这一点。为了开发高端汽车，它的投资成本高于所有汽车生产商，占销售额的8.2%。但这个投资水平并没有带来市场的差异优势。

12.5.2　成本领先战略

这种战略涉及获得一个行业内的最低成本。这一行业的许多细分市场都已经得到了满足，并且全方位降低成本正受到极大的重视。只要其产品的价格还能大致保持在行业平均水平，成本领先常常能带来良好的业绩。因此，成本领先的企业常常推销一种它们认为顾客能接受的标准化产品。瑞安航空和戴尔电脑被认为是各自行业中的成本领先企业。它们以合理的价格销售顾客接受的产品，这意味着它们的低成本带来了高于平均水平的利润。丰田公司为了生产超低成本的汽车，正在探索汽车设计、开发、生产的新方法。有些成本领先企业必须降低价格以获得更高的销售水平。这种战略的目标就是保证竞争中的成本优势不受价格折扣的影响，从而获得优良的业绩。在超市中进行非必要打折销售的商家就属于这一类，如 Costco、Kwik Save、Aldi 和 Netto。

12.5.3 集中差异化战略

利用这一战略，企业的目标是在目标市场的一个或几个细分市场取得差别优势（参见插图 12—4）。这个细分市场的特殊需求意味着有机会将某种产品同有着其他目标客户群的产品区分开来。例如，一些小型的特殊药品公司就是靠做一些由于数额太小、专门化程度高而令其竞争对手不感兴趣的订单才发展起来的。类似地，达美乐比萨以服务快速、品质始终如一的战略为基础，将自身打造成为全球最大的送货上门比萨公司。这家公司现在每晚从 7 300 多家店向 50 多个国家送接近一百万个比萨。一些小型啤酒生产商靠生产大型生产商并不提供的小众口味啤酒，业绩蒸蒸日上。利用这一战略的公司必须注意，你的目标顾客群的需求不同于更大范围内的市场需要（否则就没有差异化的基础），而且已有的其他竞争者业绩不佳。

插图 12—3　西班牙 Camper 的鞋的独特设计使其在市场上获得竞争优势

12.5.4 集中成本领先战略

采用这种战略的企业寻求在目标市场的一个或几个细分市场里取得成本领先优势。通过专注于这一细分市场，该企业能够发现经济实惠之处，而这可能是被那些以更广阔市场为目标的竞争者所忽视或错过了的地方。有的情况下，为了扩大市场接受面而展开竞争，对某一细分市场的顾客来说，竞争行为可能有点过火（如提供不想要的服务）。通过提供一种基本的产品服务，就可以获得一种成本领先优势，这种优势可能超过价格折扣。例如，Kiwibank是新西兰政府为应对对外资银行主导市场而设立的本国低成本银行。这家银行被证明因其低成本收费体系受到低收入群体的欢迎。

12.5.5 竞争战略的选择

一个企业成功的关键就是要选择一个基本战略，并积极地推动其实施。如果不能获得上述几种战略中的任何一种，则意味着企业的业绩将低于行业平均水平。其结果是没有竞争优势：处于一种不上不下的尴尬局面，并最终导致企业的业绩低于成本领先的企业、差别优势企业或集中于任何一个细分市场的优势企业。例如，通用汽车公司推出的Oldsmobile汽车就是一个错误，使公司陷入不上不下的处境。这种车的原型Oldsmobile Rocket V8是一个拥有一个6升V8引擎的高度差异化的产品，该引擎几乎是用不坏的，而且速度高，可靠性好。为了降低成本，该引擎被换成了雪佛兰V8使用同样的5升引擎。这种引擎不但功率低，可靠性也差。其结果是灾难性的，销售量直线下降。

企业必须懂得其成功的基础是什么，并且避免受不协调的举措的诱惑。例如，一个只提供必要服务的成本领先企业或集中化成本领先企业在进入一个高成本领域时（或通过增加昂贵的服务项目），应该意识到其中的隐患。集中化战略意味着销售空间的有限性。一旦对目标细分市场形成支配作用，可能会产生一种要进入其他细分市场的欲望，目的是以同样的战略优势获得发展。如果在新的目标细分市场中，这家企业的优势不能受到同样的重视，这将是一个错误的决定。

多数情况下，差异化战略和成本领先战略是不相容的：差异化的取得就是以高成本为代价的。然而，有些情况下，二者是可以兼得的。例如，一个差异化战略带来了市场占有率的支配地位，这种地位又会以规模经济和学习效应造成成本的降低。或者一个高度差异化战略带来了市场占有率率先获得了加工过程中的一项重大创新，从而大幅度降低了生产成本，这又带来了成本领先的地位。当同时实现差异化和成本领先时，企业的业绩将是空前的，因为可以用较低的成本获得一个较高的价格。这类似于我们在第1章中讨论的如何同时获得高效能和高效率的双重地位。

12.5.6 竞争优势的来源

要创造一种差异化或最低成本的局面，企业必须了解这种竞争优势潜在的源泉及其本质。这种源泉的本质就是一个企业的优势技能和资源。通过对可能带来或有助于获得竞争优势的这些技能和资源进行分析，有助于企业的管理，可以通过**价值链**（value chain）分析来帮助我们找到这些源泉。价值链是一个企业为开展业务而实施的离散活动。

（1）优势技能

优势技能是关键性人员与众不同的能力，也正是这种能力使他们不同于竞争对手的人员。优势技能的好处就是让企业比其竞争对手更好地发挥功能。例如，优势的销售技能可以促成比对手更密切的顾客关系。康柏电脑公司就是由于提供了诱人的利润率和专营权，才与公司的零售商建立起牢固的关系。更好的技能可以使产品的质量更高更稳定。

（2）优势资源

优势资源是对优势更加具体的要求，它们的存在使得企业可以锻炼其技能。优势资源包括：

- 市场中的销售人员的数量。
- 广告和销售促销的费用。
- 分销覆盖范围（存储产品的零售商的数量）。
- 研发经费。
- 生产设备的规模和种类。
- 财政资源。
- 品牌权益。
- 知识资源。

12.5.7　价值链

价值链是一种很有用的发掘优势技能和资源的方法。所有的公司都有一套行为活动来为自己的产品进行审计、制造、销售、分销和服务。价值链把它们分成了基本活动和支持性活动两种（参见图12—5），这样就可以理解和发现成本优势和差别优势的来源。

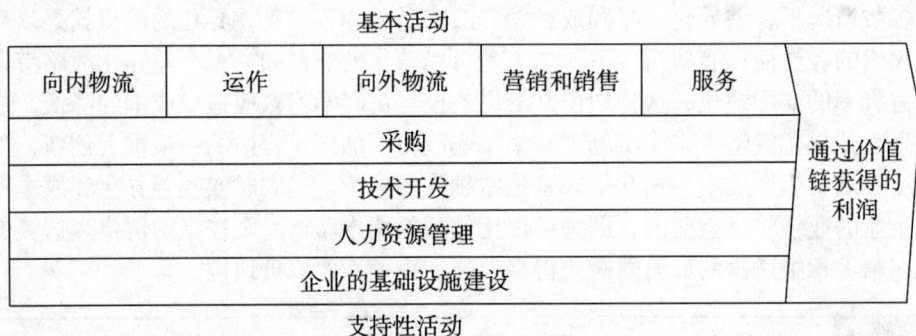

基本活动

向内物流	运作	向外物流	营销和销售	服务	通过价值链获得的利润
采购					
技术开发					
人力资源管理					
企业的基础设施建设					

支持性活动

图12—5　价值链

基本活动包括向内物流（如原料控制、入库、库存控制）、运作（如生产、包装）向外物流（如交货、加工订单）、市场营销和销售（如广告、销售、销售渠道管理）及服务（如装配、维修、顾客培训）。

支持性活动存在于所有上述基本活动之中，包括采购输入、技术、人力资源管理和企业的基础设施。这些活动没有被定义为基本活动，是因为它们存在于每一种基本活动中。采购可以发生在所有基本活动中，而不只是在采购部门；技术与每种基本活动息息相关，人力资源管理也是这样；而企业的基础设施建设涵盖了管理、计划、财

插图12—4　M&M在品牌塑造中的营销资源使它同时受到儿童和成人的欢迎，在竞争环境中蓬勃发展

务、会计和质量管理等，对整个价值链起着支柱作用。

通过对每一种创造价值的活动进行检查，管理层可以寻找到能够作为成本领先或差别优势的基础的技能和资源（参见营销实例12.5）。如果这些技能和资源超过了竞争对手，或者可以用来开展竞争，它们就构成了竞争优势的主要源泉。企业不但要研究价值创造活动过程中的资源和技能，还要研究这些活动之间的联系。例如，公司运作和向内物流之间的协调一致可以降低库存水平，实现成本的降低。

营销实例12.5：卢森蒂卡（Luxottica）对价值链的新定义

学习指南：下面是对卢森蒂卡眼镜业务迅速增长的概述。采用价值链框架，识别竞争优势的来源。

卢森蒂卡集团，1967年成立于意大利，是世界上最大的眼镜公司。眼镜行业是一个很复杂的行业，包括从处方眼镜到高档太阳镜等很多产品种类。卢森蒂卡起初生产处方眼镜，后来为了利用不断增长的太阳镜市场，将产品扩张到太阳镜。它著名的品牌是雷朋（RayBan），但也生产许多其他系列的品牌，包括Persol、Vogue、Luxottica和Revo。1999年，它与Armani签署了它的第一个销售许可协议。此后，这方面的业务开始迅速增长，提供了很多的品牌，包括Chanel、Prada、Dolde&Gabbana、Versace、Polo、Ralph Lauren等。

尽管它在意大利的大多数竞争者将注意力集中在生产上，但卢森蒂卡决定将价值链更前面的部分整合到其业务当中。1995年，它收购了美国最大的眼镜零售商LensCrafters，将业务拓展到零售领域。随后，2001年，它并购了世界一流的太阳镜零售商Sunglasses Hut，并在2004年，又购买了美国又一零售巨头Cole National。生产和销售的整合是行业的一个改革，并且零售额占卢森蒂卡公司总收入的比例已经超过2/3。这也是它有别于其竞争者Safilo的显著特点。二者在生产规模上大致相当，但相对于卢森蒂卡5 700多家门店，Safilo只有50多家零售商店。

卢森蒂卡主要针对的是市场的中等价位和高端产品。但在控制生产和销售时，它能够抓住价值链不同阶段的附加价值，提高生产效率。卢森蒂卡是世界上最低成本的眼镜生产商，与此同时，它还为其设计团队支付高额的报酬。谨慎的价值链管理——使得这家公司能够获得高额的利润。

基于：Anonumous（2007）；Owen（2007）。

12.5.8 有效核心战略的检验

图12—6列出了检验核心战略的有效性的6个要点。第一，核心战略必须基于对目标顾客群及其需求的明确界定。第二，为了使核心战略建立在竞争优势之上，还需充分了解竞争对手。第三，必须能够承担可接受的风险。如果用微弱的竞争优势和较低的资源基础去挑战强大的竞争对手，必然不能承担风险。第四，这一战略必须是资源和管理可支撑的，即必须与公司的资源能力和管理能力相匹配。第五，核心战略必须源自计划过程中的产品和营销目标。一种战略，如大幅促销，按照商业逻辑，应该建立目标，但如果目标是收获，那么这一战略将不会产生任何效果。最后，这一战略必须是内部一致的，所有的部分应该整合形成一个统一的整体。

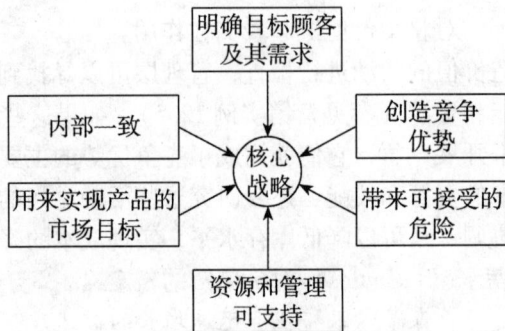

图12—6 检验核心战略

12.6 营销组合决策

关于营销组合各个组成要素的决策是计划过程的下一阶段。我们可以看到，这些决策包括价格水平的判断、促销手段的采用、分销渠道和服务水平的选择及产品类型。当产品标准超过竞争对手时，企业就获得了竞争优势（或者可以作出判断在营销组合的某些方面与对手抗衡）。企业想在所有竞争上占上风通常是不可能的，因此，需要选择如何操作营销组合，以在合理的价格水平上为顾客提供更好的产品或服务。

12.7 组织和实施

营销计划只有付诸实施才能成功。因此，企业需要一个拥有必备能力的组织执行这一计划。在SWOT分析中发现的组织劣势会限制战略选择的范围。组织重建意味着在公司内重新建立一个营销组织和部门。Piercy 在对生产组织的研究中发现，55%的企业没有营销部门。在一些情况下，有的企业由首席执行官直接完成销售任务，其他企业销售部主要负责和客户打交道，但并不认为需要其他营销投入。有时候，环境变化会导致战略变化，这意味着应对市场和营销进行重组。当购买力较强的团体客户不断增加时，企业应该更加注重满足这些客户需求（战略变化），从而组织专门的销售组织来服务于这些群体。

12.8 控 制

控制是营销计划的最后一个环节。控制系统的目的是评估营销计划的结果，以便业绩不佳时及时作出纠正。短期控制体系可以每周、每月、每季度或每年检查一次，看结果是否有悖于企业目标。衡量标准包括销售利润、成本和现金流量。战略控制系统期限较长，管理者需要回顾每周、每月数据结果来评估他们的计划是否和能力与环境一致。

在这些缺乏长期控制的地方，企业很容易"沉迷于"已经失去战略可靠性的计划。新的竞争、技术变化、不断变化的顾客需求使得旧计划已经过时。当然，这样就回到了计划的开始阶段，因为这类基本的回顾是在营销审计中进行的。对内部能力和外部机遇、威胁的重估的活动又是一次 SWOT 分析。分析结果可能意味着企业使命的重新确定，或者像我们看到的那样，进行营销目标和战略调整使得业务和环境相匹配。

那么，我们看到的营销计划的各个阶段和之前提到的那些关于计划的根本问题有什么关系呢？表12—3 列出了它们之间的关系。企业使命的定义、营销审计和 SWOT 分析回答了"处于什么位置"和"我们是如何实现这一目标的"这两个问题。根据营销审计和 SWOT 分析我们可以预测"我们将走向何方"。"我们想要达到什么样的水平"取决于营销目标的设定。而"我们如何达到这样的水平？"决定于核心战略、营销组合决策、组织和实施。最后，控制系统回答了"我们是否在正确的轨道上"这一问题。

表 12—3　　　　　　　　　　　营销计划的主要问题和过程

主要问题	营销计划的阶段
我们处于什么位置及如何实现这一目标的	企业使命 营销审计 SWOT 分析
我们将走向何方	营销审计 SWOT 分析
主要问题	营销计划的阶段
我们想要达到什么样的水平	市场营销目标

我们如何达到这样的水平	核心战略 营销组合决策 组织 实施
我们是否在正确的轨道上	控制系统

12.8.1 营销指标

对营销指标的控制是一个关键环节。营销标准一直以来由于指标质量备受指责。例如，销售收入是一项很重要的业绩指标，但许多影响销售额水平的因素却在销售人员的控制范围之外，如经济景气状况、竞争活动等。由于销售人员并不擅长于衡量"他们在做什么"。与产量、财务这些衡量指标相比，他们就很少出席董事会。而且，当公司需要缩减成本时，往往营销预算首当其冲。

一般，那些衡量营销活动的指标往往受到更多的关注，而实际上有很多潜在指标可以被识别。简而言之，营销衡量标准主要有两个要素：营销活动的有效性和营销对收益的影响。前者因营销活动不同而异。例如，分销活动可以用库存水平、降价、缺货水平来衡量。但营销决策最终必须有助于增加销售量并以此来增加利润。英国公司常用的市场营销指标见表12—4。

表12—4　　　　　　　　　　英国公司常用的市场营销指标

排名	指标	使用率（%）	重要程度（%）
1	利润	92	80
2	销售额/销售量	91	71
3	毛利润	81	66
4	意识	78	28
5	市场份额（值/量）	78	37
6	新产品数量	73	18
7	相对价格	70	36
8	消费者的投诉率	69	45
9	消费者的满意度	68	48
10	分销/可获得性	66	18

12.9   营销计划的益处

很多作者都指出了营销计划的好处，如下所述：

- 一致性：计划给决策和行动提供了一个焦点。通过参考共同的计划，同一经理在不同时期制定的决策和不同经理的决策会更加一致，活动也会得到更有效的协调。
- 鼓励对变化的监控：计划过程迫使经理们抛开日常琐事，站在战略角度思考变化对企业产生的影响。
- 鼓励组织调整：计划的一个潜在前提是组织要不断调整来适应环境。因此，营销计划增强了接受不可避免的变化的必要性。这一点很重要，因为有事实证明适应能力强有助于提高业绩。
- 激励成就：计划过程重点在目标、战略和结果。鼓励人们思考"依靠我们自身能力我们可以取得什么成就"，这样就激励人们把目标定位在新的高度，否则他们可能满足于很低的业绩标准。
- 资源配置：计划过程要考虑资源配置的基本问题。例如，哪些产品需要高投入（开发），哪些产品需要保留（维持），哪些应该慢慢撤资（收获），以及哪些应该立即撤资（放弃）。
- 竞争优势：计划推动寻找竞争优势的来源。

然而我们要意识到，这一逻辑计划过程，有时也称为纲要，可能因为企业文化的不同而不同。计划风格必须与企业文化相匹配。有的企业用渐进的方式可能有效。萨克尔（Saker）和斯皮德（Speed）认为如果纲要式的营销计划过程需要花费经理们大量的时间和精力，就可能意味着这个计划不太适合，特别是对于小型企业来说。

渐进式计划方法更多的是以解决问题为焦点，从发现的问题（如订单减少）中试图找到解决方案。随着解决方案的形成，也就确定了战略，但不太注意把可能相互影响的个人决策有意识地综合起来。战略被看做是每个人的决策松散地结合起来，通过解决问题使企业和环境相匹配。这种战略的缺点是缺少对大形势的分析，战略方案的产生过程也决定了渐进方法的不够全面。不过对某些企业来说，这个战略非常可行，所以就采用它，而不用考虑它的合理性。

12.10   计划制订过程中出现的问题

在对商业组织制订营销计划的实践调查中发现，大多数公司不实行本章提到的系统计划过程，或即便实行了，很多公司也得不到上面提到的那些好处。但有些则显示计划和商业成功之间有联系（如 Armstrong 和麦当劳）。问题在于很多与营销计划过程相关的环境问题是实质性的，需要了解。俗话说，有备才能无患。下面就列出负责制订营销计划的人可能要面对的问题。

12.10.1　政治问题

营销计划是资源配置的过程，结果就是给这个产品和部门多分配些资金，而给那个少分配些。因为权力基础、就业机会和工资水平通常和一个地区的增长速度有关，所以经理们把计划过程看做是高度政治化的活动也不足为奇。欧洲银行就是一个典型的例子。经过计划，银行决定零售部经理把某些货款申请转到该集团盈利较多的工商业银行部门。这是必要的，因为计划的目的是使整个集团利润最大化。然而，却让有的部门大失所望，因为这项决策降低了零售部门的业绩。

12.10.2　机会成本

一些繁忙的经理把营销计划看做是浪费时间，与处理日常事务冲突相比，他们认为在宾馆花上两三天讨论出长远规划的机会成本太高。他们习惯了繁忙的生活或许更倾向于那种生活方式。这更增加了制订计划的困难，他们一想到要静下来思考那么长的时间就感到不自在。

12.10.3　奖励体系

许多企业的奖励体系都是短期适用的，可能根据季度或年度绩效发放奖励和津贴。因此，如果时间冲突，经理们就会过分审视短期问题而忽略中长期问题。

12.10.4　信　息

系统的营销计划体系要发挥作用就需要有信息输入。市场占有率、规模和增长率是营销审计的基本输入，但这些信息不轻易被获得。更糟糕的是，有些既得利益者意识到信息就是力量，就会故意封锁信息或歪曲事实来维护自己在计划过程中的地位。

12.10.5　文　化

系统营销计划过程的建立可能因组织文化的不同而不同。如上述，企业可能一步一步渐进作出决定。因此，战略计划系统可能是对现状的挑战，从而被看做是威胁。还有的情况就是，一些经理们的价值观和信息可能对整个计划体系是不利的。

12.10.6　如何处理市场营销计划中的问题

许多学者对如何尽量减少这些问题的影响提出了以下建议：
• 高层管理者支持：最高层管理者必须致力于制订计划，让中层管理者感觉到这是对他们全力的支持。并且这种支持应该是持续的，而不是一时的狂热。

- 使计划体系和企业文化相匹配：营销计划过程应该与企业文化保持一致。比如，在选择自上而下还是自下而上的计划方式时，有些组织更倾向前者，有些指令性不强的企业则更偏向后者。
- 奖励体系：应该奖励那些长远目标取得的成就，而不是仅仅看重短期结果。
- 结果弱政治化：不要过分重视奖励那些与发展（增长）战略有关的经理。要认可那些能保持市场占有率和将产品撤离市场需要的技能。在通用汽车公司，经理被划分成种植者、看护者和责任人，分别负责产品的开发、维持和获取。之所以这样，是因为认识到根据目标的不同，涉及的技能也不同。他们的工作没有贵贱之分，每个人都被看做在为企业的成功做贡献。
- 清晰交流：要把计划传达给负责实施的人。
- 培训：市场营销人员应该经过培训，掌握工作所需要的市场营销知识和技能。理想化的情况是，管理团队的人员也参加同样的培训，以使大家对涉及的概念和工具有统一的认识，可以用相同的术语交流。

总　结

本章介绍了营销计划和营销战略的重要性，解决了以下几个关键问题：

1. 营销计划的作用是为企业的营销活动指明方向，并协调各项活动。它有助于回答像"我们处于什么位置？"、"我们想要达到什么水平？"、"我们如何实现这一目标的？"这样的问题。

2. 营销计划过程包括制定或调整企业使命、营销审计、SWOT 分析、设定营销目标、确定核心战略、制定营销组合选择、组织、实施以及控制营销活动。

3. 营销审计分为外部审计和内部审计。外部审计主要是检查外部环境和竞争环境。内部审计是审视营销决策和运营结果。营销审计获得的信息应当指导关于组织未来方向的战略选择。

4. 营销目标需要从两个层次上理解：战略推力和战略目标。战略推力解决组织如何成长，主要有 4 个核心选择：即市场渗透、产品开发、市场开发和差异化。战略目标是针对每个产品的决策，同样有 4 种选择：开发、巩固、收获、放弃。

5. 企业不仅要决定如何成长，还需要决定如何竞争。可供采纳的竞争战略主要有 4 种：差异化产量、成本领先战略、集中差异化战略和集中成本领先战略。价值链分析可以帮助企业识别实施有效竞争战略必要的技能和资源。

6. 制订计划可以获得很多好处，包括以下几个方面：一致性、鼓励对变化的监控、鼓励组织调整、激励成就、资源配置、竞争优势。

7. 由于政治问题、机会成本、奖励体系、信息和文化等因素的影响，营销计划的制订是一项艰难的工作。但是通过采取高层管理者支持、使计划体系和企业文化相匹配、奖励体系、结果弱政治化、清晰交流、培训等措施，有助于克服上述困难。

关键术语

营销计划（marketing planning）：在对企业营销环境和自身能力进行调研分析的基础上，制定企业的营销目标以及实现这一目标所应该采取的策略。

战略业务单位（strategic business unit）：与特定的竞争对手竞争，向特定顾客群服务，并具有自己的经营战略的一个商业项目或部门。

企业使命（business mission）：是一个组织的宗旨，旨在规划一个有别于其他同类型企业的发展领域。

营销审计（marketing audit）：对一个企业的市场营销环境、目标、战略和活动等所做的系统性核查，以确定主要战略、问题涉及的范围和各种机会。

消费者分析（customer analysis）：一种针对消费者的调查方式，包括消费者是谁，他们所使用的选择标准是什么，他们如何评价竞争对手所提供的产品或服务，以及细分消费者市场时所使用的变量因素。

分销渠道分析（distribution analysis）：对各分销渠道在能力与地位上的变化趋势、渠道吸引力、物流及分销行为所进行的调查。

竞争对手分析（competitor analysis）：目的是通过了解现有竞争对手和潜在竞争对手的新信息，获知竞争对手的目标和战略，以实行最适当的应对措施。

行业分析（industry analysis ）：同性质的经营单位的集合，各个经营单位的市场产品可以相互替代。

战略问题分析（strategic issues analysis）：根据市场发生的变化，对营销目标和市场细分标准的合理性作出分析。

营销结构（marketing structures）：营销活动所依赖的营销框架，包括组织、培训和内部沟通。

营销系统（marketing system）：支撑营销功能的相关部分的组合，包括信息、计划和控制等。

控制（control）：在营销策划过程或周期阶段对计划的执行情况进行监测，以便在必要的时候采取纠正措施。

SWOT 分析（SWOT analysis）：评价企业的优势（strengths）、劣势（weaknesses）、竞争市场上的机会（opportunities）和威胁（threats），以在制定企业的发展战略前对企业进行深入、全面的分析以及竞争优势的定位。

营销目标（marketing objectives）：在本计划期内所要达到的目标，它是营销计划的核心部分。主要有两类营销目标：战略推力和战略目标。

战略推力（strategic thrust）：决定各类商品分别投入哪个市场及其业务的未来发展方向。

核心战略（core strategy）：实现营销目标的手段，其中包括目标市场、竞争对手选定和竞争优势。

目标市场（target market）：选择某个细分市场，从而成为企业生产和营销活动的目标。

战略目标(strategic objectives)：产品层面的有关产品的开发、巩固、获取、放弃决策的目标。

目标竞争者(competitor targets)：公司选择作为直接竞争对手的组织。

差异化战略(differentiation strategy)：为使企业的产品、服务等与竞争对手有明显的区别以获得竞争优势而采取的战略。

价值链(value chain)：从产品设计到生产、销售、物流和服务的一系列企业活动的组合。

练习题

1. 讨论组织在制订计划过程中可能遇到的问题，如何克服这些问题？
2. 讨论营销计划外部分析的作用及其局限性。
3. 什么情况下适合采用渐进式的计划方法，什么情况下则不适用？
4. 比较成本领先战略和差异化战略。两种战略方法并行是否可能？
5. 讨论为什么衡量和判断营销活动的有效性对于管理者来说是非常重要的？
6. 访问以下网站：www. bplans. com 、www. knowthis. com/general/marketplan. htm 和 www. howstuffworks. com/marketing-plan. htm。查看这些网站给出的营销计划相关的案例。

案例 12　乐高（LEGO）公司的转变

乐高（LEGO）公司，丹麦著名的玩具生产商，以被誉为"20 世纪的玩具"的乐高积木而闻名。乐高积木一度成为儿童的必备品。然而，经过几年不间断的发展，公司却经历了本世纪初的第一次亏损。玩具市场发生了巨变，年轻消费者越来越倾向于技术性产品，如电脑游戏机、MP3 等。而且随着低成本国家生产的玩具进入市场，竞争也变得更加激烈。乐高公司在 2003 年经历了有史以来的最大亏损，生存受到了威胁。一些强硬的管理措施还是将企业从危机边缘扭转回来，尽管它在瞬息万变的行业里仍然面临许多挑战。

历史

1932 年，丹麦木匠 Ole Kirk Christiansen 创办了一家生产木质玩具的公司。1934 年，他把公司命名为"LEGO"，其语来自于丹麦语"leg godt"，意为"玩得好"。巧合的是，在拉丁语中它意为"搭建和堆砌"。公司命名为"LEGO"是为了表达其企业宗旨，即"玩"被看做是一个孩子的成长过程中不可或缺的部分。1947 年，乐高公司开始生产塑料玩具；1949 年，它推出风靡世界的自动组装积木。1950 年，Ole Kirk Christiansen 在他儿子 Godtfred 的帮助下获得了成功。在新的领导下，LEGO 公司实行了"LEGO 玩具系统化"改革，更加注重在玩中获取知识的理念。这家企业在 1953 年开始向世界各地出口产品，并迅速赢得了国际声誉。

采用新型拼插系统的乐高积木于 1958 年问世。在 20 世纪 60 年代，开始使用车轮、小型马达、齿轮使产品有更强的动力。LEGOLAND 于 1968 年在哥本哈根推出，是乐高公司创造力和想象力的象征。后来，在 20 世纪 90 年代，这家公司在英国和美国分别建立了两个主题公园。1974 年，LEGO 图标发布，赋予 LEGO 独特的个性。上个世纪 80 年代，随着数码技术的发展，LEGO 公司和美国麻省理工学院（MIT）的媒体实验室建立了合作关系。这就诞生了 LEGON TECHNIC 计算机控制机，这也为 LEGON 机器人的问世做了铺垫。乐高公司在 90 年代推出了一系列新产品，将更多注意力集中于益智和行为。在 2000 千禧年，乐高公司被《财富》杂志和英国玩具零售协会评为"本世纪玩具"，地球上每个人平均拥有 52 个 LEGO 产品。LEGO 目前已经有 130 多年的历史了，它是继美泰（Mattel）、孩之宝（Hasbro）、万代（Bandai）、美格（MGA）之后的第五大玩具生产商。

玩具市场的挑战

在过去的 10 年间，许多环境变化影响了玩具市场，如下所述：

大多数孩子在他们 8 岁的时候，传统玩具市场所提供的产品已无法满足其需求。儿童过早地抛弃玩具的一个主要原因是缺乏玩的时间。现在的儿童有太多的日程安排，把更多的时间花在学业上。面对更多的媒体和娱乐选择，这些聪明、了解技术的消费者更喜欢电子产品、时尚、化妆品和生活用品。受到年龄压缩影响最严重的是青少年——年龄介于 8～12 岁之间的儿童（这是一个价值 50 亿的市场，占价值 207 亿的玩具市场的 20%）。

来自电子产品和游戏的竞争：相比一套 LEGO 玩具，现在的年轻消费者更喜欢上网、发短信、听 MP3。根据市场调研公司 NPD funworld 2003 年的调查显示，同往年相比，玩视频游戏的 8～12 岁的男孩花在实体玩具上的时间少了 40%。配有视频显示器和游戏控制器的手持玩具更适应现代孩子的移动生活方式。随着对这些复杂玩具需求的增加，传统玩具制造商面临来自电子和视频游戏机的威胁。

现代消费者的浮躁：现在的玩具市场受市场驱动，因此导致了很短的产品生命周期。玩具生产商面临越来越大的压力，需要培养预测市场变化的能力和提高应对市场变化的能力。依靠推出新产品来获得巨大收益，使玩具生产商更容易受到盈利波动的影响。

零售商的力量：零售商的整合和零售链的扩张，对玩具生产商的利润造成了很大的压力。一些主要零售商可以发挥超过供应商的力量，因为它们极大的购买量。一些零售商在它们的供货合约中增加了一项条款：不论零售价是多少，它们都会得到一定比例的利润。

LEGO 错在哪里？

据这家公司的创立者 Kjeld Kirk Kristiansen 的孙子所言，经过多年的风光后，企业文化变得有些"保守"和"自满"，没能跟上玩具市场变化的脚步。缺乏市场敏感度在 2003 年非常明显。LEGO 对"生化"系列产品市场需求预测失误，导致其中两种畅销产品在圣诞节前夕严重缺货。企业似乎并没有从上年经历中吸取教训，同样在次年圣诞节前夕，非常走俏的霍格沃茨城堡（Hogwarts castle）套装在英国严重缺货。

LEGO 在上世纪 90 年代销售过度依赖执照，将一些产品如星球大战（Star Wars）

和哈利波特（Harry Potter）作为主要收入来源。这使得 LEGO 非常容易受这些产品畅销程度左右：当电影《星球大战》和《哈利波特》发行那年，LEGO 公司利润颇丰，但在随后的年份就遭遇了亏损。

公司将产品多样化到衣服、包、装饰品等是又一大错误。LEGO 使它的产品组合过度复杂化，近乎品牌过度扩张。

公司逐步淘汰了推出很久的学龄前儿童玩具品牌乐高得宝（LEGO Duplo），用乐高探索（LEGO Explore）取而代之，这又是一个错误。家长们很困惑，以为 Duplo 积木不会再继续生产了。这个错误导致 2003 年在学龄前儿童玩具市场的亏损。乐高的成年人粉丝对公司改变新积木的颜色很不满，因为这让他们没法和旧积木拼接。

转型

在 2003 年，LEGO 亏损 6000 000 丹麦克朗，负债超过 5 000 000 丹麦克朗。传言世界上最大的玩具生产商美泰（Mattel）将收购这家企业，同时它也被当做私人股本集团的目标。

但是，Kristiansen 家族决定靠自己努力扭转企业现状。他们注入自有资金800 000 丹麦克朗，并任命 Jorgen Vig Knudstorp——McKinsey 的前管理顾问，让公司重回正轨。为了实现这一点，LEGO 采取了许多新的营销战略，包括如下的几种：

• 回到基础战略使 LEGO 公司将注意力集中于积木类玩具和年龄在 5～9 岁的男孩。传统产品类型，如 Duplo 恢复生产，并推出 Quarto 品牌，包括针对 2 岁儿童的大型积木。虽然，LEGO 的传统受众主要是男孩，但它针对女孩推出了一款新产品"Clikits"。Clikits 包括许多漂亮的淡粉色的积木，可以拼成很多珠宝和首饰。

• LEGO 采取很多措施提高公司效率，包括从它的 8 000 劳动力中解雇了 3 500，关闭了位于瑞士和美国的工厂，生产转向西欧和墨西哥。特制的和技术型的产品保留在位于 Billund 的总部生产，并采取简化的管理结构、实行绩效薪酬制。

• LEGO 承认过度多样化产品的错误。因此，它在 2005 将四大主题公园的大部门股权卖给了百仕通集团。而且，诸如服装等也从产品类别中删除。

• 作为多样化的一部分，LEGO 公司和许多别的品牌签署了授权协议，削减了许多产品，但"生化"系列仍然是主导产品，它将实物拼接工具和网络虚拟世界结合起来。这个玩具品牌还扩展到其他娱乐形式，如喜剧、书籍、电影（如《生化战士》）。

• LEGO 旗下被忽略的子品牌，包括 Mindstorm 和 LEGO TECHNIC，面向较大儿童甚至备受成年人欢迎的品牌，也重新受到了更多的关注。

• LEGO 还大幅改革其包装风格和广告风格。现在的重点放在了游戏和教育经验，而不是产品细节。2003 年，LEGO 将"一直玩（play on）"作为标语标志着变革的完成。这个标语灵感来源于公司的 5 个核心价值：创造力、想象力、学习、娱乐、质量。LEGO 还利用很多互动交流工具来推销其产品，鼓励顾客与企业多交流。2005 年，LEGO 邀请忠实粉丝去公司参观。在那里，他们可以见到新产品开发者、设计者、工具制造者，并学习公司的历史、文化和价值。

• LEGO 公司在 2002 年成立了乐高视觉实验室，吸引儿童和他们的家长来看未来是什么样子的。很多资源被用来评估未来世界家庭模式，包括人类学、农业、消费行为和意识、文化、哲学、社会学和技术。它来自 15 个不同国家的 120 个核心创意，这对它未来的成功是非常关键的。

这些战略使 LEGO 增加了收益、降低了成本，恢复了盈利。

结论

LEGO 在短期内实现了一个标志性的扭转。但激烈的市场竞争、受限的经济条件和行业市场的迅速变化带来了严峻的挑战。这家企业已经回到它的核心价值——提供好玩的玩具中去。这个视角使 LEGO 成为了国际化公司，并度过了有史以来最困难的时期。但它还需要继续开发新产品，满足未来儿童娱乐和学习的需求。这样的一个例子就是，它建立了一个网站 legofactory.com，在这个网上，客户可以在收到产品之前在网上构建模型，并可以将它们上传到如 Flicker 和 YouTube 这样的网上。

问题：

1. 为什么 LEGO 在本世纪初遇到了严重的财务问题？

2. 对 LEGO 进行 SWOT 分析，并识别这个公司的主要优势。

3. 仔细评价 LEGO 的竞争战略。

译者后记

　　市场营销学是一门应用性很强的学科。自市场营销学的理论体系建立以来，其发展一直紧跟时代步伐，不断创新，几乎每隔 10 年就会有新的理论和概念出现。20 世纪 50 年代，市场营销学的研究者和实践者对营销学的贡献是有目共睹的，一系列概念被提出，如"市场营销组合"、"产品生命周期"、"品牌形象"、"市场细分"等。20 世纪 60 年代，在这一领域出现了"4P 组合"、"生活方式"、"买方行为"、"大营销"等概念。20 世纪 70 年代初期，先后出现了"社会营销"、"产品定位"等划时代的理论。到了 20 世纪 80 年代和 90 年代，营销学理论和方法又有了新的发展，陆续出现了"内部营销"、"直接营销"、"关系营销"、"合作营销"、"绿色营销"、"网络营销"等理论。那么，到了 21 世纪，市场营销学又将适应何种发展潮流和趋势呢？

　　《市场营销学》的作者戴维·乔布尔是国际公认的市场营销学专家。他是营销学教授，布拉德福德大学管理中心营销集团董事长，获得了曼彻斯特大学经济学名誉学士学位、沃里克大学硕士学位和布拉德福德大学博士学位。他针对人类进入 21 世纪后，各行各业都面临着全球化、数字化、网络化等问题的特征，将本书的焦点集中在"全球营销环境"、"整合营销"、"营销调研和信息系统"等问题上。纵观全书，贯穿始终的就是"营销聚光灯"、"视频案例"等词汇。作为一本市场营销学的教材，与其他教科书一样，作者使用了大量的案例来佐证理论的正确性，使得本书在实践方面更具可读性。该书由四大部分 12 章构成。第一部分介绍了现代市场营销思想的基本原理。第二部分将重点放在如何定价、产品推广、开发和分销的有效策略上。第三部分讨论了竞争策略、竞争优势和竞争行为的特点等问题。第四部分深入介绍了如何克服市场变化带来的阻力，分析了市场营销组织的各种形式，讲述了如何实施和应用市场营销策略。

　　本书涉及的资料浩繁。在历时一年半的翻译工作中，东北财经大学研究生李莹、胡玲、杜丽、石大龙、张卫、张怀宇、姜海燕、胡彦芳、郭璇、韩文萍、金梦洁、刘志龙、杨娜、姚娟、侯亚珊、申莘、王淑超、王宁、王钧、李冰悦、张芷、黄冠、王铎、亢浩帮助我们做了许多资料搜集和前期翻译工作，赵峰、曹登科、尚培培、梁雯、张怀宇、刘安瑀、吴德燊、肖海姣、梁岩、李春宇、臧微、胡彦芳、郭璇、姜海燕也做了很多辅助工作。徐瑾老师（大连海事大学）、翟琳阳老师（大连交通大学）对全书进行了审校。此外，本书的出版还得到了东北财经大学萨里学院孟韬老师的鼎力支持，对此，我们深表感谢。

译者

2013 年 1 月

教师反馈表

　　麦格劳—希尔教育（McGraw-Hill Education）是美国著名教育图书出版与教育服务机构，以出版经典、高质量的理工科、经济管理、计算机、生命科学以及人文社科类高校教材享誉全球，更以网络化、数字化的丰富的教学辅助资源深受高校教师的欢迎。

　　为了更好地服务中国教育界，提升教学质量，2003 年**麦格劳—希尔教师服务中心**在北京成立。在您确认将本书作为指定教材后，请您填好以下表格并经系主任签字盖章后寄回，**麦格劳—希尔教师服务中心**将免费向您提供相应教学课件，或网络化课程管理资源。如果您需要订购或参阅本书的英文原版，我们也会竭诚为您服务。

书名：	
所需要的教学资料：	
您的姓名：	
系：	
院/校：	
您所讲授的课程名称：	
每学期学生人数：	＿＿＿＿人　＿＿年级　　学时：
您目前采用的教材：	作者：＿＿＿＿＿＿　　出版社：＿＿＿＿＿＿ 书名：
您准备何时用此书授课：	
您的联系地址：	
邮政编码：	联系电话
E-mail：（必填）	
您对本书的建议：	系主任签字 盖章

Mc Graw Hill Education

大连市沙河口区尖山街 217 号
邮编：116025
电话：0411-84710715
传真：0411-84710731
电子信箱：ts@ dufe. edu. cn
网址：Http：// www. dufep. cn

麦格劳—希尔教育出版公司教师服务中心
北京清华科技园科技大厦 A 座 906 室
邮编：100084
电话：010-62790299
传真：010-62790292
教师服务热线：800-810-1936
教师服务信箱：instructorchina@ mcgraw-hill. com
网址：http：// www. mcgraw-hill. com. cn

东北财经大学出版社

Supplements Request Form (教辅材料申请表)

Lecturer's Details（教师信息）			
Name: (姓名)		Title: (职务)	
Department: (系科)		School/University: (学院/大学)	
E-mail: (邮箱)		Lecturer's Address / Post Code: (教师通讯地址/邮编)	
Tel: (电话)			
Mobile: (手机)			

Adoption Details（教材信息）　　影印版 □　　双语版□　　翻译版□

Title: (中文书名) 　　　　(英文书名) Edition: (版次) Author: (作者)	
Local Puber: (外国出版社)	

Enrolment: (学生人数)		Semester: (学期起止日期时间)	

通过哪种方式获得我社的图书信息

　　参加会议 □　　　邮寄书目 □　　　书店□　　　网站□　　　他人推荐□

Please fax or post the complete form to（请将此表格传真或 e-mail 至）：

东北财经大学出版社有限责任公司
电话: (86) 0411-84710878/84712996
传真 : (86) 0411-84710878
邮箱 : guohebu@126.com
通讯地址: 辽宁省大连市沙河口区尖山街 217 号东北财经大学出版社
邮编: 116025